高等学校应用型本科规划教材

Gongcheng Xiangmu Guanli

工程项目管理

主　编　李佳升
副主编　陈道军
主　审　周　直

人民交通出版社

内 容 提 要

本书全面介绍了建设工程项目管理的系统知识，主要包括工程项目管理基础、项目管理体制、项目策划与决策管理、项目组织与团队管理、项目实施控制、项目进度控制、项目费用控制、项目质量和安全控制、项目合同管理、项目信息管理等内容。

本书是高等学校应用型本科规划教材之一，适合作为应用型本科院校学生、继续教育学院本专科学生和高职高专院校专升本学生的教材，也可供工程管理人员学习参考。

图书在版编目（CIP）数据

工程项目管理/李佳升，陈道军编．—北京：人民交通出版社，2007.5

ISBN 978-7-114-06487-6

Ⅰ.工…　Ⅱ.①李…②陈…　Ⅲ.基本建设项目－项目管理　Ⅳ.F284

中国版本图书馆 CIP 数据核字(2007)第 046539 号

高等学校应用型本科规划教材

书　　名：工程项目管理
著 作 者：李佳升
责任编辑：毛　鹏
出版发行：人民交通出版社
地　　址：（100011）北京市朝阳区安定门外外馆斜街 3 号
网　　址：http://www.ccpress.com.cn
销售电话：（010）59757973
总 经 销：人民交通出版社发行部
经　　销：各地新华书店
印　　刷：北京武英文博科技有限公司
开　　本：787 x 1092　1/16
印　　张：19
字　　数：475 千
版　　次：2007 年 5 月　第 1 版
印　　次：2021 年 6 月　第 14 次印刷
书　　号：ISBN 978-7-114-06487-6
定　　价：32.00 元
（有印刷、装订质量问题的图书由本社负责调换）

21世纪交通版
高等学校应用型本科规划教材
编 委 会

前　言

目前，我国经济进入快速发展时期，全社会固定资产投资增长迅速。建设工程项目随着科学技术和经济的发展，其建设规模和技术难度随之增加，交通道路建设的投入也稳步增加，对工程项目进行科学的管理是提高投资效益、节约社会有限资源的关键环节。随着改革开放和市场经济的不断完善，如《中华人民共和国建设法》、《中华人民共和国招标投标法》等一系列法律法规的颁布实施，及中华人民共和国国家标准《建设工程项目管理规范》（GB/T 50326—2006）的实施，我国的工程项目管理正走向法制化、科学化和规范化道路。培养工程项目管理专业人才是我国经济建设新形势的迫切需要。鉴于工程建设项目涉及面广、影响因素多、技术要求高、投资成本大，相关理论尚需要在工程实践中不断得到检验和提高。

本书为方便预习和复习，每章的前面列有学习要点，章末留有思考题，书中附有小贴士、案例，在书的最后还附有两个较大的工程实例。

本书由长沙理工大学李佳升主编，陈道军任副主编，全书共分十一章，内容包括绪论，工程项目管理基础，工程项目策划与决策管理，工程项目组织与团队管理，工程项目管理体制，工程项目实施控制，进度控制，费用控制、质量、安全控制及合同、信息管理等。具体编写分工是：第一、二、三、六章由李佳升编写，第四、九、十一章由张鼎祖编写，第五、八、十章由李雪琳编写，第七章由陈道军编写。本书在编写过程中，得到了许多师生的关心和帮助，同时也得到了人民交通出版社的大力支持，在此一并表示感谢！

本书在编写中参考引用了相关规范、论著、文章、网页等文献资料，且尽量将它们在书末集中列明，这里，对所列参考文献以及可能遗漏的资料作者表示感谢！

限于作者水平，本书恐有不当甚至谬误之处，敬请读者批评指正，也欢迎提出修改的宝贵意见。

编　者

2007 年 2 月

目　录

第一章　绪　论

本章知识点

- 工程项目管理的重要性；
- 项目管理的发展过程；
- 建设工程项目管理的课程特点。

第一节　工程项目管理的重要性

对于一个建设工程项目来说，特别是在大型复杂的工程建造中，各种不同的专业人员将提供不同地专业服务，并且每一项专业服务都非常重要。然而，如果各专业之间不能很好地配合，缺乏协调和沟通，则材料的浪费、费用的超支以及工期的拖延是不可避免的，这就无法确保业主利益。因此，怎样实施有效的工程建设项目管理，把各种专业服务很好地融为一体，是任何一个建设工程项目不容忽视的问题。

工程项目管理是指工程建设者运用系统工程的观点、理论和方法，对工程进行全过程和全方位的管理。其基本特征是面向工程，实现生产要素在工程项目上的优化配置，为用户提供优质产品。由于管理主体和管理内容的不同，工程项目管理又可分为建设项目管理（由建设单位进行管理）、设计项目管理（由设计单位进行管理）、施工项目管理（由施工单位进行管理）和工程建设监理（由监理单位受建设单位的委托进行建设项目管理）。本教材以讲述施工项目管理为主，亦涉及其他各种工程项目管理。

公路工程有线长点多、工种复杂、构造物形式多种多样、特种作业多、施工作业的非标准化等技术特点；还有施工流动性大、施工周期长、施工协作性高、施工受自然因素及外界干扰的影响大等施工特点。

作为从事公路工程专业的人员，无论今后代表哪一实施主体参与建设，都要掌握项目管理知识；掌握工程项目管理的理论和方法；具有进行施工企业项目管理的能力；具有从事建设项目管理的初步能力，以及具有其他有关工程实践的能力。

第二节　工程项目管理的发展

一、工程项目管理的出现

从人类开始有组织的活动，就一直执行着各种规模的“项目”。中国的长城、埃及的金字塔以及古罗马的尼姆水道，都是人类历史上运作大型复杂项目的范例。在日常生活中，我们也经常遇到各类项目，如组织郊游、举办运动会、开发新软件、建设水电站等，但是很少有人去有意识地来控制和管理这些项目。随着现代项目规模越来越大，投资越来越高，涉及专业越来越广泛，项目内部关系越来越复杂，传统的管理模式已经不能满足运作好一个项目的需要，于是产生了对项目进行管理的模式，并逐步发展成为主要的管理手段之一。

项目和项目管理的发展是工程和工程管理实践的结果，首先是传统的项目和项目管理的概念，其主要起源于建筑行业，这是由于在传统的实践中，建筑项目相对其他项目来说，组织实施过程表现得更为复杂。随着社会进步和现代科技的发展，项目管理也不断地得以完善，同时项目管理的应用领域也不断扩充，现代项目与项目管理的真正发展可以说是大型国防工业发展所带来的必然结果。

现代项目管理通常被认为是第二次世界大战的产物（如美国研制原子弹的曼哈顿计划），20 世纪 50 年代主要应用于国防和军工项目；60～80 年代，其应用范围也还只局限于建筑、国防和航天等少数领域，如美国的阿波罗登月项目。进入 20 世纪 90 年代以后，随着信息时代的来临和高新技术产业的飞速发展并成为支柱产业，项目的特点也发生了巨大变化，管理人员发现许多在制造业经济下建立的管理方法，到了信息经济时代已经不再适用。制造业经济环境下，强调的是预测能力和重复性活动，管理的重点很大程度上在于制造过程的合理性和标准化；而在信息经济环境里，事务的独特性取代了重复性过程，信息本身也是动态的、不断变化的，灵活性成了新秩序的代名词。他们很快发现实行项目管理恰恰是实现灵活性的关键手段。他们还发现项目管理在运作方式上最大限度地利用了内外资源，从根本上改善了中层管理人员的工作效率。于是纷纷采用这一管理模式，并成为企业重要的管理手段。经过长期探索总结，现代项目管理逐步发展成为独立的学科体系，成为现代管理学的重要分支。

项目管理的理论来自于管理项目的工作实践。时至今日，项目管理已经成为一门学科，但是当前大多数的项目管理人员拥有的项目管理专业知识不是通过系统教育培训得到的，而是在实践中逐步积累的，并且还有许多项目管理人员仍在不断地重新发现并积累这些专业知识。通常，他们要在相当长的时间内（5～10 年），付出昂贵的代价后，才能成为合格的项目管理专业人员。正因为如此，近年来，随着项目管理的重要性为越来越多的组织（包括各类企业、社会团体甚至政府机关）所认识，组织的决策者开始认识到项目管理知识、工具和技术可以为他们提供帮助，以减少项目的盲目性。于是这些组织开始要求他们的雇员系统地学习项目管理知识，以减少项目过程的偶发性。在多种需求的促进下，项目管理迅速得到推广普及。

目前，在欧美发达国家，项目管理不仅普遍应用于建筑、航天、国防等传统领域，而且已经在电子、通信、计算机、软件开发、制造业、金融业、保险业甚至政府机关和国际组织中成为其运作的中心模式，比如 AT&T、Bell、IBM、Morgan stanley、美国白宫行政办公室、美国能源部、世界银行等在其运营的核心部门都采用了项目管理。

1980 年，邓小平亲自主持了我国最早与世界银行合作的教育项目会谈，从此中国开始吸收利用外资，而项目管理作为世行项目运作的基本管理模式，随着中国各部委的世界银行贷款、赠款项目的启动而开始被引入并应用于中国。随后，项目管理开始在我国部分重点建设项目中被运用，云南鲁布革水电站是我国第一个聘用外国专家采用国际标准应用项目管理进行建设的水电工程项目，取得了巨大的成功。在二滩水电站、三峡水利枢纽建设和其他大型工程建设中，都采用了项目管理这一有效手段，并取得了良好的效果。但是，和国际先进水平相比，中国项目管理的应用面窄（在建筑、水利、国防、IT 等国家大型重点项目以及跨国公司的在华机构中使用较多），发展缓慢，缺乏具有国际水平的项目管理专业人才。

二、工程项目管理的发展

项目管理从经验走向科学的过程，应该说经历了漫长的历程，原始潜意识的项目管理萌芽经过大量的项目实践之后才逐渐形成了现代项目管理的理念，这一过程大致经历了如下四个阶段。

（1）潜意识的项目管理。这一阶段从远古到20世纪30年代以前，人们是无意识地按照项目的形式运作。

在古代，我们祖先就开始了项目管理的实践，人类早期的项目可以追溯到数千年以前，如古埃及的金字塔、古罗马的尼姆水道、古代中国的都江堰和万里长城。这些前人的杰作至今仍向人们展示着人类智慧的光辉。

有项目，就有项目管理问题。因此，西方人提出人类最早的项目管理是埃及的金字塔和中国的长城。但是，应该看到直到20世纪初，项目管理还没有形成行之有效的计划和方法，没有科学的管理手段，没有明确的操作技术标准。因而，对项目的管理还只是凭个别人的经验、智慧和直觉，依靠个别人的才能和天赋，根本谈不上科学性。

（2）传统项目管理的形成。这一阶段从20世纪30年代初期到50年代初期。本阶段的特征是用横道图进行项目的规划和控制。

早在20世纪初，人们就开始探索管理项目的科学方法。第二次世界大战前夕，横道图已成为计划和控制军事工程与建设项目的重要工具。横道图于1900年前后发明，其最大的特点就是直观，便于监督和控制项目的进展状况，时至今日仍是管理项目尤其是建筑项目的常用方法。但是，由于横道图难以表明工作间的逻辑关系和确定关键线路，不适应大型项目的需要。与此同时，在规模较大的工程项目和军事项目中广泛采用了里程碑系统。里程碑系统的应用虽未从根本上解决复杂项目的计划和控制问题，但却为网络概念的产生充当了重要的媒介。应该指出的是，在这一阶段以及这一阶段之前，虽然人们对如何管理项目进行着广泛的研究和实践，但还没有明确提出项目管理的概念。项目管理的概念是在第二次世界大战后期，在实施曼哈顿项目时提出的。

（3）项目管理的传播和现代化。这一阶段从20世纪50年代初期到70年代末期。本阶段的重要特征是开发和推广应用网络计划技术。

进入20世纪50年代，美国军界和各大企业的管理人员纷纷为管理各类项目寻求更为有效的计划和控制技术。在各种方法中，最为有效和方便的技术莫过于网络计划技术。网络计划技术克服了横道图的种种缺陷，能够反映项目进展中各工作间的逻辑关系，能找出关键线路和关键工作，并可以事先进行科学安排，因而给管理人员对项目实行有效的管理带来极大的方便。

网络计划技术的开端是关键路线法和计划评审技术的产生和推广应用。始创于1956年的关键路线法（CPM—Critical Path Method）在次年应用于杜邦公司的一个投资千万美元的化工项目，结果大大缩短了建设周期，节约了10%左右的投资，取得了显著的经济效益。该方法由凯利（Kelly）和沃克（Walker）于1959年公诸于世。计划评审技术（PERT—Program Evaluation&Review Techniques）出现于1958年，是美国海军在研究开发北极星（Polaris）号潜水舰艇所采用的远程导弹F.B.M的项目中开发出来的。由维拉·费查（willard Fazar）在洛克希德公司导弹和空间部（Lockheed Missile and Space Division）的协助以及布兹（Booze）、艾伦（Allen）和哈密尔顿（Hamilton）的咨询帮助下开发出来的PERT的应用技术，使美国海军部门顺利解决了组织、协调问题（这项工程涉及到了美国48个州的200多个主要承包商和11000多个企业），节约了投资，缩短了约两年工期（计划工期为

8年)，缩短工期近25%。此后，美国三军和航空航天局在各自的管辖范围内全面推广了这一技术。这一技术很快就在世界范围内得到了重视，成为管理项目的一种先进手段。20世纪60年代，耗资400亿美元、涉及两万多企业的阿波罗载人登月计划，也是采用PERT进行计划和管理的。日本于1961年引进了美国的网络计划技术，日本政府认为此项技术是最优方法，并规定全面推广。前苏联在1970～1975年的第九个五年计划期间，在建筑业推行了这一技术。英国推广应用网络计划技术比较普遍，除建筑业外，工业方面应用得也很多，他们为各级企业管理人员举办不同类型的短期培训班，使各级管理人员都能懂得和应用这种管理方法，以适应各层次管理人员的需要。法国、加拿大等发达国家应用网络计划技术也卓有成效。发达国家的经验表明，应用网络计划技术，可节约投资的10%～15%，缩短工期约15%～20%，而编制网络计划所需要的费用仅为总费用的0.1%。

早在20世纪60年代初期，我国就引进和推广了网络计划技术。华罗庚教授结合我国“统筹兼顾，全面安排”的指导思想，将这一技术称为“统筹法”，并组织小分队深入重点工程进行推广应用，取得了良好的经济效益。1965年6月6日《人民日报》以整版篇幅发表了华罗庚教授的《统筹方法平话》，这是一篇通俗易懂讲授项目管理知识的、我国最早的项目管理科普文献。同年7月在收到华罗庚教授寄给的《统筹方法平话及补充》后，毛泽东主席很快就给华罗庚教授回信：“来信及平话，早在外地收到。你现在奋发有为，不为个人而为人民服务，十分欢迎。听说你到西南视察，并讲学，大有收获，极为庆幸。”1970年3月4日，周恩来总理对统筹法的推广也做了批示，两个伟人的批示极大地推动了我国统筹法和优选法的推广工作，推动了网络计划技术在我国的推广应用。

PERT考虑了项目各工作环节在完成时间上的不确定性，在实际中却必须明确考虑其他不确定因素，如网络中是否每个活动都要完成，网络中是否应有回路等。

1981年，莫勒尔（Moeller G. L）和迪格曼（Digmana L. A）研制成一种全新的网络计划技术VERT－3。该技术不仅能分析完成计划的进度，显示各项成果的范围、性能和费用水平，还能突出显示关键最优路线，提供成功的可能性和失败的风险度，因而在处理风险决策问题上，有着较大的价值。

网络方法的出现，给管理科学的发展注入了活力。它不仅促进了1957年出现的系统工程，而且使第二次世界大战中发展起来的运筹学也得到了充实。网络技术也由此而成为一门独立的学科，项目管理因之更加充实，并逐渐发展和完善起来。

此时，项目管理有了科学的系统方法，但当时主要应用在国防和建筑业，项目管理的任务主要是强调项目的执行。

（4）现代项目管理的发展。这一阶段是从20世纪70年代末到现在。这一阶段的特点表现为项目管理范围的扩大，以及与其他学科的交叉渗透和相互促进。进入20世纪70年代以后，项目管理的应用范围由最初的航空、航天、国防、化工、建筑等部门，广泛普及到了医药、矿山、石油等领域。计算机技术、价值工程和行为科学在项目管理中的应用，极大地丰富和推动了项目管理的发展。在这一阶段，项目管理在理论和方法上得到了更加全面深入的探讨，逐步把最初的计划和控制技术与系统论、组织理论、经济学、管理学、行为科学、心理学、价值工程、计算机技术等以及项目管理的实际结合起来，并吸收了控制论、信息论及其他学科的研究成果，发展成为一门较完整的独立学科体系。

当前，项目管理的发展有了新的突破，其特点是面向市场，迎接竞争。项目管理除了计划和协调外，对采购、合同、进度、费用、质量、风险等给予了更多的重视，并形成了现代项目管理的框架。为了在迅猛变化、剧烈竞争的市场中迎接经济全球一体化的挑战，项目管理更加注重人的因素，注重顾客，注重柔性管理，力求在变革中生存和发展。在这个阶段，应用领域进一步扩大，尤其在新兴产业中得到了迅速发展，譬如电信、软件、信息、金融、医药等。现代项目管理的任务也不仅仅是执行项目，而且还要开发项目、经营项目和管理项目完成后形成的设施或其他成果。

为提高建设工程项目管理水平，促进建设工程项目管理的科学化、规范化、制度化和国际化，中国建筑业协会工程项目管理委员会于 2006 年正式公布了新的《建设工程项目管理规范》，这标志着我国的工程项目管理已经进入到一个崭新的阶段。本规范不但适用于新建、改建、扩建工程，而且适用于相关的各类组织，包括发包人、承包人、分包人、总承包人、供应商、设计单位、监理单位等，外国人也可以采用。但是，本规范对建设项目前期的管理工作未予涉及。

总的来讲，项目管理科学的发展是人类生产实践活动发展的必然产物。从最原始的实践活动来看，人的本能及潜意识行为是完成所给定的项目活动，也就是以完成任务为其最终目标，然而为了完成任务，人们的活动常常受到一定的限制，即对项目的实现需要在时间、费用与可交付物之间进行综合平衡。传统项目管理的概念就是基于实现项目的三坐标约束而提出的一套科学管理方法，它追求的目标是在给定的费用限额下，在规定的时间内完成给定的项目目标。在这一界定下，传统项目管理着重大项目实施的环节，并且更多的是站在项目实施方的立场上，分析如何才能更好地完成项目。然而，项目管理涉及的面非常广泛，有投资方、设计方、承包方、监理方及用户方等，为此项目管理中就必须充满多赢的思想，这也就是现代项目管理的理念，现代项目管理已经为项目管理的应用提供了一套完整的学科体系，其追求的目标是使项目参与方都得到最大的满意及项目目标的综合最优化。当代项目与项目管理是扩展了的广义概念，项目管理更加面向市场和竞争、注重人的因素、注重顾客、注重柔性管理，是一套具有完整理论和方法基础的学科体系。

第三节　工程项目管理的课程特点和学习要求

一、课程性质与目的

《工程项目管理》课程是高等学校许多土木类、建筑类非工程管理专业学生的一门重要课程。它以工程建设项目为对象提出工程建设项目管理的概念和系统，项目组织与管理的理论和方法，强调管理的应用，为学生建立工程建设项目管理的知识体系和培养应用管理知识解决实际问题的技能。

在我国计划经济时期，工程建设项目大多由国家投资，建设项目的各参与方很少关心项目的投资效益，给国家造成了损失。在我国进一步向市场化迈进的今天，工程建设项目的业主越来越认识到工程建设项目管理的重要性，把追求项目的投资效益看作头等重要的事情，这也使得工程建设项目的各参与方越来越感到增加此方面知识的重要性。这一切均对当今培养的土木类专业大学生提出了新的和更高的要求。目前许多高校已认识到了在这些土木类专业中增设工程项目管理课程的重要性，并要求作为学生的必修课程之一进行讲授。随着我国工程建设领域进一步市场化，社会更加需要具有工程管理知识的复合型工程技术人才。为此，有必要在大学土木类非工程管理专业的学生中设置该课程。

二、课程重点

本课程以工程项目整个实施过程为主线，从项目的概念及工程项目的特征入手，在介绍了工程建设项目管理概念和管理系统，特别是工程建设项目管理的发展、演变以及所形成的项目管理格局的基础上，分别介绍项目各参与方所涉及到的项目管理重点、内容、区别与联系，使学生掌握工程建设项目管理的基本原理和方法，包括项目的前期策划、项目的组织，以及对工期、质量、费用、信息的管理和对各项目标实施控制的方法。

三、学习中应注意的问题

《工程项目管理》课程是一门实践性较强的课程，也是一门相对较新的课程，不断有新的管理内容与方法在实践中应用。因此，本课程学习时要注意如下几个方面的结合：

(1) 教与学的结合。

(2) 理论与实践的结合。

(3) 常规听课学习方式与听专题讲座的结合。

(4) 国内与国外信息的结合。

(5) 理论方法与案例的结合。

本课程以工程项目为对象，系统地研究其管理活动中的各种规律性，形成了工程项目管理的完整体系。学生通过本课程的学习，既了解了工程项目管理的理论知识，又掌握了主要的管理方法，初步具备工程项目管理的实践能力。通过本课程的学习学生应达到：

(1) 了解工程建设项目管理系统、管理的基本原理和过程。

(2) 明确各参与方的工作重点。

(3) 懂得工程建设项目管理的组织与发包方式。

(4) 掌握工程建设项目管理中的目标控制方法和应用。

(5) 初步具有应用本课程所学知识解决实际问题的能力。

本章小结

工程项目管理是指工程建设者运用系统工程的观点、理论和方法，对工程进行全过程和全方位的管理。

无论今后代表哪一实施主体参与公路工程专业建设的人员都要掌握项目管理知识、项目管理的理论和方法，具有进行施工企业项目管理的能力，具有从事建设项目管理的初步能力，以及具有其他有关工程实践的能力。

项目和项目管理的发展是工程和工程管理实践的结果。

本课程学习时要注意的问题和要达到的要求。

思考题

1. 工程项目管理的重要性是什么？
2. 项目管理的发展经历了哪几个过程？
3. 工程项目管理的课程特点是什么？
4. 通过本课程的学习要达到什么目的？

第二章　工程项目管理基础

本章知识点

- 项目的概念和特征；
- 建设工程项目的特征和分类；
- 建设工程项目管理的职能；
- 项目法人的组织形式；
- 工程项目建设程序。

第一节　项目与建设工程项目

一、项目

1. 项目的概念

不同学者和机构对项目的定义有一定的不同。我们可将项目定义为：项目是在特定的组织机构内、在限定的资源条件下、在预定的期限内完成的、具有一定质量和数量要求的、一次性的专门任务，如组织一次郊游、举办一个运动会、治理某项污染、某项太空计划等。可以看出项目千差万别，但作为项目应具有两大基本特征：一是主观方面的特征，即项目作为特定管理主体的被管理对象和管理手段而存在；二是客观方面的特征，即项目在客观上必须具备单次性任务的属性。

项目的两大基本特征是一个项目存在的充分必要条件。首先，从客观特征方面看，只有被管理的对象具有单次性任务这一基本属性时，我们在主观上才有可能把它作为一个项目来管理，否则可以作为常规性任务来处理。其次，从主观特征方面看，即使管理对象在客观上具备了一次性属性，是否应作为项目来管理还取决于人们的主观意愿，当某一单次性任务作为一个项目有助于管理者有效地实现任务的目标时，可作为项目来管理，否则不必作为项目来管理。

2. 项目的特征

1）项目的相对性

项目既然是作为一种组织形式和单次性任务，那么它就不是一个固定的目的物。项目总是相对于确定的主体而存在的，因此，项目具有相对性。项目的这一特征，一方面说明了项目管理的复杂性，因为任何一个项目都是单次的，不存在两个同样的项目，也不可能存在标准的项目管理模式和统一的项目管理手段；另一方面又说明了科学组建项目管理组织的重要性，因为项目的相对性决定了为实施项目管理的组织的存在既是相对的，又是必需的。

2）项目的临时性

项目是特定管理主体在一定时期的组织形式，只在一段有限的短暂时间内存在，所以项目具有临时性。在经过一定的寿命周期，原来构成项目的各种要素不再存在时，项目也就结束了。项目的这一特征，说明在项目管理中必须根据项目运行的期限要求，合理组织和协调各方面的活动，以确保项目按时完成。

3）项目的一次性

项目的一次性是指每个项目完成后，不会再有与其完全相同的项目出现，即项目具有单件性的特征。项目的这一特征要求在项目实施过程中，必须根据项目运行的内在规律进行管理，以确保项目建设的成功。因为一旦项目管理工作出现较大失误，其造成的损失无法挽回。

4）项目的目标性

项目既然作为一项任务，那么它就有明确的目标。项目的目标，就是项目管理主体在完成项目任务时所要达到的目的。一般地，项目的最终目标是效益目标；项目的工期、成本和质量目标是项目的二级目标，应服从于效益目标。项目的这一特征要求对项目进行管理时，一方面必须紧紧围绕目标进行，另一方面必须注意协调各种目标之间的关系。除了下一级目标应服从上一级目标、最终服从效益这一总目标外，还必须注意对同级目标之间各种冲突的协调。

5）项目的寿命周期性

项目的单件性决定了项目有一个确定的起始、实施和终结的过程，这就构成了项目的寿命周期。对于一般项目来说，项目的寿命周期可分为三个阶段。第一阶段是项目前期阶段，一般包括项目策划、可行性研究等，即要明确项目的任务、基本要求、所需投入要素以及期望达到的目标；第二阶段是项目实施阶段，即具体组织项目的实施以实现项目的目标；第三阶段是项目终结阶段，包括项目的总结、清理等。

6）项目的约束性

项目是一件任务，而任何任务都有其限定条件。项目的限定条件就构成了项目的约束性。项目的限定条件一般包括项目的投入要素（人、财、物）、时间和质量要求等。项目的约束性为项目的实施和完成提供了一个最低的参考标准。既然实施项目所需的各项要素是有限的，那么就要求在项目管理时，必须注重成本效益分析，合理整合各种资源，在按时、保质、保量实现项目目标的同时，又能节约各种资源，杜绝浪费，提高利用率。

7）项目的系统性和整体性

一般地，项目的各种要素之间都存在着某种联系，只有将它们有机地结合起来才能确保项目目标的有效实现，这在客观上就形成了一个系统。同时，项目只有一个最终目标，即效益目标，项目的其他目标都应为它服务，并统一于它的要求之下。项目的这一特征，既要求从成本、进度和质量等方面对项目实施全过程、全面和全员的管理，又要求从系统论的观点出发，围绕项目效益目标的实现，整合资源、实施管理。

二、建设工程项目

1. 建设工程项目的含义

为完成依法立项的新建、扩建、改建等各类工程而进行的、有起止日期的、达到规定要求的一组相互关联的受控活动组成的特定过程，包括策划、勘察、设计、采购、施工、试运行、竣工验收和考核评价等，称建设工程项目。它需要一定量的投资，按照一定的程序，在一定时间内完成，应符合质量要求的一次性任务，与有些项目不同的是一般会形成固定资产。

“建设工程项目”是最为常见的项目类型，是项目的一类，它和科研项目、IT 项目、投资项目、开发项目、航天项目等是同地位的项目，它是一种融投资行为和建设活动为一体的项目决策与实施活动。对于投资与建设的关系，一方面，投资与建设在工程项目实施过程中密不可分。投资是工程项目实施的起点，没有投资就不可能建设；同时，没有建设活动，投资的目的也不可能实现。另一方面，投资的内涵要远远广于建设的内容。而且，投资与建设在一定条件下是可以分离的，因为投资并不一定要通过项目的建设来实现，但在工程项目的实施过程中，两者是密切结合在一起的。所以，工程项目的建设，实质上就是将人力、物力等投资要素转为实物资产的经济活动过程。

2. 建设工程项目的特征

建设工程项目除了以上与一般项目具有相同的基本特征外，还存在着一些其他项目所没有的特征，具体如下。

1）建设工程项目投资大

一个建设工程项目少则有几百万元，多则有上千万元、数亿元的资金投入。例如广州新白云机场项目总投资为200多万元，而举世闻名的我国三峡工程项目，投资达1 800亿元，著名的英吉利海峡隧道项目其总投资更是高达120亿美元。

2）建设周期长

由于建设工程建设项目规模大，技术复杂，涉及的专业面广，因此，从项目的设计、建设，到投入使用，少则几年，多则几十年。如三峡工程项目前期论证就花了几十年。

3）不确定性因素多，风险大

建设工程项目由于建设周期长，露天作业多，受外部环境影响大，因此，不确定性因素多，风险大。例如，1997年发生的亚洲金融风暴，使货币大幅度贬值，许多国外建设工程项目的投资者受到了极大的经济损失；1999年发生的伊拉克战争不得不使许多在建项目停止，还使许多工程项目遭到了毁坏；非典也对很多项目的实施带来了影响。天气也是造成不确定性的原因之一，比如重庆江北机场一期工程建设中，大规模土方工程施工由于长时间的降雨被耽误了近两个月。

4）项目参与人员多

建设工程项目是一项复杂的系统工程，参与的人员众多。这些人员来自不同的参与方，他们往往涉及到不同的专业，并在不同的层次上进行工作，其主要的人员包括业主、建筑师、结构工程师、建造师、机电工程师、项目管理人员（包括监理人员）和其他咨询人员等，此外，还涉及到行使工程建设项目监督管理的政府建设行政主管部门以及其他相关部门的人员。

5）工程项目的项目管理极其重要

由于建设工程项目投资大、建设周期长、不确定性因素多，以及参与人员多等特征，使得工程项目的管理尤为重要。高数额的资金如何在不同阶段有效地使用；如何将众多的工程建设项目参与人员进行有序的安排，使他们能依次安全地在不同的时间和不同的地点完成好自己的工作；怎样才能把成千上万吨建筑材料经济、安全地采集到现场，并安全、合理、不浪费地被使用……这一系列的问题必须通过有效的项目管理，即进行全面的组织、计划、协调和控制才能得以有效解决。

三、建设工程项目的分类

建设工程项目可按不同的标准进行分类。

1. 按建设性质分类

建设工程项目按其建设性质不同，可划分为基本建设项目和更新改造项目两大类。其中，基本建设项目包括新建项目、扩建项目、迁建项目和恢复项目；更新改造项目包括挖潜工程、节能工程、安全工程、环境工程。

2. 按投资作用分类

建设工程项目按投资作用的不同，可以分为生产性建设工程项目和非生产性建设工程项目。

3. 按专业分类

建设工程项目按专业的不同，可以分为建筑工程项目、土木工程项目、线路管道安装工程项目、装修工程项目等。其中，建筑工程项目的产出物为房屋工程；土木工程项目的产出物为公路、铁路、桥梁、隧道、水坝、电站等；线路管道安装工程项目的产出物为安装完成的送变电、通信等线路，给排水、化工等管道，燃气及石油管道，机械、电气、交通等设备；装修工程项目指构成装修产品的抹灰、油漆等。

4. 按项目规模分类

按照国家规定的标准，基本建设项目划分为大型、中型、小型三类；更新改造项目划分为限额以上和限额以下两类。

按投资额划分的基本建设项目，属于工业生产性项目中的能源、交通、原材料部门的工程项目，投资额达到5 000万元以上为大中型项目，其他部门和非工业建设项目，投资额达3 000万元以上为大中型项目。

按生产能力或使用效益划分的建设项目，以国家对各行业的具体规定作为标准。

更新改造项目只按投资额标准划分，5 000万元以上（含5 000万元）的能源、交通、原材料工业项目，及3 000万元以上（含3 000万元）的其他项目为限额以上项目；其他为限额以下项目。

5. 按项目的效益和市场需求分类

按项目的经济效益、社会效益和市场需求等基本特征的不同，建设工程项目可划分为竞争性项目、基础性项目和公益性项目。

竞争性项目，主要是指投资效益比较高、竞争性比较强的建设工程项目。这类项目应以企业作为基本投资主体，由企业自主决策、自担投资风险。

基础性项目，主要是指具有自然垄断性、建设周期长、投资额大而收益低的基础设施和需要政府重点扶持的一部分基础工业项目。这类项目主要应由政府通过经济实体进行投资，也可吸引企业或外商投资。

公益性项目，主要包括科技、文教、卫生、体育、环保等设施，政府机关和社会团体办公设施和国防建设等。公益性项目主要由政府用财政资金进行投资。

第二节　项目管理与工程项目管理

一、项目管理

1. 项目管理及其特征

“项目管理”就是对“项目”进行管理，这也是其最原始的概念，它说明了两个方面的内涵，即：项目管理属于管理的大范畴；项目管理的对象是项目。

然而，随着项目管理理论及其实践的发展，其内涵得到了较大的充实与发展，当今的

“项目管理”已是一种新的管理方式、一门新的管理学科。具体地讲，“项目管理”一词有两种含义，其一是指一种管理活动，即一种有意识地按照项目的特点和规律，对项目进行组织管理的活动；其二是指一种管理学科，即以项目管理活动为研究对象的一门学科，它是探求项目活动科学组织管理的理论与方法。前者是一种客观实践活动，后者是前者的理论总结；前者以后者为指导，后者以前者为基础。

项目管理按GB/T 19016—2000可以定义为：运用系统的理论和方法，对建设工程项目进行的计划、组织、指挥、协调和控制等专业化活动，以实现项目全过程的动态管理和项目目标的综合协调与优化。

项目管理具有以下特征。

1）项目管理的对象是项目或被当作项目来处理的作业

项目管理是针对项目的特点而形成的一种管理方式，因而其适用对象是项目，特别是大型的、比较复杂的项目；鉴于项目管理的科学性和高效性，有时人们会将重复性的“作业”中某些过程分离出来，加上起点和终点，当作项目来处理，以便于在其中应用项目管理的方法。

2）项目管理的全过程都贯穿着系统工程的思想

项目管理把项目看成一个完整的系统，将系统分解为许多责任单元，由责任者分别按要求完成目标，然后汇总、综合成最终的成果；同时，项目管理把项目看成一个有完整生命周期的过程，强调部分对整体的重要性，促使管理者不要忽视其中的任何阶段，以免造成总体的效果不佳，甚至失败。

3）项目管理的组织具有特殊性

项目管理的一个最为明显的特征即是其组织的特殊性。其特殊性表现在以下几个方面：

(1) 有了“项目组织”的概念。项目管理的突出特点是项目本身作为一个组织单元，围绕项目来组织资源。

(2) 项目管理的组织是临时性的。由于项目是一次性的，而项目的组织是为项目的建设服务的，项目终结了，其组织的使命也就完成了。

(3) 项目管理的组织是柔性的。所谓柔性即是可变的。项目的组织打破了传统的固定建制的组织形式，而是根据项目生命周期各个阶段的具体需要，适时地调整组织的配置，以保障组织的高效、经济运行。

(4) 项目管理的组织强调其协调控制职能。项目管理是一个综合管理过程，其组织结构的设计必须充分考虑到利于组织各部分的协调与控制，以保证项目总体目标的实现。

4）项目管理的体制是一种基于团队管理的个人负责制

由于项目系统管理的要求，需要集中权力以控制工作正常进行，因而项目经理是一个关键角色。

5）项目管理的方式是目标管理

项目管理是一种多层次的目标管理方式。由于项目往往涉及的专业领域十分宽广，而项目管理者谁也无法成为每一个专业领域的专家，对某些专业虽然有所了解，但不可能像专门研究者那样深刻。可见，项目管理只要求在约束条件下实现项目的目标，其实现的方法具有灵活性。

6）项目管理的要点是创造和保持一种使项目顺利进行的环境

项目管理是一个管理过程，而不是技术过程，处理各种冲突和意外事件是项目管理的主要工作。

7）项目管理的方法、工具和手段具有先进性、开放性

项目管理采用科学先进的管理理论和方法。如采用网络图编项目进度计划，采用目标管理、全面质量管理、价值工程、技术经济分析等理论和方法控制项目总目标；使用计算机进行项目信息处理等。

2. 项目管理与企业管理的区别

项目管理与企业管理同属于管理活动范畴，但两者之间有着明显的区别。

1）管理主体不同

项目管理实施的主体是项目管理组织，即项目经理部；而企业管理实施的主体是企业管理层。

2）管理对象不同

项目管理的对象是一个具体的项目，即一个一次性的任务；而企业管理的对象是一个企业，即一个持续稳定的经济实体。

3）管理目标不同

项目管理是为了实现项目目标，项目的目标一般以效益为中心，是短期的、临时的；而企业管理是为了实现持续稳定的利润目标，企业的目标是长远的、稳定的。

4）管理内容不同

项目管理活动贯穿于一个具体项目寿命周期的全过程，是一种任务型管理，需要按项目管理的科学方法进行管理；而企业管理则是一种职能管理和作业管理的综合，其本质是一种实体型管理。

5）运行规律不同

项目管理是一项一次性多变的活动，其规律性是以项目周期和项目内在规律为基础的；而企业管理是一种持续、稳定的活动，其规律性是以现代企业制度和企业经济活动内在规律为基础的。

二、建设工程项目管理

1. 建设工程项目管理及其主要任务

建设工程项目管理是项目管理的一个重要分支，它是通过管理者的努力，运用系统工程的观点、理论和方法对建设工程项目寿命周期内的所有工作及其资源进行决策、计划、组织、协调、控制和总结评价，以达到保证工程质量、加快工程进度、提高投资效益的目的，一般形成固定资产。

建设工程项目管理是站在业主的立场上对建设工程项目进行的综合性管理工作，为了获得最佳的投资效益，建设工程项目管理的主要任务是进行项目三大目标的分析论证，并进行质量控制、投资控制和进度控制。

2. 建设工程项目管理的重要职能

建设工程项目管理的职能应包括以下几个方面。

1）决策职能

决策是建设工程项目管理者在建设工程项目策划的基础上，通过进行调查研究、比较分析、论证评估等活动，得出的结论性意见，并付诸实施的过程。由于建设工程项目通常要经过建设前期工作阶段、设计阶段、施工准备阶段、施工阶段和竣工交付使用或生产阶段，其

建设过程是一个系统工程，因此，每一阶段的启动都要依靠决策。只有在作出科学、正确的决策以后的启动，才有可能是成功的，否则就是盲目的，就可能导致失败。

2）计划职能

决策只解决启动的决心问题，根据决策作出实施安排、设计出控制目标和实现目标的措施的活动就是计划。计划职能决定项目的实施步骤、搭接关系、起止时间、持续时间、中间目标、最终目标及措施。只有执行计划职能，才能使建设工程项目管理的各项工作成为可以预见和能够控制的。进行建设工程项目管理要围绕建设工程项目的全过程、总目标，将其全部活动都纳入计划的轨道，用动态的计划系统，协调与控制整个建设工程项目，保证建设活动协调有序地实现预期目标。

3）组织职能

组织职能是管理者把资源合理利用起来，把各种管理（作业）活动协调起来，并使管理（作业）需要和资源应用结合起来的行为。是管理者按计划进行目标控制的一种依托和手段。建设工程项目管理需要组织机构的成功建立和有效运行，从而发挥组织职能的作用。建设工程项目业主的组织，既包括在项目内部建立管理组织机构，又包括在项目外部选择可靠的监理单位、设计单位与施工单位，完成建设工程项目不同阶段、不同内容的建设任务。

4）控制职能

控制职能在于使项目按计划运行，它是项目管理活动最活跃的职能，用于项目目标控制。建设工程项目目标控制是指项目管理者在不断变化的动态环境中，为保证既定计划目标的实现而进行的一系列检查和调整活动的过程。建设工程项目目标的实现是以控制职能为主要手段，如果没有控制，便谈不上建设工程项目管理。目标控制是建设工程项目管理的核心。

5）协调职能

协调职能就是在控制的过程中疏通关系，解决矛盾，排除障碍，从而使控制职能充分发挥作用。协调是控制的动力和保证。由于建设工程项目实施的各个阶段在相关的层次、相关的部门之间，存在大量的结合部，构成了复杂的关系和矛盾，应通过协调职能进行沟通，排除不必要的干扰，确保建设工程项目的正常运行。

对于公路工程项目而言，其工程项目管理的具体内容有：

（1）确定建设项目意图。

（2）调查研究，如交通量调查，地质水文勘察，地形测量，科学研究，环保资料收集等。

（3）路线走向及主要控制点的确定。

（4）公路项目可行性研究，包括预可行性研究和工程可行性研究两个阶段，在技术、经济和生产力布局上对公路工程项目进行可行性论证，并经多方案比较，推荐最佳方案，为投资决策和进一步编制设计任务书提供依据。

（5）投资决策和资金筹措。

（6）编制项目建设规划。

（7）编制设计任务书。

（8）评选方案和委托设计。

（9）进行项目设计和审批，包括初步设计、施工图设计。

（10）工程项目施工。

(11) 项目竣工验收、交付使用和后评价。

狭义工程项目管理的内容指工程项目实施阶段的管理，主要包括设计管理、施工管理。参与以上过程管理的有业主、施工企业、咨询机构（监理机构）、原材料及设备供应商等各方面。本书考虑到工程项目管理理论教学需要，在尽量保持工程项目管理学科内容完整性的基础上，着重结合公路工程项目施工阶段管理的内容，从业主、监理工程师、承包商等参与工程建设各方的角度介绍工程项目管理的内容。

第三节　工程项目法人责任制

一、项目法人责任制的建立

为了建立投资责任约束机制，规范项目法人的行为，明确其责、权、利，提高投资效益，1992 年原国家计划委员会颁发了《关于建设项目实行业主责任制的暂行规定》，这是在建立社会主义市场经济体制过程中，进行投资体制改革的一项新举措，从根本上改变了以往计划经济时期，投资责任主体不明确，项目投资、建设和运营相脱节，吃国家大锅饭的弊端。这项制度经过几年的实践总结，1996 年原国家计划委员会从国有企业转换经营机制、建立现代企业制度的需要，根据《中华人民共和国公司法》（以下简称《公司法》）的精神，制订了《关于实行建设项目法人责任制的暂行规定》，将原来的项目业主责任制改为建设项目法人责任制。1999 年，为了加强基础设施工程的质量管理，国务院办公厅发出通知，要求“基础设施项目，除军事工程等特殊情况外，都要按政企分开的原则组成项目法人，实行建设项目法人责任制，由项目法定代表人对工程质量负总责”。项目法人责任制的核心内容是明确了由项目法人承担投资风险，项目法人要对工程项目的建设及建成后的生产经营实行一条龙管理和全面负责。实行项目法人责任制，是建立社会主义市场经济的需要，是转换项目建设与经营机制、改善建设工程项目管理、提高投资效益的一项重要改革措施。

根据暂行规定的要求，国有单位经营性基本建设大中型项目，在建设阶段必须组建项目法人。项目建议书被批准后，应由项目的投资方派代表组成项目法人筹备组，具体负责项目法人的筹建工作。在申报项目可行性研究报告时，须同时提出项目法人的组建方案，否则可行性研究报告不被批准。在项目可行性研究报告被批准后，正式设立项目法人，确保资本金按时到位，及时办理公司设立登记。重点工程的公司章程报国家发改委备案，其他项目的公司章程按隶属关系分别报有关部门、地方发改委。

项目法人可聘请项目经理，全权负责项目的建设及建成投产后的生产经营。工程设计、施工的具体管理工作，可通过招标选择咨询机构或监理单位承担。

二、项目法人的组织形式和主要职责

1. 项目法人的组织形式

根据暂行规定的要求，项目法人可按《公司法》的规定设立有限责任公司（包括国有独资公司）和股份有限公司。

1) 有限责任公司

有限责任公司是指由 2 个以上、50 个以下股东共同出资，每个股东以其认缴的出资额为限对公司承担责任，公司以其全部资产对债务承担责任的项目法人。国有控股或参股的有

限责任公司要设立股东会、董事会和监事会。董事会、监事会由各投资方按照《公司法》的有关规定进行组建。

2）国有独资公司

国有独资公司是由国家授权投资的机构或国家授权的部门作为唯一出资人的有限责任公司。国有独资公司设立董事会，董事长为公司的法定代表人。国有独资公司的经理由董事会聘任。

3）股份有限公司

股份有限公司是指全部资本由等额股份构成，股东以其所持股份为限对公司承担责任，公司以其全部资产对债务承担责任的项目法人。股份有限公司应有5个以上发起人。国有控股或参股的股份有限公司同有限责任公司一样，也要按照《公司法》的有关规定设立股东会、董事会、监事会和经理层组织机构，其职权与有限责任公司的职权相类似。

2.项目法人的主要职责

项目法人设立后，由其对项目寿命周期的各个过程进行管理和全面负责。项目法人在不同阶段的主要职责是：

(1) 在前期工作阶段，负责筹集建设资金，提出项目的建设规模、产品方案、厂址选择，落实项目建设所需的外部配套条件。

(2) 在设计阶段，负责组织设计方案竞赛或设计招标工作，编制和确定招标方案；对投标单位的资质进行审查，择优选定中标单位；签订设计委托合同，并按设计要求提供有关设计基础资料，及时了解设计文件的编制情况；设计完成后，及时组织设计文件（含概预算）的审查，并提出审查意见，上报初步设计文件和概算文件；进一步审查资金筹措计划和用款计划。

(3) 在施工招标阶段，负责组织施工招标和材料设备采购招标工作，编制和确定招标方案；对投标单位的资质进行审查，择优选定中标单位，签订施工合同和材料设备采购合同；落实工程开工前的各项准备工作。

(4) 在施工阶段，负责编制项目年度投资计划和建设进度计划；组织工程建设实施，负责控制投资、质量和进度，并定期向建设主管部门报送建设情况；项目投产以前，要组织好项目运营管理班子，做好各项运营准备工作；项目建成后，及时组织工程预验收，并提出竣工验收报告，编制工程竣工决算报告。

(5) 在生产运营阶段，负责组织生产运营工作管理机构，并组织生产运营管理；制订债务偿还计划，并按时偿还债务；组织项目后评价，并提出项目后评价报告。

在以上项目设计、施工招标和施工阶段，项目法人若委托监理单位实施建设监理，其职责还应包括：通过招标方式择优选择监理单位，签订建设工程委托监理合同，并实施合同管理等工作。

如果项目法人委托监理，在相应的委托监理阶段其部分职责则由监理单位来承担。监理单位承担的具体职责和任务，应由项目法人在建设工程委托监理合同中予以明确。

三、项目法人与各方的关系

实行项目法人责任制，在建设工程项目管理上形成了以项目法人为中心，项目法人向国家和各投资方负责，设计、施工和物资供应单位通过投标方式承担工程建设任务的建设管理新模式，也可以将部分工程项目管理工作委托给咨询和监理单位来进行。我们必须明确项目法人与下列各方的关系。

1. 项目法人与政府主管部门的关系

项目法人与政府主管部门是管理与被管理的关系。但是，实行项目法人责任制后，项目法人拥有自主权，政府主管部门对项目法人和建设工程项目的管理，要由原来的直接管理为主转变为间接管理为主，由原来的微观管理为主转变为宏观管理为主，不再干预项目法人的投资与建设活动。政府主管部门的主要职能是依法进行监督、协调和管理。即政府主管部门通过制定法律和法规，指导和制约项目法人的投资活动，使其符合国家的宏观政策和根本利益，并负责检查和审批涉及环境保护和其他对社会有影响的问题；协调项目法人与项目所在地的公共关系，给项目建设和生产运营创造良好的外部环境，必要时采取强制手段，帮助项目法人解决征地、拆迁等问题。

2. 项目法人与投资方的关系

投资方是项目法人的股东，由投资方组成的股东会或股东大会是项目法人的最高权力机构。各投资方必须按照组建项目法人时签订的投资协议规定的方式、数量和时间足额出资，且不得收回。投资方作为股东，以其出资额为限对项目法人承担责任，同时享有所有者权益。项目法人享有各投资方出资形成的全部法人财产权，并以其全部法人财产，依法自主经营，自负盈亏，照章纳税，对出资者承担资产保值增值的责任。

3. 项目法人与金融机构的关系

金融机构是指向建设工程项目提供贷款的国内商业银行、非银行金融机构、国际金融组织和外国商业银行等。项目法人与金融机构是平等的民事主体关系，双方通过借款合同明确其权利和义务。金融机构要按照借款合同约定的数额、期限及时向项目法人拨付款项；项目法人要按照借款合同约定的期限归还款项并支付利息。

4. 项目法人与监理单位的关系

项目法人与监理单位是平等的民事主体关系，双方通过委托监理合同明确其权利和义务。监理单位接受项目法人的委托之后，项目法人就把工程建设管理的某一阶段的部分管理权力授予给监理单位。监理单位在项目法人授权的范围内以第三方的身份独立地开展工作，并向项目法人负责。

5. 项目法人与承包单位的关系

承包单位是指参与工程建设的设计、施工等单位。项目法人与承包单位是平等的民事主体关系，项目法人通过招标方式择优选择承包单位，承包单位通过投标竞争获得设计或施工任务，双方通过签订工程承包合同明确其权利和义务。

如果项目法人委托建设监理，尽管监理单位和承包单位没有合同关系，但监理单位可以根据项目法人的授权，监督管理承包单位履行工程承包合同。

四、项目法人责任制

实行项目法人责任制，由项目法人对项目的策划、资金筹措、建设实施、生产经营、债务偿还和资产的保值增值，实现全过程的负责。项目法人可以委派建设工程项目经理作为项目法人的项目代表来负责具体实施。建设工程项目重大问题的决策由项目法人作出，建设工程项目经理采取措施确保决策的执行，其主要任务是为实现项目法人的建设意图，进行项目的组织协调、安全控制、控制投资、进度和质量，进行合同管理等。

目前国家没有推出代表业主方的建设工程项目经理的执业资格考试，但作为施工方的项目经理执业资格考试——建造师考试已于2003年启动并已经统考了两个年度。参照建造师的要求，建设工程项目经理应由具有大专以上学历、熟悉国家有关投资建设的方针、政策和法规，有较强的组织能力和较高的政策水平，具有建设工程项目管理工作的实践经验，或担任过同类建设工程项目施工现场高级管理职务并经实践证明是称职的项目高级管理人员，建设工程项目经理可行使以下职权：

(1) 组织编制项目初步设计文件，对项目工艺流程、设备选型、建设标准、总图布置提出意见，提交项目法人审查。

(2) 组织工程设计、施工监理、施工队伍和设备材料采购的招标工作，编制和确定招标方案、标底和评标标准，确定投、中标单位并签订合同。

(3) 编制并组织实施项目年度投资计划、用款计划、建设进度计划。

(4) 编制项目财务预、决算。

(5) 编制并组织实施归还贷款和其他债务计划。

(6) 组织工程建设实施，负责控制工程投资、工期和质量。

(7) 在项目建设过程中，在批准的概算范围内，对单项工程的设计进行局部调整。

(8) 根据项目法人授权，处理项目实施中的重大紧急事件，并及时向项目法人报告。

(9) 负责生产准备工作和培训有关人员。

(10) 负责组织项目试生产和单项工程预验收。

(11) 拟订生产经营计划、企业内部机构设置、劳动定员定额方案及工资福利方案。

(12) 组织项目后评价，提出项目后评价报告。

(13) 按时向有关部门报送项目建设、生产信息和统计资料。

(14) 提请项目法人聘任或解聘项目高级管理人员。

第四节　工程项目的基本建设程序

一、工程项目建设程序的概念

工程项目建设程序是指一项工程从设想、提出到决策，经过设计、施工直到投产使用的全部过程的各阶段、各环节以及各主要工作内容之间必须遵循的先后顺序。

建设程序反映了建设工作客观的规律性，由国家制定法规予以规定。严格遵循和坚持按建设程序办事是提高工程建设经济效益的必要保证。

二、工程项目建设程序的划分

目前，我国大中型项目的建设过程大体上分为项目决策和项目实施两大阶段。

项目决策阶段的主要工作是编制项目建议书，进行可行性研究和编制可行性研究报告。以可行性研究报告得到批准作为一个重要的“里程碑”，通常称为批准立项。立项后，建设项目进入实施阶段，主要工作是设计准备、设计、施工、动用前准备、保修等阶段。

1. 项目建议书

项目建议书是建设单位向国家提出的、要求建设某一建设项目的建议文件，是对建设项目的轮廓设想。投资者对拟兴建的项目要论证兴建的必要性、可行性以及兴建的目的、要求、计划等内容，写成报告，建议批准。

2. 可行性研究

项目建议书批准后，应着手进行可行性研究。可行性研究是对建设项目技术上和经济上是否可行而进行科学的分析和论证，为项目决策提供科学依据。

可行性研究又可分为预可行性研究和工可行性研究两阶段，其主要任务是通过多方案比较，提出评价意见，推荐最佳方案。内容可概括为市场研究、技术研究和经济研究。可行性研究报告是确定建设项目、编制设计文件的主要依据，在建设程序中处于主导地位，一方面把国民经济发展计划落实到建设项目上，另一方面使项目建设或建成投产后所需的人、财、物有可靠保证，因此一定要认真组织编报可行性研究报告。批准后的可行性研究报告是初步设计的依据，不得随意修改或变更。

3. 设计准备

可行性研究报告经批准后，建设单位可进行设计准备，包括组织设计招标或设计方案竞赛，编制设计招标文件，对设计投标单位进行资质审查，编制设计大纲（设计纲要或设计任务书），确定设计质量要求和标准，优选设计单位，签订设计合同。

4. 设计阶段

委托设计单位的合同签订以后，可进入设计实施。一般建设项目进行两阶段设计，即初步设计和施工图设计。技术上比较复杂而又缺乏设计经验的建设项目，进行三阶段设计，即初步设计、技术设计和施工图设计。

初步设计是为了阐明在指定地点、时间和投产限额内，拟建项目在技术上的可行性、经济上的合理性，并对建设项目作出基本技术经济规定，编制建设项目总概算。

技术设计是进一步解决初步设计的重大技术问题，如工艺流程、建筑结构、设备选型及数量确定等，同时对初步设计进行补充和修正，然后编制修正总概算。

施工图设计在初步设计或技术设计的基础上进行，需完整地表现建筑物外型、构造状况以及周围环境的配合。施工图设计完成后应编制施工图预算。国家规定，施工图设计文件应当经有关部门审查。

5. 建设施工阶段

为了保证施工顺利进行，必须做好各项建设准备工作。建设前期准备工作主要包括：征地、拆迁和场地平整，完成施工用水、电、路等工程，组织设备、材料订货等。在建设年度计划得到批准后，便可以依法进行招标发包工作，落实施工单位，签订施工合同。在具备开工条件并领取建设项目施工许可证后开工。

工程施工是使工程设计意图最终实现并形成工程实体的阶段，也是最终形成工程产品和工程项目使用价值的重要阶段，项目管理在这一阶段必须围绕影响工程的各种因素，对工程项目的施工进行有效管理。

6. 动用前的准备阶段

项目投产前要进行生产准备，这是建设单位进行的一项重要工作，包括建立生产经营管理机构，制订有关制度和规定，招收培训生产人员，组织生产人员参加设备的安装，调试设备和工程验收，签订原材料、协作产品、燃料、水、电等供应及运输协议，进行工具、器具、备品、备件的制造或订货，进行其他必需的准备。

当建设项目按设计文件内容全部施工完毕后，应组织竣工验收。这是建设程序的最后一步，是投资成果转入生产或服务的标志，对促进建设项目及时投产、发挥投资效益及总结建设经验都有重要意义。

7. 保修阶段

项目投产后，施工方、设备供应方等单位必须按相关规定履行保修义务。

三、工程建设项目实施程序

工程建设项目实施程序，是指土木建筑工程、线路、管道及设备安装工程、建筑装饰工程等新建、扩建、改建活动的施工准备、施工阶段、竣工阶段应遵循的有关工作步骤。其中，施工准备阶段分为工程建设项目报建、委托建设监理、招标投标、施工合同签订；施工阶段分为建设项目施工许可证领取、施工；竣工阶段为竣工验收及保修。

1. 工程建设项目报建

建设单位或其代理机构在工程建设项目可行性研究报告或其他立项文件批准后，须向当地建设行政主管部门或其授权机构进行报建，交验工程建设项目立项的批准文件、批准的建设用地等其他有关文件。

1）报建内容

工程建设项目的报建内容主要包括：工程名称、建设地点、投资规模、资金来源、当年投资额、工程规模、开竣工日期、发包方式、工程筹建等情况。

2）报建程序

(1) 建设单位到建设行政主管部门或其授权机构领取《工程建设项目报建表》。

(2) 按报表的内容及要求认真填写。

(3) 向建设行政主管部门或其授权机构报送《工程建设项目报建表》，经批准后，按规定进行招标准备。

工程建设项目的投资和建设规模有变化时，建设单位应及时到建设行政主管部门或其授权机构进行补充登记。筹建负责人变更时，应重新登记。

3）建设行政主管部门报建管理

(1) 贯彻实施《建筑市场管理规定》和有关的方针政策。

(2) 管理监督工程项目的报建登记。

(3) 对报建的工程建设项目进行核实、分类、汇总。

(4) 向上级主管机关提供综合的工程建设项目报建情况。

(5) 查处隐瞒不报违章建设的行为。

凡未报建的工程建设项目，不得办理招标手续和发放施工许可证，设计、施工单位不得承接该项工程的设计和施工任务。

2. 开工前审计

固定资产投资项目实行开工前审计制度。大中型建设项目和总投资 3 000 万元以上的楼堂馆所项目（不包括技术改造项目，下同）的开工报告，须先经审计机关审计，方可向有权审批机关报批。小型建设项目和 3 000 万元以下的楼堂馆所项目开工前，须先经审计机关审计，方可向有权审批开工的机关办理项目开工手续。

3. 委托建设监理

建设单位应当根据国家有关规定，对必须委托监理的工程，委托具有相应资质的建设监理单位进行监理。

4. 工程建设项目招标

工程建设项目施工，除某些不适宜招标的特殊建设工程项目外，均需依法实行招标。施工招标可采用公开招标、邀请招标的方式。

工程建设项目的施工招标，按《中华人民共和国招标投标法》的规定进行。

5. 签订施工合同

建设单位和施工企业必须签订建设工程施工合同。允许将部分非主体结构的工程或部分专业性质较强的工程进行分包，总承包企业将承包的工程建设项目分包给其他单位时，应当签订分包合同。分包合同不影响总承包合同的执行。

施工合同的签订，应使用国家工商管理局、建设部制订的《建设工程施工合同》示范文本，并严格执行《中华人民共和国合同法》、《建设工程施工合同管理办法》的规定。

6. 办理建设项目施工许可证

建设单位必须在开工前向建设项目所在地县以上人民政府建设行政主管部门办理建设项目施工许可证手续。未取得施工许可证的，不得开工。

按照《中华人民共和国建筑法》第八条的规定，申请施工许可证应当具备下列条件：

(1) 已经办理该建设工程用地批准手续。

(2) 在城市规划区的建设工程，已经取得建设工程规划许可证。

(3) 需要拆迁的，其拆迁进度符合施工要求。

(4) 已经确定施工单位。

(5) 有满足施工需要的施工图纸和技术资料。

(6) 有保证工程质量和安全的具体措施。

(7) 建设资金已经落实。

(8) 法律、法规规定的其他条件。

建设单位应当自领取施工许可证之日起三个月内组织开工。因故不能按期开工的，建设单位应当向发证机关说明理由，申请延期。延期以两次为限，每次不超过三个月。不按期开工又不按期申请延期的或超过延期时限的，施工许可证自行废止。

7. 工程施工

承包工程建设项目的施工单位必须持有资质证书，并在资质许可的范围内承揽工程。

建设项目开工前，建设单位应当指定施工现场工程师，施工单位应当指定项目经理，并分别将工程师和项目经理的姓名及授权事项书面通知对方，同时报工程所在地县级以上地方人民政府建设行政主管部门备案。

施工单位项目经理必须持有资质证书，并在资质许可的业务范围内履行项目经理职责。项目经理全面负责施工过程中的现场管理，并根据工程规模、技术复杂程度和施工现场的具体情况，建立施工现场管理责任制，并组织实施。

施工单位必须严格按照有关法律、法规和工程建设技术标准的规定，编制施工组织设计，制订质量、安全、技术、文明施工等各项保证措施，确保工程质量、施工安全和现场文明施工。

施工单位必须严格按照批准的设计文件、施工合同和国家现行的施工及验收规范进行工程建设项目施工。施工中若需变更设计，应按照有关规定和程序进行，不得擅自变更。建设、监理、勘察设计单位、施工单位和建筑材料、构配件及设备生产供应单位，应按照《中华人民共和国建筑法》、《建设工程质量管理条例》的规定承担工程质量责任和其他相应责任。

8. 竣工验收

竣工验收是全面考核建设工作，检查是否符合设计要求和工程质量的重要环节，对促进建设项目及时投产，发挥经济效益，总结建设经验有重要作用。

9. 建设项目保修

为使建设项目在竣工验收后达到最佳使用条件和使用寿命，施工企业在工程移交时，必须向建设单位提出建筑物及设备使用和保养要领，并在用户开始使用后，认真执行移交后的回访工作和履行保修义务。

《建筑工程质量管理条例》规定：建设工程实行质量保修制度。施工单位在向建设单位提交竣工验收报告时，应当向建设单位出具质量保修书。质量保修书中应当明确建设工程的保修范围、保修期限和保修责任等。

建设工程保修期限是指从竣工验收合格之日起，对出现的质量缺陷承担保修和赔偿责任的年限。保修期限、返修和损害赔偿按《建设工程质量管理条例》的规定执行。

本章小结

项目是在特定的组织机构内，在限定的资源条件下，在预定的期限内完成的具有一定质量和数量要求的一次性的专门任务。建设工程项目管理具有决策、计划、组织、控制和协调的重要职能。

实行建设项目法人责任制，由项目法定代表人对工程质量负总责。

目前，我国大中型项目的建设过程大体上分为项目决策和项目实施两大阶段。而实施阶段又分为设计准备、设计、施工、动用前准备、保修等阶段，必须严格按基本建设程序开展建设工程项目。

思考题

1. 什么是项目？项目有哪些特征？
2. 什么是建设工程项目？建设工程项目有哪些特征？
3. 项目法人的组织形式主要有哪几种？主要职责是什么？
4. 目前我国大中型项目的建设程序是什么？
5. 申请施工许可证应当具备哪些条件？
6. 建设工程项目经理可行使哪些职权？
7. 项目管理与企业管理的区别有哪些？

第三章　工程项目管理体制

本章知识点

- 我国建设工程项目管理体制的历史发展及现行管理体制；
- 常见的建设工程项目发包方式及其特点；
- 招投标基本概念、招标方式、招标程序；
- 设计招投标管理的基本内容；
- 施工招投标管理的基本内容；
- 建设工程项目及建设工程交易市场的政府监督管理。

第一节　工程项目管理体制概述

一、工程项目管理体制的发展

回顾历史，我国的建设工程项目管理体制主要有以下几种方式：一是政府指定施工单位进行工程项目建设，或政府指定具备施工能力的管理部门进行建设，管理职能由不同政府部门组成项目指挥部履行，工程完成后交由管理部门运行管理；二是政府组建项目管理机构，由这个管理机构组织工程建设，建成后移交管理运行单位；三是设计单位总承包，工程完工后移交管理运行单位；四是根据投资方的要求，由投资方组建项目管理企业，承担工程项目筹资、组织建设、管理运行和还贷等全过程；五是由投资方筹建项目法人单位，依据法定程序组建履行项目建设管理职责的法人单位，对项目建设的全过程负责。

我国建设工程项目的管理体制与我国的投资体制与管理制度的改革密切相连。随着计划经济向市场经济的过渡，我国建设工程的项目管理工作逐步走向现代管理模式的项目管理体制。工程项目管理是为了实现工程项目所要求的质量目标、所规定的工期及所批准的投资预算对项目进行的全过程、全方位的规划、组织、计划、控制与协调。项目管理工作的成效关键在于项目管理体制的建立。随着投资体制、管理制度的变革，我国的项目管理制度也发生了相应的变化，即从计划经济时代的管理模式，逐步过渡到以项目管理为模式的项目业主责任制，发展为现在的项目法人责任制。1982 年云南鲁布革水电站引水系统世界银行贷款项目开工建设，就曾引进了国际上通行的招标承包和以业主为中心的建设管理模式。1984 年六届人大二次会议的《政府工作报告》明确提出了投资包干责任制的招标承包制，同时对有偿还能力的项目按照资金有偿使用原则实行拨改贷，通过签订投资包干协议，由建设单位代替国家负责全面的工程建设。从基本建设改革的整个过程来说，以上改革措施对项目建设管理体制的发展起到了积极的推动作用。我国自 1988 年开始试点工程监理制度，1997 年《中华人民共和国建筑法》以法律制度形式作出规定："国家推行建筑工程监理制度"。

目前，我国已全面推行项目法人责任制、招投标制度、工程监理制和合同管理制，这四项制度与现代企业制度紧密接轨，对工程项目的投资效果起效很大。

二、我国现行的工程项目管理体制

1. 工程项目法人责任制度

所谓项目法人责任制，是指按《公司法》的规定设立有限责任公司，由项目法人实行全过程负责的责任形式。实行项目法人责任制，由项目法人对项目的策划、资金筹措、建设实施、生产经营、债务偿还和资产的保值增值，实行全过程负责。项目法人制明确规定：项目建议书被批准后，应由项目的投资方派代表组成项目法人筹备组，具体负责项目法人的筹建；在申报项目可行性研究报告时，需同时提出项目法人的工作组建方案；在项目可行性研究报告被批准后，正式成立项目法确保项目资本金按时到位，及时办理公司设立登记。

项目法人的法人治理结构为：股东会、董事会、监事会，实行责权明确，逐级负责，对项目法人进行监控。主要考核固定资产投资与建设的情况，法律、法规执行情况，国家年度投资计划的批准设计文件的执行情况，概算控制资金使用和工程组织管理情况，工程质量、工期、安全的控制情况，生产能力和国有资产形成的投资效益情况，土地、环保和国有资源利用情况，精神文明建设情况等。此外，还应建立对董事会、总经理的任职和离任审计制度。以上监控与考核指标也将是工程项目管理体制的重点内容。

2. 工程项目招投标制度

市场经济就是要充分发挥竞争机制的作用使市场主体优胜劣汰，从而实现资源的优化配置，在平等条件下公平竞争。招标的最大特点是通过集中采购，让众多的供应商、承包商进行竞争，以最低或较低的价格获得最优的货物、工程或服务，以节约工程建设成本。《中华人民共和国招投标法》规定：大中型建设项目的主体工程设计、建筑安装监理和主要设备、材料、机械采购、工程总承包单位以及招标代理机构，必须通过招标投标确定；招投标不受地区部门、行业限制，任何地区、部门和单位不得进行保护，要求招投标严格按程序进行实行公开招标，择优选取。招投标不仅是作为一项管理制度以保证工程项目质量，更为重要的是通过引入竞争机制进行成本费用的控制，以提高经济效益。

建设工程项目招标投标活动主要依据以下法律法规：

（1）中华人民共和国招标投标法（1999 年，中华人民共和国主席令 21 号）。

（2）工程建设项目招标范围和规模标准规定（2000 年，国家发展计划委员会令第 3 号）。

（3）工程建设项目施工招标投标办法（2003 年，国家发展计划委员会令第 30 号）。

（4）建筑工程设计招标投标管理办法（2000，中华人民共和国建设部令第 82 号）。

（5）房屋建筑和市政基础设施工程施工招标投标管理办法（2001 年，中华人民共和国建设部令第 89 号）。

3. 建设工程监理制度

所谓建设工程监理制是指监理的执行者依据建设行业法规和技术标准，综合运用法律、经济、行政和技术的手段，对工程建设参与者的行为及其责、权、利进行必需的协调和制约，保障工程建设井然有序进行，达到工程建设的多、快、好、省，取得最佳投资效益的目的。国外有的工程项目监理是受甲乙双方委托。

我国目前推行的工程监理制是受业主委托，其监理的主要内容是进度、工期和质量，协助业主控制工程建设的投资，进行工程建设合同管理，协调有关单位之间的关系。工程监理的目的和作用不仅是监督工程建设质量，而且协助业主控制工程项目的投资，节约工程项目的质量成本、误工以及协调成本等。因此，科学、合理、健全的工程成本监理制度也是工程项目管理体制的重要方面。我国自 1988 年开始试点工程监理制度，现已经过 19 年的工程实践，我国建设工程监理形成了一套完善的工程监理理论，培养了一支具有一定能力和素质的监理工程师队伍，积累了一些工程实践经验，建设了一批优质工程。

4. 合同管理制度

为了使勘察、设计、施工、材料设备供应单位和工程监理单位依法履行各自的责任和义务，在工程建设中必须实行合同管理制。

合同管理制度的基本内容是：建设工程的勘察、设计、施工、材料设备供应单位和工程监理单位都要依法订立合同。各类合同都应有明确的质量要求、履约担保和违约处罚条款。违约方要承担相应的法律责任。

合同管理制度的实施对建设工程监理开展合同管理工作也提供了法律上的支持。

三、工程实例——鲁布革水电站

鲁布革水电站位于云南罗平和贵州兴义交界处黄泥河，是我国第一个利用世界银行贷款，并按世界银行规定进行国际竞争性招标和项目管理的工程。该电站于 1982 年 11 月正式开工，1991 年 6 月 4 台机组全部投产，1992 年 12 月工程竣工，通过国家验收。电站共安装 15 万千瓦的水轮发电机四台，总容量 60 万千瓦，年发电量 28.2 亿千瓦时（见图 3-1）。

图 3-1　鲁布革水电站

第二节　工程项目的发包方式

工程项目组织方式（Project Organization Approach），亦称项目管理方式，是指项目建设参与方之间生产关系，包括有关各方之间的经济法律关系和工作（或协作）关系。

建设工程项目发包方式的选择决定于工程项目的特点、业主（项目法人）的管理能力和工程建设条件等方面。目前，国内外已形成多种发包方式，这些方式还在不断地得到创新和完善。下面介绍几种国内外常用的建设工程项目发包方式。

一、承发包模式

平行承发包模式是目前我国大中型工程建设中广泛运用的一种模式，其形式见图 3-2。

这种模式是指业主将整个工程项目按子项工程或专业工程分期分批，以公开或邀请招标的方式，分别直接发包给承包商，每一子项工程或专业工程的发包均有发包合同。采用这种发包方式，业主在可行性研究决策的基础上，首先要委托设计单位进行工程设计，与设计单位签订委托设计合同。在初步设计完成并经批准立项后，设计单位按业主提出的分项招标进度计划要求，分项组织招标设计或施工图设计，业主据此分期分批组织施工招标，各中标签约的承包商先后进点施工，每个平行承包的承包商对业主负责，与业主都签订合同，并接受监理工程师的监督，经业主同意，平行承包的承包商也可进行分包。

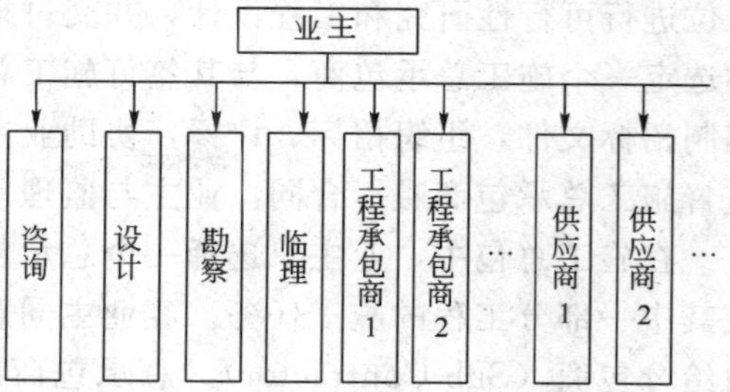

图 3-2　平行承发包模式

在这种模式下，业主根据工程规模的大小和专业的情况，可委托一家或几家监理单位对施工进行监督和管理，业主还可以委托监理单位进行设计监理。业主采用这种建设方式的优点在于可充分利用竞争机制，选择专业技术水平高的承包商承担相应专业项目的施工，从而达到提高质量、降低造价、缩短工期的效果。

平行承发包模式具有下列特点：

(1) 施工合同多，业主的协调管理工作量大。业主要与众多的项目建设参与者签约，特别是要与多个施工承包商（供应商）签约，施工合同多，界面管理复杂，沟通、协调工作量大，而且分标数量越多，业主直接管理承包商的数量越多，管理跨度越大，协调工作量越大。因此，对业主的协调管理能力有较高的要求。

(2) 利用竞争机制，降低合同价。采用平行发包，每一个招标项目的规模相对较小，潜在的投标人相对更多，能形成良好的竞争环境，降低合同价，有利于业主的投资控制。但是，分标项目过多时，项目实施中的协调工作量很大，合同管理成本较高。因此，业主的投资控制和业主的合同管理成本上升。

(3) 可以缩短建设周期。采用分项招标，往往在初步设计完成后就可以开始组织招标，按照“先设计、后施工”的原则，以招标项目为单元组织设计、招标、施工流水作业，使设计、招标和施工活动充分搭接，从而可以缩短工期。

(4) 设计变更多。采用平行发包，设计和施工分别由不同的单位承担，设计施工互相脱节，设计者很少考虑施工采用的工艺、技术、方法和降低成本的措施，特别是在大型土木建筑工程中，往往在初步设计完成后，依据深度不足的招标设计进行招标，在施工中，设计和招标设计的内容有出入的比较多，引起设计变更多，不利于业主的投资控制。

二、总承包模式

总承包模式又可分为项目总承包和施工总承包两种模式。

1. 施工总承包

施工总包是一种国际上最早出现，也是目前广泛采用的工程项目承包方式，其形式见图3-3。它由项目业主（Client）、监理工程师（The Engineer）、总承包商（General Contractor）三个经济上独立的单位共同来完成工程的建设任务。

图 3-3　施工总承包模式

在这种承发包模式下，业主首先委托咨询、设计单位进行可行性研究和工程设计，并交付整个项目的施工详图，然后业主组织施工招标，最终选定一个施工总承包商，与其签订施工总包合同。在施工招标之前，业主要委托咨询单位编制招标文件，组织招标、评标，协助业主定标签约，在工程施工过程中，监理工程师严格监督施工总承包商履行合同。业主与监理单位签订委托监理合同。

在施工总包中，业主只选择一个总承包商，要求总承包商用本身力量承担其中主体工程或其中一部分工程的施工任务。经业主同意，总承包商可以把一部分专业工程或子项工程分包给分包商（Sub-Contractor）。总承包商向业主承担整个工程的施工责任，并接受监理工程师的监督管理。分包商和总承包商签订分包合同，与业主没有直接的经济合同关系。总承包商除组织好自身承担的施工任务外，还要负责协调管理各分包商的施工活动，起总协调和总监督的作用。

施工总承包模式具有以下特点：

（1）施工合同单一，业主的协调管理工作量小。业主只与施工总包商签订一个施工总承包合同，施工总承包商全面负责协调现场施工，业主的合同管理工作量就相对少一些。

（2）建设周期长。施工总承包是一种传统的发包方式，按照设计—招标—施工的过程循序渐进组织工程建设，即业主在施工图设计（或招标设计）全部完成后才组织整个项目的施工发包，然后，中标的施工总承包商进点施工。这种顺序作业的生产组织方式，工期较长，特别对工业工程项目来说，不利于新产品提前进入市场，容易失去竞争优势。

（3）设计与施工脱节，设计变更多。工程项目的设计和施工先后由不同的单位负责实施，沟通困难，设计时有时很少考虑施工采用的技术、方法、工艺和成本措施，造成工程施工阶段的设计变更多，不利于业主的投资控制和合同管理。

（4）对设计深度要求较高。要求施工图设计（或招标设计）全部完成，这样才能准确计算工程量和投标报价。

2. 项目总承包

工程项目总承包也称为统包、一揽子承包、“全过程承包”、“交钥匙”（Turn－Key）工程，其形式见图 3-4。这种承包方式，业主对拟建项目的使用要求和条件，只概略地提出一般意向，而由承包商对工程项目进行可行性研究，并将勘察设计、设备选购、工程施工、材料供应、试车验收等全部工作都委托一家承包公司（承包商）去做。

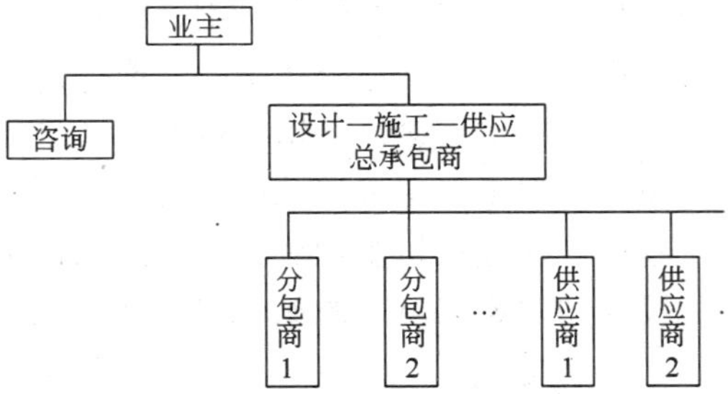

图 3-4　项目总承包模式

承担这种任务的承包企业有的是科研—设计—施工一体化的公司，有的是设计、施工、物资供应和设备制造厂家以及咨询公司等组成的联合集团。我国把这种管理组织形式叫做或工程项目总承包。这种管理组织形式如图 3-4 所示。

项目总承包的特点有：

（1）通过项目总承包可以减少业主面对的承包商的数量，这给业主的管理带来很大的方便。

（2）承包商能将整个项目管理形成一个统一的系统，降低管理费用；使得信息沟通方便快捷、不失真；有利于施工现场的管理，缩短工期。

（3）项目的责任体系是完备的。

（4）在项目总承包工程中业主必须加强对承包商的宏观控制，选择资信好、实力强、适应全方位工作的承包商。

三、设计施工总承包模式

在国际工程承包中，设计施工总承包是当前的发展趋势之一，其应用范围已从住宅工程拓展到石油、化工、水电、钢铁和高新技术项目等。这种模式在我国尚处于初步实践阶段，已有少数工程采用了这种建设模式，如浙江省石塘水电站工程和山西垣曲的中条山供水工程。

在设计施工总承包中，总承包商既承担工程设计，又承担施工任务，一般都是智力密集型企业如科研设计单位或设计施工单位联营体，其形式见图3-5。这些企业具有很强的总承包能力，拥有大量的施工机械和经验丰富的技术、经济、管理人才。他们有可能将一部分或全部施工任务分包给其他承包商，但他与业主签订设计施工总承包合同，向业主负责整个项目的设计和施工。

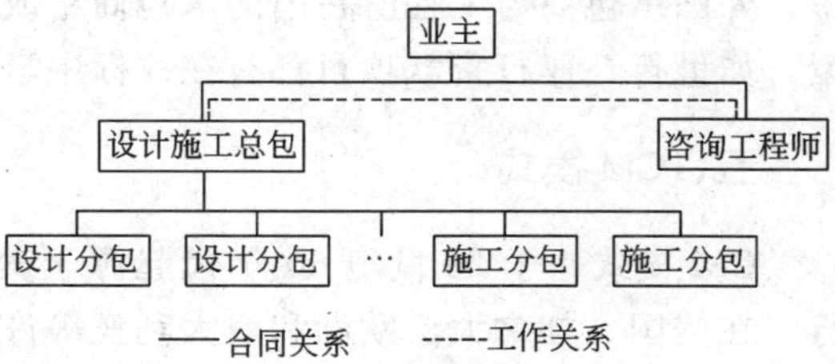

图 3-5　设计—施工总承包模式

这种模式的优点是它把设计和施工紧密结合在一起，能起到加快工程建设步伐和节省费用的作用，并使施工新技术结合到设计中，也可加强设计施工的配合和设计施工的流水作业。而它的缺点是在于承包商同时承担设计和施工两种职能，使两者之间不能相互制约和把关，这就对业主及其代理人的监督管理能力提出了更高要求。

四、联营体承包模式

在国际工程承包市场上，联合承包工程已成为我国公司进入国际承包市场的一种策略。近年来，工程承包项目逐渐向高、精、尖方向发展，有的工程规模十分浩大，在传统的单一工程设计、承包工程之外，业主寻求多元化的服务倾向越来越明显，工程承包所提供服务的复杂程度也在增加，单独一家公司难以独立完成，由此联营体承包应运而生。

联营体承包工程是相对一家承包商独立承包工程而言的承包方式，即由一个国籍或不同国籍的两家或两家以上具有法人资格的承包商以协议方式组成联营体，以联营体名义，共同参加某项工程的资格预审、投标签约并共同完成承包合同的一种承包方式。它与合资方式组成合资公司相比，是一种较松散的、易操作的联合方式。特别是在一些大型工程、总承包工程、国际招标工程中，承包商常以这种方式参与竞争。它是国际工程承包中的一种惯例，目前在国内招标项目中也越来越多地得到应用，许多国内的大型项目如黄河小浪底水利工程、长江三峡水利工程的中标人中基本都是联营体。

联营体是为一项工程而结合的伙伴型组织，联营体随着项目的招投标开始而组建，随项目竞争中标、承包实施、交工验收、工程决算的完成而结束。如果没有中标，则随着招投标工作结束而结束；联营体本身不是独立的法人单位，但它是参与工程竞争与承包实施工程的实体，它必须由有独立法人的承包商联合组建；联营体是靠联营成员之间订立的联营体章程和联营体协议来达到合作目的。以联营体授权的主办人代表所有联营体成员向业主承担责任、接受指示和履约合同；联营体是以主办人为核心联营各方参与的联营体项目经理部来组织实施工程。

组建联营体进行工程项目承包的优势主要有：

(1) 这种承包方式由于多家联合，资质互补，资金雄厚，在技术和管理上、报价与投标策略上可以集各家之长，竞争优势明显。

(2) 它是承包商避免相互间过度竞争、市场占有与利益分配、增加整体抵御风险能力的一种选择。

(3) 它是承包商冲破地区、行业、国界封锁，拓展市场的有效手段。

(4) 针对具体项目，它也是承包商在投标策略上的一种选择。在国际竞争性招标工程中，外国承包商与工程所在国的承包商组成联营体，往往能享受到工程所在国的一些优惠政策，如世行、亚行贷款项目都有在评标中享受7.5%的国内优惠政策。

五、CM模式

CM模式，于20世纪60年代起源于美国，进入20世纪80年代以来，在国外广泛流行。在美国、加拿大、欧洲和澳大利亚等许多国家，CM模式广泛地应用于大型建筑项目的承发包和项目管理，比较有代表性的是美国的世界贸易中心和英国诺丁安地平线工厂。在20世纪90年代进入我国之后，CM模式得到了一定程度上的应用，如上海证券大厦建设项目、深圳国际会议中心建设项目等。所谓CM模式（Construction Management）模式，指的是从开始阶段就选择具有施工经验的CM单位参与到建设工程实施过程中来，以便为设计人员提供施工方面的建议，且随后负责管理施工过程。这种模式改变了过去那种设计完成后才进行招标的传统模式，采取分阶段发包，由业主、CM单位和设计单位组成一个联合小组，共同负责组织和管理工程的规划、设计和施工，CM单位负责工程的监督、协调及管理工作，在施工阶段定期与承包商会晤，对成本、质量和进度进行监督，并预测和监控成本和进度的变化。

从国际上的应用实践看，CM的应用模式多种多样，业主委托工程项目管理公司（以下简称CM公司）承担的职责范围非常广泛也非常灵活，根据合同规定的CM经理的工作范围和角色，可以将CM模式分为两种形式，代理型（Agency CM）和非代理型（Non-Agency/At-Risk CM），亦有称咨询型CM和承包型CM，业主可以根据项目的具体情况加以选用。不论哪一种情况，应用CM模式都需要具备丰富施工经验的高水平的CM单位，这可以说是应用CM模式的关键和前提条件。

承包型CM模式和咨询型CM模式的组织形式分别见图3-6和图3-7。由图中可看出，承包型CM单位不是“业主代理人”，而是以承包商的身份工作，他可以直接进行分包发包，与分包商签订分包合同。但需要获得业主的确认。

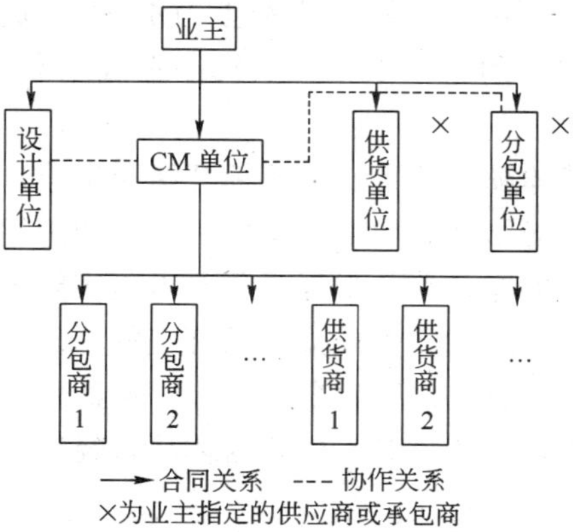

图3-6 承包型CM模式

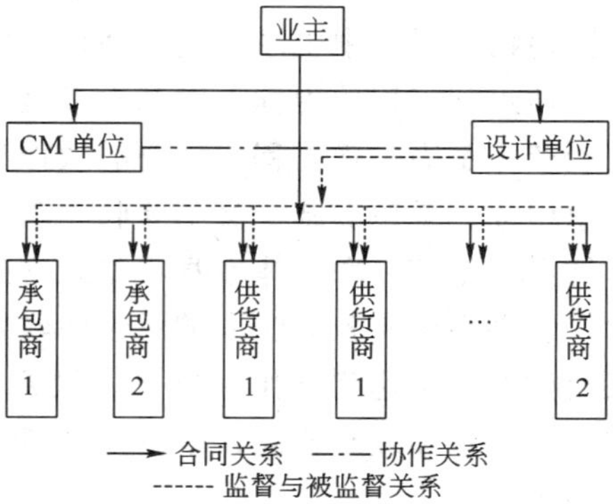

图3-7 咨询型CM模式

而咨询型 CM 单位仅以业主代理人的身份参与工作，他可以帮助业主进行分项施工招标，业主与各承包商签订施工合同，CM 单位与承包商没有合同关系。

CM 管理模式的优点在于：

(1) 建设周期短。这是 CM 模式的最大优点。在组织实施项目时，打破了传统的设计-施工的线性关系，代之以非线性的阶段施工法（Phased Construction）。CM 模式的基本思想就是缩短工程从规划、设计、施工到交付业主使用的周期，即采用 Fast-Track 方法，设计一部分，招标一部分，施工一部分，实现有条件的“边设计、边施工”。在这种方法中，设计与施工之间的界限不复存在，二者在时间上产生了搭接，从而提高了项目的实施速度和缩短了项目的施工工期。这是 CM 模式体现出的最大优点。图 3-8 是传统的总承包方式与 CM 模式分阶段设计施工的比较图。

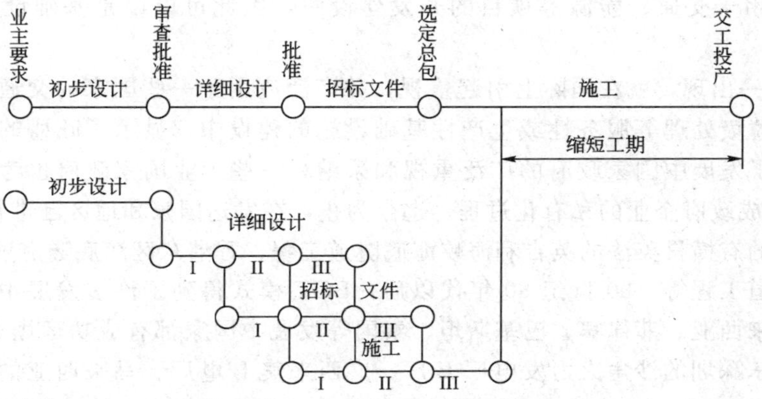

图 3-8　CM 模式与施工总承包模式的工期比较图

(2) CM 经理的早期介入。CM 模式改变了传统管理模式中项目涉及的各方关系、依靠合同调解的做法，代之以依赖建筑师和（或）工程师、CM 经理和承包商在项目实施中的合作，业主在项目的初期就选定了建筑师和（或）工程师、CM 经理和承包商，由他们组成具有合作精神的项目组，完成项目的投资控制、进度计划与质量控制和设计工作。CM 经理与设计单位是相互协调关系，CM 单位在一定程度上不是单纯按图施工，他可以通过合理化建议来影响设计。

CM 管理模式的缺点在于：

(1) 对 CM 经理的要求较高。CM 经理所在单位的资质和信誉都应该比较高，而且具备高素质的从业人员。

(2) 分项招标导致承包费高。

CM 模式可以适用于：

(1) 设计变更可能性较大的建设工程。

(2) 时间因素最为重要的建设工程。

(3) 因总的范围和规模不确定而无法准确定价的建设工程。

六、BOT 模式

建造—运营—移交（Build-Operate-Transfer，BOT）模式，由土耳其总理土格脱·奥扎尔于 1984 年首次提出。20 世纪 80 年代初期到中期，项目融资在全球范围内处于低潮阶段。在这一阶段，虽然有大量的资本密集型项目，特别是发展中国家的基础设施项目在寻找资金，但是，由于世界性的经济衰退和第三世界债务危机所造成的影响，如何增加项目抗政治风险、金融风险、债务风险的能力，如何提高项目的投资收益和经营管理水平，成为银行、项目投资者、项目所在国政府在安排融资时所必须面对和解决的问题。BOT 模式就是在这样的背景下发展起来的一种主要用于公共基础设施建设的项目融资模式。BOT 模式的基本思路是：由项目所在国政府或所属机构为项目的建设和经营提供一种特许权协议，由项目构成的有关单位（承包商、经营商及用户）成立的公司作为项目的投资者和经营者负责安排融资，项目的投资者和经营者负责开发建设项目，并在特许期内经营项目获取商业利润；在项目特许期末根据协议由项目所在国政府或所属机构支付一定量的资金（或无偿）从项目的投资者和经营者手中取得项目。显然，BOT 存在着“暂时私有化”的过程，通常应用于交通、能源等项目的开发建设中，因此可以说是基础设施国有项目民营化。

BOT 模式一出现，就在国际上引起重视，并广泛应用于一些国家的交通运输、自来水处理、发电、垃圾处理等服务性或生产性基础设施的建设中，显示了旺盛的生命力。BOT 模式不仅得到了发展中国家政府的广泛重视和采纳，一些工业国家政府也考虑或计划采用 BOT 模式来完成政府企业的私有化过程。迄今为止，在发达国家和地区已进行的 BOT 项目中，比较著名的有横贯英法的英吉利海峡海底隧道工程、香港东区海底隧道项目、澳大利亚悉尼港海底隧道工程等。20 世纪 80 年代以后，BOT 模式得到了许多发展中国家政府的重视，中国、马来西亚、菲律宾、巴基斯坦、泰国等发展中国家都有成功运用 BOT 模式的项目。如中国广东深圳的沙角火力发电厂 B 厂、广西来宾 B 电厂、马来西亚的南北高速公路及菲律宾那法塔斯（Novotas）一号发电站等都是成功的案例。图 3-9 为 BOT 模式典型结构框架。

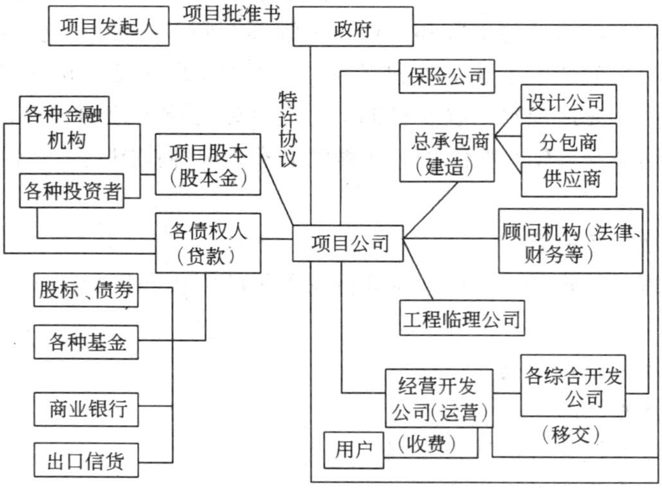

图 3-9　BOT 模式典型结构框架

BOT 方式的优点：

（1）降低政府财政负担。通过采取民间资本筹措、建设、经营的方式，吸引各种资金参与道路、码头、机场、铁路、桥梁等基础设施项目建设，以便政府集中资金用于其他公共物品的投资。项目融资的所有责任都转移给私人企业，减少了政府主权借债和还本付息的责任。

(2) 政府可以避免大量的项目风险。实行该种方式融资，使政府的投资风险由投资者、贷款者及相关当事人等共同分担，其中投资者承担了绝大部分风险。

(3) 组织机构简单，政府部门和私人企业协调容易。

(4) 项目回报率明确，严格按照中标价实施，政府和私人企业之间利益纠纷少。

(5) 有利于提高项目的运作效率。项目资金投入大、周期长，由于有民间资本参加，贷款机构对项目的审查、监督就比政府直接投资方式更加严格。同时，民间资本为了降低风险，获得较多的收益，客观上就更要加强管理，控制造价，这从客观上为项目建设和运营提供了约束机制和有利的外部环境。

(6) BOT 项目通常都由外国的公司来承包，这会给项目所在国带来先进的技术和管理经验，既给本国的承包商带来较多的发展机会，也促进了国际经济的融合。

BOT 方式缺点：

(1) 公共部门和私人企业往往都需要经过一个长期的调查了解、谈判和磋商过程，以致项目前期过长，使投标费用过高。

(2) 投资方和贷款人风险过大，没有退路，使融资举步维艰。

(3) 参与项目各方存在某些利益冲突，对融资造成障碍。

(4) 机制不灵活，降低私人企业引进先进技术和管理经验积极性。

(5) 在特许期内，政府对项目减弱甚至失去控制权。

BOT 在实际运用中有许多形式，世界银行在《1994 年世界发展报告》中指出，BOT 有三种具体形式：BOT、建设—运营—拥有—转让（Build-Operate-Own-Ttansfer，BOOT）、建设—拥有—运营（Build-Own-Operate，BOO），除此之外，它还有一些变通形式，如建设—转让—运营（Build-Transfer-Operate，BTO）；租赁—建设—经营（Lease-Build-Operate，LBO）；即建设—租赁—移交（Build-Lease-Transfer，BLT）；购买—建设—经营（Buy-Build-Operate，BBO）。各种形式只是涉及到 BOT 操作方式的不同，但其基本特点是一致的，即项目公司必须得到有关部门授予的特许经营权。

【典型工程实例 1】　联营体承包

黄河小浪底水利枢纽位于河南省洛阳市以北 40km 黄河中游最后一段峡谷的出口处，坝址以上控制流域面积 69.4 万平方公里，占黄河流域面积的 92.3%。水库总库容 126.5 亿立方米，其中后期有效库容 51 亿立方米，是黄河干流在三门峡水库以下唯一能够取得较大库容的控制性工程，在黄河治理开发中具有重要战略地位。

枢纽工程由拦河主坝、泄洪排沙系统和引水发电系统组成，拦河主坝是一座坝顶长 1667m，坝底宽 864m，最大高度 154m 的黏土斜心墙堆石坝，总填筑方量为 5185 万立方米，首屈一指，名列世界前八位；泄洪排沙系统包括进口引渠、3 条直径为 14.5m 的孔板消能泄洪洞（前期为导流洞）、3 条直径 6.5m 的排沙洞、3 条断面尺寸为 10m×11.5m×13m 的明流泄洪洞、1 条灌溉洞、1 条溢洪道和 1 条非常溢洪道，在洞群的进水口和出水口，分别建有十座一字型排列的进水塔群和三个集中布置的出水口消力池；引水发电系统包括 6 条直径为 7.8m 的引水发电洞、3 条断面为 12m×19m 的尾水洞、1 座主变压器室、1 座尾水闸门室和 1 座长 251.5m、跨度 26.2m、最大开挖深度 61.44m 的地下厂房、两层围绕厂房的排水廊道及交通洞等地下洞室（见图 3-10）。

图 3-10 黄河小浪底水利枢纽

小浪底水利枢纽部分资金利用世界银行贷款。从 1988 年起，世界银行先后 15 次组团对小浪底水利枢纽建设项目进行考查和评估。1993 年 5 月，小浪底水利枢纽工程项目顺利通过世界银行的正式评估。1994 年 6 月，世界银行董事会正式决定为小浪底工程提供 10 亿美元的贷款，其中一期贷款 5.7 亿美元，二期贷款 4.3 亿美元。在世界银行贷款中，其中 1.1 亿美元软贷款用于移民安置。

小浪底水利枢纽工程按照世界银行采购导则的要求，面向世界银行所有成员国进行竞争性国际招标。

小浪底三个主体土建工程国际承包商均采取联营承包形式。一标黄河承包商由 3 家公司组成联营体；二标中德意联营体由 7 家公司组成；三标小浪底联营体由 3 家公司组成。三个联营体的成员见表 3-1。

小浪底主体工程土建国际承包商联营体成员 表 3-1

项　目	I 标大坝标	II 标泄洪工程标	III 标引水发电系统标
联营体	黄河承包商 YRC	中德意联营体 CGIC	小浪底联营体 XJV
责任公司及所占股份	英波吉罗（意大利） IM-PREGILOS. P. A（36.5%）	旭普林（德）Z_BLIN （26%）	杜美兹（法）DUMEZ （44%）
成员公司及所占股份	HochtiefA. G（德）（36.5%） ItalsfradeS. P. A（意）（14%） 中国水电 14 局（13%）	Strabag（德）（18%） Wagss&Freytag A. G（德）（15%） * Del Favero S. P. A（意）（15%） Salini S. P. A（意）（14%） 中国水电 7 局（6%） 中国水电 11 局（6%）	Holzmann（德）（4%） 中国水电 6 局（12%）
中标时间	1994. 4. 30	1994. 6. 8	1994. 4. 30
草签协议时间	1994. 5. 28	1994. 6. 28	1994. 5. 28
正式签约时间	1994. 7. 16	1994. 7. 16	1994. 7. 16
中标金额	5.6 亿人民币	10.9 亿人民币	3.16 亿人民币
	2.16 亿美元	5.06 亿德国马克	8421 万美元
合同工期	91 个月	84 个月	74 个月
完工日期	2001. 12. 31	2001. 6. 30	2000. 7. 31
进场时间	1994. 6	1994. 7	1994. 6

注：1995 年经业主批准，II 标成员公司之一的意大利 Del Favero S. P. A 公司联营体，由法国 Spie 公司代替进入联营体。

从以上可以看出，大型专业工程项目一般都是由联营体中标，联营体联合承包模式在国际国内都是一种趋势。

【典型工程实例 2】　BOT 项目在我国的应用

1. 广东沙角 B 电厂

广东沙角 B 电厂是我国第一个 BOT 基础设施项目，是 1984 年由香港合和实业公司和中国发展投资公司等作发起人在深圳建设的沙角 B 电厂。当时 BOT 项目在我国刚刚出现，从中央到地方对该项目评论较多，焦点是项目公司的回报率是不是太高了，经过 10 年的运作，该项目取得了成功，其工期提前 1 年竣工，只用了 22 个月，1986 年获得了英联邦土建大奖，更为重要的是目前日电厂供电成本低于广东省国营电网。广东省经委曾组织人力对承包商的回报进行调查，得出的结论是回报率高是合理的。首先，B 厂管理水平和效率较高；第二，承包商承担了一定风险，如项目工期延长一年回报率将会变得很低；第三，发起人的回报率低于多数发展中国家的收益水平。目前，沙角 B 厂模式基本得到了各级政府的认可，而且中央政府于 1992 年和 1994 年两次超出合同规定的要求上调 B 厂电价。

广东沙角 B 电厂是在我国改革开放初期在法律环境及其他各种投资环境都不健全的情况下出现的，它的运作过程并不规范，合同内容较简单，由于经验不足也造成了一些遗留问题。1995 年广西来宾电厂二期工程是我国引进 BOT 方式的一个里程碑，为我国利用 BOT 方式提供了宝贵的经验。此外，BOT 方式还在北京京通高速公路、上海黄浦延安东路隧道复线等许多项目上得以运用。

2. 广西来宾 B 电厂

1995 年初，国家计委开始组织 BOT 试点工作，摸索在国内开发 BOT 项目的经验。1995 年 5 月 8 日，国家计委批准了第一个 BOT 试点项目——广西来宾 B 电厂。这个消息当时在国外引起很大反响；很多投资者认为如果来宾 B 电厂项目取得成功，中国将从此打开基础设施项目的大门，否则，基础设施领域对外资将在很长一段时间内仍然是一个禁区。来宾 B 电厂被选为试点项目有很多原因。其中最重要的有两条，第一是广西政府和原国家计委联系较多，信息较快；第二是来宾日电厂本身条件较成熟，大量的前期工作都已经完成。被选为试点以后，广西政府组成了 BOT 项目领导小组并设立常设办公室，同时广西政府聘请北京大地桥基础设施投资咨询有限公司作为代理，负责代理广西政府处理有关 B 电厂的资格预审、招标、评标和谈判工作。

广西来宾 B 电厂位于广西壮族自治区的来宾县。装机规模为 72 万千瓦，安装两台 36kW 的进口燃煤机组。来宾电厂的运作包括了下列几个阶段：

1995 年 5 月 8 日国家计委批准作为试点项目。

1995 年 8 月 8 日发布资格预审通告。

1995 年 9 月 30 日递交资审文件截止。

1995 年 10 月 18 日发出招标邀请。

1996 年 5 月 8 日提交建议书截止并开标。

1996 年 7 月 8 日～11 月 10 日进行了三轮合同谈判。

1996 年 11 月 11 日草签特许权协议。

通过资格预审的公司于 1995 年 10 月被告知可以参加投标，并且被告知于 1996 年 5 月前准备好正式标书，最后在 30 个通过资格预审的公司中，有 6 个联合体做出了标书，中方选择了其中三个：法国电力公司和 GEC 阿尔斯通联合体、ABB 与新世界联合体、国际发电公司。这三家联合体按条件优劣排序，因此谈判从第一家联合体开始，如果在规定的时间内双方不能达成协议，中方将与第二、第三家联合体谈判。谈判于7月份在庄重的气氛中开始。中标者是法国电力公司和GEC阿尔斯通联合体，并于1996年11月与中方草签了协议，在这么短的时间内达成如此一个电力工程项目的协议，是一项破纪录的事件。

该项目总投资为6.16亿美元，其中总投资的25%即1.54亿美元为股东投资，两个发起人按照60∶40的比例向项目公司出资，具体出资比例为法国电力公司占60%，通用电气阿尔斯通GEC公司占40%，出资额作为项目公司的注册资本；其余的75%通过有限追索的项目融资方式筹措。我国各级政府、金融机构和非金融机构不为该项目融资提供任何形式的担保。项目融资贷款由法国东方汇理银行、英国汇丰投资银行及英国巴克莱银行组成的银团联合承销，贷款中3.12亿美元由法国出口信贷机构——法国对外贸易保险COFAC公司提供出口信贷保险。项目特许期为18年，其中建设期为2年9个月，运营期15年3个月。特许期满，项目公司将电厂无偿移交给广西壮族自治区政府。在建设期和运营期内，项目公司将向广西壮族自治区政府分别提交履约保证金3 000万美元，同时项目公司还将承担特许期满电厂移交给政府后12个月的质量保证义务。广西电力公司每年负责向项目公司购买35亿千瓦时（5 000h）的最低输出电量（超发电量只付燃料电费），并送入广西电网。同时，由广西建设燃料有限责任公司负责向项目公司供应发电所需燃煤，燃煤主要来自贵州省盘江矿区。

第三节　工程项目的招投标管理

招标投标（Bid Invitation/Tendering and Bidding）是在市场经济条件下进行大宗货物的买卖、工程项目的发包与承包以及服务项目的采购与提供时采用的一种交易方式。在这种交易方式下，通常是由项目（包括货物购买、工程发包和服务采购）的采购方作为招标人，由有意提供采购所需货物、工程或服务项目的供应商、承包人作为投标人，向招标人书面提出自己的报价及其他响应招标要求的条件，参加投标竞争。经招标人对各投标人报价及其他条件进行审查比较后，从中择优选定中标者，并与其签订采购合同。

一、工程项目招投标法律制度

从法理上讲，招标是一种民事行为，工程项目的采购方有权决定是否采用招标选定工程项目的承包方、供应方或服务方。但是，当事人的这种权利要受到法律的限制。我国于1999年10月1日实施的《中华人民共和国招标投标法》（以下简称《招投标法》）规定有些工程项目必须进行招标。《招投标法》规定，在我国境内建设下列工程项目，包括项目的勘察、设计、施工、监理以及与工程建设有关的重要设备、材料等的采购，必须进行招标。

（1）大型基础设施、公用事业等关系社会公共利益、公众安全的项目。

（2）全部或者部分使用国有资金投资或者国家融资的项目。

（3）使用国际组织或者外国政府贷款、援助资金的项目。

建设工程项目招标投标活动主要依据以下法律法规：

（1）中华人民共和国招标投标法（1999年，中华人民共和国主席令21号）。

（2）工程建设项目招标范围和规模标准规定（2000年，国家发展计划委员会令第3号）。

（3）工程建设项目施工招标投标方法（2003 年，国家发展计划委员会令第 30 号）。

（4）建筑工程设计招标投标管理办法（2000 年，中华人民共和国建设部令第 82 号）。

（5）房屋建筑和市政基础设施工程施工招标投标管理办法（2001 年，中华人民共和国建设部令第 89 号）。

1. 建设工程项目招标方式

招标方式分为公开招标和邀请招标两种。

1）公开招标

公开招标（Open Tendering/Public Invitation），亦称无限竞争性招标（Unlimited Competitive Tendering），是指招标人以招标公告的方式邀请不特定的法人或者其他组织投标，它是一种由招标人按照法定程序，在公开出版物上发布或者以其他公开方式发布招标公告，所有符合条件的承包人都可以平等参加投标竞争，招标人从中择优选择中标者的招标方式。

公开招标的优点是招标人可以在较广泛的范围内选择中标人，投标竞争激烈，有利于选择可靠的中标人并取得有竞争性的报价。其缺点是由于申请投标人较多，一般要设置资格预审程序，而且评标的工作量也较大，所需招标时间长，费用高，从而影响建设项目总工期。

公开招标这种方式适用于投资额度大、技术复杂的大型建设工程项目的招标。

2）邀请招标

邀请招标（Selective Tendering/Invited Bidding），又称有限竞争性招标（Limited Competitive Tendering），是指招标人以投标邀请书的方式邀请特定的法人或者其他组织投标、接到投标邀请书的法人或者其他组织才能参加投标的一种招标方式。邀请对象的数目一般以 5～7 家为宜，但不能少于《招投标法》规定的 3 家。被邀请人同意参加投标后，从招标人处获取招标文件，按规定要求投标。

邀请招标的优点是不需要发布招标公告和设置资格预审程序，节约招标费用和时间，目标集中，招标的组织工作量较小。其缺点是由于参加的投标人少，竞争性较差，可能失去某些在技术上或报价上有竞争力的潜在投标人。

2. 招投标程序

公开招标的一般程序见图 3-11。邀请招标的程序与公开招标的类似，只是不进行资格预审而改为资格后审。

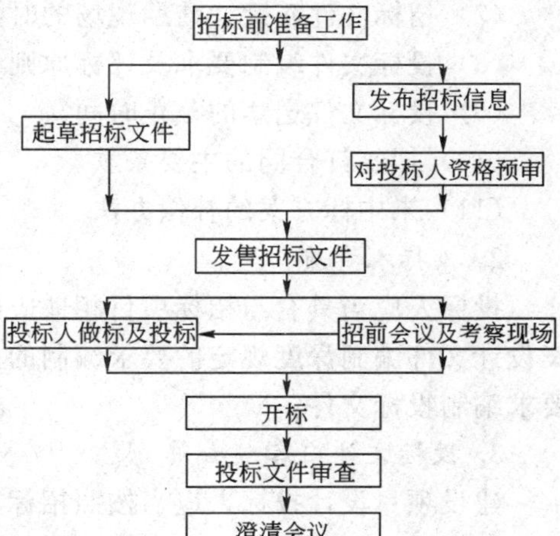

图 3-11　公开招标一般程序

资格预审就是业主为了判定有意向参与竞争的投标人是否具有足够的资质、经历、设备与人力资源、财务能力等的一种审查，资格预审就是将资格审查的工作放在发售招标文件之前进行，而资格后审就是将资格审查的工作放在确定中标人之后再进行。

3. 工程建设项目招标范围和规模

规定招标范围内的各类工程建设项目，包括项目的勘察、设计、施工、监理以及与工程建设有关的重要设备、材料等的采购，达到下列标准之一的，必须进行招标：

（1）施工单项合同估算价在200万元人民币以上的。

（2）重要设备、材料等货物的采购，单项合同估算价在100万元人民币以上的。

（3）勘察、设计、监理等服务的采购，单项合同估算价在50万元人民币以上的。

（4）单项合同估算价低于前三项规定的标准，但项目总投资额在3 000万元人民币以上的。

二、工程项目的设计招投标管理

2000年10月18日中华人民共和国建设部发布第82号令《建筑工程设计招标投标管理办法》，该办法较详细地明确了建设工程项目的设计招投标管理的规定。《建筑工程设计招标投标管理办法》规定：建筑工程设计招标依法可以公开招标或者邀请招标。建筑工程的设计，采用特定专利技术、专有技术，或者建筑艺术造型有特殊要求的，经有关部门批准，可以直接发包。

国务院建设行政主管部门负责全国建筑工程设计招标投标的监督管理。县级以上地方人民政府建设行政主管部门负责本行政区域内建筑工程设计招标投标的监督管理。

1. 设计招标文件

设计招标文件一般包括以下内容：

（1）工程名称、地址、占地面积、建筑面积等。

（2）已批准的项目建议书或者可行性研究报告。

（3）工程经济技术要求。

（4）城市规划管理部门确定的规划控制条件和用地红线图。

（5）可供参考的工程地质、水文地质、工程测量等建设场地勘察成果报告。

（6）供水、供电、供气、供热、环保、市政道路等方面的基础资料。

（7）招标文件答疑、踏勘现场的时间和地点。

（8）投标文件编制要求及评标原则。

（9）投标文件送达的截止时间。

（10）拟签订合同的主要条款。

（11）未中标方案的补偿办法。

2. 投标人资质

投标人应当具有与招标项目相适应的工程设计资质。投标人应当按照招标文件、建筑方案设计文件编制深度规定的要求编制的投标文件；进行概念设计招标的，应当按照招标文件要求编制投标文件。

3. 投标文件内容

建设项目设计投标人应当按照招标文件、建设方案设计文件编制深度规定的要求编制的投标文件，并在规定的时间内密封递送。投标文件一般应包括以下几方面的内容：

（1）设计方案综合说明书。

（2）方案设计内容及说明、图纸、模型。

（3）工程投资估算和经济分析。

（4）设计进度计划。

（5）设计费报价。

（6）预期的项目建设工期。

设计投标文件应当由具有相应资格的注册建筑师签章，加盖单位公章。

4. 评标与定标

评标由评标委员会负责。评标委员会由招标人代表和有关专家组成。评标委员会人数一般为5人以上单数，其中技术方面的专家不得少于成员总数的2/3。采用公开招标方式的，评标委员会应当向招标人推荐2～3个中标候选方案。采用邀请招标方式的，评标委员会应当向招标人推荐1～2个中标候选方案。

招标人根据评标委员会的书面评标报告和推荐的中标候选方案，结合投标人的技术力量和业绩确定中标方案，招标人也可以委托评标委员会直接确定中标方案。招标人认为评标委员会推荐的所有候选方案均不能最大限度满足招标文件规定要求的，应当依法重新招标。

招标人应当在中标方案确定之日起7日内，向中标人发出中标通知，并将中标结果通知所有未中标人。招标人应当在中标通知书发出之日起30日内与中标人签订工程设计合同。对达到招标文件规定要求的未中标方案，公开招标的，招标人应当在招标公告中明确是否给予未中标单位经济补偿及补偿金额；邀请招标的，应当给予未中标单位经济补偿，补偿金额应当在招标邀请书中明确。招标人、中标人使用未中标方案的，应当征得提交方案的招标人同意并付给使用费。

三、建设工程项目的施工招投标管理

为了规范工程建设项目施工招标投标活动，根据《中华人民共和国招标投标法》和国务院有关部门的职责分工，国家发改委第30号令《工程建设项目施工招标投标办法》，于2003年5月1日起实施。该办法较详细地明确了建设工程项目的施工招投标管理的一般规定。

1. 招标范围有关规定

工程施工招标分为公开招标和邀请招标。国务院发展计划部门确定的国家重点建设项目和各省、自治区、直辖市人民政府确定的地方重点建设项目，以及全部使用国有资金投资或者国有资金投资占控股或者主导地位的工程建设项目，应当公开招标；有下列情形之一的，经批准可以进行邀请招标：

（1）项目技术复杂或有特殊要求，只有少量几家潜在投标人可供选择的。

（2）受自然地域环境限制的。

（3）涉及国家安全、国家秘密或者抢险救灾，适宜招标但不宜公开招标的。

（4）拟公开招标的费用与项目的价值相比，不值得的。

（5）法律、法规规定不宜公开招标的。

需要审批的工程建设项目，有下列情形之一的，由相关审批部门批准，可以不进行施工招标：

（1）涉及国家安全、国家秘密或者抢险救灾而不适宜招标的。

（2）属于利用扶贫资金实行以工代赈需要使用农民工的。

（3）施工主要技术采用特定的专利或者专有技术的。

（4）施工企业自建自用的工程，且该施工企业资质等级符合工程要求的。

（5）在建工程追加的附属小型工程或者主体加层工程，原中标人仍具备承包能力的。

（6）法律、行政法规规定的其他情形。

2. 招标前应完成的工作

依法必须招标的工程建设项目，应当具备下列条件才能进行施工招标：

（1）招标人已经依法成立。

（2）初步设计及概算应当履行审批手续的，已经批准。

（3）招标范围、招标方式和招标组织形式等应当履行核准手续的，已经核准。

（4）有相应资金或资金来源已经落实。

（5）有招标所需的设计图纸及技术资料。

3. 施工招标文件

招标人应当按招标公告或者投标邀请书规定的时间、地点出售招标文件或资格预审文件。自招标文件或者资格预审文件出售之日起至停止出售之日止，最短不得少于五个工作日。招标人根据施工招标项目的特点和需要编制招标文件。招标文件一般包括下列内容：

（1）投标邀请书。

（2）投标人须知。

（3）合同主要条款。

（4）投标文件格式。

（5）采用工程量清单招标的，应当提供工程量清单。

（6）技术条款。

（7）设计图纸。

（8）评标标准和方法。

（9）投标辅助材料。

招标文件应当规定一个适当的投标有效期，以保证招标人有足够的时间完成评标和与中标人签订合同。投标有效期从投标人提交投标文件截止之日起计算。在原投标有效期结束前，出现特殊情况的，招标人可以书面形式要求所有投标人延长投标有效期。投标人同意延长的，不得要求或被允许修改其投标文件的实质性内容，但应当相应延长其投标保证金的有效期；投标人拒绝延长的，其投标失效，但投标人有权收回其投标保证金。因延长投标有效期造成投标人损失的，招标人应当给予补偿，但因不可抗力需要延长投标有效期的除外。

招标人应当确定投标人编制投标文件所需要的合理时间，但是，依法必须进行招标的项目，自招标文件开始发出之日起至投标人提交投标文件截止之日止，最短不得少于 20 日。

招标人根据招标项目的具体情况，可以组织潜在投标人踏勘项目现场，向其介绍工程场地和相关环境的有关情况。潜在投标人依据招标人介绍情况作出的判断和决策，由投标人自行负责。

对于潜在投标人在阅读招标文件和现场踏勘中提出的疑问，招标人可以书面形式或召开投标预备会的方式解答，但需同时将解答以书面方式通知所有购买招标文件的潜在投标人。该解答的内容为招标文件的组成部分。

4. 投标人资质

招标人可以根据招标项目本身的特点和需要，要求潜在投标人或者投标人提供满足其资格要求的文件，对潜在投标人或者投标人进行资格审查。资格审查分为资格预审和资格后审，资格预审是指在投标前对潜在投标人进行的资格审查，公开招标一般采用资格预审；资格后审是指在开标后对投标人进行的资格审查，邀请招标一般采用资格后审。

资格审查应主要审查潜在投标人或者投标人是否符合下列条件：

(1) 具有独立订立合同的权利。

(2) 具有履行合同的能力，包括专业、技术资格和能力，资金、设备和其他物资设施状况，管理能力，经验、信誉和相应的从业人员。

(3) 没有处于被责令停业，投标资格被取消，财产被接管、冻结，破产状态。

(4) 在最近三年内没有骗取中标和严重违约及重大工程质量问题。

(5) 法律、行政法规规定的其他资格条件。

资格审查时，招标人不得以不合理的条件限制、排斥潜在投标人或者投标人，不得对潜在投标人或者投标人实行歧视待遇。任何单位和个人不得以行政手段或者其他不合理方式限制投标人的数量。

5. 投标文件

投标人应当按照招标文件的要求编制投标文件。投标文件应当对招标文件提出的实质性要求和条件作出响应。投标文件一般包括下列内容：

(1) 投标函。

(2) 投标报价。

(3) 施工组织设计。

(4) 商务和技术偏差表。

6. 投标

投标人应当在招标文件要求提交投标文件的截止时间前，将投标文件密封送达投标地点。招标人收到投标文件后，应当向投标人出具标明签收人和签收时间的凭证，在开标前任何单位和个人不得开启投标文件。在招标文件要求提交投标文件的截止时间后送达的投标文件，为无效的投标文件，招标人应当拒收。

提交投标文件的投标人少于3个的，招标人应当依法重新招标。重新招标后投标人仍少于3个的，属于必须审批的工程建设项目，报经原审批部门批准后可以不再进行招标；其他工程建设项目，招标人可自行决定不再进行招标。

投标人在招标文件要求提交投标文件的截止时间前，可以补充、修改、替代或者撤回已提交的投标文件，并书面通知招标人。补充、修改的内容为投标文件的组成部分。在提交投标文件截止时间后到招标文件规定的投标有效期终止之前，投标人不得补充、修改、替代或者撤回其投标文件。投标人补充、修改、替代投标文件的，招标人不予接受；投标人撤回投标文件的，其投标保证金将被没收。

两个以上法人或者其他组织可以组成一个联合体，以一个投标人的身份共同投标。联合体各方签订共同投标协议后，不得再以自己名义单独投标，也不得组成新的联合体或参加其他联合体在同一项目中投标。联合体参加资格预审并获通过的，其组成的任何变化都必须在提交投标文件截止之日前征得招标人的同意。如果变化后的联合体削弱了竞争，含有事先未经过资格预审或者资格预审不合格的法人或者其他组织，或者使联合体的资质降到资格预审文件中规定的最低标准以下，招标人有权拒绝。

联合体各方必须指定牵头人，授权其代表所有联合体成员负责投标和合同实施阶段的主办、协调工作，并应当向招标人提交由所有联合体成员法定代表人签署的授权书。

7. 开标、评标和定标

开标应当在招标文件确定的提交投标文件截止时间的同一时间公开进行；开标地点应当为招标文件中确定的地点。

评标委员会应为5人以上的单数，技术经济方面的专家不少于2/3。评标委员会完成评标后，应向招标人提出书面评标报告。评标报告由评标委员会全体成员签字。评标委员会推荐的中标候选人应当限定在1～3人，并标明排列顺序。招标人应当接受评标委员会推荐的中标候选人，不得在评标委员会推荐的中标候选人之外确定中标人。招标人可以授权评标委员会直接确定中标人。

招标人和中标人应当自中标通知书发出之日起30日内，按照招标文件和中标人的投标文件订立书面合同。招标人和中标人不得再行订立背离合同实质性内容的其他协议。

招标文件要求中标人提交履约保证金或者其他形式履约担保的，中标人应当提交；拒绝提交的，视为放弃中标项目。招标人要求中标人提供履约保证金或其他形式履约担保的，招标人应当同时向中标人提供工程款支付担保。招标人不得擅自提高履约保证金，不得强制要求中标人垫付中标项目建设资金。招标人与中标人签订合同后五个工作日内，应当向未中标的投标人退还投标保证金。

【典型工程实例】　三峡工程招标

1. 概述

中国长江三峡工程开发总公司（以下简称“三峡总公司”）是三峡工程的业主单位，是工程招标的主管部门。从1993年开始，采取各种招标形式，对建安工程进行招标，通过招标择优选择施工承包单位，签订承包合同。同时对1992年末以前三峡工程筹建阶段的建安工程项目进行全面清理，补充签订了承包合同。至1996年12月末，共签订各类经济合同2212个（包括设备，不包括物资），合同总金额130.67亿元；其中建安工程合同717个，占合同总个数的32.4%，合同金额103.77亿元，占合同总金额的79.4%。由于永久机电设备的采购招标正在进行，因此通过招标发包的主要是建安工程项目，其次为勘测设计、科研、监理、征地、施工设备等合同，合同个数占67.6%，合同金额只占20.6%。

招标方式一般分为公开招标、邀请招标、议标三种方式。招标中坚持公开、公平、公正的原则，在公证人员和各投标单位代表参加的情况下开标，开标后标价一般不允许再作变动。以招标方式所确定的承包合同共54个，占建安工程合同总个数的7.5%，但合同总金额达63.31亿元，占建安工程合同金额的61%。以议标方式投标的单位只有一二个，采用这类方式主要是对1992年末的工程项目进行清理，补签合同，主要承包单位为中国葛洲坝水利水电工程集团公司，合同金额约2.4亿元；还有一些较小的准备工程、房建工程以及专业性的工程共约16亿元。议标的项目一般也按招标的方式进行，有较规范的招标投标文件，合同价的确定以概算的价格进行控制。随着三峡工程的进展，公开招标和邀请招标的个数、金额比例逐渐增加，1995年的比例已达75.4%，1996年比例已达84.5%。

2. 招标范围和条件

三峡总公司规定，凡属三峡工程的主体建安工程、主要临时工程、较大的房屋建设、大型施工设备、永久设备工程监理等，一般都要采用招标方式，通过竞争择优选择承包单位。

三峡总公司规定工程招标必须具备下列基本条件：

（1）建设基金已纳入总公司的计划。

（2）主要的施工方案或技术方案已经确定；招标设计完成，并满足编制招标文件和标底的需要。

(3) 立项手续完备，纳入招标计划。

(4) 征地移民手续已办妥。

3. 招标程序

1) 招标设计

建安工程主要项目在初步设计或单项技术设计的基础上，由设计单位提出招标设计。其主要内容包括设计说明、图纸、技术规范、工程量，由三峡总公司提前1～3个月审定。

2) 招标文件

招标文件的主要内容包括：投标邀请书，第一卷为投标须知、合同协议书格式、保函格式、授权书格式、合同条款、投标书格式与附录、工程量报价单、投标辅助资料；第二卷为技术条款，主要是指出该工程项目应该采用的技术规程规范，并按土方开挖填筑、混凝土浇筑、砌石，建筑装饰、设备安装等分章提出技术要求和计量方法；第三卷为设计说明和图纸。

招标文件要写明招标方式、承包合同的性质、物资设备供应方式和规定、资金支付方法和规定、合同变更和合同价格调整的规定、风险和保险的规定、提供的施工条件、工期进度要求、对各分部工程的技术要求和计量方法等。此外，还包括承包合同执行中商务上几个难点，如合同变更、合同价格的调整，工期延误补偿等计算原则、计算方法等。

3) 招标通告

公开招标的项目都在有关报刊上发布招标通告，邀请招标和议标项目用书面或其他方式邀请。招标通知和邀请书的内容主要包括：业主、设计单位的名称和地址；工程项目名称、合同编号、位置、工程规模和主要工程量、计划开工日期和竣工日期；投标企业的资质加资格条件等。

4) 资格预审和发售招标文件

三峡总公司规定，申请参加投标的单位需提供包括以下主要内容的资格预审资料：企业的法人营业执照复印件；企业资质等级证书复印件；企业简史和近10年的工程业绩；企业现状（人员、设备、财务）；企业现有的施工任务和正在签订的合同；拟投入本工程的设备及其状况，拟派驻本工程的负责人和主要人员的姓名、职务、职称、资历等。

5) 标底

建安工程项目的招标标底编制的原则如下：工程项目划分和工程量与招标文件相一致；采用招标时的物价、人工费、其他费用水平；施工方案、工期和强度应符合设计文件的要求；生产效率、竞争性指标和综合价格水平，根据市场环境和招标项目的具体情况，进行适当的优化；一个招标项目只能有一个标底。标底经审查后进行密封保管，评标时发给评委使用；用完收回，长期保密。

6) 开标和评标

按招标文件规定的时间、地点召开开标会议，除投标单位必须派合法代表参加外，还请公证单位、设计单位、银行代表和评标专家参加，当众开标。规定投标书有下列情况之一者为废标：未加盖公章和法人代表或其授权的合法代表人未签章；有两个以上报价（建议方案报价除外）；合法代表人未到会；明显违反招标文件规定，提出违反招标文件规定的附加条款。

三峡工程的建安工程项目，开标后一般立即组织评标。评标一般组织技术、商务两个专家组，由有关专业的行家担任，一般都具有高级职称；三峡总公司的主要领导不参加评标。评标项目一般分为总价、单价、技术条件、资信四个项目。技术条件一般包括施工组织设计、施工进度安排、质量保证体系和措施、施工设备和材料、安全及环保措施。资信一般包括企业管理水平。投入本工程人员素质、以往的业绩和信誉、承包风险能力、投标文件响应性等细目。评分由每个评标无记名进行。为保持客观性，去掉一个最高分和一个最低分，再计算平均得分；并规定技术专家不评价格项目，商务专家不评技术条件项目。根据评分结果，全体评标专家再进行综合分析，推荐可能中标单位的排队名次，一般推荐2个，最多3个，并向三峡总公司提出评标报告。三峡总公司根据评标专家的意见最后研究决标。整个议标工作按“专家评标、定量打分、定性分析、领导决标”的原则进行，领导不向评标专家授意有倾向性的意见，使评标工作保持廉洁、客观、公正。

7）中标决标后在发中标通知书之前，进一步与投标单位交换意见，确认对招投标文件没有实质性的不同理解和意见，然后发中标通知书。中标通知书写明合同价和对履约保函的要求以及签订合同的时间、地点。建安工程的合同是在承包单位提供履约保函的同时签订的。履约保函必须由银行提供。由于我国还没有法人提保公司，三峡工程不接受行政行为的履约担保。组成合同的文件及优先次序如下：合同协议书及备忘录、中标通知书、工程报价单、投标书和合同条款、技术条款、设计说明和施工图纸等。

4. 承包合同的执行

三峡工程的承包合同一经签订，都要依法严格履行。由于合同执行中的几个主要难点，如价格、调整变更合同量的价款、工期延误补偿、设备和物资供应等都作了较为明确的规定，在合同执行中还没有发生原则性的争端。但在变更合同量和工期延误数量的确定及其对价格确定的影响等，有时双方认识不尽一致，这些又能通过友好协商解决。

至于有人议论的分包和转包问题，在某种程度上是存在的。但应指出，施工集团内部的分工、承包单位劳务和设备的雇用和租用，不属于分包和转包范围而属正常现象。对主要的工程项目，三峡总公司采取相应的措施，重视投标单位的资格审查，对实力较强的投标实体允许参加投标竞争；分包必须在投标时写明或取得三峡总公司的同意，且分包量一般不允许超过合同总量的20%，不得收取超过3%的管理费；至于转包，原则上是禁止的。

社会上议标的另一个话题是低价中标问题。此问题不像社会上议论的那样严重。由于工程开工初期客观上某些原因和有实力的投标单位的激烈竞争，在1993年末和1994年初招标的项目中，永久船闸、临时船闸及升船机、左岸厂坝第一阶段工程，南村坪天然砂石料生产系统等四个项目的中标价相对是较低的。这四个项目的合同价共7.5亿元，占建安合同总金额的7.2%。经公开招标和邀请招标的项目进行统计（议标项目的合同价相对是较高的），中标价比最低报价平均高7.9%，这已接近国内外一般规定的上限。从另一角度分析，永久船闸和临时船闸及升船机第一阶段工程，均为土石方开挖，项目的合同价共6.51亿元，工期18个月，每个月平均3 600万元。按土石方工程的价格构成，机械使用费用（折旧、修理、备品备件）一般占40%，材料、动力等消耗一般占30%，人工、间接费、施工利润等一般占30%。这样每个月机械使用费（60%可以用于回收抵购置费）为1 440万元，材料动力等消耗1 080万元，还有1 080万元为工资、管理费及利润。该项目的现场施工人数约2 200人，加上管理人员按3 000人计，每人月平均3 600元。但由于历史原因，我国水电施工队伍的包袱太重，这二个项目要维持多出好几倍的生活收入，故仍需要大量使用机械设备购置费无法回收。因此，其根本问题不在于中标价高低，而在于随着国家经济体制改革的深化，施工企业的管理体制需要同步进行重大改革，国家和上级主管部门需要从政策上采取宏观调控手段给予大力支持，仅靠企业自身是无法解决的。

第四节　工程项目实施过程的政府管理

一、对建设工程项目的监督管理

对建设工程项目的监督管理的重点主要有两点，一是强调严格执行建设程序，按有关规定履行项目审批手续；二是加强工程质量监督管理。

1．严格执行建设程序，按有关规定履行项目相关审批手续

建设项目审批程序包括：项目建议书、可行性研究报告、初步设计、开工报告和竣工验收五个阶段。所有建设项目都应按审批程序和权限履行报批手续，任何部门、项目法人都不得擅自简化程序和超越权限、化整为零进行项目审批。

1）严格把好建设项目前期工作质量关

建设项目的项目建议书、可行性研究报告和初步设计文件，必须按照国家规定的要求和内容由有相应资质的单位编制。各级项目审批机关对有关文件必须认真审查，严格把关，无资格证书或超越资格等级的勘察、设计、咨询单位编制的文件坚决不予审批，编制单位及依据自身的资质等级承担的业务，如达不到规定深度要求的，必须重新编制符合要求后，才能审批。

2）严格实行项目决策咨询评估制度

项目决策时要经过有资质的机构评估，其中重大项目实行专家评议制度，对项目的必要性、可行性、社会效益、生态环境效益等提出评审意见，作为项目决策的依据，可行性研究报告未经有资质的咨询机构和专家的评估论证，有关审批部门不予审批。重大项目的项目建设书也要经过评估论证。

3）严格执行报建登记制度

建设单位必须在建设工程立项批准后，工程发包前，向建设行政主管部门或其授权的部门办理报建登记手续。未办理报建登记手续的工程，不得发包。工程项目报建的监督管理主要完成三大任务：一是对工程项目类别作出区分和鉴定；二是要完成对业主工程管理资格的审查，对不具备与工程类别相应管理能力和政府明令监理的项目，应督促业主委托监理，以确保所有项目都有相应的工程管理力量，从而为市场的规范化管理、提高工程建设水平和效益提供良好的基础；三是掌握和公布已报建的工程项目信息，便于承包商了解建设动向，促进市场公开交易，从而为加强建筑市场管理、规范市场主体行为提供必要的前提和条件。

4）严格核发施工许可证

建筑工程开工前，建设单位应当按照国家有关规定向工程所在地县级以上人民政府建设行政主管部门申请领取施工许可证。未领取施工许可证的，不得开工。施工许可证应当放置在施工现场备查。我国《建筑法》规定申请领取施工许可证，应当具备下列条件：

①已经办理该建筑工程用地批准手续；

②在城市规划区的建筑工程，已经取得规划许可证；

③需要拆迁的，其拆迁进度符合施工要求；

④已经确定建筑施工企业；

⑤有满足施工需要的施工图纸及技术资料；

⑥有保证工程质量和安全的具体措施；

⑦建设资金已经落实；

⑧法律、行政法规规定的其他条件。

2. 加强工程质量监督

国务院建设行政主管部门对全国的建设工程质量实施统一监督管理。国务院铁路、交通、水利等有关部门按照国务院规定的职责分工，负责对全国的有关专业建设工程质量的监督管理。县级以上地方人民政府建设行政主管部门对本行政区域内的建设工程质量实施监督管理。县级以上地方人民政府交通、水利等有关部门在各自的职责范围内，负责对本行政区域内的专业建设工程质量的监督管理。建设工程质量监督管理，可以由建设行政主管部门或者其他有关部门委托的建设工程质量监督机构具体实施。从事房屋建筑工程和市政基础设施工程质量监督的机构，必须按照国家有关规定经国务院建设行政主管部门或者省、自治区、直辖市人民政府建设行政主管部门考核；从事专业建设工程质量监督的机构，必须按照国家有关规定经国务院有关部门或者省、自治区、直辖市人民政府有关部门考核。经考核合格后，方可实施质量监督。

二、对建筑市场的监督管理

1. 必须把好市场准入关

政府有关部门，要制定规章制度，进行执法检查，依法加强对建设市场的监督，并对参加建设的勘察、设计、咨询、施工、监理等单位实施市场准入管理，建设工程勘察、设计、咨询、施工、监理等企业应当按照其拥有的注册资本、专业技术人员、技术装备和工作业绩等条件申请资质，经审查合格，取得相应资质证书后，方可在资质等级许可的范围内从事建设工程活动。严禁无证、越级承揽工程，对违反规定承揽工程的，吊销营业执照，清退出建设工程交易市场。政府有关部门要在市场准入管理上严格把关，实行工程质量“一票否决制”。一旦出现劣质工程，对其责任单位严肃查处并清出市场。

2. 必须实行公开招标投标制度

工程建设的勘察设计、施工、监理和主要设备、材料供应以及招标代理机构，除保密上有特殊要求或国家另有规定外，必须实行公开招标，招投标活动应按有关规定在市有形建筑市场内进行。确需采取邀请招标和议标形式的，要经过项目主管部门的批准。招标投标活动要严格按照国家有关规定进行，体现公开、公平、公正和择优诚信的原则。对应公开招标而未公开招标的，或采取邀请招标和议标形式但未经批准的，不得批准开工。

招标单位签字承包合同后，严禁转包和违法分包，总承包单位进行合同分包必须按承包合同约定或经发包单位认可，但主体结构不得分包，分包单位不得将其承包的工程实行再分包。严禁在工程招标和建设过程中采取无限制压价、垫资等做法，对层层转包、分包、无限制压价、垫资等违法经营行为要予以处罚。

建设行政主管部门应会同各行业主管部门及工商部门对招标的中标人履约情况，进行监督和抽查，对履约差的招标及中标单位，可给予取消一定时期、一定范围招标投标资格等处罚。

招标投标不受地区、部门、行业的限制，任何单位和个人不得以任何名义、任何形式干预正常的招标投标活动，严禁搞地方和部门保护主义，禁止“同体”监理。对违反规定干预招标投标活动的单位和个人，不论有无牟取私利，都要根据情节轻重作出处理；对转包和违规分包的单位，要降低资质等级，情节严重的要吊销执照，并依法追究法律责任，建设单位明知承包方转包和违法分包而默许的，要追究有关当事人的责任。

本章小结

我国建设工程项目管理体制发展到今日，已全面推行项目法人责任制、招投标制度、工程监理制和合同管理制。

建设工程项目管理模式，即工程项目的承发包方式随着建设工程项目管理体制的演变发展而有了新的发展。本章介绍了常见的工程项目承发包方式，如平行承发包模式、施工总承包模式、项目总承包、联合体承包模式、BOT模式；也介绍了一些国际上流行使用而国内运用较少的承发包方式，如CM模式、设计施工总包模式等。

目前，无论工程项目的承发包方式是采取哪种模式，取得承包的途径一般都是通过招投标方式。在我国，从1999年颁布《中华人民共和国招标投标法》后，紧随颁布了一系列的各行各业的招标投标管理办法。本章主要对设计和施工招投标进行比较详细的阐述。

在我国建设工程项目现行的法律制度和建筑市场体系还不够完善的情况下，我们有必要加强政府在工程项目实施中的监督管理，不仅对建筑工程项目本身进行监督管理，还需对建筑市场工程交易的过程进行监督管理，以使我国建设工程项目管理体制更加完善。

思考题

1. 试谈谈现行工程项目管理体制中为何要推行工程监理制度。

2. 目前建设工程项目常用的发包方式除本章中提到的方式以外，你还能说出其他国际上比较流行的一些项目发包方式吗？

3. 请指出设计—施工总包、CM模式的异同点。

4. 试分析建设工程项目发包方式对项目施工合同管理、项目目标控制的影响。

5. 招投标的概念是什么？

6. 招标方式有哪些？各有哪些优缺点？

7. 结合招投标的程序谈谈招标的主要工作有哪些？投标的主要工作又有哪些呢？

8. 施工招标中对投标人的资格预审主要审查哪些方面？

9. 设计招标和施工招标两者间的招标文件有何异同？

10. 案例分析

某土建工程项目确定采用公开招标的方式招标，造价工程师测算确定该工程标底为4 000万元，定额工期为540d。

在本工程招标的资格预审办法里规定投标单位应满足以下条件：

①取得营业执照的建筑施工企业法人；

②二级以上施工企业；

③有两项以上同类工程的施工经验；

④本专业系统隶属企业；

⑤近三年内没有违约被起诉历史；

⑥技术、管理人员满足工程施工要求；

⑦技术装备满足工程施工要求；

⑧具有不少于合同20%的可为业主垫支的资金。

讨论资格预审办法中规定的投标单位应满足的条件哪几项是正确的，哪几项不正确。

11. 案例分析

某投标单位通过资格预审后，对招标文件进行了仔细分析，发现业主所提出的工期要求过于苛刻，且合同条款中规定每拖延一天工期罚合同价的1%。若要保证实现该工期要求，必须采取特殊措施，从而大大增加成本；还发现原设计结构方案采用框架剪力墙体系过于保守。因此，该投标单位在投标文件中说明业主的工期要求难以实现，因而按自己认为的合理工期（比业主要求的工期增加6个月）编制施工进度计划并据此报价；还建议将框架剪力墙体系改为框架体系，并对这两种结构体系进行了技术经济分析和比较，证明框架体系不仅能保证工程结构的可靠性和安全性、增加使用面积、提高其利用的灵活性，而且可降低造价约3%。

该投标单位将技术标和商务标分别封装，在封口处加盖本单位公章和项目经理签字后，在投标截止日前1d上午将投标文件报送业主。次日下午，在规定的开标时间前1h，该投标单位又递交了一份补充材料，其中声明将原报价降低4%。但是，招标单位的有关工作人员认为，根据国际上“一标一投”的惯例，一个投标单位不得递交两份投标文件，因而拒收投标单位的补充材料。

开标会由市招投标办的工作人员主持，市公证处有关人员到会，各投标单位代表均到场。开标前，市公证处人员对各投标单位的资质进行审查，并对所有投标进行审查，确认所有投标文件均有效后，正式开标。主持人宣读投标单位名称、投标价格、投标工期和有关投标文件的重要说明。

请讨论：在该项目招标程序中存在哪些问题，该投标单位运用了什么报价技巧。是否得当。

第四章　工程项目策划与决策管理

本章知识点

- 工程项目策划的含义、作用与程序；
- 工程项目建议书的作用与编制；
- 工程项目可行性研究的概念、目的、作用、编制和审批；
- 风险的含义与分类，工程项目决策中应考虑的风险，项目风险管理方法；
- 工程项目的财务评价、国民经济评价、环境影响评价和社会评价；
- 工程项目决策的概念、意义以及常用的决策方法。

第一节　工程项目前期策划

一、工程项目前期策划

工程项目的策划与决策是项目的重要前期工作，它们直接决定项目的成败。

1. 工程项目策划的含义

工程项目策划是指把项目建设意图转换成定义明确、系统清晰、目标具体且具有策略性运作思路的系统活动过程。具体来说是项目策划人员根据业主的总目标要求，通过对工程项目进行系统分析，对项目活动的整体战略进行运筹规划，以便在项目建设活动的时间、空间、结构、资源多维关系中选择最佳的结合点，并展开项目运作，为保证项目完成后获得满意的经济效益、环境效益和社会效益提供科学的依据。

2. 工程项目策划的分类

工程项目策划可按多种方法进行分类。按项目策划的范围可分为项目总体策划和项目局部策划。项目的总体策划一般指在项目决策阶段所进行的全面策划，局部策划是指对全面策划分解后的一个单项性或专业性问题的策划。按项目建设程序，项目策划可分为建设前期项目构思策划和项目实施策划。由于各类策划的对象和性质不同，所以策划的依据、内容和深度要求也不同。

3. 工程项目策划的作用

项目策划的主要作用体现在以下几方面。

1）明确项目系统的构建框架

工程项目策划的首要任务是根据项目建设意图进行项目的定义和定位，全面构思一个拟建的项目系统。在明确项目的定义和定位的基础上，通过项目系统的功能分析，确定项目系统的组成结构，使其形成完整配套的能力。提出项目系统的构建框架，使项目的基本构想变为具有明确的内容和要求的行动方案，是进行项目决策和实施的基础。

2）为项目决策提供保证

根据工程项目的建设程序，工程项目投资决策是建立在项目的可行性研究分析评价的基础上，可行性研究中的财务评价、国民经济评价和社会评价的结论是项目投资的重要决策依据。可行性研究的前提是建设方案本身及其他所依据的社会经济环境、市场和技术水平，而一个与社会经济环境、市场和先进的技术水平相适应的建设方案的产生并不是由投资者的主观愿望和某些意图的简单构想就能完成，它必须通过专家的认真构思和具体的策划，并进行实施的可能性和可操作性分析，才能使建设方案建立在可运作的基础上。因此，只有经过科学的周密的项目策划，才能为项目的投资决策提供客观的科学的基本保证。

3）全面指导项目管理工作

工程项目策划是根据策划理论和原则，密切结合具体项目的整体特征，对项目的发展和实施管理的全过程进行描述。它不仅把握项目系统总体发展的规律和条件，同时还深入到项目系统构成的各个层面，针对项目的各个阶段的发展变化对项目管理方案提出系统的具有可操作性的构想。因此，项目策划可直接成为指导项目实施和项目管理的基本依据。

二、工程项目前期策划程序

工程项目前期策划是一个相当复杂的过程，不同性质的项目前期策划的内容不一样，工作步骤也不完全一样，它的大致程序如图 4-1 所示。

1. 工程项目构思

项目的构思是指对策划整体的抽象描述，是一个成功策划的关键。工程项目构思是一种概念性策划，它是在企业的系统目标的指向下，从现实和经验中得出项目策划的系列前提和假设，在此基础上形成项目的大致的策划轮廓，对这些策划的轮廓进行论证和选择才形成项目的构思。策划轮廓不是具体的创意，也不是策划的具体计划，只是一种希望作成某种具体策划的印象。这些策划的印象往往是丰富多彩的，而且很少一开始就完全正确，需要经过反复的论证，才逐步变得清晰、明朗。因此，有了策划的轮廓后，应进行调查研究，收集资料，收集策划线索，并逐步把策划印象清晰化，进行选择，使策划轮廓变成项目构思。

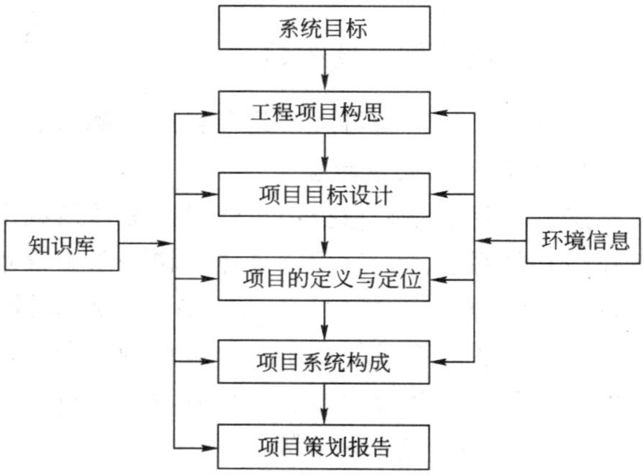

图 4-1 项目策划方案形成示意图

2. 项目目标设计

项目目标是可行性研究的尺度，经过论证和批准后作为项目设计和计划、实施控制的依据，最后作为项目后评估的标准。准确地设定项目目标，是整个策划活动解决问题、取得效果的必要前提。项目目标设计包括项目总目标体系设定和总目标按项目、项目参与主体、实施阶段等进行分解的子目标设定。在项目前期构思策划阶段的目标设计属于项目总目标的设定。

进行项目总体目标设定，首先应该了解业主的基本情况，正确把握项目业主的发展战略目标。项目业主的发展战略目标是业主根据自身的资源条件、经济实力、社会经济环境所制定的长期发展方向和预期目标，根据这些目标来设定项目目标对业主才有吸引力。

其次，进行环境信息的收集和策划环境的分析。要进行成功的策划，必须有真实、完整的数据资料，为此应进行内外环境的调查。环境调查的方法很多，有询问法、观察法、实验法、统计分析法等。在充分的调查研究基础上进行策划环境分析。项目策划环境分析就是分析策划项目的约束条件，包括技术约束、资源约束、组织约束、法律约束等环境约束。策划环境分析包括两个方面：一是项目外部环境分析，主要是分析与项目有关的各项法律、法规和技术标准上的约束条件，分析和预测项目的社会人文环境、自然环境和项目建设条件等环境条件的现状和变化情况，有利因素与不利因素。社会人文环境包括地域环境、经济结构、投资环境、技术环境、社会文化、人口构成、生活方式、项目工业化与标准化水平等。自然环境包括地理、地质、地形、水源、能源、日照、气候等自然条件。项目建设条件包括城市各项基础设施、道路交通、允许容积率、建筑高度、覆盖率和绿地面积等。一般来说，社会经济因素是决定项目基本性质的基础。二是项目内部环境分析。项目内部环境分析是对项目的使用者、项目的功能要求、运营方式和实施条件的分析。

第三，项目目标因素的提出和建立目标系统。目标因素是指目标的构成要素，如经济性目标、时间性目标等，它的提出应尽可能明确，尽可能定量化，可以进行对比分析。在目标因素的基础上进行整合、排序、选择和结构优化处理，形成目标系统，并对其进行描述。

3. 项目的定义与定位

项目的定义是描述项目的性质、用途、建设范围和基本内容。项目的定位是描述和分析项目的建设规模、建设水准，项目在社会经济发展中的地位、作用和影响力。项目的定义与定位要注意围绕策划的主题，策划主题是策划工作的中心思想。项目构思只是提出项目策划的概念，是比较抽象的；主题比较具体，是感性的。把握策划主题应使项目目标、策划对象的信息个性、满足参与者心理需求三个方面有机结合。项目目标是策划的宗旨，主题必须服从和服务于项目目标，策划才能做到有的放矢。策划对象的信息个性是指策划对象区别于其他事物的特点。策划的项目具有鲜明的特点，才有生命力，才能引起项目参与者的兴趣。参与者心理需求是指潜藏在心底的欲望和追求，项目策划应满足参与者的心理欲望，才能引起参与者的共鸣，使策划得到顺利实施。主题开发是项目定义与定位的灵魂，它需要丰富的想像力和创造力。

4. 项目系统构成

将经过定义与定位的项目，在时间、空间、结构、资源多维关系中进行运筹安排，找出实施的最佳结合点，形成项目策划的实施系统。项目系统应能详细描述项目的总体功能、项目系统内部各单项单位工程的构成以及各自的功能和相互关系、项目内部系统与外部系统的协调和配套关系、实施方案及其可能性分析。

5. 策划报告

策划报告的拟定是将整个策划工作逻辑化、文件化、资料化和规范化的过程，它的结果是项目策划工作的总结和表述。项目策划报告书不但要有丰富、翔实的内容，能够完全表达项目策划人的意图，而且要具有简捷的、生动的、吸引人的表达方式。

三、项目建议书的编制

1. 项目建议书及其作用

项目建议书是拟建项目的承办单位（项目法人和其代理人），根据国民经济和社会发展的长远目标、行业和地区规划、国家的技术经济政策以及企业的经营战略目标，结合本地区、本企业的资源状况和物质条件，经过市场调查，分析需求、供给、销售状况，寻找投资机会，构思项目投资概念，并用文字形式对项目的轮廓进行描述，从宏观上就项目建设的必要性和可能性提出预论证的法定文件。

项目建议书的作用是向政府主管部门推荐项目，供主管部门选择。

2. 项目建议书的内容

其内容包括：

(1) 项目的名称、承办单位、项目负责人。

(2) 项目提出的目的、必要性和依据（对技术引进项目还要说明拟引进技术的名称、内容、国内外技术的差异，技术来源的国别、厂商；对进口设备项目，要说明拟进口设备的理由、生产条件、设备的名称、规格、数量、价格等）。

(3) 项目的产品方案、市场需求、拟建生产规模、建设地点的初步设想。

(4) 资源情况、建设条件、协作关系和引进技术的可能性及引进方式。

(5) 投资估算和资金筹措方案及偿还能力预测。

(6) 项目建设进度的初步安排计划。

(7) 项目投资的经济效益和社会效益的初步估计。

3. 项目建议书的审批

大中型基本建设项目、限额以上技术改造项目、技术引进项目和设备进口项目的项目建议书，按企业隶属关系，先送省、市、自治区、计划单列城市或国务院主管部门审查后，由国家计委审批。重大项目，技改引进项目总投资在限额以上的项目，由国家计委报国务院审批。需要由银行贷款的项目，要由银行总行会签。

技改内容简单的，外部协作条件变化不大的，无须从国外引进技术和进口设备的限额以上项目，项目建议书由省、市、自治区审批，国家计委备案。

小型基本建设项目、限额以下技术改造项目的项目建议书，按企业隶属关系，由国务院主管部门或省、市、自治区计委审批，实行分级管理。

1992 年国务院颁发的《全民所有制工业企业转换经营机制条例》规定：企业遵照国家的产业政策和行业、地区发展规划，以自有资金或自行筹措的资金从事生产性建设，能够自行解决建设和生产条件的，由企业自主决定立项，在政府有关部门备案。

项目建议书经批准，称为“立项”。立项是初步的，因为审批项目建议书可以否决一个项目，但不能肯定一个项目。立项仅说明一个项目有投资的必要性，即可纳入项目前期工作计划，开展项目可行性研究工作。

第二节　工程项目可行性研究

一、可行性研究的目的和作用

1. 项目可行性研究的概念

项目可行性研究是指对某工程项目在做出是否投资的决策之前，先对与该项目相关的技术、经济、社会、环境等所有方面进行调查研究，对项目各种可能的拟建方案认真地进行技术经济分析论证，研究项目在技术上的先进适用性，在经济上的合理有利性和建设上的可能性，对项目建成后的经济效益、社会效益、环境效益等进行科学的预测和评价，据此提出该项目是否应该投资建设，以及选定最佳投资建设方案等结论性意见，为项目投资决策提供依据。

可行性研究是在工程投资决策之前，运用现代科学技术成果，对工程项目建设方案所进行的系统的、科学的、综合的研究、分析、论证的一种工作方法。它的目的是保证拟建项目在技术上先进可行、经济上合理有利。

项目可行性研究工作是项目重要的前期工作之一，通过可行性研究，使项目的投资决策工作建立在科学和可靠的基础上，从而实现项目投资决策的科学化，减少或避免投资决策的失误，提高项目的经济效益和社会效益。

2. 可行性研究的作用

可行性研究的主要作用有：

1）作为工程项目投资决策的依据

可行性研究对与工程项目有关的各个方面都进行了调查研究和分析，并论证了工程项目的先进性、合理性、经济性和环境性，以及其他方面的可行性。项目的决策者主要是根据可行性研究的结果来做项目是否应该投资和应该如何投资的决策。

2）作为编制设计任务书的依据

可行性研究中具体研究的技术经济数据，都要在设计任务书中明确规定，它是编制设计任务书的根据。

3）作为筹集资金和银行申请贷款的依据

银行在接受项目贷款申请后，通过审查工程项目的可行性研究报告，确认了项目的经济效益水平和偿还能力，承担的风险不太大时，才同意贷款。

4）作为与有关协作单位签订合同或协议的依据

根据可行性研究报告和设计任务书，可与有关的协作单位签订项目所需的原材料、能源资源和基础设施等方面协议和合同以及引进技术和设备的正式签约。

5）作为工程项目建设的基础资料

工程项目的可行性研究报告，是工程项目建设的重要基础资料，是项目实施和目标控制的重要依据。项目建设过程中的技术性更改，应认真分析其对项目经济社会指标的影响程度。

6）作为环保部门审查项目对环境影响的依据

可行性研究报告作为项目对环境影响依据供环保部门审查，并作为向项目所在地的政府和规划部门申请建设执照的依据。

7）作为项目的科研试验、机构设置、职工培训、生产组织的依据

根据批准的可行性研究报告，进行与项目相关的科技试验，设置相应的组织机构，进行职工培训等生产准备工作。

8）作为项目考核的依据

项目正式投产后，应以可行性研究所制定的生产纲要、技术标准及经济社会指标作为项目考核的标准。

二、可行性研究的阶段划分

可行性研究工作一般可分为投资机会研究、初步可行性研究、详细可行性研究。项目评估和决策阶段投资机会研究、初步可行性研究、详细可行性研究的目的、任务、要求以及所需费用和时间各不相同，其研究的深度和可靠程度也不同。

1. 投资机会研究

投资机会研究主要是对各种设想的项目和投资机会做出鉴定，并确定有没有必要做进一步的研究。性质比较粗略，主要依靠估计，而不是靠详细的分析。其投资估算误差程度在±30%，研究费用一般占投资的0.2%～1.0%。

在工程项目的规划设想经过机会研究，认为值得进一步研究时，就进入初步可行性研究阶段。初步可行性研究是投资机会研究和详细可行性研究的一个中间阶段。由于详细的提出可行性报告，是一项很费钱和费时的工作，所以在它之前要进行初步可行性研究，它的主要任务是：进一步判断投资机会是否有前途；是否有必要进一步进行详细的可行性研究；确定项目中哪些关键性问题需要进行辅助的专题研究。

2. 初步可行性研究

初步可行性研究的内容与详细可行性研究大致相同，只是工作的深度和要求的精度不一样。初步可行性研究投资估算的误差一般在±20%，其研究的费用一般占投资的0.25%～1.0%。

3. 详细可行性研究

详细可行性研究也称为技术经济可行性研究，是工程项目投资决策的基础，为项目投资决策提供技术、经济、社会和环境方面的评价依据。它的目的是通过进行深入细致的技术经济分析，进行多方案选优，并提出结论性意见。它的重点是对项目进行财务效益和经济效益评价，经过多方案的比较，选择最佳方案，确定项目投资的最终可行性和选择依据标准。

详细可行性研究要求有较高精度，它的投资估算误差要求为±10%，研究的费用，小型项目约占投资的1.0%～3.0%，大型项目为0.2%～1.0%。

4. 项目可行性研究报告的评估

可行性研究报告的评估是投资决策部门组织或委托有资质的工程咨询公司、有关专家对工程项目可行性研究报告进行全面的审核和评估。它的任务是通过分析和判断项目可行性研究报告的正确性、真实性、可靠性和客观性，对可行性报告进行全面的评价，提出项目是否可行，并确定最佳的投资方案，为项目投资的最后决策提供依据。

三、可行性研究报告的编制

1. 可行性研究报告的编制程序

工程项目可行性研究的工作程序可分为以下几个步骤。

1）筹划准备

项目建议书被批准后，建设单位即可组织或委托有资质的工程咨询公司对拟建项目进行可行性研究。双方应当签订合同协议，协议中应明确规定可行性研究的工作范围、目标、前提条件、进度安排、费用支付方法和协作方式等内容。建设单位应当提供项目建议书和项目有关的背景材料、基本参数等资料，协调、检查监督可行性研究工作。可行性研究的承担单位在接受委托时，应了解委托者的目标、意见和具体要求，收集与项目有关的基础资料、基本参数、技术标准等基准依据。

2）调查研究

调查研究包括市场、技术和经济三个方面的内容，如市场需求与市场机会、产品选择、需要量、价格与市场竞争；工艺路线与设备选择；原材料、能源动力供应与运输；建厂地区、地点、场址的选择，建设条件与生产条件等。对这些方面都要作深入的调查，全面地收集资料，并进行详细的分析研究和评价。

3）方案的制订和选择

这是可行性研究的一个重要步骤。在充分调查研究的基础上制订出技术方案和建设方案，经过分析比较，选出最佳方案。在这个过程中，有时需要进行专题性辅助研究，有时要把不同的方案进行组合，设计成若干个可供选择的方案，这些方案包括产品方案、生产经济规模、工艺流程、设备选型、车间组成、组织机构和人员配备等方案。在这个阶段，有关方案选择的重大问题，都要与建设单位进行讨论。

4）深入研究

对选出的方案进行详细的研究，重点是在对选定的方案进行财务预测的基础上，进行项目的财务效益分析和国民经济评价。在估算和预测工程项目的总投资、总成本费用、销售税金及附加、销售收入和利润的基础上，进行项目的盈利能力分析、清偿能力分析、费用效益分析和敏感性分析、盈亏分析、风险分析，论证项目在经济上是否合理有利。

5）编制可行性研究报告

在对工程项目进行了技术经济分析论证后，证明项目建设的必要性、实现条件的可能性、技术上先进可行和经济上合理有利，即可编制可行性研究报告，推荐一个以上的项目建设方案和实施计划，提出结论性意见和重大措施建议，供决策单位作为决策依据。

可行性报告有它特有的要求和格式，在编制时应注意：

(1) 准确简明地阐述工程项目的意义、必要性和重要性，突出针对性。

(2) 表达的精确性，在可行性研究报告中不应采用模糊不清的表达方式。

(3) 编写可行性研究报告应严肃认真，运用语言文字要标准，不使用不规范的字或词。

(4) 内容的系统化和格式的统一，应根据工作程序、性质和内容，事前提出各项的具体要求、统一编写的方法和内容安排。

(5) 可行性研究报告要注意形式的规范化。

2. 可行性研究报告的内容

工程项目种类繁多，建设要求和建设条件也各不相同，因此项目可行性研究的内容也各有侧重。但是，根据可行性研究的实践，各类工程项目研究的基本内容还是相同的，主要包括以下基本内容。

1）总论

可行性研究报告的总论一般包括：

(1) 工程项目概况：工程项目的名称，主办单位，承担可行性研究的单位，工程项目提出的背景，投资的必要性和经济意义，调查研究的依据、范围、主要过程等。

(2) 研究结果概要。

(3) 存在的问题和建议。

2）市场需求情况和拟建规模

市场需求预测是工程项目可行性研究的重要环节。通过市场调查和预测，了解市场对项目产品的需求程度和发展趋势，是进行是否投资和投资规模决策的重要条件，内容一般包括：

(1) 国内市场近期需求状况，并对未来趋势进行预测。

(2) 国内现有工厂生产能力估计。

(3) 进行产品销售预测、价格分析、产品竞争能力、进入国际市场的前景分析。

(4) 确定拟建工程项目的规模，产品方案的论述和发展方向的技术经济比较和分析。

3）资源、原材料、燃料及公用设施情况

内容一般包括：

(1) 经过正式批准的资源储量、品位、成分，以及开采、利用条件的评述。

(2) 所需原料、辅助材料、燃料的种类、数量、来源和供应可能，有毒、有害及危险品的种类、数量、质量及其来源和供应的可能性和储运条件。

(3) 所需公用设施的数量、供应方式和条件，外部协作条件。

4）项目条件和选址方案

内容一般包括：

(1) 项目的地理位置、气象、水文、地质、地形条件和社会经济现状。

(2) 交通、运输及水、电、气的现状和发展趋势。

(3) 对项目选址进行多方案的技术经济分析和比较，提出选择意见。

5）项目设计方案

内容一般包括：

(1) 项目的构成范围，单项工程的组成、技术来源和生产方法、主要技术工艺和设备选型方案的比较，引进技术、设备的来源国别，设备的国内外比较与外商合作方案设想。

(2) 项目布置方案的初步选择和土建工程量估算。

(3) 公用辅助设施和交通运输方式的比较和初步选择。

6）环境保护

内容一般包括：

(1) 对项目建设地区的环境状况进行调查，分析拟建项目的“三废”种类、成分和数量，对环境影响的范围和程度。

(2) 治理方案的选择和废物回收利用情况。

(3) 对环境影响的评价。

7）生产组织、劳动定员和人员培训

内容一般包括：

(1) 全厂生产管理体制、机构的设置，对选择的方案的论证。

(2) 劳动定员的配备方案。

(3) 人员培训规划和费用估算。

8）项目的实施计划和进度要求

实施计划可用甘特图和网络图来表示。具体包括以下内容：

(1) 勘察设计的周期和进度要求。

(2) 设备订货、制造时间要求。

(3) 工程施工进度。

(4) 调试或投产时间。

(5) 整个工程项目的实施方案和总进度的选择方案。

9）国民经济评价和财务评价

一般包括以下内容：

(1) 总投资费用、各项建设支出和流动资金的估算。

(2) 资金来源，筹集方式，各种资金来源所占的比例，资金的数量和筹措成本。

(3) 生产成本的计算：总生产成本、单位生产成本。

(4) 进行财务评价与国民经济评价。

10) 综合评价与结论、建议

一般包括以下内容：

(1) 运用各项数据，从技术、经济、社会、财务等各个方面论述工程项目的可行性，推荐一个或几个可行方案。

(2) 存在的问题和建议。

四、可行性研究的审查和批准

1. 业主对可行性研究报告的审查

建设工程项目可行性研究报告是业主作出投资决策的依据。因此，业主要对可行性研究报告进行详细的审查和评价。业主对可行性研究报告进行审查的主要内容包括：

(1) 审查市场预测是否准确，项目规模是否经济合理，产品的品种、性能、规格构成和价格是否符合国内外市场需求的趋势和有无竞争能力。

(2) 审查选址是否合理，总体布置方案是否符合国土规划、城市规划、土地管理和文物保护的要求和规定。

(3) 审查建设工程项目有无不同方案的比选，推荐的方案是否经济、合理。

(4) 审查建设工程项目采用的标准是否符合国家的有关规定，是否贯彻了勤俭节约的方针。

(5) 审查投资估算的依据是否符合国家或地方的有关规定，工程内容和费用是否齐全，有无高估冒算、任意提高标准、扩大规模，以及有无漏项、少算、压低造价等情况。

(6) 审查资金筹措方式是否可行，投资计划安排是否得当。

(7) 审查各项成本费用计算是否正确，是否符合国家有关成本管理的标准和规定。

(8) 审查产品销售价格的确定是否符合实际情况和预测变化趋势，各种税金的计算是否符合国家规定的税种和税率。

(9) 审查和分析计算期内各年获得的利润额。

(10) 审查确定的项目建设期、投产期、生产期等时间安排是否切实可行。

(11) 审查项目的投入费用、产出效益、偿还贷款能力，以及外汇效益等财务状况，由此判断项目财务上的可行性。

(12) 审查内部收益率、净现值、投资回收率、投资利润率、投资利税率、借款偿还期、外汇净现值、财务换汇成本等指标的计算是否准确。

(13) 对盈亏平衡分析、敏感性分析进行鉴定，以确定项目在财务上、经济上的可靠性和抗风险能力。

业主对以上各方面的内容进行审查后，对项目的投资机会进一步作出总的评价，进而作出投资决策。若业主认为推荐方案成立时，可就审查中所发现的问题，要求咨询单位对可行性研究报告进行修改、补充、完善，提出结论性意见并上报有关部门审批。

2. 可行性研究报告的报批

按照国家有关规定，可行性研究报告的审批权限划分为以下几级：

(1) 大中型和限额以上项目的可行性研究报告，按照项目隶属关系由行业主管部门或省、市、自治区和计划单列市审查同意后，报国家发改委。国家发改委委托中国国际工程咨询公司等有资格的咨询公司，对可行性研究报告进行评估，提出评估报告后，再由国家发改委审批。凡投资在 2 亿元以上的项目，由国家发改委审核后报国务院审批。

（2）地方投资安排的地方院校、医院及其他文教卫生事业的大中型基本建设项目，可行性研究报告由省、市、自治区和计划单列市计委审批，抄报国家发改委和有关部门备案。

（3）企业横向联合投资的大中型基本建设项目，凡自行解决资金、能源、原材料、设备等问题，以及投产后的产供销、动力、运力等能够自己落实，而且与有关部门、地方、企业签订了合同，不需要国家安排的，可行性研究报告由有关部门或省、市、自治区和计划单列市计委审批，抄报国家发改委和有关部门备案。

（4）小型和限额以下项目的可行性研究报告，按照项目隶属关系，分别由主管部门或省、市、自治区和计划单列市计委审批。可行性研究报告经过正式批准后，应当严肃执行，任何部门、单位和个人都不得擅自变更。确有正当理由需要变更时，需将修改的建设规模、项目地址、技术方案、主要协作条件、突破原定投资控制数、经济效益的提高或降低等内容，报请原审批单位同意，并正式办理变更手续。

第三节　工程项目风险管理

一、风险的含义

关于风险的定义有很多，但最基本的表达是：在给定情况下和特定时间内，那些可能发生的结果之间的差异，差异越大则风险越大。这个定义强调结果的差异。

而另一个具有代表性的定义则强调，不利事件发生的不确定性，认为风险是不期望发生事件的客观不确定性。

还有一些项目风险管理专家对工程项目风险的定义为：工程项目风险是所有影响工程项目目标实现的不确定因素的集合。风险是项目系统中的不确定因素。

一般来说，风险具备下列要素：

（1）事件（不希望发生的变化）。

（2）事件发生的概率（事件发生具有不确定性）。

（3）事件的影响（后果）。

（4）风险原因。

二、风险的属性和分类

1. 现代工程项目中风险产生的原因

（1）现代工程项目的特点是规模大、技术新颖、结构复杂，技术标准和质量标准高、持续时间长、与环境接口复杂，导致实施和管理的难度增加。

（2）工程的参加单位和协作单位多，即使一个简单的工程就涉及业主、总包、分包、材料供应商、设备供应商、设计单位、监理单位、运输单位、保险公司等十几家甚至几十家。各方面责任界限的划分、权利和义务的定义异常复杂，设计、计划和合同文件等出错和矛盾的可能性加大。

（3）由于工程实施时间长，涉及面广，受环境的影响大，如经济条件、社会条件、法律和自然条件的变化等。这些因素常常难以预测，不能控制，但都会妨碍正常实施，造成经济损失。

（4）现代建设项目科技含量高，是研究、开发、建设、运行的结合，而不仅仅是传统意义上的建筑工程。项目投资管理、经营管理、资产管理的任务加重，难度加大，要求设计、供应、施工、运营一体化。

(5) 由于市场竞争激烈和技术更新速度加快，产品从概念到市场的时间缩短。人们面临着必须在短期内完成建设（例如开发新产品）的巨大压力。

(6) 新的融资方式、承包方式和管理模式不断出现。使工程项目的组织关系、合同关系、实施和运行程序越来越复杂。

(7) 项目所需资金、承包商、技术、设备、咨询服务的国际化，如国际工程承包、国际投资和合作，增加了项目的风险。

(8) 项目管理必须服从企业战略，满足用户和相关者的需求。现在企业、投资者、业主、社会各方面对工程项目的期望、要求和干预越来越多。

2. 风险的属性

1) 风险事件的随机性

风险事件的发生及其后果都具有偶然性。风险事件是否发生，何时发生，发生之后会造成什么样的后果？人类通过长期发现，许多事件的发生都遵循一定的统计规律，这种性质叫随机性。

2) 风险的相对性

风险总是相对项目活动主体而言的。同样的风险对于不同的主体有不同的影响。人们对于风险事故都有一定的承受能力，但是这种能力因活动、人和时间而异。对于项目风险，人们的随机应变能力主要受下列几个因素的影响。

(1) 收益的大小。收益总是有损失的可能性相伴随。损失的可能性和数额越大，人们希望为弥补损失而得到的收益也越大。与之相反，收益越大，人们愿意承担的风险也就越大。

(2) 投入的大小。项目活动投入的越多，人们对成功所抱的希望也越大，愿意冒的风险也就越小。一般人希望活动获得成功的概率随着投入的增加呈S曲线规律增加。当投入少时，人们可以接受较大的风险，即获得成功的概率不高也能接受；当投入逐渐增加时，人们就开始变得谨慎起来，希望活动获得成功的概率提高了，最好达到百分之百。

(3) 项目活动主体的地位和拥有的资源。管理人员中级别高的与级别低的相比，能够承担大的风险。同一风险，不同的个人或组织其承担能力也不同；个人或组织拥有的资源越多，其承担风险的能力也越大。

3) 风险的可变性

任何事情和矛盾都可以在一定条件下向自己的反面转化。这里的条件指活动所涉及的一切风险因素。当这些条件发生变化时，必然会引起风险的变化。风险的可变性有如下含义：

(1) 风险性质的变化。例如，十年前熟悉项目进度管理软件的人不多，出了问题，常常使人手足无措。那个时候使用计算机管理进度风险很大。而现在，熟悉的人多了起来，使用计算机管理进度不再是大的风险。

(2) 风险后果的变化。风险后果包括后果发生的频率、收益或损失大小。随着科学技术的发展和生产力的提高，人们认识和抵御风险事故的能力也逐渐增强，能够在一定程度上降低风险事故发生的频率并减少损失或损害。在项目管理中，加强项目班子建设，增强责任感，提高管理技能，就能使一些风险变成非风险。此外，由于信息传播技术，预测理论、方法和手段的不断完善和发展，某些项目风险现在可以较准确地预测和估计了，因而大大减少了项目的不确定性。

(3) 出现新风险。随着项目或其他活动的展开，会有新的风险出现。特别是在活动主体为避开某些风险而采取行动时，另外的风险就会出现。例如，为了避免项目进度拖延而增加资源投入时，就有可能造成费用超支。有些建设项目，为了早日完成，采取边设计、边施工或者在设计中免除校核手续的办法。这样做虽然可以加快进度，但是增加了设计变更、降低施工质量和提高造价的风险。

3. 风险的分类

1）按风险后果划分

按风险所造成的不同后果可将风险分为纯风险和投机风险。

纯风险是指只会造成损失而不会带来收益的风险。例如自然灾害，一旦发生，将会导致重大损失，甚至人员伤亡；如果不发生，只是不造成损失而已，但不会带来额外的收益。此外，政治、社会方面的风险一般也都表现为纯风险。

投机风险则是指既可能造成损失也可能创造额外收益的风险。例如，一项重大投资活动可能因决策错误或因遇到不测事件而使投资者蒙受灾难性的损失；但如果决策正确，经营有方或赶上大好机遇，则有可能给投资人带来巨额利润。投机风险具有极大的诱惑力，人们常常注意其有利可图的一面，而忽视其带来厄运的可能。

纯风险和投机风险两者往往同时存在。例如，房产所有人就同时面临纯风险（如财产损坏等）和投机风险（如经济形势变化所引起的房产价值的升降等）。

纯风险与投机风险还有一个重要区别。在相同的条件下，纯风险重复出现的概率较大，表现出某种规律性，因而人们可能较成功地预测其发生的概率，从而相对容易采取防范措施。而投资风险则不然，其重复出现的概率较小，所谓“机不可失，时不再来”，就是对投机风险的描述。然而投机风险预测的准确性相对较差，也就较难防范。

项目风险，若按其后果的承担者来划分，则有项目业主风险、政府风险、承包人风险、投资方风险、设计单位风险、监理单位风险、供应商风险、担保方风险和保险公司风险等。这样的划分有助于合理分配风险，提高项目对风险的承受能力。

2）按风险产生的原因划分

按风险产生的不同原因可将风险分为自然风险、社会风险和人为风险。

由于自然力的作用，造成财产毁损或人员伤亡的风险属于自然风险。例如，水利工程施工过程中因发生洪水或地震而造成的工程损害，材料和器材损失等。

人为风险是指由于人的活动而带来的风险。人为风险又可以细分为行为、经济、技术、政治和组织风险等。

行为风险是指由于个人或组织的过失、疏忽、侥幸、恶意等不当行为造成财产毁损、人员伤亡的风险。

经济风险是指人们在从事经济活动中，由于经营管理不善、市场预测失误、价格波动、供求关系发生变化、通货膨胀、汇率变动等所导致经济损失的风险。

技术风险是指伴随科学技术的发展而来的风险。如核燃料出现之后产生了核辐射风险；由于海洋石油开采技术的发展而产生的钻井平台在风暴袭击下翻沉的风险；伴随宇宙火箭技术而来的卫星发射风险。日本关西国际机场在填海筑造人工岛时，遇到许多特殊的技术问题，最严重的是人工岛沉降，这个问题大大影响了整个项目的工期和造价。

政治风险是指由于政局变化、政权更迭、罢工、战争等引起社会动荡而造成财产损失和损害以及人员伤亡的风险。例如，1990 年伊拉克入侵科威特引起海湾战争，使我国在那里的几家建筑公司蒙受了很大损失；关西国际机场所在海域渔场被占用之后，沿岸渔民失去了生计，要求赔偿损失。该项目的管理班子——关西国际机场股份有限公司同周围受损失的约1万多渔民进行了旷日持久的谈判，延误了工期。

组织风险是指由于项目有关各方关系不协调以及其他不确定性而引起的风险。现代的许多合资、合营或合作项目组织形式非常复杂，有的单位既是项目的发起者，又是投资者，还是承包人。由于项目有关各方参与项目的动机和目标不一致，在项目进行过程中常常出现一些不愉快的事情，影响合作者之间的关系、项目进展和项目目标的实现。组织风险还包括项目发起组织内部的不同部门由于对项目的理解、态度和行动不一致而产生的风险。

在政治风险、社会风险、经济风险、自然风险、技术风险中，经济风险的界定可能会有一定的差异。例如，有的学者将金融风险作为独立的一类风险来考虑。另外，需要注意的是，除了自然风险和技术风险是相对独立的之外，政治风险、社会风险和经济风险之间存在一定的联系，有时表现为相互影响，有时表现为因果关系，难以截然分开。

3）按风险的影响范围分

按风险的影响范围大小可将风险分为基本风险和特殊风险。

基本风险是指作用于整个经济或大多数人群的风险，如战争、自然灾害、高通胀率等，具有普遍性。显然，基本风险的影响范围大，其后果严重。

特殊风险是指作用于某一特定单体（如个人或企业）的风险，例如，车被偷、银行被抢、房屋失火等，不具有普遍性。特殊风险的影响范围小，虽然就个体而言，其损失有时亦相当大，但相对于整个经济而言，其后果不严重。

当然，风险还可以按照其他方式分类，例如，按风险分析依据可把风险分为客观风险和主观风险；按风险分布情况可将风险分为国别（地区）风险、行业风险，按风险潜在损失形态可将风险分为财产风险、人身风险和责任风险等。

三、工程项目决策中应考虑的风险因素

工程项目投资巨大、工期长、参与者众多，整个建设过程都存在着各种各样的风险。因此，建设项目应在决策过程中加强风险的防范。下面是工程项目决策中应考虑的风险因素。

1. 政治风险

政治风险是一种完全主观的不确定事件。它包括宏观和微观两个方面。宏观政治风险系指在一个国家内对所有项目都存在的风险。一旦发生这类风险，大家都可能受到影响。而微观风险则仅是局部受影响，一部分项目受益而另一部分项目受害，或仅有一部分人受害而其他人不受影响的风险。政治风险通常由以下因素构成。

1）政局不稳

政局不稳只是一种客观现实。而造成这种客观现实的原因却多种多样，常见的有：

(1) 朝野争斗。

(2) 政府内部派系斗争。

(3) 政府独裁专制。

(4) 受制于外来势力等。

任何经营业都离不开安定的局面、良好的社会秩序和开明的政府。因此，对于企业，政局不稳是一项重大的风险因素。

2）政策多变

政策多变是指一个国家所奉行的政策变动频繁或变化无常，令企业无所适从。在一些法

制观念不强或法规不健全的国家，政府常常以令代法。而政府的指令又常常不是来源于基层的客观需要，使企业的长远规划无法实现，只好忙于实施变幻不定的对策。

3）对外关系反常

如果一个国家与外界关系反常，比如与邻国经常处于剑拔弩张的状态，必然会导致全国上下高度戒备，社会秩序、社会环境都不正常，进而影响到企业的生产经营。

4）强烈的排外情绪

强烈的排外情绪常常使人产生非正常思维，从而使事情的处理缺乏公正。在一个强烈排外的国家从事经营的外来企业，既会因该国的排外而处处为难，又会因排外而招致的报复使企业深受其害。

5）专制行为

专制行为系指一些国家的政府部门对企业特别是对外国人经办的企业采取强制措施或蛮不讲理的做法，专制行为常常给企业带来巨大的甚至是毁灭性的灾难。一些国家为满足极权政治的需要，强加给企业种种约束限制或强行征收远远超出企业承受能力的税费。

6）权力部门腐败

一个国家的权力部门腐败无能、营私舞弊会构成重大政治风险。如果当权人士腐败，执法犯法，国家机器运转必将逐渐失灵，社会必然混乱，投资环境、经营条件均将恶化，国家失去管理机能，企业也将无法生存。

7）经常发生内乱与骚扰

有些国家由于内部派系繁杂，互相争权夺利，特别是存在有以推翻政府为宗旨的武装力量，政府首先要忙于镇压敌对势力，安定社会秩序，几乎顾不上企业的经营发展。

8）拒付债务

有些国家因种种原因处于财力枯竭状态，虽然政府颇有抱负，但债台高筑，无法再行获得新的援助，因而客观上发展至无力偿债的局面。

9）政府间协议

两国间的政府常常因出于照顾全局，或带有援助性质致使执行协议的企业蒙受损失。

10）法制不健全

法制不健全，企业将无法可依，或者无力保护自己。有些国家虽然有整套的法规，甚至条款严密，但法制观念不强，有法不依，以想像代替政策，以执法人员的好恶作为行为处事标准，则使企业防不胜防。

11）国际信誉差

一个国家的国际信誉决定其在国际上的地位。国际信誉不好，无法取得国际援助和信贷，企业如果在未确信资金备足和支付信誉良好的前提下匆忙进入，必然后患无穷。

政治风险对于企业来说是致命的。由于其全局性、无偏向特征，一旦发生，企业将很难避免受害，也很难得到补偿。因此，在诸多类别风险中，政治风险应被视为最主要的风险之一。

2. 商务风险

商务风险主要表现在金融与投资方面。当今的世界是一个多极金融世界，市场形势风云多变。一般商务风险有如下几种。

1）借贷投机

借贷投机是指投资者不以自有资金而以大量的借款进行投资。投机者把赌注押在某种货币的贬值上，借贷或售出他们并不拥有的财产；或者把赌注押在某种货币的升值上，借贷并实际买进大笔财产，控制着这笔财产待其升值。这种投机活动会造成很不稳定的局面，具有很大的潜在危险。

2）派生资本

派生资本是高度复杂的交易，它们的基础不是股票、债券或者其他标准的金融证券，而是证券、利率、外汇和商品的选择买卖权与其市场的投资。它们从基本资产的价值变动中“派生”出其价值。交易者们利用对市场潜在动向的精确计算，通过派生资本转移或限制大投资者之间的风险，或将其用于借贷投机。派生资本除自身具有的风险以外，还有连锁风险，它把全世界的金融机构和公司拴在一起，如果某一拥有巨额派生资本的大机构破产，国际金融体系将会遇到严重问题。

3）国际投资

国际投资已成为当前国际经济合作的主要业务，发达国家需要向外转移其剩余资本，而发展中国家则迫切需要借助外来资金以发展其国家经济。然而，投资是一项风险事业，投资成功可以获得数以倍计的效益；反之，则事倍功半。

4）地方金融市场和银行制度

当今全球各国的金融市场虽然大多具有国际性，但不可否认尚有相当量的国家金融业与外界无缘，资金渠道不畅通。由于独特的体制，导致自我孤立或对外政策反常，导致投资人无法筹集资金或不敢将资金投放于市场。与金融业盛衰密切相关的因素当数当地的银行制度。银行制度是否先进科学，直接影响金融业的发展。一个国家如果实行落后的银行制度，其融资能力不可能强，纵有外来援助，也很难使其显示效应，对其经济发展起不到推动作用。

5）保护主义

世界上大多数不发达国家都在不同程度上实行保护主义。但种种地区保护主义把整个世界分割成若干集团，集团之间互相设置关税壁垒和种种障碍，致使世界经济地域化。这种局面不利于竞争，当然也就不利于经济的发展。

6）高破产率

经济发展的规律决定市场竞争中必然有胜有负。随着商业竞争的日趋尖锐复杂，一个国家不可能不出现企业破产倒闭，但如果破产倒闭率高出正常比例，无疑加大了商业风险。

3. 社会风险

社会风险影响面极广，它涉及各个领域，各个阶层和各种行业。社会风险主要由以下原因造成。

1）宗教信仰

世界上宗教影响相当广泛。在一些国家，宗教领袖成为国民的精神支柱和崇拜的偶像。宗教势力常常严重地阻碍着经济发展，严重地制约企业的各种活动。例如有的教过节每年长达一月之久。在此期间，几乎所有的教民都不工作或工作效率极低，政府职能部门处于半瘫痪状态。有的教规定星期六不得生火，所有机动设备均得停产。这类宗教习俗无疑大大制约着企业活动的正常进行。

2）社会治安混乱

良好的社会秩序是企业取得成功的重要保证。社会治安混乱，偷盗成风，企业主将不得不花费巨款以加强保卫力量。社会治安不好还有可能造成企业的人员伤亡、财产损失，从而大大影响企业的生命力。

3）社会风气败坏

社会风气败坏表现在多方面，其中对企业影响最大的要数一个国家的公职人员的操行品德。公职人员若不保持廉洁，企业将会碰到无穷的麻烦。一些国家有法不依，另一些国家则无法可依。企业若要想办成某件必办之事，必须花重金，否则寸步难行。

4）文化素质低下

一些国家由于长期受殖民主义者奴役，文化素质低。这些人如果受雇，常常是主动性极差，事业心不强，企业家不敢委以重托，只能依靠花高价聘任的工作人员，其企业成本自然要居高不下。

4. 经济风险

经济风险是指一个国家在经济实力、经济形势及解决经济问题的能力等方面潜在的不确定因素构成的经济领域的可能结果。经济风险主要有以下常见形式。

1）宏观形势不利

任何经济活动都离不开宏观形势。在经济萧条的形势下很难有某一区域的微观形势不受丝毫影响。这种规律在一个具体国家里显得更加明显。前苏联的解体，其社会制度的彻底变革导致独联体诸国的经济濒于崩溃，大批在建工程下马，物价飞涨，面对这种形势的工程业主毫无办法。

2）投资环境差劣

投资环境是投资能否取得成功的关键因素。对于工程业主来说则更为具体，就是说与具体行业区域的软硬环境都分不开。例如工业项目投资，则既要考虑市场需要，又要考虑国家的工业发展政策。有些项目虽然在经济效益方面有可观的前景，但与国家的工业发展政策有抵触，同样会带来风险。

3）市场物价不正常上涨

在正常情况下，人们通常能比较准确地做出投资估算，但如果经济形势不稳，物价飞涨，则业主将很难做出较为准确的预测，其结果将是工程决算大大超过预算。如果业主没有足够的应变能力，势必会出现工程追加资金无着落，而承包人将会因为资金不足而中途停工。

4）通货膨胀幅度过大

在市场经济情况下，通货膨胀是难免的。但是如果膨胀幅度过大，比如超过警戒线（高于50%），则经济秩序将会混乱，承包人和业主都将苦不堪言，承包人的损失通常可以向业主索赔以获得补偿，而业主则只是追加投资。

5）投资回收期长

有些工程投资规模大，回收期长。虽然总利润可能比较高，但由于资金具有时间价值，加之因周期长而出现各种不测事件，从而导致预期的利润不能实现。

6）基础设施落后

基础设施对于工程建设项目的投资具有重要影响。任何一项工程都不是与世隔绝可以独立存在的，其施工所要求的条件也不是仅仅局限于工地周围的小范围。外部的客观环境，尤其是公共基础设施的好坏对工程影响也极大。

7）资金筹措困难

资金筹措困难是业主经常碰到的重大风险。资金不能及时到位，有可能导致承包人中途停工，从而影响工期按时完成，投入资金回收期时间相应延长。

5. 人为风险

人为风险是指因人的主观因素导致的种种风险。这些风险虽然表现形式和影响的范围各不相同，但都离不开人的思想和行为。归纳起来，人为风险主要起因于以下诸方面。

1）政府或主管部门的专制行为

国家政府或其某一行为主管部门往往因为全局利益而采取一些有全局性的决策，如调整国民经济计划，强行下令某些已开工的项目下马，或对一些企业实行关停并转，或颁发新的政策法规等。从全局考虑，这些决策无可非议，但任何全局性决策总是难免造成一些牺牲品。许多工程业主或投资商常常不得不因此而改变其投资计划或经营决策，由此不可避免地要遭受损失。这些损失常常无法取得补偿。

2）体制法规不合理

如果国家颁布的法律非常不合理，将严重地阻碍经济发展，损害工程业主的切身利益。若权力过度分散，则难免地方各自为政，跨地区的项目会因一些地方政府的不予配合而举步维艰；若市场竞争和市场机制不顺，则会使业主难以选择理想的承包人；若捐税繁重会使业主不堪负担；若法制不健全会给投机分子提供种种可乘之机，从而扰乱市场；法规不合理导致理想目标难以实现。所有这些都将大大降低业主的投资效益。

3）主管部门障碍行为

有些企业的主管部门常常有意无意地给企业设置重重障碍，致使企业或工程业主的种种努力付之东流。例如工程业主根据其业务特征选好建房用地，而拥有地皮的当地政府却图谋私利，将周围的用地卖给另一家严重影响该业主经营目标的房地产经营商，从而严重破坏项目未来的外部环境条件。

4）资金筹措难

实施工程的前提条件是资金保证。任何企业都离不开融资，靠自己的资金发展企业或兴建工程是极其有限的。得不到金融机构的支持，特别是在一些金融投资机构官商作风严重，顺我者扶，逆我者卡，业主的资金筹措无门，工程无法动工，或者中途夭折，业主已投入的资金无法产生效益，已经购买的地皮会因长期不能开工而被政府收回，最后不得不廉价卖出。

5）不可预见事件

不可预见事件通指发生在经济领域里、且导致工程实施的经济条件发生变化的、有经验的工程人员也无法预料的事件。若发生这类事件，工程建设费用无疑要加大，甚至远远超出原始投资概算。因地质勘探取得的资料不准、因对自然因素预测错误、因政治因素（如政府法规或政策变化导致条件的改变）都可能导致出现不可预见事件。若发生了这类事件，工程设计有可能不得不修改，合同条件不得不改变，承包人自然会提出索赔，这种连锁反应自然加大了业主的工程风险。

6）合同条款不严谨

通常情况下，不少合同是由业主根据政府规定的格式拟订。除了国际通用的合同条款外，多数合同条款都难免有不严谨或漏洞之处，实施过程中又常常发生不少超出预见的情况。承包人的合法权利之一就是索赔，而索赔在许多情况下是基于合同条款不严谨而使业主无法拒绝。实践中常常有些合同条款含混不清或模棱两可，以致给承包人以可乘之机。承包人根据合同条款据理索赔是完全正确的。如果合同条款严谨，可以保护业主的正常利益。

7）道德风险

道德风险是指业主的执行人员应有的品行道德发生背离，失去应有的事业心和责任感，对工程玩忽职守等不轨行为，致使业主的财产遭受损失，或工程质量缺乏监督保证。

8）群体行为越轨

群体行为越轨通常有两种情况：一种是来自社会的越轨行为，如全国性、地区性或行业性的罢工或骚乱甚至暴乱。这类事件一旦发生，社会将不得安宁，正常的秩序被打乱，直接或间接地影响工程的施工，甚至使工程瘫痪。另一种群体越轨行为是来自业主的直接合作者出现的这类事件，虽然业主可以通过罚款以减少工程开支，但于事无补。

9）承包人缺乏合作诚意

由于当前的国际竞争激烈加剧，承包人既要获取项目，又必须确保最起码的利润，争取最大的效益，而这些效益又不能明显露在明处，只能分散潜伏于承包工程的各个环节。有经验的承包人通常以低报价诱惑业主授予项目，而一旦合同签订，则使尽心计，制造索赔机会，从而加大业主的风险。

10）承包人履约不力或不履约

承包人履约不力是常见的。虽然工程承包合同对承包人规定了种种义务和惩罚措施，但实际操作时常有很多情况使得合同不能圆满履行。此外，承包人不履约的事也时有发生。有些承包人因投标报价失误或因当初出于竞争需要报价过低，合同谈判时对业主比较迁就，一旦合同到手随即态度大变，千方百计地迫使业主追加合同价格。这种情况的结果只能是加大业主和投资商的风险。

11）工期拖延

虽然国际工程承包合同中都明确规定了合同工期及误期罚款，但罚款总额通常最多不超过合同总价的10%。如果误期不严重，业主尚能通过误期惩罚条款以弥补其遭受的损失，但如果工程严重拖期，则不仅加大工程开支，还会因工程投入服务推迟而使项目不能很快产生效益。这种情况下，工程业主除了要承担直接损失风险外，还要承受间接损失风险。

12）材料供应商履约不力或违约

出于地方发展，地方政府要求工程材料由当地采购，而当地的材料供应商无论在产品质量还是交货期方面有时很难保证，承包人常常可以把质量不合格或工程进度慢的责任推给材料供应商，业主也无可奈何。有些业主出于节省工程开支或照顾伙伴关系，采取包工不包料办法发包工程。这种情况下，材料供应商有时只顾自己的利益而不考虑业主的急迫需要或全局利益，致使工程停工待料，或因材料质量不合要求而导致返工，承包人不仅不承担责任，还向业主提出索赔。当然业主有时可以对材料供应商采取惩罚措施，但局部补偿可能难以抵消全局性的损失。

13）指定分包人

指定分包人往往有一定的背景，他们在技术或施工能力方面有时很难使业主满意，但因某种背景，业主不得不指定分包。然而，因能力问题他们有时在客观上影响工程的正常进展或不能达到标准要求。由于是指定分包人，总包商要求他们直接向业主承担责任。虽然总包商有责任对其进行管理，但他们通常没有义务代指定分包人承担施工不合格的责任。因此，指定分包人造成的麻烦或者不履约应由业主承担。

14）监理工程师失职

监理工程师作为业主委托的工程管理人员，本应保护业主的利益，对业主尽职尽责以确保工程的质量和进度。行为公正、认真负责是监理工程师的行为准则。但监理工程师并不是业主的全权代表，在技术及工程管理上应有其特殊地位。如果监理工程师失职或缺乏应有的职业道德，则业主将大受其害。

15）设计错误

工程设计是工程质量的根本。虽然工程实施前，设计方案或图纸都应交付业主审核批准，但许多情况下，业主不具备审核能力，常常任凭设计师解释或作出有关决定。如果设计出现错误，虽然设计师要为其错误承担责任，但不能完全抵消业主所遭受的损失。

6. 自然风险

自然风险是指工程项目所在地区客观存在的恶劣自然条件，工程实施期间可能碰上的恶劣气候，工程项目所在地的周围环境和恶劣的现场条件等因素可能给工程业主构成的威胁。

自然风险通常由下列人为或非人为原因所致。

1）恶劣的自然条件

项目工程所处地域的自然条件对项目成本影响很大。不同地域的自然条件各不相同。例如寒带地区严冬无法施工；酷暑地带施工作业时间短；火山影响区域、地震多发带，洪水、海啸、泥石流多发区都潜伏着直接威胁工程的严重自然灾害。这些灾害，轻则破坏已竣工程，重则完全摧毁工程项目。即便未发生自然灾害，基于防灾，也必须在设计方面考虑加固措施，从而加大工程造价。

2）恶劣气候与环境

恶劣的气候或环境同样会导致业主遭受风险。恶劣气候系指偶尔发生的超出正常规律的变化，如长时间的暴雨、台风、酷暑等都会给工程实施带来不便，从而增加工程成本。

恶劣环境系指施工现场周围客观存在的严重制约因素。例如施工地点距离核反应堆过近，有可能受核辐射威胁；又例如工程选址于震后灾区，周围场地或交通要道堵塞等。

3）恶劣的现场条件

工程的现场条件受多种因素影响，特别是进出场通道、供排水设施、供电、供气的可能性，夜间或节假日加班作业的可能性等。位于闹市区的工程项目虽然供排水、供电、供气都不成问题，但材料进出及夜间或节假日加班就受到制约。现场条件中更大的制约因素是工程地质条件差，一是地质钻探资料可能与实际情况不相符；二是土壤地质水文条件资料不正确，这些情况的发生都会影响工程建设。

4）地理环境不利

地理环境指工程所在地的位置及周围环境。地理位置是相当重要的实施条件。如果工地远离港口或处于内陆国家，进口设备材料不仅因远距离运输而加大成本，而且还受制于国家对外关系，特别是与卸货港所在国的关系。

7. 特殊风险

特殊风险是指根据合同条款应由业主承担的风险。这些风险包括：

（1）在工程所在国发生的战争、敌对行动（不论宣战与否）、外敌入侵等。

（2）在工程所在国发生的叛乱、暴力革命、军事政变或篡夺政权，或发生内战。

（3）由于任何核燃烧后的核废物、放射性毒气爆炸，任何爆炸性装置或核成分的其他危险性能所引起的离子辐射或放射性污染。

（4）以音速或超音速飞行的飞行物或其他飞行装置产生的压力波。

（5）在工程所在国家发生的不是局限在承包人或其分包人雇佣人员中间，且不是由于从事本工程而引起的暴乱、骚乱或混乱。

(6) 由于业主使用或占用非合同规定提供的任何永久工程的区段或部分而造成的损失或损害。

(7) 因工程设计不当而造成的损失或损害，而这类设计又不是由设计人提供或由设计人负责的。

(8) 不论何时何地发生任何因地雷、炸弹、爆破筒、手榴弹或是其他炮弹、导弹、弹药或战争用爆炸物或冲击波引起的破坏、损害、人身伤亡，均应视为特殊风险的后果。

四、工程项目风险管理方法

工程项目风险管理的内容包括：

(1) 项目实施全过程的风险识别。

(2) 风险评估。

(3) 风险响应。

(4) 风险控制。

1. 风险识别

风险识别是项目风险管理的第一步，也是最重要的一个步骤，它是整个风险管理系统的基础。识别风险包括对所有可能的风险来源和结果进行实事求是的调查，一般按以下步骤进行。

1) 确认不确定性的客观存在

包括两项内容：首先要辨认所发现或推测的因素是否存在不确定性。

如果是确定无疑的，则无所谓风险。例如承包商已知工程所在国、地的物价高昂而仍然决定投标，则物价高昂便不会成为风险，因为承包商已经准备了对付高昂物价的办法，有备而投标。其次要确认这种不确定性是客观存在的，是确定无疑的，而不是凭空想象的。

2) 建立初步清单

建立初步清单是识别风险的起点。清单中应明确列出客观存在的和潜在的各种风险，包括影响各种生产率、操作运行、质量和经济效益的各种因素。人们通常凭借工程项目管理者的经验对其进行判断，并通过对一系列调查表进行深入分析、研究后制订。

3) 确立各种风险事件并推测其结果

根据初步清单中开列的各种重要的风险来源，推测与其相关联的各种合理的可能性，包括赢利和损失、人身伤害、自然灾害、时间和成本、节约或超支等方面，重点应是资金的财务结果。

4) 对潜在风险进行重要性分析和判断

对潜在风险进行重要性分析和判断通常采用风险预测图。风险预测图中，纵坐标表示不确定因素发生的概率，横坐标表示不确定事件潜在的危害。通过这种二维图形可评价某一潜在风险的相对重要性。鉴于风险的不确定性，并且与潜在的危害性密切相关，因而可通过一种由曲线群构成的风险预测图来表示。曲线群中每一曲线均表示相同的风险，但不确定性或者说其发生的概率与潜在的危害有所不同，因此各条曲线所反应的风险程度也就不同。曲线距离原点越远，风险就越大。

5) 进行风险分类

通过对风险进行分类，不仅可以加深对风险的认识和理解，而且也辨清了风险的性质，从而有助于制订风险管理的目标。

6）建立风险目录摘要

这是风险识别过程的最后一个步骤。通过建立风险目录摘要，将项目可能面临的风险汇总并排列出轻重缓急，给人一种总体风险印象图。而且能把全体项目人员统一起来，使各人不再仅仅考虑自己所面临的风险，而且能自觉地意识到项目的其他管理人员的风险，还能预感到项目中各种风险之间的联系和可能发生的连锁反应。

在工程项目风险管理实践中，通常可采用以下方法来发现并具体描述各项风险。

1）分析问询

通过向有关专家、当事人提出一系列有关财产和经营的问题，以了解相关风险因素，并获得各种信息。值得注意的是，所提出的问题应具有指导性和代表性，所问询的人士应能提供准确的信息，凭主观想像或推测的信息不能作为决策依据；问询面应尽可能广泛，所提问题应有一定深度，还应尽可能具体。

2）分析财务报表

财务报表有助于确定一个特定的工程项目可能遭受的损失以及在何种情况下会遭受这些损失。通过分析资产负债表、营业报表及有关补充材料，可以识别企业当前的所有资产、责任及人身损失风险。将这些报表和财务预测、预算结合起来，可以发现未来风险。

3）绘制流程图

将一个工程项目的经营活动按步骤或阶段顺序以若干个模块形式组成一个流程图。每个模块中都标出各种潜在的风险或利弊因素，从而给决策者一个清晰具体的印象。

4）现场考察

现场考察对于识别风险非常重要。通过直接考察现场可以发现许多客观存在的静态因素，也有助于预测、判断某些动态因素。例如在工程投标报价前的现场踏勘，可以使承包商对拟投标的工程基本做到心中有数，特别是对于工程实施的基本条件和现场及周围环境可以取得第一手材料。现场考察是风险的不可缺少的手段。现场考察除要求获取直接资料外，还应设法获取间接资料，而且要对所掌握的资料认真研究以便去伪存真。

5）各部门相互配合

风险识别不能仅靠一个部门完成，应由各相关部门系统地、连续地相互配合。风险识别贯穿于工程项目建设的始末，要求各责任部门鼎力相助，共同分析判断。

6）参考统计记录

参考以前的统计记录对判断在未来有可能重复出现的风险事件极为有益。特别是在工程项目的投标报价阶段，查询竞争对手在历次投标中的报价记录及得标概率，对于提高自己投标的命中率，避免因报价而遭致的风险尤为重要。

7）环境分析

详细分析工程项目经营活动过程中的外部环境与内在风险的联系，也是风险识别的重要环节。分析外部环境时应着重分析五项因素：项目的资金来源、业主的基本情况、可能的竞争对手、政府管理系统和材料供应情况。

8）向外部咨询

任何人都不是万事通，他们可以从客观上识别主要风险，但涉及到各种细节就比较困难。因此有必要向有关行业或专家进一步咨询。业主或投资者需要委托咨询公司完成可行性研究报告；承包商在投标报价前需向保险公司、材料设备供应商询价。风险管理人员或企业决策人自然也需要向外部咨询。向外部咨询应建立在以自己识别为主的前提下。因为外部咨询人员所提供的情况往往带有共性，而带有共性的风险对于不同的人不一定都是风险。向外部咨询只是为了进一步完善或核实自己的风险识别工作。

2. 风险估计

识别工程项目所面临的各种风险以后，应分别对各种风险进行分析估计，从而进行比较，以确定各种风险的相对重要程度。估计风险时应考虑两个方面：损失发生的频率或发生的次数和这些损失的严重性，而损失的严重性比其发生的频率或次数更为重要。例如工程完全毁损虽然只有一次，但这一次足以造成致命损伤；而局部塌方虽有多次或发生频率较为频繁，却不致使工程全部毁损。衡量风险的潜在损失最重要的方法是确定风险的概率分布，这也是当前国际工程风险管理最常用的方法之一。概率分布不仅能使人们比较准确地衡量风险，还有助于制订风险管理决策。

在衡量风险损失时宜考虑三种概率分布：总损失金额、潜伏损失的具体事项及各项损失的预期数额。总损失金额的概率分布表明在某一项目中可能遭受的多种损失及其可能发生的概率。概率分布不能凭空设想或凭主观推断建立。确立概率分布表应参考相关的历史资料，依据理论上的概率分布，并借鉴其他的经验对自己的判断进行调整和补充。

（1）进行风险估计应包括以下内容：

①风险因素发生的概率。

②风险损失量的估计。

③风险等级评估。

风险估计是对风险的规律性进行研究和分析，包括定性风险估计和定量风险估计两种方法。常见的有：风险概率及后果、矩阵图分析、效用函数等定性方法，以及访谈技术、盈亏平衡分析、敏感性分析等定量方法。实际运行中往往是两种方法的结合使用。由于识别出来的每一个风险都有发生的规律和特点、影响范围和影响量。

项目风险事件发生的可能性，即发生的概率，一般可利用已有数据资料分析与统计、主观测验法、专家估计法等方法估算。

（2）风险存在和发生的时间估计。

（3）风险事件的级别评定，见表 4-1。

风险事件的级别评定 表 4-1

损失 概率	轻	中	重
大	III	IV	V
中	II	III	IV
小	I	II	III

注：I-可忽略；II-可容许；III-中度、重大；IV-不容许。

（4）风险的影响和损失量估计。

项目风险损失就是项目风险发生后，将会对工程项目的实施过程和目标的实现产生不利影响，风险损失可能包括：

①工期损失的估计。一般分为风险事件对工程局部工期影响的估计、对整个工程工期影响的估计。

②费用损失的估计。费用损失估计需要估计风险事件带来的一次性最大损失和对项目产

生的总损失。应根据经济因素、赶工、处理质量事故、处理安全事故等各种不同类型风险而增加费用作具体估算。

③对工程的质量、功能、使用效果等方面的影响。

④其他影响。应考虑对人身保障、安全、健康、环境、法律责任、企业信誉、职业道德等方面有影响的风险。

3. 风险分析与评价

风险分析是指应用各种风险分析技术，用定量、定性或两者相结合的方式处理不确定的过程，其目的是评价风险的可能影响。风险分析和评价是风险识别和管理之间的纽带，是风险决策的基础。

1）风险分析概述

在项目生命周期的全过程中，会出现各种不确定性，这些不确定性将对项目目标的实现产生积极或消极的影响。项目风险分析就是对将会出现的各种不确定性及其可能造成的各种影响和影响程度进行恰如其分的分析和评估。通过对那些不太明显的不确定性的关注，对风险影响的揭示，对潜在风险的分析和对自身能力的评估，采取相应措施，从而达到降低风险不利影响或减少其发生的可能性之目的。

风险分析包括以下三个必不可少的主要步骤：

(1) 采集数据。采集与所要分析的风险相关的各种数据。这些数据可以从投资者或者承包商过去类似项目经验的历史记录中获得。所采集的数据必须是客观的、可统计的。

在某些情况下，直接的历史数据资料还不够充分，尚需主观评价，特别是那些对投资者来讲在技术、商务和环境方面都比较新的项目，需要通过专家调查方法获得具有经验性和专业知识的主观评价。

(2) 完成不确定性模型。以已经得到的有关风险的信息为基础，对风险发生的可能性和可能的结果给予明确的定量化。通常用概率来表示风险发生的可能性，可能的结果体现在项目现金流量表上，用货币表示。

(3) 对风险影响进行评价。在不同风险事件的不确定性已经模型化后，紧接着就要评价这些风险的全面影响。通过评价把不确定性与可能结果结合起来。

2）风险分析的主要内容

由于每一个风险都有其自身的规律和特点、影响范围和影响量，通过分析可将它们的影响统一成成本目标的形式，按货币单位来度量，具体可作如下分析和评价。

(1) 风险存在和发生的时间分析。即风险可能在项目的哪个阶段、哪个环节上发生。有许多风险有明显的阶段性，有的风险是直接与具体的工程活动相联系的。这种分析对风险的预警有很大的作用。

(2) 风险的影响和损失分析。风险的影响是个复杂的问题，有的风险影响面较小，有的风险影响面很大，可能引起整个工程的中断或报废。而风险之间常常是有联系的。

常用的风险分析方法包括：

①调查和专家打分法。

②层次分析法（AHP）。

③模糊数学法。

④统计和概率法。

⑤敏感性分析法。

⑥蒙特卡罗模拟技术。

4. 风险控制

工程项目风险管理中有三种风险的处理对策，即风险控制、风险自留和风险的转移。也可将风险对策分为两类：一类是风险控制对策，一类是风险的财务对策。

1）项目风险的控制

采用风险控制措施可降低预期损失或使这种损失更具有可测性，从而改变风险。这种方法包括风险回避、风险预防、风险分离、风险分散及风险转移。

（1）风险回避。风险回避主要是中断风险来源，使其不发生或遏制其发展。回避风险有两种基本途径，一是拒绝承担风险，如了解到某工程项目风险较大，则不参与该工程的投标或拒绝业主的投标邀请；二是放弃以前所承担的风险，如了解到某一研究计划有许多新的过去未发现的风险，决定放弃研究以避免风险。

回避风险虽然是一种风险防范措施，但是一种消极的防范手段。因为，在现代社会经营中广泛存在着各种风险，要想完全回避是不可能的。再者，回避风险固然能避免损失，但同时也失去了获利的机会。

（2）风险预防。风险预防是指减少风险发生的机会或降低风险的严重性，设法使风险最小化。通常有两种途径：风险预防和减少风险。

风险预防，指采用各种预防措施以杜绝风险发生的可能。例如，供应商通过扩大供应渠道以避免货物滞销；承包商通过提高质量控制标准以防止因质量不合格而返工或罚款；工程现场管理人员通过加强安全教育和强化安全措施，减少事故的发生等。业主要求承包商出具各种保函就是为了防止承包商不履约或履约不力，而承包商要求在合同中赋予其索赔权利也是为了防止业主违约或发生种种不测事件。

减少风险，指在风险损失已经不可避免的情况下，通过种种措施遏制风险势头继续恶化或局限其扩展范围使其不再蔓延。例如，承包商在业主付款误期超过合同规定期限情况下采取停工或撤出施工队伍并提出索赔要求，甚至提起诉讼；业主在确信承包商无力继续实施其委托的工程时立即撤换承包商；施工事故发生后采取紧急救护等都是为了达到减少风险的目的。

（3）风险分离。风险分离是指将各风险单位间隔开，以避免发生连锁反应或互相牵连。这种处理可以将风险局限在一定范围内，从而达到减少损失的目的。

风险分离常用于工程中的设备采购。为了尽量减少因汇率波动而遭致的汇率风险，可在若干不同的国家采购设备，付款采用多种货币。在施工过程中，承包商对材料进行分隔存放也是风险分离手段，这样可以避免材料集中于一处时可能遭受的损失。

（4）风险分散。风险分散是通过增加风险单位以减轻总体风险的压力，达到共同分摊集体风险的目的。工程项目总的风险有一定的范围，这些风险必须在项目参加者之间进行分配。每个参与者都必须承担一定的风险责任，这样他才有管理和控制风险的积极性。风险分配通常在任务书、责任书、合同、招标文件等文件中规定。在起草这些文件时都应对风险作出估计、定义和分配。

（5）风险转移。有些风险无法通过上述手段进行有效控制，经营者只好采取转移手段以保护自己。风险转移并非损失转嫁，也不能认为是损人利已有损商业道德。因为有许多风险对一些人的确可能造成损失，但转移后并不一定给他人造成损失。其原因是各人的优势不一样，因而对风险的承受能力也不一样。

风险转移的手段常用于工程承包的分包、技术转让或财产出租。合同、技术或财产的所有人通过分包工程、转让技术或合同、出租设备或房屋等手段将应由自己全部承担的风险部分或全部转移至他人，从而减轻自身的风险压力。

2）财务措施

采用财务措施即经济手段来处理确实会发生的损失。这些措施包括风险的财务转移、风险自留、风险准备金和自我保险。

(1) 风险的财务转移。风险的财务转移是指转移人寻求用外来资金补偿确实会发生或业已发生的风险。风险的财务转移包括保险的风险财务转移（即通过保险进行转移）和非保险的风险财务转移（即通过合同条款达到转移目的)。

保险的风险财务转移的实施手段是购买保险。通过保险，投保人将自己本应承担的归咎责任（因他人过失而承担的责任）和赔偿责任（因本人过失或不可抗力所造成损失的风险责任）转嫁给保险公司，从而使自己免受风险损失。

非保险的风险财务转移的实施手段则是除保险以外的其他经济手段，如根据承包合同，业主可将其对公众在建筑物附近受到伤害的部分或全部责任转移至承包商，这种转移属于非保险的财务风险转移，而承包商则通过投保第三者责任险，又将这一风险转移至保险公司。非保险的风险财务转移的另一种形式是通过担保银行或保险公司开具保证书或保函。

(2) 风险自留。风险自留是将风险留给自己承担，不予转移。这种手段有时是无意识的，即当初并不曾预测到，不曾有意识地采取种种有效措施，以致最后只好由自己承受；但有时也可以是主动的，即有意识、有计划地将若干风险主动留给自己。这种情况下，风险承受人通常已做好了处理风险的准备。

主动的或有计划的风险自留是否合理明智，取决于风险自留决策的有关环境。风险自留在一些情况下是唯一可能的决策。有时企业不能预防损失，回避又不可能，且没有转移的可能性，企业别无选择，只能自留风险。但是，如果风险自留并非唯一可能的对策时，风险管理人员应认真分析研究，通盘考虑，制订最佳决策。

决定风险自留须符合以下条件之一：自留费用低于保险公司所收取的费用；企业的期望损失低于保险人的估计；企业有较多的风险单位；企业的最大潜在损失或最大期望损失较小；短期内企业有承受最大潜在损失或最大期望损失的经济能力；风险管理的目标可以承受年度损失的重大差异；内部服务或非保险人服务优良。如实际情况与上述条件相反，无疑应放弃自留风险的决策。

(3) 风险准备金。风险准备金是从财务的角度为风险作准备，在计划（或合同价）中另外增加一笔费用。例如，在投标报价中，承包商经常根据工程技术、业主的资信、自然环境、合同等方面风险的大小、发生的可能性，在报价中加上一笔不可预见风险费。准备金的多少是一项管理决策。从理论上说，准备金的数量应与风险损失期望值相等，即为风险发生所产生的损失与发生的可能性（概率）的乘积。即：

风险准备金＝风险损失×发生的概率

除了应考虑到理论值的高低外，还应考虑到项目边界条件的状态。例如，对承包商来说，决定报价中的不可预见风险费要考虑到竞争者的数量、中标的可能性、项目对企业经营的影响等因素。如果风险准备金高，报价竞争力降低，中标的可能性很小，不中标的风险就大。

(4) 自我保险。自我保险是指建立内部保险机制或保险机构，通过这种保险机制，承担企业的各种可能风险。尽管这种办法属于购买保险范围或范畴，但这种保险机制或机构终归隶属于企业内部，即使购买保险的开支有时可能大于自留风险所需支出，但因保险机构与企业的利益一致，各家内部可能有盈有亏，而从总体上依然能取得平衡，好处未落入外人之手。因此，自我保险决策在许多时候也具有相当重要的意义。

第四节　工程项目评价

工程项目评价是可行性研究的有机组成部分和重要内容，是项目或方案抉择的主要依据之一。评价的任务是在完成市场需求预测、厂址选择、工艺技术方案选择等可行性研究的基础上，运用定量分析与定性分析相结合、动态分析与静态分析相结合、宏观效益分析与微观效益分析相结合的方法，计算工程项目投入的费用和产出的效益，通过多方案比较，对拟建项目的经济可行性和合理性进行分析论证，作出全面的经济评价。

建设工程项目评价包括财务评价、环境影响评价、国民经济评价和社会评价四个层次。财务评价是根据国家现行财税制度和现行价格，分析计算拟建项目的投资、费用、盈利状况，清偿能力及外汇效果，以反映项目本身的财务可行性。各投资者可以根据财务评价的结论来决定项目是否值得投资兴建，项目的风险程度如何。国民经济评价是从国民经济的整体角度，运用影子价格、影子工资、影子汇率、社会折现率等经济参数，分析计算项目需要国家付出的代价和对国家的贡献，考察投资的经济合理性和宏观可行性。决策机关可根据国民经济评价的结论，考虑项目的取舍。社会评价是分析工程项目对于实现人类发展目标，包括促进人类文明进步和环境保护所做的贡献与影响的活动。

一、项目的财务评价

所有的工程项目均应进行财务评价。对费用收益计算比较简单、建设期和生产期比较短、不涉及进出口的项目，当财务评价的结果能够满足最终决策的需要时，可只进行财务评价，不进行国民经济评价。这时，项目的决策即以项目的财务评价为依据。

1. 财务评价的内容与程序

1）工程项目财务分析的内容

工程项目财务分析的内容主要包括：

（1）财务盈利能力分析。财务盈利能力分析，就是分析和预测工程项目计算期的财务盈利能力和盈利水平。企业是一个自负盈亏的经济实体，盈利水平是它进行项目决策的最基本条件。

（2）清偿能力分析。清偿能力分析主要是考察计算期内各年的财务状况及清偿能力。除资本金外，工程项目一般都借入相当数量的资金，对这部分负债要进行偿还，所以清偿能力分析是财务评价的主要内容之一。清偿能力也是债权人提供贷款的决策依据。

（3）外汇效果分析。外汇效果分析，只要求对涉及外汇收支的项目进行，它是分析考察各年外汇余缺程度，以衡量项目的创汇能力。

（4）风险分析。分析项目的各种不确定因素和随机因素以及它们对项目经济效果的影响程度，以预测项目可能承担风险的大小。

2）财务评价的程序

工程项目的财务评价是在项目市场调查研究和技术研究的基础上进行的。它主要是利用有关的基础数据，通过编制财务报表、计算财务评价指标对项目财务进行分析，并做出评价结论。其主要的工作程序如下：

(1) 收集、整理基础数据。根据项目的市场研究和技术研究结果、现行价格体系及财税制度进行财务预测和计算，获得财务基础数据。这些数据主要包括：项目投资总额和分年度投资支出额；项目资金的数额、来源方式以及分年度还本付息数额；产品的总成本、经营成本、单位产品成本等；分年度产品销售数量、销售收入、销售税金和销售利润以及利润的分配数额等。

(2) 编制基本财务报表。根据财务预测数据和计算结果，编制各种基本财务报表。

(3) 财务评价指标的计算和评价。根据基本财务报表的数据计算各财务评价指标，并与对应的评价标准或基准值进行对比，对项目的各项财务状况做出评价。

(4) 进行不确定性分析。基础财务数据是以预测为基础的，具有许多不确定性，需要对这些不确定的因素进行分析，以分析项目可能面临的风险及项目在不确定的情况下的抗风险能力。常用的不确定分析方法有盈亏平衡分析、敏感性分析、概率分析等。

(5) 财务评价结论。根据财务评价的结果，做出项目的财务可行性结论。

2. 财务评价中的基本报表

基本报表是进行财务指标计算的基础，常用的基本财务报表有：财务现金流量表、损益表、资金来源与运用表、资产负债表、财务外汇平衡表。

1) 现金流量表

工程项目的现金流量系统是指将项目计算期内各年的现金流入与现金流出按照各自发生的时间顺序排列，表达为具有时间概念的现金流量系统。现金流量表是用表格形式表现工程项目现金流量系统，用以计算各项静态和动态评价指标，进行项目财务盈利能力分析。按投资计算基础的不同，现金流量表分为全部投资的现金流量表和自有资金现金流量表。

(1) 全部投资的现金流量表。全部投资的现金流量表中有以下内容：

①现金流入。现金流入是产品销售收入、回收固定资产余值、回收流动资金三项之和。产品的销售收入根据产品的销售量和销售价格计算。当项目折旧年限与计算期中生产经营期限相同时，固定资产余值即为固定资产残值。流动资金回收在计算期末填列。

②现金流出。现金流出包括投资、成本、税金。

③净现金流量。项目计算期各年的净现金流量，是指各年现金流入和现金流出的代数和。通常现金流入取正号，现金流出取负号。各年累计净现金流量为本年及以前各年净现金流量之和。

④所得税前净现金流量，为上述净现金流量加所得税之和。

(2) 自有资金现金流量表。自有资金流量表是从自有资金角度出发，评价分析自有资金投入的经济效益。它以投资者的出资额作为计算的基础，把借款本金偿还和利息支付作为现金流出，用以计算自有资金财务内部收益率、财务净现值等指标。其表格格式和全部投资现金流量表差别不大，产品销售收入、回收固定资产余值、回收流动资产、产品成本、税金等的计算及来源与全部投资现金流量表的对应各项相同。

2) 损益表的编制

损益表反映工程项目计算期内各年的利润总额、所得税及税后利润分配情况。它用来计算投资利润率、投资利税率、投资回收期等静态评价指标，说明计算期内各年的盈利及亏损状况，其内容及数据来源如下：

①产品销售收入、销售税金及附加、总成本费用的各年度数据分别取自相应的辅助报表。

②利润总额＝产品销售收入－销售税金及附加－总成本费用。

③所得税＝应纳税所得额×所得税税率。

④税后利润＝利润总额－所得税。

⑤税后利润一般在扣除被没收的财物损失，支付各项税收滞纳金、罚款和弥补以前年度亏损后按法定盈余公积金、公益金、向投资者分配利润的顺序分配。应付利润是指向投资者分配的利润。未分配利润是指可供分配利润减去盈余公积金和应付利润的余额。

3）资金来源与运用表的编制

资金来源与运用表反映工程项目计算期内各年的资金盈余或短缺情况，用于选择资金筹措方案，制订适宜的借款及偿还计划，并为编制资产负债表提供依据。资金来源与运用表能反映项目的资金活动全貌，它的内容包括：资金来源情况，主要是利润总额、折旧费、摊销费、长期借款、流动资金借款、短期借款、自有资金、回收固定资产余值、回收流动资金等；资金运用，主要有固定资产投资、建设期利息、流动资金、所得税、应付利润、长期借款本金偿还、流动资金借款本金偿还、其他短期借款本金偿还、盈余资金、累计盈余资金。

4）资产负债表

资产负债表反映项目计算期内各年末资产、负债和所有者权益的增减变化及对应关系，用以计算资产负债率、流动比率及速动比率，考察项目资产、负债、所有者权益的结构是否合理，进行清偿能力分析。

资产负债表是根据“资产＝负债＋所有者权益”这一基本公式，并按照一定的分类标准和顺序把项目在某特定日期的资产、负债与所有者权益以适当编排而成。资产由流动资产、在建工程、固定资产净值、无形资产及递延资产净值四项组成。负债包括流动负债和长期负债。所有者权益包括资本金、资本公积金、累计盈余公积金和累计未分配利润。表格的主要内容包括：流动资金总额、应收账款、存货、现金；累计盈余资金；在建工程；固定资产净值；无形及递延资产净值；应付账款；流动资金借款、其他短期借款、长期借款；资本金；资本公积金；累计盈余公积金；累计未分配利润等。

5）财务外汇平衡表

财务外汇平衡表主要适用于有外汇收支的项目，它反映项目计算期内各年外汇余缺程度，用于进行外汇平衡分析。

3．财务盈利能力分析

财务盈利能力分析是通过计算反映项目盈利能力的评价指标来评价项目的财务盈利能力。财务盈利能力指标按是否考虑货币的时间因素，可分为静态指标和动态指标。不考虑货币的时间因素时称静态指标。

1）静态指标

财务盈利能力静态指标主要有以下几种。

(1) 投资回收期。

投资回收期是指以项目的净收益抵偿全部投资（包括固定资产投资和流动资金）所需的时间。它是考察项目在财务上的投资回收能力的重要静态评价指标。投资回收期通常自建设开始年算起，如从投产年算起时，应予以注明。投资回收期（P_t，以年表示）的计算公式为：

$$\sum_{i=1}^{P_t}(CI-CO)_t=0$$

式中：P_t——静态投资回收期（年）；

CI——第 t 年现金流入量；

CO——第 t 年现金流出量。

投资回收期可用财务现金流量表（全部投资累计净现金流量）计算求得，计算公式为：

$$投资回收期\ P_t=\begin{bmatrix}累计净现金流量\\开始出现正值年数\end{bmatrix}-1+\frac{上年累计净现金量的绝对值}{当年净现金流量}$$

将项目财务评价求出的投资回收期（P_t）与部门或行业的基准投资回收期（P_c）比较，当 $P_t<P_c$ 时，应认为项目在财务上是可以考虑接受的。

投资回收期计算简单、直观，容易理解，但由于没有考虑项目回收资金以后的情况，不能评价项目计算期内的总收益和盈利能力，所以通常不能仅仅根据投资回收期的长短来评价项目的优劣，而应结合其他指标来评价。

（2）投资利润率。

投资利润率一般是指项目达到设计生产能力后的一个正常生产年份的年利润总额与项目总投资的比率。对生产期内各年的利润总额变化幅度较大的项目，应计算生产期年平均利润总额与总投资的比率，其计算公式为：

$$投资利润率=\frac{年度利润总额或年平均利润总额}{总投资}\times100\%$$

$$年利润总额=年产品销售收入-年产品销售税金及附加-年总成本费用$$

$$总投资=固定资产投资+建设期利息+流动资金$$

投资利润率可根据损益表中的有关计算得到。在财务评价中，将项目的投资利润率与行业平均投资利润率对比，来判别项目单位投资盈利能力是否达到本行业的平均水平。

（3）投资利税率。

投资利税率是指项目达到设计生产能力后的一个正常年份的利税总额或项目生产期内的年平均利税总额与项目总投资的比率，其计算公式为：

$$投资利税率=\frac{年利税总额或年平均利税总额}{项目总投资}\times100\%$$

$$年利税总额=年利润总额+年销售税金及附加$$

投资利税率可根据损益表计算得出。在进行财务评价时，将投资利税率与行业平均利税率进行比较，以判别单位投资利税水平是否达到本行业的平均水平。

（4）资本金利润率。

资本金利润率是指项目达到正常生产能力后的一个正常生产年份的年利润总额或项目生产期内年平均利润总额与资本金的比率，它反映投入项目的资本金的盈利能力，其计算公式为：

$$资本金利润率=\frac{年利润总额或年平均利润总额}{资本金}\times100\%$$

资本金利润率应大于或等于行业的平均资本金利润率。

2）动态指标

财务盈利能力动态指标主要有以下几种。

（1）财务净现值（FNPV）。

财务净现值是指按行业的基准收益率或设定的折现率，将项目计算期内各年的净现金流量折现到建设起点的现值之和。它是反映项目在计算期内盈利能力的动态指标，其表达式为：

$$FNPV=\sum_{i=1}^{n}(CI-CO)_t(1+i_c)^{-t}$$

式中：　CI——现金流入量；

　　CO——现金流出量；

$(CI-CO)_t$——第 t 年的净现金流量；

i_c——财务基准收益率或设定的折现率；

n——计算期。

财务净现值可通过现金流量表计算得到。当财务净现值大于或等于零时，说明项目达到基准收益率水平外还有多余的资金现值，项目是可以考虑接受的。在选择方案时，应选择净现值大的方案，但当各方案投资额不同时，由于净现值不能反映单位投资的效果，还应计算净现值率指标。

财务净现值率是项目财务净现值与全部投资现值的比值，也就是单位投资现值的净现值，它是反映项目投资效果的相对指标，其计算公式为：

$$FNPVR=\frac{FNPV}{I_p}$$

式中：FNPVR——财务净现值率；

I_p——总投资的现值。

（2）财务内部收益率（FIRR）。

财务内部收益率是指项目在计算期内各年净现金流量的现值累计等于零时的折现率。它反映项目所占用资金的盈利率，是考察项目盈利能力的主要动态指标。

财务内部收益的计算公式为：

$$FNPV=\sum_{i=1}^{n}(CI-CO)_t(1+FIRR)^{-t}=0$$

式中：FIRR——财务内部收益率；

其他符号的含义均与财务净现值计算公式中的符号相同。

财务内部收益率是使项目的现金流入的现值等于项目现金流出的现值的折现率，可以根据这个含义用试算法求得。通过试算，利用以下插值公式计算：

$$FIRR=i_1+\frac{FNPV(i_1)}{FNPV(i_1)-FNPV(i_2)}$$

式中：　i_1——试算时的低折现率，使财务净现值为正值，且接近于零；

i_2——试算时的高折现率，使财务净现值为负值，且接近于零；

$FNPV(i_1)$——低折现率时的财务净现值（正值）；

$FNPV(i_2)$——高折现率时的财务净现值（负值）。

在采用插值公式时，要使 $FNPV(i_1)$ 和 $FNPV(i_2)$ 都要相当接近于零，以保证 i_1 与 i_2 的差值不过大；差值越小，计算的精度越高，通常 i_1 与 i_2 的差值不应大于5%。

在进行财务评价时，将求出的财务内部收益率与行业的基准收益率进行比较，当 $FIRR\geqslant i_0$ 时，可认为项目在财务上是可行的。

4. 财务清偿能力分析

项目财务清偿能力分析主要是通过计算借款偿还期、资产负债率、流动比率、速动比率等评价指标，来考察项目计算期内各年的财务状况及偿债能力。

1）固定资产投资借款偿还期

固定资产投资借款偿还期，是分析项目清偿能力的主要指标，是在国家财政规定及项目具体财务条件下，以项目投产后可用于还款的资金偿还固定资产投资国内借款本金和建设期利息（不包括已用自有资金支付的建设期利息）所需的时间，其表达式为：

$$\sum_{t=1}^{P_d} R_t - I_d = 0$$

式中：I_d——固定资产投资借款本金和建设期利息之和；

P_d——借款偿还期（建设开始年计算；当从投产年算起时，应注明）；

R_t——第 t 年可用于还款的资金，包括利润、折旧、摊销及其他还款资金。

在实际工作中，借款偿还期可由资金来源与运用表和国内借款还本付息计算表直接推算得到，以年表示。借款偿还期满足贷款机构的要求期限时，可认为项目是有清偿能力的。

2）资产负债率

资产负债率是负债总额与资产总额之比，是反映项目各年所面临的财务风险程度及偿债能力的指标，其计算公式为：

$$资产负债率=\frac{负债总额}{资产总额}\times 100\%$$

资产负债率表明每百元资产有多少需要偿还的债务，也反映债权人发放贷款的安全程度。

3）流动比率

流动比率是反映项目各年偿付流动负债能力的指标，它是流动资产总额与流动负债总额的比率，其计算公式为：

$$流动比率=\frac{流动资产总额}{流动负债总额}\times 100\%$$

流动比率用以衡量项目流动资产在短期债务到期前可以变为现金用于偿付流动负债的能力，表明项目每百元流动负债有多少资产作为资产支付的保障。

4）速动比率

速动比率是流动资产减去存货后的差额（速动资产）与流动资产负债总额之比，是反映项目各年快速偿付流动负债能力的指标，其计算公式为：

$$速动比率=\frac{流动资产总额-存货}{流动负债总额}\times 100\%$$

速动比率用以衡量项目可以立即用于清偿流动负债的能力，表明项目每百元流动负债有多少速动资产作为支付的保障。

二、项目的国民经济评价

国民经济评价是按照资源合理配置的原则，从国家整体考察项目的效益和费用，用货物影子价格、影子工资、影子汇率和社会折现率等经济参数分析、计算项目对国民经济的净贡献，评价项目的经济合理性。

项目的财务评价是国民经济评价的基础，国民经济评价是决定工程项目是否可行的主要依据。项目财务评价和国民经济评价各有其任务和作用，一般以国民经济评价的结论作为项目或方案取舍的主要依据。

对建设期和生产期较短、不涉及进出口平衡的项目，如其财务评价结果能满足最终决策的需要时，可以不做国民经济评价。对国计民生有重大影响的、投资规模较大的重大项目，应做国民经济评价。

1. 国民经济评价的内容和步骤

国民经济评价包括国民经济盈利能力分析、外汇效果分析和外部效果分析等内容。它以经济内部收益率为主要指标，根据项目特点和实际需要，计算经济净现值等指标。对产品出口或替代进口节汇的项目，还要计算经济外汇净现值、经济换汇成本和经济节汇成本等指标。对外部效果可以进行定性分析。

国民经济评价可以直接进行，也可以在财务评价的基础上进行调整得到。在财务评价基础上进行调整的方法简便可行，常常被采用，调整的步骤为如下。

1）效益和费用范围的调整

主要是指剔除已计入财务效益和费用中的转移支付，识别项目的间接效益和间接费用。

2）效益和费用数值的调整

（1）固定资产投资的调整。包括剔除属于国民经济内部转移支付的引进设备、材料关税和增值税，并用影子价格、影子运费和贸易费用进行调整；用影子价格调整建筑费用，或通过建筑影子价格换算系数直接调整建筑费用；用土地的影子费用替代占用土地的实际费用；剔除涨价预备费；调整其他费用等工作。

（2）流动资金的调整。调整由于流动资金估算的变动引起的流动资金占用量的变动。

（3）经营费用的调整。先用货物的影子价格、影子工资等参数调整费用要素，然后求和得到总的经营费用。

（4）销售收入的调整。先确定项目产出物的影子价格，然后重新计算销售收入。

（5）当项目涉及到外汇借款时，用影子汇率计算外汇借款本金和利息的偿付额。

3）编制项目国民经济效益费用流量表

编制项目国民经济效益费用流量表，并计算全部投资经济内部收益率和经济净现值指标。对使用国外贷款的项目，还应编制国民经济效益费用流量表（国内投资），并计算国内投资内部收益率和经济净现值指标。

4）有关产出物出口或替代进口的项目

编制经济外汇流量表、国内资金流量表，计算经济外汇净现值、经济换汇成本和经济节汇成本。

2. 国民经济评价的主要指标

1）经济内部收益率（EIRR）

经济内部收益率是反映项目对国民经济净贡献的相对指标。它是项目在计算期内的经济净效益流量的现值累计等于零时的折现率，其计算公式为：

$$\sum_{t=1}^{N}(B-C)_t(1+\mathrm{EIRR})^{-t}=0$$

式中：B——效益流入量；

C——费用流出量；

$(B-C)_t$——第 t 年的净效益流量；

N——计算期。

经济内部收益率（EIRR）与社会折现率（i_s）相比较，当 $\mathrm{EIRR}\geqslant i_s$，时，可认为项目是可以考虑接受的。

2）经济净现值（ENPV）

经济净现值是反映项目对国民经济所作贡献的绝对指标。它是用社会折现率将项目计算期内各年的净效益折算到建设起点（建设初期）的现值之和，其计算公式为：

$$ENPV=\sum_{t=1}^{N}(B-C)_t(1+i_s)^{-t}$$

式中：i_s——社会折现率；

其他的符号与经济内部收益率表达式中的符号含义相同。

当经济净现值大于零时，表示国家为拟建项目付出后，除可得到符合社会折现率的补偿外，还可以得到以现值计算的超额社会盈余；所以，当经济净现值大于或等于零的项目，国民经济评价应认为是可以接受的。

3）经济外汇净现值（$ENPV_f$）

经济外汇净现值是反映项目实施后对国家外汇收支直接或间接影响的重要指标，它用来衡量项目对国家外汇真正的净贡献或消耗水平。经济外汇净现值可通过经济外汇流量表计算得到，其计算公式为：

$$ENPV_f=\sum_{t=1}^{N}(FI-FO)_t(1+i_s)^{-t}$$

式中：FI——外汇流入量；

FO——外汇流出量；

$(FI-FO)_t$——第 t 年的净外汇流量；

N——计算期。

4）经济换汇成本

经济换汇成本是产品直接出口换取单位外汇需要消耗（投入）的国内资源，它指用货物的影子价格、影子工资和社会折现率计算的为生产出口产品而投入的国内资源现值（以人民币表示）与生产出口产品的经济外汇现值（通常用美元表示）之比，即换取1美元外汇需要投入的人民币金额，其计算公式为：

$$\text{经济换汇成本}=\frac{\sum_{t=1}^{N}DR_t(1+i_s)^{-t}}{\sum_{t=1}^{N}(FI-FO)_t(1+i_s)^{-t}}$$

式中：DR_t——项目在第 t 年为出口投入的国内资源（包括投资、原材料、工资、其他投入和贸易费用），单位为人民币；

FI——生产出口产品的外汇流入，单位为美元；

FO——生产出口产品的外汇流出（包括应由出口产品分摊的固定资产投资和经营费用中的外汇流出），单位为美元；

N——计算期。

经济换汇成本是分析项目的产品出口对国民经济是否真正有益。它的判断标准是影子汇率，当经济换汇成本小于或等于影子汇率时，表明该项目产品出口在经济上是可行的。

5）经济节汇成本

经济节汇成本是指产品替代进口节省外汇所需要投入的国内资源。它是用影子价格计算的为生产替代进口产品所投入的国内资源的现值与替代进口产品的经济外汇净现值之比，即节约1美元外汇所需要的人民币金额。

经济节汇成本指标反映项目以产品生产替代进口在经济上是否合理。它的判断标准也是影子汇率，当节汇成本小于或等于影子汇率，表明项目产品替代进口在经济上是可行的，否则从外汇节约的角度看是不合算的。

三、项目的环境影响评价

1. 环境影响评价的必要性

环境，是指影响人类生存和发展的各种自然因素的总体，包括大气、水、陆地、海洋、森林、草原、野生动物、自然保护区、风景名胜区等。在20世纪60年代以前，以牺牲环境为代价来求得经济发展，是多数工业化国家走过的道路，致使大气、水体遭到污染，森林被毁，水土流失。直到20世纪70年代，多数国家才逐步认识到保护环境的重要性。

建设项目的实施，一般会对环境产生影响。为了促进经济、社会和环境的协调发展，为了实现可持续发展的目标，必须十分重视建设项目的环境保护工作。1979年，我国颁布了《中华人民共和国环境保护法》（试行），确定对建设项目实行环境影响评价制度。现行的法律、法规主要有：1989年国家发布的《中华人民共和国环境保护法》，1998年国务院发布的《建设项目环境保护管理条例》，以及2002年国家发布的《中华人民共和国环境影响评价法》。根据上述法律、法规的规定，在我国境内建设对环境有影响的项目，都必须依法进行环境影响评价。除建设项目以外，国务院有关部门、设区的市级以上地方人民政府及其有关部门组织编制的土地利用的有关规划，区域、流域、海域的建设、开发利用规划，工业、农业、畜牧业、林业、能源、水利、交通、城市建设、旅游、自然资源开发的有关专项规划，也都必须依法进行环境影响评价。

实施环境影响评价体现了“预防为主”的环境政策。在进行有关规划和建设项目研究时，慎重考虑相关的环境影响，采取相应的对策措施，可以防止其可能带来的环境污染和生态破坏，大大减少事后治理所造成的经济损失和社会矛盾。

2. 国家对建设项目环境影响评价的管理

1）国家对建设项目的环境影响评价实行分类管理

国家根据建设项目对环境的影响程度，对建设项目的环境影响评价实行分类管理。

（1）可能造成重大环境影响的建设项目，应当编制环境影响报告书，对产生的环境影响进行全面评价。

（2）可能造成轻度环境影响的建设项目，应当编制环境影响报告表，对产生的环境影响进行分析或者专项评价。

（3）对环境影响很小、不需要进行环境影响评价的建设项目，应当填报环境影响登记表。

2）国家对建设项目环境影响评价的管理程序

（1）项目建议书批准后，建设单位应根据建设项目环境影响分类管理名录，确定环境影响评价类别。

（2）应当编制环境影响报告书的项目，需要先编写环境影响评价大纲。有审批权的环境保护行政主管部门负责组织对评价大纲的审查，审查批准后的评价大纲作为环境影响评价的工作依据。

（3）除某些规定的行业外，建设单位一般应当在建设项目可行性研究阶段报批环境影响评价文件（即环境影响报告书、环境影响报告表和环境影响登记表）。

（4）建设项目的环境影响评价文件，由建设单位按照国务院的规定报有审批权的环境保护行政主管部门审批；建设项目有行业主管部门的，其环境影响报告书或者环境影响报告表应当经行业主管部门预审后，报有审批权的环境保护行政主管部门审批。

（5）环境影响评价文件未经法律规定的审批部门审查或者审查后未予批准的，该项目审批部门不得批准其建设，建设单位不得开工建设。

（6）建设项目的环境影响评价文件经批准后，建设项目的性质、规模、地点、生产工艺或者环境保护措施发生重大变动的，建设单位应当重新报批建设项目的环境影响评价文件。

3. 建设项目环境影响评价工作的依据

建设项目环境影响评价工作的依据可以分为法律、法规和标准两类。

（1）法律和法规，主要有：《中华人民共和国环境保护法》；《中华人民共和国环境影响评价法》；《中华人民共和国水污染防治法》；《中华人民共和国海洋环境保护法》；《中华人民共和国文物保护法》；《中华人民共和国森林保护法》；《水土保持工作条例》；《建设项目环境保护管理条例》等。

（2）标准，包括环境质量标准、污染物排放标准和总量控制指标三类，主要有：大气环境质量标准；海水质量标准；地下水环境质量标准；地面水环境质量标准；景观娱乐用水水质标准；生活饮用水卫生标准；农田灌溉水质标准；渔业水质标准；土壤环境质量标准；城市区域环境噪声标准；工厂企业厂界噪声标准；新污染源大气污染物排放限制；现有污染源大气污染物排放限制；造纸工业污水排放标准；制糖工业水污染物排放标准；制革工业水污染物排放标准；合成脂肪酸工业污染物排放标准；合成洗涤剂工业污染物排放标准；石油炼制工业水污染物排放标准等。

四、项目的社会评价

1. 社会评价的概念、目的与适用范围

1）社会评价的概念

建设项目的社会评价是应用社会学的一些基本理论和方法，系统地调查和收集与建设项目相关的社会因素，分析项目实施所产生的社会影响和社会效益以及可能出现的社会问题，分析项目所在地区的社会环境对项目的适应性和可接受程度，评价项目的社会可行性，提出协调项目与当地社会关系、规避社会风险、保证项目顺利实施的措施的一种项目评价方法。

2）社会评价的目的

进行社会评价的目的主要有：

（1）实现经济和社会的协调发展。

（2）促使项目与所在地区利益协调一致，减少社会矛盾和纠纷，防止可能产生不利的社会影响和后果，促进社会的稳定。

（3）实现项目收益在项目所在地不同利益群体之间的公平分配。

（4）避免或减少项目的社会风险，提高投资效益。

3）社会评价适用范围

需要进行社会评价的建设项目，主要包括：

（1）需要大量移民、拆迁或者占用农田较多的项目，如交通与水利项目、采矿和油田项目、房地产项目等。

（2）具有明确社会发展目标的项目，如：扶贫项目、农村区域开发项目，以及文化教育、卫生等公益性项目。

2. 社会评价的主要内容

社会评价从以人为本的原则出发，主要内容包括项目的社会影响分析、互适性分析和社会风险分析。

1）社会影响分析

主要从下列8个方面进行分析：

（1）项目对所在地区居民收入及其分配情况的影响。

（2）项目对所在地区居民生活水平和生活质量的影响。

（3）项目对所在地区居民就业的影响。

（4）项目对所在地区不同利益群体的影响，重点分析受损群体的受损程度、补偿措施和途径。

（5）项目对所在地区弱势群体（如妇女、儿童、伤残人员）利益的影响。

（6）项目对所在地区文化、教育、卫生等社会发展目标的影响。

（7）项目对当地基础设施、社会服务容量的影响。

（8）项目对所在地区少数民族风俗习惯和宗教等的影响。

2）互适性分析

互适性分析主要是分析项目能否为当地的社会环境、人文条件所接纳，以及当地政府、居民支持项目存在与发展的程度，主要内容包括：

（1）分析与项目直接相关的不同利益群体对拟建项目的态度及参与程度，选择可以促使项目成功的各利益群体的参与方式，对可能阻碍项目存在与发展的因素提出防范措施。

（2）分析项目所在地各类组织对拟建项目的态度，可能给予哪些支持和配合。

（3）分析项目所在地区现有技术、文化状况能否适应项目实施的需要。

3）社会风险分析

应对可能影响项目的各种社会因素进行识别和排序；选择影响较大，容易导致社会矛盾激化的社会因素进行重点研究；提出防范社会风险的措施。

3. 项目决策阶段的社会评价

1）初步可行性研究（项目建议书）阶段的社会评价

在初步可行性研究阶段，项目评价人员应对拟建项目进行初步的社会评价。初步社会评价一般以定性描述为主，其主要任务包括：

（1）调查了解项目所在地区社会经济环境的基本状况。

（2）明确项目目标及其功能对所在地区的适应性。

（3）初步评价项目可能产生的主要社会效益与影响。

（4）明确项目的受益群体和受损群体，了解项目所在地区各群体的基本需要，各群体愿意接受、参与项目的可能性和程度。

（5）初步分析项目可能产生的社会问题以及潜在的社会风险。

（6）从社会因素初步分析项目是否可行。

2）可行性研究阶段的社会评价

在可行性研究阶段要对项目进行详细社会评价。详细社会评价一般采用定量分析与定性分析相结合的方法，与项目的技术经济论证结合在一起进行，其主要任务包括：

（1）在初步社会评价的基础上，对项目所在地区和项目利益群体进行详细、深入、系统的社会调查。

（2）在项目技术方案、工程方案的研究中，考虑项目利益群体的合理要求，优化项目的实施方案。

（3）论证当地社会环境对项目的适应程度，详细分析项目实施过程中可从当地获得的支持与配合的程度，着重研究项目利益群体、当地政府和非政府机构的参与意愿及参与方式。

（4）如果项目对所在地区有不利影响，应提出减轻或消除不利影响的措施建议和对受损群体进行补偿的措施建议。

（5）分析影响项目实施的主要社会风险，提出避免或减少风险的措施建议。

（6）从社会因素分析项目是否确实可行，比选、推荐合理的项目实施方案。

4. 社会评价的方法

建设项目涉及的社会因素多而复杂，多数是无形的，甚至是潜在的，很难采用统一的方法进行评价，有的社会因素，如就业和收入分配，可以定量计算，更多的社会因素则难以计量，因此社会评价通常采用定量分析与定性分析相结合的方法，其中定性分析在社会评价中占有重要地位。

常用的分析评价方法有：有无对比分析法、利益相关者分析法、排序打分法、综合分析评价法、参与式方法、逻辑框架分析法等。

第五节　工程项目决策管理

一、决策的概念

1. 工程项目投资决策的概念

所谓决策，简单地说，就是指为了达到预期的目的，对未来行动的方向、途径和方法所做出的正式决定。也就是对未来行动计划（包括目标和措施等）的正式制订。决策在工程项目可行性研究中主要用来判断工程项目投资建设方案的优劣及选定。它是依据大量的可行性研究资料，运用科学的方法，进行正确的估算和判断，选出最优投资建设方案的过程。因此，工程项目投资决策，是指为了实现或达到预期的投资效果目标，采用一定的理论、方法和手段，对若干可行性工程项目建设方案进行研究论证，从中选出最为满意的投资实施方案的过程。

2. 工程项目投资决策的意义

在工程项目建设之前进行投资决策，具有十分重要的意义。投资决策的重要性，可以集中地概括为两句话：决策成功，项目才能成功；决策失败，项目必然失败。决策正确，是最大的节约；决策失误，是最大的浪费。所以，投资决策是工程项目建设和经营过程中最重要的一环。它的正确与否，决定着工程项目的成败得失和投资效益水平的高低，决定着整个工程项目的发展前途和命运，也间接地决定着国家的整体投资效益水平。

投资决策之所以具有如此重要的意义，是由工程项目本身的技术经济特点所决定的。

首先，工程项目的投资建设是一项资源大量投入的活动。这些资源，不论是资金还是其他实物或劳动力，不论是有形的还是无形的，在一定时期内都是有限的。为了使这些有限的资源得到充分利用，达到合理配置，就要求在项目建设之前对其进行统筹规划、适当安排，对工程项目是否建设、如何建设等问题进行正确的决定，并制订合理的实施方案。

其次，工程项目具有较多的技术经济特性。一方面，工程项目技术结构一般都比较复杂，工程建设涉及面广，影响因素多，因此，投资决策所需考虑的因素及问题也很多。另一方面，工程项目建设是一种特殊的专项生产，具有投资的一次性、结构的不可更改性、位置的固定性等特点。决策一旦失误，就会造成不可挽回的损失。同时，工程项目的建设周期一般都较长，需投入的资金量也较大，并具有不可间断性。因此，投资前期的决策结果对工程项目的整个过程都有着重要的影响，即决策的失误会造成建设期限延长、投资浪费，给工程项目的投资商或开发商带来不可估量的损失。

最后，工程项目的建设效果对整个国民经济有着重要影响。工程项目投资与其他投资项目一样，不但是实现社会再生产的基本手段，也是实现社会生产结构合理化的有效途径，还是合理控制投资建设规模的重要手段。因此，正确的决策不仅可以保证社会再生产的顺利实现，而且还可以形成比较合理的社会生产结构和行业结构，保持合理的、适度的投资规模。

总之，工程项目投资决策正确与否，决定着整个工程项目的成败得失和经济效益的好坏，决定着整个工程项目的发展前途，也影响着整个国民经济的稳定和健康发展。因此，在工程项目的投资建设中，必须十分重视投资决策。

二、工程项目常用的决策方法

科学的决策是通过科学的方法来完成的。一般地，决策类型不同，决策的方法也就不同。下面仅就工程项目的确定型决策、不确定型决策和风险决策作一简单阐述。

1. 工程项目投资的确定型决策

工程项目投资的确定型决策，是一种在自然状态的发生为已知的情况下进行的决策。它是一种简单的决策方法，即它只需计算各种方案在已知自然状态下的收益值（或收益率）或损失值，然后进行对比方案，确定收益值或收益率最大的方案或损失值最小的方案作为选择方案。

【例 4-1】

如某工程项目的投资商为了进行某种新产品的生产，在拟建工程项目中提出了三个可行方案：方案 A、方案 B 和方案 C。该投资商预计该产品的未来市场需求会出现三种情况：销量好、销量中等和销量差。假定三种方案在这三种状态下的投资收益率如表 4-2 所示。

各方案及其在各种状态下的收益率情况表 表 4-2

状　态	销 量 好	销 量 中 等	销 量 差
方案 A	16%	12%	8%
方案 B	19%	17	4%
方案 C	25%	15%	1%

如果现在可以肯定未来市场的需求状况是销量中等，则投资商应该选择方案 B。因为在这种情况下，方案 B 可为投资商带来 17% 的投资收益率，高于方案 A 的 12% 和方案 C 的 15%。

2. 工程项目投资的不确定型决策

工程项目投资的不确定型决策，是一种对未来可能发生的情况虽有所了解但又无法确定或估计其发生概率的情况下进行的决策。常见的非确定型决策方法主要有以下几种。

1）最大收益值（率）法

最大收益值（率）法，又称乐观法。它是先求出各方案在各种自然状态下可能的最大收益值（率），然后比较这几个收益值（率），从中选出最大收益值（率）对应的方案为决策方案，即“大中取大”。这种方法常为喜欢冒险、有超人直觉并有较强承受能力的决策者所采用。

【例 4-2】

如果采用表 4-2 中的有关数据，则可以找出各方案在各种状态下的最大收益率分别为：方案 A 为 16%，方案 B 为 19%，方案 C 为 25%。其中以方案 C 的投资收益率 25%为最大，故应该选择方案 C 为决策方案。

2）最大最小收益值（率）法

最大最小收益值（率）法又称悲观法，在西方也称瓦尔德决策准则。这种方法的主要过程，是先求出各方案在各种自然状态下的最小收益值（率），然后比较这几个最小收益值（率），从中选出最大者作为所选方案，即“小中取大”。这种方法常为比较保守、稳健的决策者所采用，因为它可以保证在各种可能的情况下收益不低于此值。

【例 4-3】

如仍用上例，各方案在各种自然状态下的最小收益率分别为：方案 A 为 8%，方案 B 为 4%，方案 C 为 1%。其中以方案 A 的 8%为最大，故应该选择方案 A 为决策方案。

3）最小最大后悔值法

最小最大后悔值法的主要过程，是当有多种方案可供决策者选择时，应先估计出每个方案在各种状态下的收益率或收益值。当某一状态出现时，各个方案的收益率或收益值是不同的，其中收益率或收益值最大的那个方案，就是该状态下的最好方案。如果决策者当初采用的是其他方案，那么决策者就会感到后悔。所采用方案的收益率或收益值与最大收益率或最大收益值之间的差，就称作该方案的后悔值。在分析时，应首先计算出各方案在各种状态下的后悔率或后悔值，再找出各个方案的最大后悔值或后悔率，再从这些后悔值或后悔率中选出最小者作为选择方案，即“大中取小”。这种方法常为那些会因失败而后悔的决策者所采用，因为不管以后发生什么情况，它都可以使决策者的后悔程度最小。

【例 4-4】

从表 4-2 中我们可以看出，在每种状态下的最大收益率分别为：销量好时为 25%，销量中等时为 17%，销量差时为 8%。根据此收益率，可计算出每个方案在各种状态下的后悔率，并从各方案的后悔率中，找出每个方案的最大后悔率（如表 4-3）。

各方案的最大后悔率情况表 表 4-3

状　态	销　量　好	销　量　中　等	销　量　差	最大后悔率
方案 A	16%	12%	8%	9%
方案 B	19%	17%	4%	6%
方案 C	25%	15%	1%	7%

从表 4-3“最大后悔率”栏中可以看出，最小的后悔率为 6%，其所对应的方案 B 即为决策方案。

3. 工程项目投资的风险型决策

风险是指实际情况与预期情况的偏离。工程项目投资的风险型决策，也称随机决策。它与不确定型决策的区别在于：不确定性决策中的不确定性事件，不仅无法预测其发生的可能性，而且也不知道各种可能性所发生的概率；而风险型决策中的风险事件，虽然也无法确定其是否会发生，但却可以利用统计方法和经验估计出某一事件产生的概率及其所带来的各种结果。

风险型决策的基本思路，是根据已知条件下直接有的或计算出来的状态收益值（率）或损失值及概率，计算出状态期望值；然后累计状态期望值得到方案期望值，即可能出现的所有自然状态下方案的期望值；最后根据方案期望值的大小来决定取舍。

【例 4-5】

如某工程项目有三个拟建方案：新建、扩建、维持原样。未来市场会出现销路好、销路中等、销路差三种状态，各状态可能出现的概率及其收益情况见表 4-4。

各方案可能出现的概率及其收益情况表 表 4-4

状　态	销 路 好	销 路 中 等	销 路 差
概率	0.5	0.3	0.2
新建方案（万元）	500	200	−50
扩建方案（万元）	380	280	−10
维持方案（万元）	300	260	80

根据表 4-4 的数据可计算各个方案的期望收益值，并根据期望收益值的大小来选择最优方案。需说明的是，在实际决策过程中，一般应以投资收益率的高低或考虑资金的时间价值以现值标准作为方案优劣的判断依据。而本例中没有各方案的投资额情况。

新建方案的期望收益值为：

$$500\times0.5+200\times0.3-50\times0.2=300\text{（万元）}$$

扩建方案的期望收益值为：

$$380\times0.5+280\times0.3-10\times0.2=272\text{（万元）}$$

维持方案的期望收益值为：

$$300\times0.5+260\times0.3+80\times0.2=244\text{（万元）}$$

根据以上计算结果，可以知道新建方案的期望收益值最高，故应选择新建方案作为决策方案。

风险型决策更多的是采用决策树分析法。所谓决策树分析，是指应用概率对不同方案的风险进行比较的一种分析方法。它在对各种可供选择的项目或方案进行决策时，采用形象化的决策树图形，即把各方案可能出现的状态、概率以及产生的结果直接标于图形上，以供计算分析并进行选择。决策树的图形结构如图 4-2 所示。

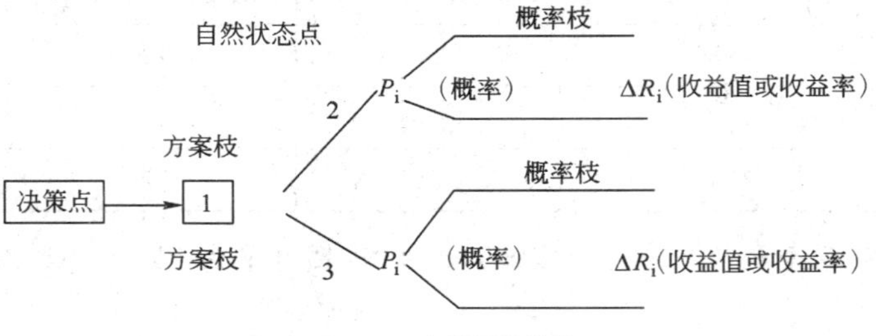

图 4-2 决策树的结构

图中的方框结点为决策点。从决策点引出去的若干分枝，称为方案枝，表示可供选择的方案。方案枝的分岔点是多个随机点或机会点，在此点发生的机会事件将影响方案的选择结果。由随机点引出的若干分枝分别代表不同的机会事件及其概率，故称其为概率枝。每一方案的机会事件为互斥事件，它们的概率之和应等于1。不同机会事件下的收益值或损失值可以在概率枝的末端列出。决策树的决策步骤是从最远的决策点开始，从该点找到最好的方案，再用该点最好方案的期望值代替那个最远的决策点，进而逐步向后（树根）推算。对于落选方案应进行修枝，最后选出决策的最好方案。决策树的整个决策过程是一个从右向左、逐步推算的过程。

利用决策树进行决策，按其选择最优方案所需的决策活动次数来划分，可分为单级决策和多级决策。即凡只需要进行一次决策活动，便可选择出最优方案、达到决策目的的决策，就称为单级决策；凡需要进行一次以上的决策活动，才能选择出最优方案、达到决策目的的决策，就称为多级决策。本书所讲述的内容及所举的例子仅涉及单级决策。

决策树的分析步骤一般是：

(1) 根据已知条件，画出决策树图，并标明各方案的状态、概率和结果。

(2) 计算决策变量的期望值，并标于各结点上。

(3) 比较各方案的期望值，进行最后决策。

本章小结

工程项目的策划与决策是项目的重要前期工作，它们直接决定项目的成败。工程项目策划是指把项目建设意图转换成定义明确、系统清晰、目标具体且具有策略性运作思路的系统活动过程。

项目建议书的作用是向政府主管部门推荐项目，供主管部门选择。

可行性研究是在工程投资决策之前，运用现代科学技术成果，对工程项目建设方案所进行的系统的、科学的、综合的研究、分析、论证的一种工作方法。它的目的是保证拟建项目在技术上先进可行、经济上合理有利。

建设工程项目决策中应考虑的风险因素包括政治风险、商务风险、社会风险、经济风险、人为风险、自然风险和特殊风险。工程项目风险管理的内容包括：风险的识别；风险的分析和评价；风险的处理和风险的监督。

建设工程项目评价是可行性研究的有机组成部分和重要内容，是项目或方案抉择的主要依据之一。评价的任务是运用定量分析与定性分析相结合、动态分析与静态分析相结合、宏观效益分析与微观效益分析相结合的方法，通过多方案比较，对拟建项目的经济可行性和合理性进行分析论证，作出全面的经济评价。建设工程项目评价包括财务评价、环境影响评价、国民经济评价和社会评价四个层次。

工程项目投资决策，是指为了实现或达到预期的投资效果目标，采用一定的理论、方法和手段，对若干可行性工程项目建设方案进行研究论证，从中选出最为满意的投资实施方案的过程。投资决策是工程项目建设和经营过程中最重要的一环。

思 考 题

1. 工程项目前期策划的作用是什么？其程序如何？

2. 工程项目可行性研究的作用有哪些？

3. 工程项目可行性研究报告的主要内容有哪些？

4. 工程项目建议书与可行性研究报告的内容有何区别？

5. 工程项目决策中应考虑的风险有哪些？

6. 工程项目财务评价的内容主要包括哪些？

7. 项目财务盈利能力分析的静态指标和动态指标分别包括哪些？

8. 试述工程项目不确定型决策和风险型决策的具体方法。

习　题

目的：练习不确定型决策方法。

资料：某企业为了发展数字化电视机的生产，需要建一工程项目，并提出了三种建设方案：大批量生产、中批量生产和小批量生产。该企业预测数字化电视机的未来市场销售情况会出现销售好、销售中等和销售差三种情况。假定这三种生产方案在这三种销售情况下，每年获取的收益率如表 4-5 所示。

各方案在各自状况下的收益率　　表 4-5

状　态	销　量　好	销　量　中　等	销　量　差
大批量生产	22%	16%	0
中批量生产	18%	14%	2%
小批量生产	15%	10%	5%

要求：根据以上资料，用不确定型决策方法分别对其进行方案优选。

第五章　工程项目组织与团队管理

本章知识点

- 组织的概念；
- 项目组织的特征；
- 项目的基本组织形式；
- 项目经理的责任与权利；
- 项目经理的素质与能力要求；
- 人力资源的概念及选择；
- 项目团队管理。

第一节　工程项目组织概述

组织是进行或参与项目管理工作，有明确的职责、权限和相互关系的人及设施的集合，它是一切管理活动取得成功的基础，项目管理作为一种新型的管理方式，其组织结构与传统的组织观念有相同之处，但是由于项目本身的特性，决定了项目实施过程中其组织管理又有特殊之处。项目管理与传统组织管理的最大区别在于，项目管理更强调项目负责人的作用，强调团队的协作精神，其组织形式具有更大的灵活性和柔性。

实施或参与项目管理工作，是有明确的职责、权限和相互关系的人员及设施的集合，包括发包人、承包人、分包人和其他有关单位为完成项目管理目标而建立的管理组织，简称为组织。故项目管理组织是指为了完成某个特定的项目任务而由不同部门、不同专业的人员所组成的一个特别工作组织，它不受现存的职能组织构造的束缚，但也不能代替各种职能组织的职能活动。

在一个既定的项目中，项目组织是所有活动的焦点，它从总体上表明一个项目。它的性质是综合的，并成为所有影响项目的内部与外部的活动中心，根据项目活动的集中程度，它的机构可以是由少量的人组成，也可以是一个很庞大系统。

一、组织的含义

尽管“组织”一词流行广泛而且人们都意识到了它的重要性，然而当我们使用“组织”一词时却有不同的含义。首先，“组织”作为一个名词，是指有意识形成的职务或职位的结构。例如一般一个企业从上到下、从左到右会确定若干纵向、横向的职务或职位，而这些职务或职位之间并不是孤立的，为了组织目标的实现，它们之间存在相互联系，从而形成了组织结构。其次“组织”作为一个动词，是指一个工作过程，是指为了达成某种目的，而设计并保持有效完成此目的的组织结构并随环境变化而不断进行完善的过程，例如组织一次郊游活动。

作为动词的“组织”也称“组织过程”、“组织设计”等，其一般过程是进行工作划分，即将组织要承担的任务按目标一致及高效的原则进行分解，然后进行工作分类，就是将分解得到的诸多工作分为不同的类别，这也就是以后组织中职务和职位的基础。最后是确定不同类别的工作之间的关系，也就是形成组织机构。

工作划分是在总目标、总任务确定的前提下，按照目标一致及效率优化的原则，对完成组织目标的总任务进行具体分解的过程。

工作归类是将分解后的若干个子任务、子目标按照有关的或者类似的工作进行归类，归类的方法主要有职能部门化、项目（或产品）部门化。进行工作归类的方法很多，主要有：

(1) 按简单数量进行归类，即抽取一定数量的人在主管人员的指挥下去执行一定的任务。在部落、氏族和军队中这种方法曾经是一个重要的方法，现在正在遭到废弃，但仍有一定的适用范围。

(2) 按时间进行归类，这也是划分部门最古老的方法之一。通常适用于组织的基层。轮班制生产方式就是基于这种分类方法的。

(3) 按职能进行归类，这是一种广泛采用的做法。就是根据组织要达到目标所应具有的职能来进行工作归类。例如一般工业企业要提供满足市场顾客需要的产品，它就必须具有营销、计划、生产、财务等职能。因此把企业的业务部门划分营销、计划、生产、财务等部门是合乎逻辑的。

(4) 按地区进行归类，对于在地理上分散的企业来说按地区进行工作归类是一个较为普遍的方法，其原则是把某个地区或范围的业务工作集中起来并委派给一个经理主管。

(5) 按产品进行工作归类。按产品或产品系列划分企业的业务工作，在多品种经营的大规模企业中早就表现得日趋重要。这种方法就是将同一种产品或产品系列的业务划归一个部门并委派一个经理主管。

(6) 按工艺或设备进行工作归类，在制造企业中常常按加工工艺或设备划分业务工作，相同工艺或设备归为同一个部门。

(7) 矩阵组织，这是一种形象的称呼。它实际上是按职能划分部门和按产品划分部门之间的一个折中办法。在后面项目矩阵组织形式中将详细阐述。

(8) 临时性工作归类，这种归类方法的根本特征在于工作的临时性，经常用的是临时性的产品部门和工作组。工作组是临时组织起来为解决某一问题而进行调查研究和提出见解的人们形成的组织。

基于工作的归类，结合组织中的人员、岗位职务需求、职责与权力及信息管理的需要，进行组织结构的设计。

二、项目管理组织的特征

现代社会中有难以计数的组织，家庭是一种组织，学校是一种组织，企业是一种组织，国家也是一种组织，而像欧佩克及联合国等都是组织。尽管它们形态各异，然而它们都有以下共同的特征。

(1) 目的性。任何组织都有其目的，这样的目的既是这种组织产生的缘由，也是组织形成后使命的体现。例如为了完成某项工程而形成的项目部（组织），完成某项工程就是它的目的。同时组织的目的性还表现在组织成员对目的的共享性，即组织成员共同认可同样的组织目的。

（2）专业化分工。组织是在分工的基础上形成的，组织中不同的职务或职位承担不同的组织任务，专业化分工符合处理工作的复杂性及人的生理、心理等有限性特征的矛盾，便于积累经验及提高效率。例如按职能专业化分的企业有计划、财务、生产、销售、人事等部门。

（3）依赖性。组织内部的不同职务或职位并非孤立而是有相互联系的，具体表现为组织的组织结构。这种依赖性可以在具体岗位的说明书中看到，它描述了不同职务或职位之间具体的工作关系。例如生产部门依据计划部门的计划组织生产，计划部门通过销售部门及财务部门的反馈信息调整计划等。

（4）等级制度。任何组织都会存在一个上下级关系，下属有责任执行上级的指示，这一般是绝对的，而上级不可以推卸掉组织下属活动的责任。如人们一般将组织划分为高层、中层和基层，高层有指挥中层的职权，而中层有指挥基层的职权。

（5）开放性。所有组织都与外界环境存在着资源及信息的交流，比如组织要招聘、解聘组织的人员；组织要从环境获取其他资源；如企业要从环境中获取原材料，经过企业内部的加工制造以生成满足顾客需要的产品，并输出到需要此产品的顾客中去。同时组织的多种决策要依赖从环境取得的信息。

（6）环境适应性。组织本身是一个系统，然而它又存在于环境这样的大系统之中，它必须具有环境适应性才能生存发展。国家的一些宏观政策对于组织的影响则不言而喻。

三、组织设计的原则

组织是人们为了达到某个目的而形成的，然而现实中有的组织能高效率低成本实现组织目的，而有些组织则不仅不能促进组织目标的实现，还可能阻碍组织目的的实现。自古以来人们在实践或学术领域都在研究合理组织设计的理论与方法，普遍接受的组织设计的一般原则有：

（1）目标一致性原则。组织是为了组织目标而组建的，然而组织又是一个可以细分的系统，自上而下，从左到右相互联系的各部门及人员都会有自己部门或个人的目标，只有使各部门或个人的目标的整合与组织目标一致时组织的目标才能有效实现。因此组织的设计应有利于实现组织的总目标，真正建立起上下层层保证，左右协调的目标体系。

（2）有效的管理层次和管理跨度原则。管理跨度是一个上级管理者直接领导下级人数的多少。管理层次是一个组织中从最高层到最低层所经历的层次数。管理跨度与管理层次成反比，增加管理跨度则会减少管理层次，相反减少管理跨度会加长管理层次。

由于任何一个领导者其能力、精力、知识及经验都有一定限度，为了有效进行领导，管理跨度不可能过多。许多学者对有效的管理跨度进行了研究，并没有一致的意见，普遍的观点是高层管理跨度宜小，为4～8人；基层的管理跨度可多，可以达到4～30人。

而管理层次的多少也会影响组织的效率及效果，层次过少，则引起跨度过大；而层次过多，使信息传递慢、传递延迟、传递失真等，另一方面助长了官僚主义。因此对于一个组织而言，要结合具体情况制订出合理的管理层次和管理跨度。

目前，我国施工企业的管理层次主要是根据工程对象特点和经营管理水平确定的，管理层次一般采用两级或者三级制两种。两级管理制：公司—项目部；三级管理制：公司—分公司一项目部。

(3) 责任与权利对等原则。组织设计要明确各层次不同岗位的管理职责及相应的管理权限，特别注意的是管理职责要与管理权限对等。若有权无责，或责任小于权利，则会助长瞎指挥、乱拍板，滥用职权。有责无权，或权利太小，一方面不利于职责的完成，另一方面会束缚管理者的工作积极性和创造性。

(4) 合理分工与密切协作原则。组织是在任务分解的基础上建立起来的，合理的分工便于积累经验和实施业务的专业化。当然这里讲的分工既指横向的分工，也指上下级的工作分工。合理的分工有利于明确职责。然而在强调合理分工的前提下还要强调密切协作，只有密切协作才能将各部门各岗位的工作努力合成实现组织整体目标的力量。

(5) 集权与分权相结合的原则。管理就是要借他人之手完成预定的目标和任务，各级管理组织机构之间就有集权和分权的关系，集权有利于组织活动的统一，便于控制。分权则有利于组织的灵活性，但使得控制变得困难。因此集权与分权要适度，适合组织的任务与环境。一般凡是关系到组织全局的问题要实行集权，然后通过授权，使中层或基层都有一定的管理职责与权限，这也是分工原则的体现。

(6) 环境适应性原则。组织是一个与环境有着资源、信息等交换的开放系统，并受环境发展变化的制约，因此组织的设计要考虑到环境的变化对组织的影响，一方面要建立适应环境特点的组织系统，另一方面要考虑在环境发生变化时组织所应该具有的灵活性。

第二节　工程项目组织的形式

为了有效实现项目目标就必须建立项目组织，项目管理组织（简称组织），泛指参与建设项目管理的各方组织，包括建设单位、设计单位、施工单位以及其他相关单位的项目管理组织，也包括工程总承包单位、代建单位、项目管理单位等的项目管理组织。一般组织的特征及设计原则同样适用于项目组织，只是必须同时反映项目工作的特征。

项目管理组织的作用有：

(1) 有利于提高项目团队的工作效率。

(2) 有利于项目目标分解。

(3) 有利于优化资源配置。

(4) 有利于项目工作的管理。

(5) 有利于项目内外关系的协调。

实际中存在多种项目组织形式，并没有一个最佳的组织形式，每一种组织形式都各有其优点和缺点，有其适用的场合。因此人们在进行项目组织设计时，要采取具体问题具体分析的方法，选择合适的满意的组织形式。项目组织设计一般原则有：

(1) 目标统一性原则。

(2) 分工协作原则。

(3) 责权对等原则。

(4) 指令统一原则。

(5) 管理层次与管理跨度适当原则。

一般项目的组织形式有职能式、直线式和矩阵式等几种形式。

一、职能式项目组织形式

职能式项目组织形式是指按职能以及职能的相似性来划分部门，如一般生产型企业必须具有计划、采购、生产、营销、财务、人事等职能，那么企业在设置组织部门时，按照职能的相似性将所有计划工作及相应人员归为计划部门、从事营销的人员划归营销部门等，企业便有了计划、采购、生产、营销、财务、人事等部门。

采用职能式项目组织形式的企业在进行项目工作时，各职能部门根据项目的需要承担本职能范围内的工作，也就是说企业主管根据项目任务需要从各职能部门抽调人员及其他资源组成项目实施组织，如要开发新产品就可能从营销、设计及生产部门各抽调一定数量的人员形成开发小组。然而这样的项目实施组织界限并不十分明确，小组成员完成项目中需本职能完成的任务，同时他们并没有脱离原来的职能部门，而项目实施的工作多属于兼职工作性质。这样的项目实施组织的另一特点是没有明确的项目主管或项目经理，项目中各种职能的协调只能由处于职能部门顶部的部门主管或经理来协调。职能式项目组织形式如图 5-1 所示。

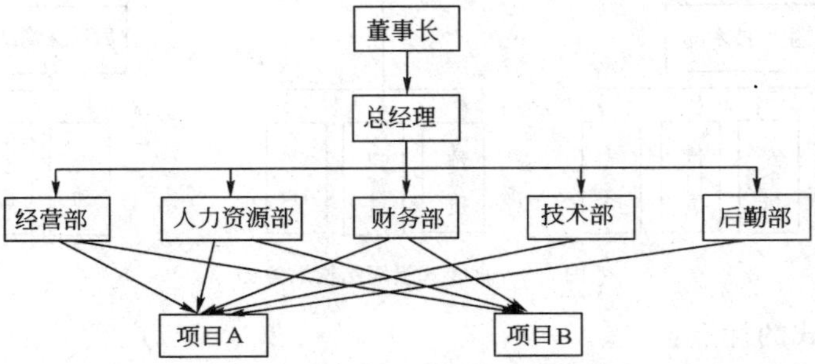

图 5-1　职能式项目组织形式示意图

职能式项目组织的优点主要有：

(1) 有利于企业技术水平的提升。由于职能式组织是以职能的相似性而划分部门的，同一部门人员可以交流经验及共同研究，有利于专业人才专心致志钻研本专业领域理论知识，有利于积累经验与提高业务水平。同时这种结构为项目实施提供了强大的技术支持，当项目遇到困难之时，问题所属职能部门可以联合攻关。

(2) 资源利用的灵活性与低成本。职能组织形式项目实施组织中的人员或其他资源仍归职能部门领导，因此职能部门可以根据需要分配所需资源，而当某人从某项目退出或闲置时，部门主管可以安排他到另一个项目去工作，可以降低人员及资源的闲置成本。

(3) 有利于从整体协调企业活动。由于每个部门或部门主管只能承担项目中本职能范围的责任，并不承担最终成果的责任，然而每个部门主管都直接向企业主管负责，因此要求企业主管要从企业全局出发进行协调与控制。因此有学者说这种组织形式“提供了在上层加强控斜的手段”。

职能式项目组织的缺点主要有：

(1) 容易造成管理混乱。由于实行职能部门的多重领导，可能出现矛盾的指令，妨碍了企业生产经营管理活动的集中统一指挥，有碍于工作效率的提高。

(2) 协调的难度。由于项目实施组织没有明确的项目经理，而每个职能部门由于职能的差异性及本部门的局部利益，因此容易从本部门的角度去考虑问题，发生部门间的冲突时，部门经理之间很难进行协调。这会影响企业整体目标的实现。

（3）项目组成员责任淡化。由于项目实施组织只是临时从职能部门抽调而来，有时工作的重心还在职能部门，因此很难树立积极承担项目责任的意识。尽管说在职能范围内承担相应责任，然而项目是由各部门组成的有机系统，必须要有人对项目总体承担责任，这种职能式组织形式不能保证项目责任的完全落实。

二、直线式组织形式

直线式组织形式是按项目来划归所有资源，即每个项目有完成项目任务所必需的所有资源，每个项目实施组织有明确的项目经理，也就是每个项目的负责人，对上直接接受企业法人领导，对下负责本项目资源的运用以完成项目任务。每个项目组之间相对独立。其特点是：组织中上下级呈现直线的责权关系，组织中每个人只接受一个直接上级的指令。直线式组织形式如图 5-2 所示。

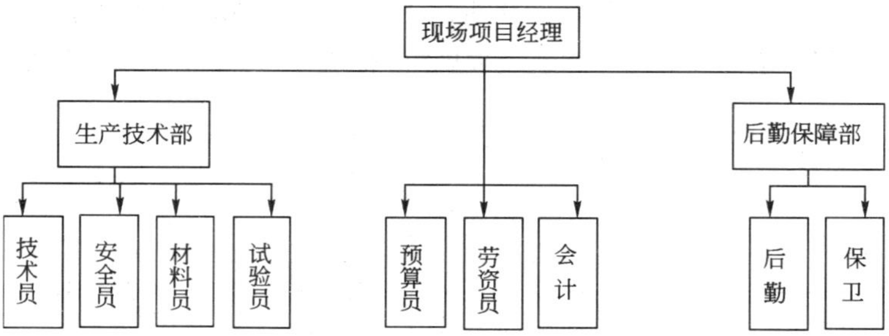

图 5-2　直线式组织结构示意图

直线式组织形式的优点：

（1）目标明确及统一指挥。项目式组织是基于某项目而组建的，圆满完成项目任务是项目组织的首要目标，而每个项目成员的责任及目标也是通过对项目总目标的分解而获得的。同时项目成员只受项目经理领导，不会出现多头领导的现象。

（2）有利于项目控制。由于项目式组织按项目划分资源，项目经理在项目范围内具有绝对的控制权，因此从项目角度讲利于项目进度、成本、质量等方面的控制与协调，组织中权责分明，组织纪律易于维持。

（3）有利于全面型人才的成长。项目实施涉及计划、组织、用人、指挥与控制等多种职能，因此直线式组织形式提供了全面型管理人才的成长之路，从管理小项目的项目经理，经过管理大中型项目的项目经理，成长为管理多项目的项目群经理，直至最后成长成为企业的主管。另一方面一个项目中拥有不同才能的人员，人员之间的相互交流学习也为员工的能力开发提供了良好的场所。

直线式组织形式的缺点：

（1）机构重复及资源的闲置。直线式组织按项目所需来设置机构及获取相应的资源，这样一来就会使每个项目有自己的一套机构，一方面是完成项目任务的必需，另一方面是企业从整体上进行项目管理之必要，这就造成了机构重复设置。而在包括人在内的资源使用方面，不论每种资源的使用频度都要拥有，这样当这些资源闲置时，其他项目也很难利用这些资源，造成闲置成本很大。

（2）不利于企业专业技术水平的提高。直线式组织并没有给专业技术人员提供同行交流与互相学习的机会，而往往注重于项目中所需的技术水平，因此不利于形成专业人员钻研本专业业务的氛围。

(3) 不稳定性。项目的一次性特点使得直线式组织形式随项目的产生而建立，也随项目的结束而解体，因此企业整体资源及结构会不停地发生变化。而在项目组织内部，由新成员刚刚组建的组织会发生相互碰撞而不稳定，随着项目进程的进展而进入相对的稳定期，但在项目快结束时所有成员预见到项目的结束，都会为自己的未来而作出相应的考虑。

三、矩阵式组织形式

职能式组织形式和直线式组织形式各有其优缺点，而且职能式组织形式的优点与缺点正好对应直线式组织形式的缺点与优点。如何建立一种组织形式既有两种组织形式的优点又能避免两种组织形式的缺点呢？矩阵式组织形式能较好地解决这一问题。矩阵式组织形式的特点是将按照职能划分的纵向部门与按照项目划分的横向部门结合起来，以构成类似矩阵的管理系统，图 5-3 是一种典型的矩阵组织形式。

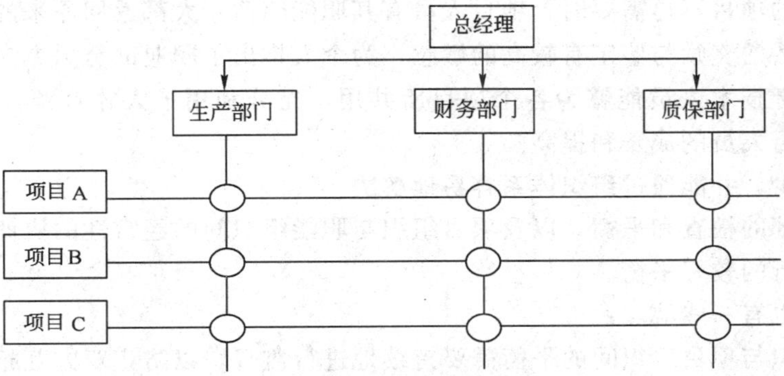

图 5-3　矩阵式组织结构示意图

在矩阵组织中，每个项目经理要直接向最高管理层负责，并由最高管理层授权。而职能部门则从另一方面来控制，对各种资源作出合理的分配和有效的控制调度。职能部门负责人既要对他们的直接上司负责，也要对项目经理负责。

1. 矩阵组织的基本原则

矩阵组织的基本原则是：

(1) 必须有一个人花费全部的时间和精力用于项目，有明确的责任，这个人通常即为项目经理。

(2) 必须同时存在纵向和横向两条通信渠道。

(3) 要从组织上保证有迅速有效的办法来解决矛盾。

(4) 无论项目经理之间，还是项目经理与职能部门负责人之间，要有确切的通信渠道和自由交流的机会。

(5) 各个经理都必须服从统一的计划。

(6) 必须允许项目作为一个独立的实体来运作。

矩阵组织中的职权以纵向、横向在一个公司里流动，因此在任何一个项目的管理中，都需要有项目经理与职能部门负责人的共同协作，将两者很好地结合起来。要使矩阵组织能有效地运转，必须考虑和处理好以下几个问题：

(1) 应该创造一种能将各种职能综合协调起来的环境。由于每个职能部门从其职能出发存在只考虑项目的某一方面的倾向，考虑和处理好这个问题就是很必要的。

(2) 纵向的职能系统应该怎样运转才能保证实现项目的目标，而又不与其他项目发生矛盾。

(3) 要处理好这些问题，项目经理与职能部门负责人要相互理解对方的立场、权力以及职责，并经常进行磋商。

2. 矩阵组织的优劣分析

矩阵组织有许多优点：

(1) 强调了项目组织是所有有关项目活动的焦点。

(2) 项目经理拥有对拨给的人力、资金等资源的最大控制权，每个项目都可以独立地制订自己的策略和方法。

(3) 职能组织中专家的储备提供了人力资源利用的灵活性，对所有计划可按需要的相对重要性使用专门人才。

(4) 由于交流渠道的建立和决策点的集中，对环境的变化以及项目的需要能迅速地作出反应。

(5) 当指定的项目不再需要时，项目人员有其职能归宿，大都返回原来的职能部门。他们对于项目完成后的奖励与鉴定有较高的敏感，为个人指出了职业的努力方向。

(6) 由于关键技术人员能够为各个项目所共用，充分利用了人才资源，使项目费用降低，又有利于项目人员的成长和提高。

(7) 矛盾最少，并能通过组织体系容易地解决。

(8) 通过内部的检查和平衡，以及项目组织与职能组织间的经常性的协商，可以得到时间、费用以及运行的较好平衡。

但矩阵组织也有一些缺点：

(1) 职能组织与项目组织间的平衡需要持续地进行监督，以防止双方互相削弱对方。

(2) 在开始制订政策和方法时，需要花费较多的时间和劳动量。

(3) 每个项目是独立进行的，容易产生重复性劳动。

(4) 对时间、费用以及运行参数的平衡必须加以监控，以保证不因时间和费用而忽视技术运行。

项目的组织结构对于项目的管理实施具有一定的影响，然而任何一种组织形式都有它的优点和缺点，没有一种形式是万能的。所以，项目管理组织在项目寿命周期内为适应不同发展阶段的不同要求而加以改变也是很自然的。项目应围绕工作来组织，工作变了，项目组织的范围也应跟着改变。在实际工作中，必须注意这一点。一般来讲，职能式结构有利于提高效率，直线式结构有利于取得效果。矩阵式结构兼具两者优点，但也有不足。

四、项目组织形式的选择

项目组织形式的选择就是要决定项目实施与公司日常业务的关系问题，在这三种项目组织形式中究竟选哪一种形式好，即使是对于一个有经验的专业人士来说，也是一件非常困难的事情。一方面是衡量选择的标准是什么，项目成功的影响因素很多，即使采用同一组织也可能有截然不同的结果。另一方面正如人们常说的管理是科学也是艺术，而艺术性体现将管理理论应用于管理实践。项目的内外环境的复杂性及如上所述每种组织形式的各种优缺点使得几乎没有普遍接受的方法来告诉人们怎样选择组织结构，它可以说是项目管理者知识、经验及直觉等的综合结果。

一般来说，职能式组织结构比较适用于规模较小、偏重于技术的项目，而不适用于环境变化较大的项目。因为，环境的变化需要各职能部门间的紧密合作，而职能部门本身的存在以及权责的界定成为部门间密切配合不可逾越的障碍。当一个公司中包括许多项目或项目的规模较大、技术复杂时，则应选择直线式组织结构，同职能式组织相比，在对付不稳定的环境时，项目式组织显示出了自己潜在的长处，这来自于项目团队的整体性和各类人才的紧密合作。同前两种组织结构相比，矩阵式组织形式无疑在充分利用企业资源上显示出了巨大的优越性，由于其融合了两种结构的优点，这种组织形式在进行技术复杂、规模巨大的项目管理时呈现出了明显的优势。

第三节　项目经理责任制

一、项目经理部

1. 项目经理部的组织设置

项目经理部是组织设置的项目管理机构，承担项目实施的管理任务和目标实现的全面责任。

（1）项目经理部是在组织法定代表人授权和职能部门的支持下，按照组织的相关规定组建的进行项目管理的一次性组织机构。

（2）项目经理部的性质：

①项目经理部的相对独立性。

②项目经理部的综合性。

③项目经理部的临时性。

2. 项目经理部的组织领导

项目经理部由项目经理领导，接受组织职能部门的指导、监督、检查、服务和考核，并负责对项目资源进行合理使用和动态管理。

（1）项目经理部的地位。项目经理部是项目管理的中枢，是项目责权利的落脚点。项目经理部是在项目经理领导下的机构，要服从项目经理的统一指挥；项目经理是项目利益的代表和全权负责人，其行为必须符合项目经理部的整体利益。

（2）项目经理部的作用：

①负责自项目开工到竣工的全过程项目管理。

②为项目经理决策提供信息依据，当好参谋，同时又要执行项目经理的决策意图，向项目经理全面负责。

③完成组织管理层赋予的基本任务。项目经理部作为一个项目团队，要凝聚管理人员的理论，调动其积极性，促进管理人员的合作，协调部门之间、管理人之间的关系，发挥每个人的岗位作用，为共同目标进行工作。

3. 项目经理部的建立与解体

项目经理部应在项目启动前建立，并在项目竣工验收、审计完成后或按合同约定解体。

4. 建立项目经理部应遵循的步骤

（1）根据项目管理规划大纲确定项目经理部的管理任务和组织结构。

（2）根据项目管理目标责任书进行目标分解与责任划分。

（3）确定项目经理部的组织设置。

（4）确定人员的职责、分工和权限。

(5) 制订工作制度、考核制度与奖惩制度。

5. 项目经理部建立的原则

(1) 要根据所设计的项目组织设置项目经理部。

(2) 要根据建设项目的规模、复杂程度和专业特点设置项目经理部。

(3) 项目经理部是一个具有弹性的一次性管理组织，在项目启动前建立，在项目竣工验收、审计完成后解体，不能搞成一级固定性组织。

(4) 项目经理部的组织结构可繁可简，规模可大可小，其复杂程度和职能范围完全取决于企业管理体制、项目本身和人员素质。

6. 项目经理部建立应注意的几个关系

(1) 根据项目管理规划大纲确定项目经理部的管理任务和组织结构形式。

(2) 细化项目过程识别，根据项目管理目标责任书进行目标分解和责任划分。

(3) 确定项目经理的组织设置。

(4) 确定人员的责任、分工和权限（特别是针对分包的管理职责）。

(5) 制订工作制度、考核制度与奖励措施。

7. 项目经理部的工作内容

(1) 在项目经理领导下制订“项目管理实施规划”及项目管理的各项规章制度。

(2) 对进入项目的资源和生产要素进行优化配置和动态管理。

(3) 有效控制项目工期、质量、成本和安全等目标。

(4) 协调企业内部、项目内部以及项目与外部各系统之间的关系，增进项目有关各部门之间的沟通，提高工作效率。

(5) 对项目目标和管理行为进行分析、考核和评价，并对各类责任制度执行结果实施奖罚。

二、项目经理的责任与权力

1. 项目经理的责任

项目经理责任制是“组织制定的、以项目经理为责任主体，确保项目管理目标实现的责任制度”。项目经理责任制的作用有：

(1) 有利于明确项目经理、企业、职工三者之间的责、权、利、效关系。

(2) 有利于运用经济手段强化项目的法制管理。

(3) 有利于项目规范化、科学化管理和提高工程质量。

(4) 有利于促进和提高企业项目管理的经济效益和社会效益，不断提高社会生产力。

项目经理作为项目的负责人，他有相应的责任，他的责任就是通过一系列的领导及管理活动使项目的目标成功实现，并使项目利益相关者都获得满意。这里的项目利益相关者包括一切参加或可能影响项目工作的所有个人或组织，主要有：顾客（产品的接受者或消费者）、业主、项目的合作者、分包商、司法、执法机构、社会大众、项目组织中的内部人员。

项目经理的责任可以粗略分为对于所属上级组织的责任和对于所领导项目小组的责任。

1) 项目经理对于所属上级组织的责任

对所属上级组织的负责包括资源的合理利用，及时、准确的通信联系，认真负责的管理工作。项目经理应注意到项目推迟和出现赤字的可能，并了解减少此类问题的方法，向上级的报告必须准确、及时，这样才能得到上级的信任，使公司不冒大的风险，及时得到上级的帮助。其责任主要表现在以下几个方面：

(1) 保证项目目标符合上级组织的目标。项目往往从属于更大的组织，项目与组织的其他工作一起配合协调完成组织的目标，因此在项目目标的确定、目标的分解以及计划制订、实施的全过程都要有利于总目标的实现。

(2) 充分利用和保管上级分配给项目的资源。组织的资源是有限的，保证资源的有效利用是任何管理者的目的。项目要充分有效利用上级分配给项目的资源，使资源的效能得到最大发挥，而且能从企业总体角度出发优化资源的使用。如企业往往不只是一个项目，如何使资源在一个项目内部及项目间有效利用是项目经理的责任。

(3) 及时与上级就项目进展进行沟通。项目与上级组织目标的实现息息相关，及时将项目的进展信息，如进度、成本、质量等向上级汇报，上级就可以从宏观角度进行项目群的管理，同时可以取得上级对本项目的各方面的支持。

2) 项目经理对所管项目及项目组的责任

对项目负责是指项目经理要保护项目的整体性，使其不受影响。项目经理应该关心由于业主的影响而作出的变动。主要表现在如下几个方面：明确项目目标及约束；制订项目的各种活动计划；确定适合于项目的组织机构；招募项目组成员、建设项目团队；获取项目所需资源；领导项目团队执行项目计划；跟踪项目进展，及时对项目进行控制；协调与项目相关者的各种关系；项目考评与项目报告等。

2. 施工企业项目经理的责任

建设部《关于建筑业企业项目经理资质管理制度向建造师执业资格制度过渡有关问题的通知》(建市［2003］86号）中要求：

(1)“要加强对建筑业企业项目经理市场行为的监督管理，对发生重大工程质量安全事故或市场违法违规行为的项目经理，必须依法予以严肃处理”。

(2)“工程项目施工应建立以项目经理为首的生产经营管理系统，实行项目经理负责制。项目经理在工程项目施工中处于中心地位，对工程项目施工负有全面管理的责任”。

3. 项目经理的职责和职位描述

由于项目规模、复杂程度不同，很难给出一个统一的且详细的责任描述。建设行业项目经理的职责包括计划、组织、指挥和控制等方面的职责。

计划职责包括：熟知合同文件；为实施和控制项目制订计划；指导项目程序的准备；指导项目预算的准备；指导项目进度安排的准备；指导项目总的规范的准备；指导现场活动的组织、实施和控制计划的准备；定期对计划和相关程序进行检查评价，必要时对项目的计划和程序进行调整。

组织职责包括：制订项目组织图；对项目中的各职位进行描述，列出项目主要监管人员的职责、范围；挑选项目主要监管人员；开发项目所需的人力资源；定期对项目组织进行评价，必要的时候对项目组织结构及人员进行调整。

指挥职责包括：指导项目合同中规定的所有工作；在项目组中建立决策系统，以便在适当的层次做出决策；设立项目经理目标，并为主要监管人员建立绩效标准；培养团队精神；协调解决不同部门或小组之间的分歧；对项目总体进展情况保持了解，以避免或减少潜在问题的发生。

控制职责包括：监督项目的活动，使项目的进展与公司总体目标相一致；监督项目的活动，使项目的进展与合同、计划、程序及顾客的要求相一致；对人员进行控制，保证其遵守合同条款；密切监督项目的有关活动，建立有关“变更”的沟通程序，对有关项目范围可能的变更进行必要的评价和沟通；对安全、成本、进度及质量进行有效监控，并及时报告；与顾客及有关组织保持有效沟通。

4. 项目经理的权力

权责对等是管理的一条原则，权大于责可以导致乱拍板，无人承担相应的后果，而责大于权又会使管理者趋于保守，没有创新精神。项目经理承担在一定约束条件下的权力，也就是说上级要给项目经理授权，而项目经理获得权力以后，由于生理、心理及时间、精力等的限制，必须通过项目团队完成项目任务，因此他还必须放权于项目团队成员。

从实施项目的全方位来看，项目经理的权限应涉及到项目实施的所有生产要素，包括人力、物力、财力、技术、时间以及组织管理等。从我国目前情况来看，人力、物力、财力的充分自主权还受到体制等多方面的制约。项目管理首先就是人的管理，其核心也是人的管理，从项目周期的全过程和项目实施的阶段性来看，人的因素始终是决定性因素，所以实行项目经理负责制最重要的就是授予项目经理充分的人事权，使之能建立起一支高效率的项目团队。施工企业项目经理具体行使以下管理权力：

(1) 参与项目招标、投标和合同签订。

(2) 参与组建项目经理部。

(3) 主持项目经理部工作。

(4) 决定授权范围内的项目资金的投入和使用。

(5) 制订内部计酬办法。

(6) 参与选择并使用具有相应资质的分包人。

(7) 参与选择物资供应单位。

(8) 在授权范围内协调与项目有关的内、外部关系。

(9) “企业法定代表人授予的其他管理权力”(引自建设部《建筑施工企业项目经理资质管理办法》建建［1995］1号)。

三、项目经理的素质与能力要求

项目管理的实践证明，并不是任何人都可以作为合格的项目经理。项目及项目管理的特点要求项目经理具备相应的素质与能力才能圆满地完成项目任务。通常一个合格的项目经理应该具备良好的道德素质、健康的身体素质、全面的理论知识素质、系统的思维能力、娴熟的管理能力、积极的创新能力以及丰富的项目管理经验。

1. 良好的道德素质

人的道德观，决定着人行为处事的准则。项目经理必须具备良好的道德品质。这种道德品质大致可以分为两个方面：一方面是对社会的道德品质；另一方面是个人行为的道德品质。

1) 社会的道德品质

项目经理应有良好的社会道德品质，必须对社会的安全、文明、进步和经济发展负有道德责任。有些投资项目虽然自身的预期经济效益较为可观，但却有可能是建立在牺牲社会利益基础之上的。如某业主委托项目经理在风景区投资兴建一稀有金属的开采项目，该自然风景区中此种稀有金属含量很多，国内外市场奇缺，有着广阔的市场前景，该项目的投建势必有很高的经济效益。但是从社会的利益、公众的角度考虑，该项目的投建必然破坏风景区的整体效果，必然要造成环境污染、生态环境的破坏。虽然项目经理并不能阻碍业主的投资动机，但具有高度社会责任的项目经理，可以通过项目规划和建议，能将此类项目的社会负效应降低到最低程度，最终保证社会利益、客户利益和自身利益的统一。再如举世瞩目的青藏铁路建设工程，各参建的施工方就必须尽最大努力保护当地脆弱的生态环境，从本项目的竣工结束来看，确实做得很好。

2）个人行为的道德品质

个人行为的道德品质决定着个人行为的方式和原则。在当今市场经济和商品经济的体制下，人们往往利欲熏心，在利欲的驱动下，项目经理也会置道德与法律于不顾。在现代的项目管理中，项目经理面对大型复杂的工程项目、控制着巨大的财权和物权，如果项目经理个人道德品质不好，很容易出现贪赃枉法，以权谋私的行为。为了私利，项目经理可能对工程项目进行偷工减料，导致项目最终的失败，造成不可挽回的重大损失。近几年来，此类案件屡见不鲜。

因此，好的项目经理必须要保证自己项目经理班子以及项目团队成员严格遵纪守法，坚持抵制和杜绝贪污、挪用公款、逃税、漏税、瞒报等各种不法行为，决不能因小失大，既害自己，又害社会。好的项目经理还应遵循各种法律、规章和准则，以身作则，树起良好的模范榜样。

2. 健康的身体素质

项目管理是在一定的约束下要达到项目的目标，它的工作负荷要求项目经理要有相应的身体素质，很多工路工程项目，工作条件艰苦，作息时间没有规律，从项目计划的制订到执行过程中要做大量的协调工作，没有健康的体质是不行的。健康的身体素质不仅指生理素质，也指心理素质。一般项目经理应该性格开朗，能与各种人交往，不要过于内向，应该胸襟豁达，易于同各方人士相处。应该有坚毅的意志，能经受挫折和暂时的失败，应该既有主见，不优柔寡断，能果断行事，又遇事沉着、冷静，不冲动、不盲从；要既有灵活性和应变能力，又不失原则，不要固执，不要钻牛角尖等。当然，金无足赤，人无完人，尤其对人的性格不能过于苛求。

3. 全面的理论知识素质

在当今时代项目管理需要专业技术、管理、经济、法律和法规知识，要对项目进行有效的管理，项目经理就必须懂得项目及项目管理相关的理论知识。

(1) 项目经理是项目管理者，他要具备系统的项目管理理论知识。已经发展成为一门学科的项目管理，为他们提供了完善的项目管理理论知识体系，如美国项目管理学会的项目管理知识体系、国际项目管理协会制定的项目管理知识体系及我国项目管理研究会制定的中国项目管理知识体系等。

(2) 项目经理是相关行业（或项目类型）的专家。一些大型复杂的工程项目，其工艺、技术、设备的专业性要求越强，对项目经理的要求也就越高。不难想像，作为项目实施的最高决策人的项目经理，如果不懂技术就无法决策，就无法按照工程项目的工艺流程来组织实施，更难以鉴别项目计划、工具设备及技术方案的优劣，从而对项目实施中的重大技术决策问题就没有自己的见解，就没有发言权。不懂专业技术往往是导致项目经理失败的主要原因之一。项目经理如果自己缺少基本的专业知识，要对大量错综复杂的专业性任务进行计划、组织和协调都将十分困难。在沟通交流中，项目的有关当事人经常用到一些专业知识和术语，如果项目经理不具备一定的专业知识，沟通也是困难的，更不用说作出正确的决策。由于项目经理要对项目负全面的责任，一般并不需要亲自去做一些较为具体的工作，在知识深度方面并不刻意要求越深越好，但是知识的全面性及广度是必须的。

4. 系统的思维能力

人们解决问题的能力固然和他的经验和知识有密切关系，但是两者并不是一回事。没有全面系统的知识肯定不能设计出解决项目与项目管理中的问题的方案，但是不具备系统的思维能力，即使有了相应的知识，也不能有效地运用知识，自然不能保证使问题得到圆满解决。项目经理要对项目及项目管理全面负责，系统思维能力更是非常之重要。

系统的思维能力是指项目经理要具备良好的逻辑思维能力、形象思维能力及将两种思维能力辩证统一于项目管理活动中的能力。系统的思维能力还要求项目经理具有分析能力和综合能力，具有从整体上把握问题的系统思维能力。

5. 娴熟的管理能力

所谓管理能力就是把知识和经验有机地结合起来运用于项目管理的本领，对于项目经理，知识和经验固然重要，但是归根到底还是要靠能力。作为项目经理应该具有娴熟的管理能力，主要有：

(1) 决策能力。项目从开始到结束会出现各种各样的问题，问题的解决就是一个决策过程，包括与问题解决相关的情报活动、设计解决问题方案、评价与抉择方案并利用选择的方案去实施问题解决的过程。而且在项目中会有各种各样的决策问题要求用不同的决策方法去解决，因此项目经理必须有很强的决策能力。

(2) 计划能力。计划工作对于任何工作的重要性已经人所共知了。项目与项目管理也一样，要在一定的约束下达到项目的目标，必须有周密细致的计划，对项目从开始到结束的全过程作一个系统的安排。而计划的制订是在项目经理的领导与参与下进行的。同时项目经理还必须懂得如何运用计划去指导项目工作。

(3) 组织能力。项目经理的组织能力是指设计团队的组织结构，配备团队成员以及确定团队工作规范的能力。显然，拥有较高组织能力的项目经理一方面能建立起科学的、分工合理的、高效精干的组织结构，另一方面能了解团队成员的心理需要，善于做人的工作，使参加项目的成员为实现项目目标而积极主动地工作，还要建立一整套保证团队正常运作的有效规则。

(4) 协调能力。项目经理的协调能力是指能正确处理项目内外各方面关系，解决各方面矛盾的能力。一方面项目经理要有较强的能力协调团队中各部门、各成员的关系，全面实施目标；另一方面项目经理能够协调项目与社会各方面的关系，尽可能地为项目的运行创造有利的外部环境，减少或避免各种不利因素对项目的影响，争取项目得到最大范围的支持。工程项目涉及到建设方、设计方、分包方、材料设备供应商，大中型项目还有监理方等，参与建设的单位中，还包括政府相关主管部门以及工程所在地的居民等，建设中经常会出现各种冲突，这就要求项目经理具有很强的协调能力，才能使项目顺利进行。公路工程项目线长点多，尤其要协调好与沿线的单位和个人间的关系。

(5) 激励能力。项目经理的激励能力就是调动团队成员积极性的能力。项目团队成员有其自身的需求，项目经理要进行需求分析，制订并实施系统的激励与约束制度，对员工的需求进行管理，调动团队成员的工作积极性，从而有效地完成团队任务。

(6) 人际交往能力。项目经理的人际交往能力就是与团队内外、上下左右人员打交道的能力。项目经理在工作中要与各种各样的人打交道，只有正确处理了与这些人的关系才能使项目进展顺利。人际交往能力强、待人技巧高的项目经理，就会赢得团队成员的欢迎，形成融洽的关系，从而有利于项目的进行，为团队在外界树立起良好的形象，赢得对项目更多的有利因素。

6. 积极的创新能力

由于项目的一次性特点，使项目不可能有完全相同的以往经验可以参照，加上激烈的市场竞争，项目经理必须具备一定的创新能力。创新能力一方面要求项目经理在思维能力上创新，另一方面要求项目经理要敢于突破传统的束缚。创新思维包括：对问题的敏感性；思维的流畅性和灵活性；发挥创见的能力和对问题的重新认识能力。

传统的束缚主要表现在社会障碍和思想方法障碍。社会障碍是指一些人会自觉不自觉地向社会上占统治地位的观点看齐，这些观点和风尚已经进入管理者的经验之中，如果完全被已有框框束缚住，真正的创新是不可能的；思想方法的障碍是指思想上的片面性和局限性。

7. 丰富的项目管理经验

项目管理是实践性很强的学科，项目管理的理论方法是科学，但是如何把理论方法应用于实践是一门艺术。通过不断的项目及项目管理实践，项目经理会增加他对项目及项目管理的悟性，而这种悟性是通过运用理论知识与项目实践的反省而得来的。丰富项目管理经验不能只局限在相同或相似的项目领域中，而要不断变换从事的项目类型，这样才能成为卓越的项目管理专家。一个项目经理的职业道路经常是从参加小项目开始，然后是参加大项目，直到授权管理小项目到大项目。

8. 项目经理的特殊要求

项目经理还包括如下特殊要求。

1）要求具有丰富的资源

项目开始时确定的资源往往是不够的，部分原因是项目建议人对完成项目所需资源的乐观态度，同时也和项目本身的不确定性密切相关，只有项目经理具有丰富的资源，才能避免出现资源不足而影响项目的实施。

2）激励性的需要

项目经理面临的主要问题是工作人员都是借调来的，他们毫无例外地来自各职能部门。为了得到他们，项目经理必须和职能主管交涉，多数职能主管会合作的，但这种合作是有限的。项目经理将挑选的是懂技术的高素质人才。如果项目被认为是重要的，可以为他们提供一次事业发展的机会，那么多数人会为一个目标明确、有吸引力、在那里会受到重视的任务而参与项目的工作。激励他们的最好办法就是在充满鼓励的气氛中对他们进行更多的关心。

3）正确处理好各目标间的关系

项目经理必须在安全、进度、投资（成本）、质量之间进行权衡，任何强调一方面而不顾及其他目标都是不行的，经验说明最终为达到这一目标的结果是适得其反的。

四、项目经理的培养

项目经理的培养主要靠工作实践，这是由项目经理的成长规律决定的。成熟的项目经理都是从项目管理的实际工作中选拔、培养而成长起来的。

1. 项目经理的选拔

项目经理首先应从参加过项目的工程师中选拔，注意发现那些对专业技术熟悉、具有较强组织能力、社会活动能力和兴趣比较广泛的人。这些人经过基本素质考察，可作为项目经理苗子来有目的地培养。在他们取得一定的现场工作经验和综合管理部门的锻炼之后调整其工作，压一定的担子，在实践中进一步锻炼其独立工作的能力。

一般来说，作为项目经理人选，其基层实际工作的阅历不应少于5年，才能打下坚实的实际经验基础。没有足够深度和广度的项目管理实际阅历，项目经理就会先天不足。

对项目经理的选拔应在获得充分信息的基础上进行，这些信息包括：个人简历、工程经历、成绩评估、心理测试等。

2. 项目经理的培养

取得了实际经验和基本训练之后，对比较理想和有培养前途的对象，应在经验丰富的项目经理的带领下，先以负经理（助理）的身份协助项目经理工作，或者令其独立主持单项专业项目或小项目的项目管理，并给予适时的指导和考察。这是锻炼项目经理才干的重要阶段。对在小项目经理或助理岗位上表现出较强组织管理能力者，可让其挑起大型项目经理的重担，并创造条件让其多参加一些项目管理研讨班和有关学术活动，使其从理论和管理技术上进一步开阔眼界，通过这种方式使其逐渐成长为经验丰富的项目经理。

3. 项目经理的培训

除了实际工作锻炼之外，对有培养前途的项目经理人选还应有针对性地进行项目管理基本理论和方法的培训。项目经理作为一种通才，其知识面要求既宽又深，除了其已具备的工程专业知识以外，还应进行业务知识和管理知识的系统培训，内容涉及管理科学、行为科学、系统工程、价值工程、计算机及项目管理信息系统等，具体内容应包括：

（1）项目管理基本知识。主要包括项目及项目管理的特点、规律，管理思想、管理程序、管理体制及组织机构，项目沟通及谈判等。

（2）项目管理技术。主要包括网络计划技术、项目预算、质量检验、成本控制、安全控制、合同管理、项目协调技术等。

培训方法有以下两种：

（1）在职培训。让选拔出的有前途的项目经理人选与有经验的项目经理一起工作，并分配给多种项目管理职责，进行岗位轮换。这是一种正规的在职培训。与此同时，还应使候选人参与多个职能部门的支持工作，并与顾客建立联系。

（2）学校培训。让项目经理参加课程、研讨班以及讲座。具体上课方式采取讲授与交流及案例分析相结合的方式；对于项目管理基础知识和管理技术应采用系统的理论讲授方式；对于项目管理技术的应用，一般采取经验交流或学术会议的方式，通过研究讨论、成果发布、试点经验推广、重点项目参观等方式，把项目经理们组织起来，有针对性地进行专题交流。项目案例分析是培训的最好形式之一，由于项目的实施具有复杂性、随机性、多变性和灵活性，这些不是靠系统讲授的方法所能深刻揭示的，而对一个好的案例的深刻剖析，可以使学员从不同角度得到综合训练。此外，项目经理还可以通过阅读专业书籍和杂志增加理论知识。

第四节　工程项目的人力资源管理

一、人力资源管理的内容

1. 人力资源的含义

一个项目的实施需要多种资源，从资源属性角度来看，可包括人力资源、自然资源、资本资源和信息资源，其中人力资源是最基本、最重要、最具创造性的资源，是影响项目成效的决定性因素。

而关于人力资源的定义，学术界存在不同的说法。比较认同的说法是：人力资源是企业内部成员及外部人员可提供潜在服务及有利于企业预期经营活动的总和。

2. 人力资源的特点

与其他资源相比，人力资源具有如下特征：

(1) 人力资源在经济活动中是居于主导地位的能动性资源。人类不同于自然界其他生物之处在于人具有目的性、主观能动性和社会意识。人类的这种自我调控功能使其在从事经济活动时，总是处在发起、操纵、控制其他资源的位置上。亦即它能够根据外部可能性和自身的条件、愿望，有目的地确定经济活动的方向，并根据这一方向具体地选择、运用外部资源或主动地适应外部资源。人力资源与其他被动性生产要素相比，是最积极、最活跃的生产要素，居于主导地位。

因此，在工程项目实施过程中，比起对其他资源的管理，项目人力资源的潜能能否发挥和能在多大程度上发挥，要更依赖于管理人员的管理水平，即能否实现对员工的有效激励，能否达到使整体远大于各个部分之和的管理效果。

(2) 人力资源是一种可再生的生物性资源。人力资源以人身为天然载体，是一种"活"的资源，并与人的自然生理特征相联系。这一特点决定了在人力资源使用过程中需要考虑工作环境、工伤风险、时间弹性等非经济和非货币因素。

人力资源具有再生性。人口的再生产和劳动力再生产，通过人口总体和劳动力总体内各个个体的不断替换、更新和恢复的过程得以实现。当然，人力资源的再生性除了遵守一般的生物学规律之外，还受人类意识的支配。

(3) 人力资源是具有时效性的资源。人力资源的形成、开发、使用都具有时间方面的制约性。从个体看，作为生物有机体的人，有其生命周期；而作为人力资源的人，能够从事劳动的自然时间又被限定在其生命周期的中间一段；能够从事劳动的不同年龄段（青年、壮年、老年）其劳动能力也不尽相同。从社会的角度看，需要考虑动态条件下人力资源的形成、开发、分配、使用的相对平稳性。

3. 项目人力资源管理的内容

在项目进行过程中，项目经理手下汇集了一批各方面的精英，有技术的、财务的、工程的等，项目经理的协调显得非常重要，他必须将项目中的成员组建成一个个有效的团队，解决冲突，弱化矛盾。欲使项目取得成功，对人的管理是管理的重点。项目管理组织在使用最好人才的同时，应尽量达到最低的平均费用。人力资源部门要促进项目经理的工作，还应使其成本最小而收益最大。

人力资源管理可以分为宏观、微观两个方面，宏观人力资源管理指的是对于全社会人力资源的管理，微观人力资源管理指的是对于企业、事业单位的人力资源管理。项目人力资源管理属于微观范畴，可以定义为通过不断地获得人力资源，把得到的人力整合到项目中并融为一体，保持和激励他们对项目的忠诚与积极性，控制他们的工作绩效并作相应的调整，尽量开发他们的潜能，以支持项目目标的实现，这样的一些活动、职能、责任和过程就是项目人力资源管理。

项目人力资源管理也可以理解为对人力资源的取得、培训、保持和利用等方面所进行的计划、组织、指挥和控制活动。具体而言，包括以下内容：人力资源规划、工作分析、员工招聘、员工培训和开发、报酬管理和绩效评价等。

(1) 人力资源规划是指为了实现项目目标而对所需人力资源进行预测，并为满足这些需要而预先进行系统安排的过程，项目人力资源规划面临的是满足人力资源的近期需求问题。

（2）工作分析是指收集、分析和整理关于某种特定工作信息的一个系统性过程，工作分析要具体说明为成功地完成该项工作，每一个人的工作内容、必要的工作条件和员工的资格是什么。工作分析信息被用来规划和协调几乎所有的人力资源管理活动。

（3）员工招聘是根据项目任务的需要，为实际或潜在的空缺职位找到合适的候选人。项目人力资源管理经常会采用非常规的程序去找到合适的人选，在项目结束时也会同样采取非常规的方法直接解聘。

（4）员工培训和开发是指为了使员工获得或改进与工作有关的知识、技能、动机、态度和行为，以利于提高员工的绩效以及员工对项目目标的贡献，组织所作的有计划、有系统的各种努力。培训聚焦于目前的工作，而开发则是为员工未来的工作做准备。项目人力资源培训主要是针对项目任务需求进行特定的技术技能培训。

（5）报酬管理是通过建立公平合理的分配系统和福利制度以起到吸引、保持和激励员工很好地完成其工作的作用。

（6）绩效评价是对工作行为的测量过程，即用过去制订的标准来比较工作绩效的记录以及将绩效评价的结果反馈给员工的过程。项目人力资源管理通常只进行短期考核，考核指标以业绩为主。

以上内容从管理程序上来讲，已经在很大程度上规范化了，从管理部门上来看，也拥有专门的人力资源管理部门，因此属于制度化的人力资源管理。除了有章可循，程序比较固定的这一部分外，还有一些无固定做法可言的内容，这一部分一般为非组织化的人力资源管理或更高层次的人力资源管理，主要包括领导艺术、群体激励、管理沟通、企业文化建设等内容。

二、项目人力资源的选择

人员选择活动典型地遵照一个标准模式，从一个最初的筛选会谈开始，止于最后的就业决策。这个典型的选择程序由 7 个步骤组成：最初的筛选会谈；填写申请表；雇佣测试；综合面谈；背景调查；体格检查；最终雇佣决策。这个程序中的每一步都力图扩充组织对求职者背景、能力和动机的了解，并增加决策者据以作出预测和最终选择的信息。

项目人力资源的选择与前面的典型的选择模式不大相同，项目的人员可能大多数来自于组织。选择的余地可能受到一定的限制，但可以考虑以下的几个方面：

（1）专业要求，项目需要哪方面人才就选哪方面的人员，不要片面强调资历。

要能分辨出哪些人较有能力去执行某项专业工作。

（2）背景要求，对于可能成为项目组成员的人要进行背景调查，这包括：他在组织的和以前项目的联系以确认候选人的工作记录和业绩。

（3）体格检查。这是一个附加程序，主要是排除那些身体条件不合格的求职者。

（4）最终选用决策。如果一项选择活动到达了体格检查并获得了通过，则选择决策的主动权就落到了求职者手中。个人对某一工作的吸引方的看法是很重要的。

1. 选择方法

第一种选择方法：面试

1）面试前的准备

（1）确定目标。面试应该有明确的目标，清楚这次面试必须了解何种信息，达到何种目的。

（2）在工作分析的基础上编制各种问题。这些问题可以包括工作环境、工作经验和工作技巧方面的问题以及工作要求和应试者本身要求的问题等。

(3) 决定如何评价面试的结果。即要制订若干标准以判断问题及回答是正确的或有效的。

(4) 要有面试的控制。即要将面试的目的、面试的问题事先记录下来，在面试中可以经常提醒主试者始终围绕目标进行面试。

2) 面试类型

聘用面试可大体分为以下几类：

(1) 非结构化面试。面试者可以即兴提问，不必遵循特定的形式或方向。通常，对每一位应聘者都从相同的问题开始，但随着应聘者的回答，面试者就可以顺着他的答案来确定问题的方向和深度，使面试者能深入了解所有感兴趣的问题。

(2) 结构化面试。面试者必须遵循预先设定的问题和程序向应聘者提问，可采用事先由专家设定的结构化面试表，以免遗忘了该向应聘者提出的问题。有时，还可由专家群体针对不同问题事先设定"理想的"答案，以及可能出现的不同答案的得分。

(3) 群体面试。项目负责人大多希望在最后作出是否聘用的决定之前，有多位面试者同应聘者面谈。具体做法很多：有的是由多位面试者分别同应聘者面谈，每位面试者或者问自己所关心的问题，并按自己的观点对应聘者作出单独的评估，或者都以标准化的评分表对应聘者提问和评分，并在最后作出聘用决定前相互比较；有的是让一群面试者同时对应聘者进行面试，这样可以避免重复，使面试更加深入和有意义，但可能加重对应聘者的压力；有的是由多位应聘者同时接受多位面试者的访问，例如，由一位面试者提出一个问题，然后观察谁会率先或较好地作出回答。

(4) 压力面试。如果受聘者将要从事的工作需经常面对一定的压力，就有必要测试应聘者在工作压力下的表现。一般做法是：面试者通过背景资料先找出应聘者的"弱点"，然后针对"弱点"向应聘者提出一连串带压迫性的、甚至比较粗鲁的问题，迫使应聘者采取防卫的态度，这样来观察他的应变能力。

3) 面试中应注意的问题

面试中有一些常见的错误影响面试的有效性，它们是：

(1) 过早作结论（或称为第一印象效应）。面试者经常在和应聘者交谈的最初几分钟内，甚至只根据应聘者的申请表和外貌，在开始面试之前，就已经作出了是否聘用的决定，而此后的面谈则流于形式。

(2) 过分强调应聘者的缺失。面试者经常把面试过程当成收集应聘者缺失资料的过程，特别是在面试前就已得到的这方面资料，其影响更大。这样一来，原先评价较好的应聘者，很容易在面试后得到低分，而原先评价不好的应聘者，就更难通过面试建立良好的印象了。

(3) 对工作缺乏了解。不清楚究竟需要聘用什么样的员工，只能凭面试者对"良好员工"的主观想像，因此，容易作出错误的判断。

(4) 用人的压力。如果面试者得知组织急于用人，他对应聘者的评价会明显偏高。

(5) 求职者次序的影响。求职者的次序会影响主试者对求职者的评价，一项研究表明：如果一个中等的应征者连续在几位不理想的应征者之后接受面试，那么他常常得到过高的评价。相反，如果在连续面试几个较优秀的人选后，面试一个中等水平的求职者，那么主考官对他的评价往往会低于其实际水平，从而产生偏差。

此外，重视与工作无关的身体语言和性别的影响，也会妨碍面试者对应聘者作出准确的评价。

第二种选择方法：测试

在人员的选择过程中，应用较多的是心理测验技术和评价中心技术。心理测验是判定候选人个体差异的有效手段，一般包括能力测验、能力倾向测验、人格测验、情景测验和成就测验。

（1）能力测验。能力测验分为普通能力测验和特殊能力测验，前者就是通常所说的智力测验，后者多用于测量个人在音乐、美术、体育、机械、飞行等方面的特殊才能。

（2）能力倾向测验。能力倾向测验是测量一个人从事某一种职业的潜能或能力，分为：综合性测验和特殊性测验两种。综合性测验用以鉴别个人多种特殊潜在能力；特殊性测验只为鉴别个人在某一方面具有的特殊潜能，如机械性向、文书性向、音乐性向等。

（3）成就测验。

（4）人格测验。人格测验的目的是为了了解候选人的人格特质，一般采用“自陈法”和“投射法”。“自陈法”就是按事先编好的人格量表（若干问题），由候选者本人挑选适合于描写个人人格特质的答案，然后从量表上所得分数判断候选者的人格类型。“投射法”就是提供一些未经组织的刺激材料，如模糊的图片或绘画等，让候选人在不受限制的条件下自由的表现出他的反应，使其不知不觉地将自己的感情、欲望、思想投射在其中，从而可以窥见其人格。

（5）情景测验。这种方法是将候选者置于一个模拟的工作场景中，从而观察和评价他们在模拟的工作场景压力下的行为。通过情景模拟，可以直接观察候选人的实际工作能力，准确判断他是否能胜任所申请的职位。

三、项目人力资源的激励

1. 人的动机

要充分利用人力资源，调动每个项目成员的积极性，项目管理人员必须了解每一个下属的行为动机，学会如何激发人力资源的潜能。

所谓动机，是指激励人去行动的主观原因，经常以愿望、兴趣、理想等形式表现出来。它是个人发动和维持其行为，使其导向某一目标的一种心理状态。产生动机原因有二：其一是需要，包括生理需要和社会需要；其二是刺激，包括内部刺激和外部刺激。在同一时刻，人的动机有若干个，但真正影响行为的动机只有一个，有时还会产生复杂多样的甚至互相矛盾的动机，这时就须通过思想斗争，使其中一种动机占优势，即为优势动机。动机具有始发功能、选择功能、强化功能和为了达到目标而形成一定模式的调整功能。

关于动机的理论研究，马斯洛的需要层次占主要地位，该理论把人的需要分为：生理的需要、安全上的需要、社交的需要、尊重的需要和自我实现的需要五个层次，上述五种需要是按次序逐级上升的。当下一级需要获得基本满足后，追求上一级的需要就成了驱动行为的动力，这种需要层次逐级上升并不是遵照“全”或“无”的规律，好像一个需要100%的满足后，另一种需要才会出现。实际上今天社会中大多数人在正常情况下，他们的每种基本需要都是部分地得到满足，部分得不到满足。

项目管理人员不但要了解项目团体中每个成员的主要需要，而且要确定哪些人有强烈的成就需要，以便使组织满足这些人的特别需求，引导他们为项目目标服务。

2. 激励和激励理论

了解了人的动机以后，如何有效地将人的动机和项目所提供的工作机会、工作条件和工作报酬紧密地结合起来，是项目人力资源激励的主要内容。

激励因素（也称内部因素）包括：工作富有成就感，工作成绩能得到社会承认，工作本身具有挑战性，负有重大责任，在职业上能得到发展和成长等。这类因素的改善，往往能给员工以很大程度的激励，产生工作的满意感，有助于充分、有效、持久地调动他们的积极性。保障因素（外部因素）是指和工作环境或条件相关的因素，包括组织的政策，行政管理、技术管理、工资、工作条件、安全设施和人际关系等，这是保持职工达到合理工作水平所必需的因素，不具备这些因素，员工则不满意。

管理人员必须了解哪一种因素导致个人满意，哪些因素使人不满意。为了调动个人积极性，管理者应该设法利用这些因素，将个人的不满意限制到最低程度，增加个人的满意程度。

动机依赖于员工认为他们是否能达到某种结果，这种结果是否能带来预期奖赏以及员工是否认为此奖赏有价值。如果这三个因素员工评价都很高的话，动机强度便可能很高。

因此，项目管理者首先必须根据每一个人的能力，分配给他们合适的岗位职责，使他们发挥出自己的专长；第二，管理人员同时也要让下属知道，表现好、绩效高会受到组织奖励；第三，管理人员还要能确定哪些奖励对哪些人适用。只有三者具备，才可能实现对项目人员的有效激励。

公平理论指出，职工的工作动机，不仅受到其所得绝对报酬的影响，而且受到相对报酬的影响。即一个人不仅关心自己收入的绝对值（自己的实际收入），而且也关心自己收入的相对值（自己收入与他人的比例）。每个人都会不自觉地把自己付出的劳动和所得的报酬与他人付出的劳动和所得的报酬进行社会比较，也会把自己现在付出的劳动和所得报酬与自己过去劳动和所得报酬进行历史比较。如果当他发现自己的收支比例与他人的收支比例相等，或者现在的收支比例与他人或过去的收支比例相等时，便认为是应该的、正常的，因而心情舒畅，努力工作。但如果当他发现自己的收支比例与他人或过去不相等时，就会产生不公平感，从而影响工作的积极性。

在项目人力资源管理中，可以采取以下几种激励方法和技巧。

（1）对于不同员工应采用不同的激励手段。对于低工资人群，奖金的作用就十分重要；对收入水平较高的人群，特别是对知识分子和管理干部，则晋升其职务、授予其职权，以及尊重其人格，鼓励其创新，放手让其工作会收到更好的激励效果；对于从事笨重、危险、环境恶劣的体力劳动的员工，搞好劳动保护，改善其劳动条件，增加岗位津贴，都是有效的激励手段。

（2）适当拉开奖金的档次，控制奖励的价差。价差过小，搞成平均主义，会失去激励作用；但价差过大，超过了贡献的差距，会走向反面，使员工感到不公平。应该尽量使价差与贡献差相匹配，使员工感到公平、公正，才会真正使先进者有动力，后进者有压力。

（3）注意期望心理的疏导。每次评奖阶段是员工期望心理高涨的时刻，希望评上一等奖的员工，一般总是大大多于实际评上一等奖的人数，一旦获奖名单公布，其中一些人就会出现挫折感和失落感。解决这个问题的办法是及时对员工的期望心理进行疏导。疏导的主要方法是目标转移到“下一次”或“下一个年度”，树立新的目标，淡化过去，着眼未来。特别要及时消除“末班车”心理，以预防争名次、争荣誉、争奖金的行为发生。

（4）注意公平心理的疏导。员工不仅关注奖励的绝对值，还关注奖励的相对值。尽管客观上奖励很公平，但通过和别人比较也仍有人主观上觉得不公平。因此，必须注意对员工公平心理的疏导，引导大家树立正确的公平观。正确的公平观包括三个内容：

①要认识到“绝对的公平是不存在的”。

②不要盲目地攀比。

③不应“按酬付劳”，造成恶性循环。

（5）恰当地树立奖励目标。在树立奖励目标时，要坚持“跳起来摘桃子”的原则，既不可过高，又不可过低，过高则使期望概率过低，过低则使目标下降。对于一个长期的奋斗目标，可用目标分解的办法，将其分解为一系列阶段目标，一旦达到阶段目标，就及时给予奖励，即把大目标与小步子相结合。这样可以使员工的期望概率较高，从而维持较高的士气，收到满意的激励效果。

（6）注意掌握奖励时机和奖励频率。对于目标任务不明确，需很长时间方可见效的工作，奖励频率宜低；对于目标任务明确，短期可见成果的工作，奖励频率宜高；对于只注意眼前利益、目光短浅的人，奖励频率宜高；对于需要层次较高、事业心很强的人，奖励频率宜低；在劳动条件和人事环境较差、工作满意度不高的单位，奖励频率宜高；在劳动条件和人事环境较好，工作满意度较高的单位，奖励频率宜低。当然，奖励频率与奖励强度应恰当配合，一般而言，两者呈反向相关关系。

3. 项目人力资源绩效评价

1）绩效评价的含义

绩效评价就是工作行为的测量过程，即用过去制订的标准来比较工作绩效的记录及将绩效评价结果反馈给职工的过程。它以工作目标为导向，以工作标准为依据，对员工行为及其结果的综合管理，目的是确认员工的工作成就，改进员工的工作方式，奖优罚劣，提高工作效率和经营效益。

绩效评价一般分为三个层次进行：组织整体的、项目团队或项目小组的、员工个体的绩效评价。其中，员工个体的绩效评价是项目人力资源管理的基本内容，这里主要介绍员工个体的绩效评价。

2）绩效评价的作用

绩效评价是组织内人力资源管理最强有力的方法之一。绩效评价提供的资料可以作为提升职务、工资晋级以及进一步培训提高的依据，这是绩效评价最常见的作用；绩效评价可以使管理者及其下属制订计划；绩效评价使管理者及其下属有机会坐下来，考察一下本下属的工作行为。实际上，大多数人都需要并且希望了解其他人对自己工作情况的评价，特别是当这种评价对自己有益处时更是如此，而绩效评价正提供了这种反馈。

具体地说，绩效评价的作用主要表现在以下几个方面。

（1）确定员工的薪资报酬。现代组织管理要求薪酬分配遵守公平与效率两大原则。因而，必然要对每一个员工的劳动成果进行评定和计量，按劳付酬。合理的薪酬不仅是对员工劳动成果的公正认可，而且可以产生激励作用，在组织内部形成进取与公平的氛围。

（2）决定员工的升降调配。通过绩效评价，可以提供有关员工的工作信息，如工作成就、工作态度、知识和技能的运用程度等。根据这些信息，可以进行人员的晋升、降职、轮换、调动等人力资源管理工作。

（3）进行员工的培训开发。在组织竞争与发展中，努力使人力资源增值，从长远来说是一项战略任务。培训开发是人力资源投资的重要方式。培训开发必须有的放矢，才能收到事半功倍的效果。在这方面，绩效评价的作用是可以检查出员工在知识、技能、素质等方面的不足，使培训开发工作有针对性地进行。

(4) 绩效评价有助于项目成员之间信息的传递和感情的融合。

3) 绩效评价的程序

(1) 建立绩效评价。标准的内容必须准确化、具体化、定量化。一方面，标准的建立要以工作分析信息为依据，而不是任意制订；另外一方面，这些标准应足够清楚和客观，以便被理解和测量。项目经理脑中对项目成员的期望也要明晰，以便能够与成员进行准确无误的交谈。

(2) 告知这些标准。要注意，这些标准的交流是双向的，仅仅将标准告知员工还不够，还要进行反馈信息的收集和分析。

(3) 业绩测量。为决定真正业绩如何，必须取得有关信息：如何测量、测量什么。

(4) 将实际表现和评价标准作比较。项目经理们面临的最具挑战性的任务之一便是向属下说明评定结果，并使属下以建设性姿态接受评定。绩效评价触及感情上最复杂的活动——对另外一个人的贡献和能力进行评价。员工从上司那里得到的评价及印象，对员工的自尊和以后的工作表现有着极其重要的影响。当然，好消息的传递对于双方皆是轻而易举之事，但坏消息总让双方都不自在。这样，对绩效评价的讨论，可能有积极和消极的后果。

(5) 绩效评价的最后一个步骤是，必要时采取矫正措施。矫正行动有两种类型，一种是迅速及时的，并且主要处理征兆问题，及时矫正某些失误并使之返回正轨。另一种是基础的，主要探讨原因。迅速的矫正行动通常被称为“灭火”，基础行动追究偏差的起因，并试图永久性地消除病灶。基础矫正要查明偏差如何表现以及为什么出现。优秀的管理者必须抽出时间去分析偏差，并在经济上合算的前提下，永久性地消灭导致偏差的原因。

4) 绩效评价的方法

绩效评价的方法很多，但没有适合一切目的的通用方法。下面简要介绍几种绩效评价的方法及其优缺点。

(1) 描述法。这是传统的评估方法，分鉴定法和关键事件法两类。

①鉴定法。评估者以叙述性的文字描述评估对象的能力、态度、成绩、优缺点、发展的可能性、需要加以指导的事项和关键性事件等，由此得到对评估对象的综合评价。优点是结果比较可靠，资料相对完整。但是往往费时较多、篇幅长，而且写作水平直接影响评价印象，难以对多个对象进行相互比较。

②关键事件法。在应用这种评价方法时，负责评估的主管人员把员工在完成工作任务时所表现出来的特别有效的行为和特别无效的行为记录下来，形成一份书面报告。评估者在对员工的优点、缺点和潜在能力进行评论的基础上提出改进工作绩效的意见。如果评价者能够长期观察员工的工作行为，对员工的工作情况十分了解，同时也很公正和坦率，那么这种评价报告是很有效的。缺点是记录事件本身是一项很繁琐的工作，还会造成上级对下级的过分监视。

(2) 比较法。对评估考评对象作出相互比较，是用排序而不是用评分，从而决定其工作业绩的相对水平。

排序形式有多种，如：简单排序、配对比较或强制分布。简单排序要求评定者依据工作绩效将员工从最好到最差排序。配对比较法则是评定者将每一个员工相互进行比较。如将员工1与员工2、员工3相比，员工2与员工3相比。赢得最多“竞赛”的员工接受最高等级。强制分布法要求评定者在每一个优胜档次上（如：“最好”、“中”、“最差”）都分派一定比例的员工。强制分布法类似于在曲线上划分等级，一定比例的学生得A，一定比例的学生得B。

比较法的优点是成本低、实用，评估所花费的时间和精力非常少。而且，这种绩效评价方法可有效地消除某些评估误差，如避免了评估者可能给每位员工都作出一个优秀评价的宽厚性错误。实际上，依照定义，只有50%的员工能在平均水平之上。通过强制使评估者具体指出绩效最好的人和最差的人，从而使用人决策（如提薪和晋升）也更容易做了。

比较法有几个缺点。因为判定绩效的评分标准是模糊或不实在的，评分的准确性和公平性就可能受到严重质疑。而且比较系统没有具体说明一个员工必须做什么才能得到好的评分，因而它们不能充分地指导或监控员工行为。最后，组织用这样的系统不能公平地对来自不同项目的员工的绩效进行比较。例如，A项目的第6名员工可能比B项目的第1名做得更好。

（3）目标管理。目标管理（MBO）在项目管理中已得到广泛应用，而作为一种绩效评价工具，许多研究证明它更具有有效性。这些研究认为，目标管理通过指导和监控行为而提高工作绩效，也就是说，作为一种有效的反馈工具，目标管理使员工知道期望于他们的是什么，从而把时间和精力投入到能最大限度实现重要的组织目标的行为中去。研究进一步指出，当目标具体而具有挑战性时，当员工得到目标完成情况的反馈以及当员工因完成目标而得到奖励时，他们表现得最好。

从公平的角度来看，目标管理较为公平，因为绩效标准是按相对客观的条件来设定的，因而评分相对地没有偏见。

目标管理的优点是：相当实用且费用不高；因为它使员工在完成目标中有更多的切身利益，对其工作环境有更多被知觉到的控制，目标管理也使员工及主管之间的沟通变得更好。

目标管理潜在的若干问题：

目标管理使员工的注意力集中在目标上，但它没有具体指出达到目标所要求的行为。这对一些员工尤其是需要更多指导的新员工来说，是一个问题，应给这些员工提供"行为步骤"，具体指出他们需要做什么才能成功地达到目标。

目标的成功实现可能部分地归因于员工可控范围之外的因素，如果这些因素影响了结果，很难决定员工是否要负责任或在多大程度上负责任。

绩效标准因员工不同而不同，因此，目标管理没有为比较提供共同的基础。例如，为一位"中等"的员工所设置的目标可能比那些"高等"员工所设置的目标挑战性较少，两者如何比较呢？因为有这个问题，所以目标管理作为一种决策工具的有用性就受到了限制。

目标管理经常不能被使用者接纳。经理不喜欢他们所要求的大量书面工作，也许会担心员工参加目标设订而夺取了他们的职权，这样想的经理，就不会恰当地遵循目标管理程序。而且，员工也经常不喜欢目标带来的绩效压力和由此产生的紧张感。

四、项目人力资源的培训与开发

1. 培训与开发的重要性

人力资源的培训与开发是指为提高员工技能和知识，增进员工能力，从而促进员工现在和未来工作业绩所做的努力。其中，培训集中于现在的工作，而开发则是员工们对未来工作的准备。一个组织的培训和开发实践能够通过提高员工的能力和减少不希望的人员流动的可能性来对竞争优势作贡献，在整个人力资源管理过程中起重要作用。

在提高员工能力方面，培训与开发实践针对新员工和在职员工有不同的侧重。为满足新员工的需要，人力资源管理部门一般提供三种类型的培训：技术培训、取向培训和文化培训。一般来说，在招聘过程中，主管人员总是尽力挑选有必需的技术知识和技能的候选人，但是，即使雇佣到了最合格的人，也不能保证所有的工作都将被分配给完全胜任的人，对新员工的技术培训或多或少总是必要的。新员工还需要通过培训来熟悉他们的工作、公司及其政策和程序。新员工可能也需要基础培训，现在许多被雇佣来从事入门水平工作的人缺乏基本的技能，这些技能包括：写作、基础算术、听懂并遵循口头指令、说话以及理解手册、图表和日程表、安全基本知识，这对他们提高工作绩效有很大好处。

提高在职员工能力的培训可分为纠正性培训、与变革有关的培训和开发性培训几类。

组织必须面对这样一个事实，即使一贯绩效优良的员工，在从事新工作时，在某些技能上也是欠缺的，从而需要纠正性培训。员工可能还需要进行与变革有关的培训来跟上各种形式的涉及到技术进步、新的法律或程序的最新变化，或是一个组织战略计划的变革。组织为达到开发的目的也需要培训方案。开发方案向员工们提供了他们可能最终被提拔到更高层次的职位所需要的恰当的技能。

培训和开发的另外一个目的是减少流动的可能性。有一些员工，常常是其中最好的那些人，由于对组织或公司管理员工的方式不满而离开。一个组织的培训和开发实践能帮助缓解这个问题，它通过指导方案来改变不良的管理实践，从而试图改变那些实行无效管理方式者的行为。低劣的工作绩效也会引起流动，员工可能因为缺乏必要的工作技能而被解雇。虽然在一些情况下这样的人应该被解雇，但培训能够通过提高主管人员管理“低效”员工的能力或对技能已过时的人进行再教育，分配给他们新的工作职责来防止那些不必要的解雇。

组织建立一个良好员工培训开发系统，有如下好处：

(1) 确保获得组织所需要的人才。在人力资源的规划过程中，提出组织未来需要哪些人力资源，并尽量使员工的需求和抱负能跟组织的需求结合起来，进行有计划的培训开发工作才能保证组织在任何发展阶段都有合适的员工。

(2) 增加组织的吸引力以留住人才。一个组织真正优秀的人才并不是很多，因此，优秀人才成为各组织争相招聘的对象。这样的人才比较喜欢能关心他们并考虑他们未来的组织，如果组织对他们的职业发展有所考虑的话，他们对组织的忠诚和信赖度就高。

(3) 减少员工的挫折感。员工受的教育越多，他们对工作的抱负也就越高。但任何组织都不可能满足所有员工的需求，在理想和现实不一致时会导致挫折感。因此，通过思想疏导工作、心理咨询和培训，可以使员工增强信心。

2. 培训和发展需求的确定

人力资源培训和发展项目的第一阶段是需求估计，由组织需求分析、工作需求分析和个人需求分析组成。

1) 组织需求分析

组织需求分析始于对组织短期和长期目标的考查，以及对影响这些目标的趋势的分析。

在这一分析中，应予以关心的是组织面临的，能够通过培训加以解决的问题。组织需求分析要把组织目标变成人力资源需求、技能要求以及技能和人力资源供给项目。

进行组织需求分析可以采取以下几种方式，一种方式是进行人力资源的调查，收集组织各类人员的情况和资料，以此确定组织及企业人力资源的需求情况，提出解决各类人员后备力量的办法和培训需要。组织分析的另一种途径是考察组织效力指标，从而决定培训的需要。这些指标包括：事故率、生产成本、产量、质量等。组织分析正是着眼于整个组织，并通过人员培训对所存在的问题采取补救措施。

2) 工作需求分析

工作需求分析如同组织需求分析一样重要，它是确定培训内容的重要依据，但经常被忽略。由于组织需求分析太广泛，无法确定具体工作特定的培训和发展需求，因此必须进行工作需求分析。基本而言，这种分析提供每一工作的任务信息、完成任务必需的技能和最低限度的可接受水平。这三种信息可来源于一般员工、人事管理者和上司，也可通过组织不同部门代表组成的个体小组收集。

3）个人需求分析

个人需求分析可通过两种不同的方式完成。通过实际工作表现和最低可接受表现标准的比较，或者通过员工的效率估计和每种技能应有效率水平的比较，就可区分员工工作表现的差异。第一种方法以员工实际的现行工作业绩为基础；因此，它可以用以确定培训和发展需求。第二种方法可用以识别未来工作的培训和发展需求。

3. 培训和发展项目的实施

1）确定培训目标

一旦组织识别出培训需要，培训方案的设计者必须具体说明培训目标。目标要描述受训者应该能做些什么作为培训结果。换句话说，经过培训后，员工应该掌握什么特殊的知识？作为培训结果他们应有什么变化？员工应该掌握什么新技能——即经过培训后员工应该能够做什么？培训结果越具体，就越有可能设计出正确的培训方案实现它们。另一方面，目标也可以被用来判断培训方案的有效性，即作为评估培训效果的依据。

2）选择培训对象

虽然人人都可以被培训，所有职工都需要培训，而且大部分人都可以从培训中获得收益，但由于组织的资源有限，不可能提供足够的资金、人力、时间作漫无边际的培训，因此，所有员工不一定都得培训到同一个层次或同等程度，或安排在同一时间培训，必须有指导性地确定组织急需人才培训计划，根据组织目标的需求挑选被培训人员。

一般而言，组织内有三种人员需要培训：

第一种是可以改进目前工作的人，目的是使他们能更加熟悉自己的工作和技术。

第二种是那些有能力而且组织要求他们掌握另一门技术的人，并考虑在培训后安排他们到更重要、更复杂的岗位上。

第三种是有潜力的人，组织期望他们掌握各种不同的管理知识和技能或更复杂的技术，目的是让他们进入更高层次的岗位。

总之，培训对象是根据个人情况、当时的技术及组织需要而确定的。

3）选择培训方法

一旦详细地了解了需要教给员工的是什么技能与技术，适当的培训方法也就可以确定下来了。通常，培训方法随工作水平的不同而有所不同；而每种培训方法都有自己独特的优点，下面介绍常见的几种。

（1）在职培训。在职培训是历史最长、采用最普遍的培训方式。这里指在实际工作职务和工作场地所进行的训练和学习。最常见的在职培训有两种，即工作轮换和见习。工作轮换是指将某员工安排到另一个新的工作岗位，横向调整工作，目的在于让员工学习各种工作技术，使他们对于各种工作之间的依存性和整个单位的活动有更深刻的了解。见习是新职工向年长资深的有经验的老职工学习的一种培训方法，通过老员工指导和示范及新员工的观摩、实际操作来学习新的技术和技能。

在职培训的最大优点是经济，组织不必支付培训费用或专门建造培训机构。另一个优点是学员学习时所处的工作环境与他们以后在实际工作中的环境相同。这就提供了“正迁移训练”，即在训练情境中所学的东西都迁移到了实际工作情境中。在职培训的缺点是对正在进行的项目人员而言，很难抽出这么多时间而不影响正常工作。

(2) 工作指导培训（JIT）。工作指导培训方案的开发始于工作分解，就是分步骤地列出应如何进行工作。伴随工作分解的是对每一步骤的关键点进行描述。关键点就是提供建议帮助员工有效而安全地执行任务。使用JIT方法时，培训者首先讲解并演示任务，然后让受训者一步步地执行任务，必要时给予纠正性反馈。当受训者能够连续两次执行任务而无须提出反馈时，培训结束。

JIT对教导受训者如何执行相对简单并可以一步步完成的任务非常有效。它的有效性归功于受训者有大量机会实践任务并接收有益的反馈。

(3) 讲授法。讲授法就是课程学习，它最适合于以简单地获取知识为目标的情形（比如在新员工取向培训中描述公司历史）。讲授法的优点是效率高，一个培训者同时可以培训很多员工。大多数培训专家批评讲授法，因为它是被动的学习方法，只注重对学习者的单向沟通。学习者没有机会对材料加以澄清。讲授一般不能赢得并保持学员的专心，除非讲授人能使材料变得有内涵，并能鼓励提问和讨论。而且讲授法使用范围极为有限，因为它既不提供反馈，又不提供实践机会。比如说，人们不能光靠讲授来成功地教会别人开汽车。

(4) 工作模拟培训。工作模拟是能够提供几乎真实的工作条件，同时又不失去对培训过程的有效控制，从而为受训者创造了一种较好的学习条件。这种方法适合于对管理人员进行培训，以提高管理人员的认知技能、决策能力和处理人际关系的能力。工作模拟可以运用适当的技术设备；也可以采取十几个人的群体模拟活动；还可以采用对策方式，让学员在对策规则的范围内，设法达到练习任务的目标。工作模拟与实际工作情景及任务越是相似，训练的效果就越好。国外不少企业在培养管理人员时，较多运用工作模拟方法，让受训者完成一组模拟任务，并以模拟工作的成效，作为对培训效果的检验。工作模拟法还可以与个案分析和角色扮演等方法相结合，使学员感到更真实。

4) 评估培训效果

培训效果是指在培训过程中受训者所获得的知识、技能、才干和其他特性应用于工作的程度。培训效果可能是积极的，这时工作绩效得到提高；也可能是消极的，这时工作绩效恶化；还可能是中性的，即培训对工作绩效没有产生明显的影响，这种情况下的损失是培训经费和时间的浪费。在对培训项目的结果进行评价时，需要研究以下问题：

(1) 员工的工作行为是否发生了变化？

(2) 这些变化是不是培训引起的？

(3) 这些变化是否有助于组织目标的实现？

(4) 下一批受训者在完成相同的培训后是否会发生相似的变化？

第五节　工程项目团队管理

一、项目团队的概念

1. 项目团队的定义

团队是指在工作中紧密协作并相互负责的一小群人，他们拥有共同的目的、绩效目标以及工作方法，且以此自我约束。或者说团队就是指为了达到某一确定目标，由分工与合作及不同层次的权力和责任构成的人群。就人群构成来说就是传统的小集体。团队的概念包含以下含义：

(1) 团队必须具有明确的目标。任何团队都是为目标而建立和存在的。目标是团队存在的前提。

(2) 没有分工与合作也不能称为团队。分工与合作的关系是由团队目标确定的。

(3) 团队要有不同层次的权力与责任。这是由于分工之后，就要赋予每个人相应的权力和责任，以便于实现团队目标。

团队是相对部门或小组而言的。部门和小组的一个共同特点是：存在明确内部分工的同时，缺乏成员之间的紧密协作。团队则不同，队员之间没有明确的分工，彼此之间的工作内容交叉程度高，相互间的协作性强。团队在组织中的出现，根本上是组织适应快速变化环境要求的结果，“团队是高效组织应付环境变化的最好方法之一”。

项目团队，就是为适应项目的实施及有效而建立的团队。项目团队的具体职责、组织结构、人员构成和人数配备等方面因项目性质、复杂程度、规模大小和持续时间长短而异。项目团队的一般职责是项目计划、组织、指挥、协调和控制。项目组织要对项目的范围、费用、时间、安全、质量、风险、人力资源和沟通等进行多方面管理。

由以上定义可知，简单地把一组人员调集在一个项目中一起工作，并不一定能形成团队，就像公共汽车上的一群人不能称为团队一样。项目团队不仅仅是指被分配到某个项目中工作的一组人员，它更是指一组互相联系的人员同心协力地进行工作，以实现项目目标，满足客户需求。而要使这些人员发展成为一个有效协作的团队，一方面要项目经理作出努力，另一方面也需要项目团队中每位成员积极地投入到团队中去。一个有效率的项目团队不一定能决定项目的成功，而一个效率低下的团队，则注定会使项目失败。

2. 项目团队的特点

就如项目本身的独特性一样，没有哪两个项目团队会一模一样。但是，项目团队能否有效地开展项目管理活动，主要体现在以下 5 个方面：

(1) 共同的目标。每个组织都有自己的目标，项目团队也不例外，正是在这一目标的感召下，项目队员凝集在一起，并为之共同奋斗。对于一个项目，为使项目团队工作有成效，就必须明确目的和目标，并且对于要实现的项目目标，每个团队成员必须对此及其带来的收益有共同的思考。因为成员在项目里扮演多种角色、做多种工作、还要完成多项任务。而任务的确定要以明确目标和了解相互关系为基础。

(2) 合理分工与协作。每个成员都应该明确自己的角色、权力、任务和职责，在目标明确之后，必须明确各个成员之间的相互关系。如果每个人彼此隔绝，大家都埋头做自己的事情，就不会形成一个真正的团队。每个人的行动都会影响到其他人的工作。因此团队成员都需要了解为实现项目目标而必须做的工作及其相互间的关系。项目团队在建立初期，团队成员花一定的时间明确项目目标和成员间的相互关系，可以在以后项目执行过程中少花许多时间和精力去处理各种误解。

(3) 高度的凝聚力。凝聚力指成员在项目内的团结与吸引力、向心力；也是维持项目团队正常运转的所有成员之间的相互吸引力。一个有成效的项目团队，必定是一个有高度凝聚力的团队，它能使团队成员积极热情地为项目成功付出必要的时间和努力。

影响团队凝聚力的因素包括：团队成员的共同利益、共同目标；团队的大小、团队内部相互交往、相互合作，团队规模越小，那么彼此交往与作用的机会就越多，就越容易产生凝聚力；经常性的沟通可以提高团队的凝聚力；项目目标的压力越大，越可以增强团队的凝聚力；团队凝聚力的大小是随着团队成员需求满足的增加而加强。因此，在形成一个项目团队时，项目经理需要为最大限度地满足个别需要提供保障。

(4) 团队成员相互信任。成功团队重要的另一个特征就是信任，一个团队的能力大小受到团队内部成员相互信任程度的影响。在一个有成效的团队里，成员会相互关心，承认彼此存在的差异，信任其他人所做和所要做的事情。在任何团队工作，都有不同意见，要鼓励团队成员将其自由地表达出来，不怕打击报复地大胆提出一些可能产生争议或冲突的问题。项目经理应该认识到这一点，并努力实现这一点，因此在团队建立之初就应当树立信任。通过委任、公开交流、自由交换意见来推进彼此之间的信任。

(5) 有效的沟通。高效的项目团队还需具有高效沟通的能力，项目团队必须装备有先进的信息技术系统与通信网络，以满足团队的高效沟通。团队拥有全方位的、各种各样的、正式的和非正式的信息沟通渠道，能保证沟通直接、高效，层次少，无官僚习气，基本无滞延。团队应擅长于运用会议、座谈这种直接的沟通形式。沟通不仅是信息的沟通，更重要的是情感上的沟通，每个队员不仅具有很好的交际能力，而且拥有很高的情绪商数，团队内要充满同情心和融洽的情感。项目团队具有开放、坦诚的沟通气氛，队员在团队会议中能充分发表意见，倾听、接纳其他队员的意见，并经常能得到有效的反馈。

3. 项目团队的构成

一个真正的团队是一支不断变化的、有生命力和活力的队伍，在这个队伍中有许多人在一起工作。他们在一起讨论任务、评估观点、做出决定并为达到目标而共同奋斗、共同工作。项目团队意识应满足下列要求：围绕项目目标而形成和谐一致、高效运行的项目团队；建立协同工作的管理机制和工作模式；建立畅通的信息沟通渠道和各方共享的信息工作平台，保证信息准确、及时和有效地传递。

1) 项目团队领导的职责

(1) 领导素质。所有的项目经理都必须有鲜明的个人特点以显示其影响力和能力。这些品质有些是内在的，例如想像力，但它们总是会表现出来的。例如很好的预见性，能使团队成员的潜能发挥到极致。一个团队的领导者必须既是促进者，又是激励者。项目团队依靠其领导者才得以做出敏捷的决定，并不断成长。

但作为领导不一定要全权包揽。事实上，认为自己观点最佳、能力最强的人往往在团队合作中起着反对或独断作用。有效的团队合作应该在三种领导之间求得平衡，使三种不同的力量并驾齐驱。领导收集信息（即负责集思广益和形成文字），协调人际关系（即监督合作进程，体察成员的感受，处理矛盾），设计团队合作方法（即规定日程，确认每位成员对下次会议前应完成的任务心知肚明，通知缺席的成员，检查确保布置的任务准时完成）。上面三种领导责任可以由一个人担当，在大多数项目小组合作中，这些是由三种或更多不同的人负责的。一般讲话多、认真倾听并以非言语性暗示回应他人讲话者多为团队的领导。

(2) 领导职责。项目团队领导者的主要任务和职责就是实现团队的目标。一个团队的领导者，应当保证团队的目标通过以下过程得以实现：选择足够的、合适的人选参与计划的制订；召开团队会议，就团队目标和价值展开讨论；保证大家的目标被实现，尤其是集体工作的价值，为大家所共识，迅速并准确地分析和修正失误——但始终记住，要为成功而热烈地庆祝；无论对内还是对外，都担负起代表整个团队的责任。

另一重要的责任就是保证团队的效率。可以通过以下几个方面来达到要求：确保团队所有成员都了解他们的责任所在，并接受挑战，鼓励队员为团队和其手头的工作倾其所能；监督团队工作以确保队员朝着同一个方向努力；将团队目标设定在一个适当的层次上，以鼓励队员的士气。

2）项目团队成员的职责

团队所有成员要共同努力，使团队工作达到最佳状态，这对团队来说是生死攸关的。赋予队员全部工作职责，并使他们能在为全队做出最好的贡献前提下，提高自己的工作能力。

团队成员的首要任务是做好自己的工作。但为了使团队能成功地共同工作，团队职责一定要放在个人职责之前。在队员之间营造一种责任感，这样他们就会尽其所能地完成所分配的工作。团队中每位成员都起到多重作用，可以积极也可以消极。

积极的作用和行动会建立起对团队的忠诚，化解彼此的矛盾，使合作顺利进行，主要包括：

（1）鼓励参与：显示出包容和宽容性，对成员的贡献充分肯定，吸引更多实干型人才加入。

（2）减缓压力：开玩笑，稍事休息或从事有趣的活动等。

（3）体察人心：询问成员对团队合作和活动的感受，同他们畅谈个人的体会。

（4）解决矛盾：公开探讨小组中存在的人际矛盾，共同寻找解决办法。

（5）主动倾听：使每位成员感到他们的意见有人听，而且得到了充分的重视。

消极作用和行动会损害团队的工作，主要包括：

（1）反对：对建议均表示反对。

（2）独断：用命令、对别人喊叫等方式操纵团队的运作或固执己见。

（3）儿戏：开无益于工作的玩笑，分散成员的精力。

（4）抵触：开会时沉默，不发表任何意见，不主动工作，甚至不出席会议。

有的行为既可以是积极的，也可以是消极的，这取决于采取行动时的具体情形和尺度把握，如：批评意见对小组形成最佳解决方案十分有好处，但对所有的建议予以批评，而又没提出任何建设性的意见，这样必然会阻碍团队的合作。适度开玩笑可以减缓压力，使合作中充满欢乐，可太多的、不适合的笑话会给团队的工作带来困难。

4. 项目团队操作注意事项

拟订和执行这些操作规程，团队可提高其工作效率，减少陷入看不见的陷阱的可能性。

（1）目的明确的原则。

（2）建立公认的限制条件。限制条件是指团队解决问题和做决定时必须考虑和遵循的约束和限制。限制条件给团队提供了不经上级批准即可直接处理问题的范围框架。限制条件特别说明了诸如资金、人力和期限的问题。限制条件旨在提供有关事宜限制的重点和解说。

（3）有效会议和相互交流的习惯。

（4）职责分明。一个团队有效运作所担负的职责范围存在于三个级别上。第一级是懂得什么责任和知识是全体团队成员都应具备的。这些基本要素应包括诸如专门经营知识、主要人际交往的技能、团队工作基本技能、工艺技术。第二级是团队中一小部分人，现有的团队专门技能和知识。专门成分包括那些不适用于交叉训练，但对团队完成工作目标又是必需的任务。第三级是发展。发展范畴中确定的任务是那些团队应该精通的，但目前又无能力掌握的领域。明确划分职责有助于通过说明最小期望值为团队成员提供工作重点，但无论如何也不应限制团队成员在将来扩展其职责范围。

（5）工作责任清楚。当工作项目确定后，谁应该做什么，什么时候去做，都要规定得清清楚楚。要分清什么决定需要得到全团队人员的支持，什么决定必须由个人或小组立即做出。

(6) 决策机制。团队成员要知道，什么时候他们有权当场做出决定以处理用户关心的问题或紧急情况。团队成员还要能辨别哪些是需要全体参与和支持的问题，所有团队成员都应参加这个问题的讨论，对所采取的行动全体人员应意见一致。

(7) 解决问题的机制。任何高效率团队所具有的一个关键技能就是解决问题的能力。这条规则不仅仅是要识别问题的存在或找出可取的解决方法，而且还包括负责实施一个能完全解决这个问题的措施。

(8) 提高工作效率的反馈信息。

(9) 学习与持续发展。高效率团队能从他们过去经历过的事情中学到很多东西，并能迅速转化成所学知识。一个不变的准则就是学习和实践是取得不断进步的唯一手段。团队成员们要经常设计一些概念模型，共享实践经验，这些经验告诉人们他们学到了些什么，他们怎样应用所学到的知识来解决实际问题或利用未来的机遇。

二、项目团队的发展与建设

1. 项目团队的发展过程

一个项目团队从开始到终止，是一个不断成长和变化的过程，这个发展过程可以描述为五个阶段：组建阶段、磨合阶段、正规阶段、成效阶段和解散阶段。几乎所有的项目都经历过大家被召集到一起的初始阶段，这是一个短暂的时期，很快进入磨合阶段，这时成员之间互相还不了解，时常感到困惑，有时甚至会产生敌对心理。接下来在强有力的领导下，团队的工作方式在正规阶段得以统一，随后团队以最大成效开展工作，直至项目结束，项目团队解散。

1) 组建阶段

任何项目在形成时期总是带着一点试验性质的，因而一个团队环境就成为新思想、新方案绝佳的试验场。每个方案都应当加以仔细检验，给予它们公平的争取成功的机会。在团队发展的不同阶段，需要有不同的方案。在组建阶段，团队成员从原来不同的组织调集在一起，大家开始互相认识，这一时期的特征是队员们既兴奋又焦虑，而且还有一种主人翁感，他们必须在承担风险前相互熟悉。一方面，团队成员收集有关项目的信息，试图弄清项目是干什么的和自己应该做些什么。另一方面，团队成员谨慎地研究和学习适宜的举止行为。他们从项目经理处寻找或相互了解，以期找到属于自己的角色。

当成员了解并认识到有关团队的基本情况后，就为自己找到了一个有用的角色，并且有了自己作为团队不可缺少的一部分的意识，当团队成员感到他们已属于项目时，他们就会承担起团队的任务，并确定自己在完成这一任务中的参与程度。当解决了定位问题后，团队成员就不会感到茫然而不知所措，从而有助于其他各种关系的建立。

2) 磨合阶段

团队发展的第二阶段是磨合阶段。团队形成之后，队员们已经明确了项目的工作以及各自的职责，于是开始执行分配到的任务。在实际工作中，各方面的问题逐渐显露出来，这预示着磨合阶段的来临。现实可能与当初的期望发生较大的偏离，于是，队员们可能会消极地对待项目工作和项目经理。在此阶段，工作气氛趋于紧张，问题逐渐暴露，团队士气较组建阶段明显下沉。

团队的冲突和不和谐是这阶段的一个显著特点。成员之间由于立场、观念、方法、行为等方面的差异而产生各种冲突，人际关系陷入紧张局面，甚至出现敌视、强烈情绪以及向领导者挑战的情形。冲突可能发生在领导与个别团队队员之间，领导与整个团队之间以及团队成员相互之间。这些冲突可能是情感上的，或是与事实有关的，或是建设性的，或是破坏性的，或是争辩性的，或是隐瞒的，不管怎样，应当力图采用理性的、无偏见的态度来解决团队成员之间的争端，而不应当采用情感化的态度。

3）正规阶段

经受了磨合期的考验，团队成员之间、团队与项目经理之间的关系已确立好了。绝大部分个人矛盾已得到解决。总的来说，这一阶段的矛盾程度要低于磨合时期。同时，随着个人期望与现实情形——即要做的工作、可用的资源、限制条件、其他参与的人员相统一，队员的不满情绪也就减少了。项目团队接受了这个工作环境，项目规程得以改进和规范化。控制及决策权从项目经理移交给了项目团队，凝聚力开始形成，有了团队的感觉，每个人觉得他是团队的一员，他们也接受其他成员作为团队的一部分。每个成员为取得项目目标所做的贡献得到认同和赞赏。

这一阶段，随着成员之间开始相互信任，团队的信任得以发展。大量地交流信息、观点和感情，合作意识增强，团队成员互相交换看法，并感觉到他们可以自由地、建设性地表达他们的情绪及评论意见。团队经过这个社会化的过程后，建立了忠诚和友谊，也有可能建立超出工作范围的友谊。

4）成效阶段

经过前一阶段，团队确立了行为规范和工作方式。项目团队积极工作，急于实现项目目标。这一阶段的工作绩效很高，团队有集体感和荣誉感，信心十足。项目团队能开放、坦诚、及时地进行沟通。在这一阶段，团队根据实际需要，以团队、个人或临时小组的方式进行工作。团队相互依赖度高。他们经常合作，并在自己的工作任务外尽力相互帮助。个体成员会意识到为项目工作的结果使他们正获得职业上的发展。

相互的理解、高效的沟通、密切的配合、充分的授权，这些宽松的环境加上队员们的工作激情使得这一阶段容易取得较大成绩，实现项目的创新。团队精神和集体的合力在这一阶段得到了充分的体现，每位队员在这一阶段的工作和学习中都取得了长足的进步和巨大的发展。

5）解散阶段

对于完成某项任务，实现了项目目标的团队而言，随着项目的竣工，该项目准备解散。这时，团队成员开始骚动不安，成员们考虑自身今后的发展，思考“我以后可怎么办”，并开始做离开的准备。有时，团队仿佛回到了组建阶段，必须改变工作方式才能完成最后各种具体任务。须由项目经理告诉各成员还有哪些工作需要做完，否则，项目就不能圆满完成，目标就不能成功实现。

也正是这时，成员们领悟到了凝聚力的存在。由于项目团队成员之间已经培养出感情，所以彼此依依不舍，惜别之情难以抑制。

2. 项目团队建设

团队建设——把一组人员组织起来实现项目目标是一个持续不断的过程。它是项目经理和项目团队的共同职责。团队建设能创造一种开放和自信的气氛，成员有统一感，强烈希望为实现项目目标做出贡献。

使团队成员社会化会促进团队建设，团队成员之间相互了解越深入，团队建设得越出色。项目经理要确保个体成员能经常相互交流沟通，并为促进团队成员间的社会化创造条件。团队成员也要努力创造出这样的条件。

项目团队可以举办社交活动庆祝项目工作中的事件，例如取得重要的阶段成果，为放松压力而定期举办的活动，也可以组织各种活动促进团队社会化和团队建设。例如，会议室的便餐、周末家庭野餐、观看一场体育比赛或剧院演出等，一定要让团队中每个人都参加这类活动。也许有些成员无法参加，但一定要邀请到每个人，并且鼓励他们参加。团队成员要利用这个机会，尽量与更多的其他团队成员（包括参加活动的家庭成员）相互结识，增进了解。尽量避免让人们形成几个人组成的小团体，在每次活动中老是聚集在一起。参加社会化活动，不仅有助于培养起忠诚友好的情感，也能使团队成员在项目工作中更容易进行开放、坦诚的交流沟通。

除了组织社交活动外，团队还可以定期召开团队会议。相对项目会议而言，团队会议的目的是广泛讨论下面这些类似问题：作为一个团队，我们该怎样工作？有哪些因素妨碍团队工作（比如像工作规程、资源利用的先后次序或沟通）？我们如何克服这些障碍？我们怎样改进团队工作？如果项目经理参加团队会议，对他（她）应一视同仁。团队成员不应向经理寻求解答，经理也不能利用职权，否决团队的共识。因为这是团队会议，而不是项目会议，只讨论与团队相关的问题而与项目无关。

三、项目团队决策

1. 项目团队的矛盾解决方法

即使是在由智者组成的、人人对任务都很负责的团队中，也会有矛盾。虽然很多人不喜欢矛盾，因此假装它们根本不存在，但是不承认矛盾，矛盾并不会自然消除；相反，它们会蔓延，使得下一步的沟通更加困难。

团队中减少矛盾的方法有：一开始就申明责任和制度，及时讨论、解决出现的问题（而不是听任它发展），认识到成员彼此没有义务对对方的喜怒哀乐负责。矛盾常常因为感觉没有得到团队成员的重视或尊重而生，因此，建议要是能以积极肯定的方式提出，很多问题都是可以避免的。

1）解决矛盾的基本步骤

成功地处理矛盾既需要关注问题本身，也需要关心对方个体的感受。首先要确定对方是否真的有反对意见，有时有的成员在压力很大的情况下只是发泄怒气和失落，他们不是真的有反对意见，发泄完了又可以全身心投入工作。其次是核实信息是否准确，有时，在根本没有分歧的情况下，由于讲话风格不同、对某些符号的解释不同、错误的推理习惯等都会导致矛盾的产生，出发沟通就解决了。

2）怎样对待批评

受到别人的直接指责或攻击后积下的矛盾很难调和。人在受攻击时的本能反应是保护自己或回击对方，然后对方会同样自我保护或反击。矛盾不断加深，感情受到了伤害，问题变得更加复杂和难解决。正如解决矛盾首先要确定各方面真正要达到的目的是否一样，对待批评也要理解批评人的用心。建设性或尽量贴近对方关心内容的回应方法包括：诠释、情感、推理和逐步趋同等。

(1) 诠释。诠释就是改用自己的话重复批评者的批评言词。这样做的目的在于：确认自己听到的话准确无误；让批评者了解他们的话对你产生了什么影响；告知对方，你对他们的话感受很深。

（2）情感。试着感受批评者的心理感受，了解对方言语或非语言所要表达的情感。这样能理解对方的情感及批评意见的重要性。

（3）推理。以批评意见为基础进行推理时，试着推测出批评意见的言语和非言语性含义，将其由字面稍微引申，从而理解批评者为什么对正在讨论的或正在实施的工作如此反感。

（4）逐步趋同。应对十分棘手的批评意见时，逐步趋同的方法很有效。逐步解决既可以使矛盾不再扩大（愤怒的言词会导致这种结果），同时还可以避免让步于批评者。首先，重复批评意见中你同意的部分（通常是某一事实而非对方就该事实所作的评论等），目的是为了确认。然后让批评者反应，什么也不要讲。这样做的好处在于：给自己留出时间思考批评意见所指出的要害和关键之处，然后可以有的放矢地回应，而非仅仅是自卫性地反击；暗示对方你听到了他们的批评意见。

2. 常用的团队决策方法

一个团队运作得是否出色，取决于其集思广益的程度。团队的决策优劣，反映了决策过程的质量高低。团队领导者应当努力营造一个积极的氛围，将刻板和嫉妒排除在外，从而使人们在这一氛围中以思想而不是以自尊心相互竞争。领导者不应一开始就不停地阐述自己的观点，而必须给其他成员以发表见解的机会，否则团队合作将无法实现。经典的日本式的决策方法是，首先领导者耐心地听取每个成员的见解，然后再为整个团队做出决策。一个真正的领导者应当起促进、激励和实施的作用，而不是进行控制。

最差的决策方法就是让那些首先或最后发言，声音最大或讲得最多的人主宰最终的决定。投票的方法虽然很快捷，但是少数派不但不高兴，而且可能对多数人的观点并不赞成。达成共识需要时间，但可以大大提高后期的执行效率。

几种常用的团队决策方法为：标准日程法、头脑风暴法、德尔菲法等。

1）标准日程法

标准日程法分 7 步解决问题：

第一步：了解团队面临的问题，以何种方式解决为宜，何时是截止日期。确认现有资源。

第二步：分析问题的实质。问题在何处？团队要回答的问题到底是什么？

第三步：收集信息。在所有成员之间充分沟通，认真审视每条信息。

第四步：树立标准。理想的解决办法应包含哪些方面？解决办法中的哪些要点可被应用到次于最佳方案的可接受方案中？可能阻碍解决方案实施的法律、金融、道德以及其他方面的限制有哪些？

第五步：产生备用方案。集思广益，为下一步做好准备。

第六步：将各个方案同标准相比较。

第七步：选出最佳的解决办法。

2）头脑风暴法

头脑风暴法是在解决问题时常用的一种方法，它利用一种思想产生过程，鼓励提出任何种类的方案设计思想，同时禁止对各种方案的任何批评。具体来说就是团队的全体成员自发地提出主张和想法，团队成员在选择好解决问题的方案之前，一定要得出尽可能多的方案和意见。利用头脑风暴法，可以想出许多主意，而且它应用时很有意思。

头脑风暴法更注重想出主意的数量，而不是质量。这样做的目的是要团队想出尽可能多的主意，鼓励成员有新奇或突破常规的主意。在典型的头脑风暴会议中，团队成员坐在一起，由一个协助的记录人员在翻动记录卡或黑板前做记录。首先，团队领导者以一种明确的方式向所有参与者阐明问题。然后成员在一定的时间内“自由”提出尽可能多的方案，不允许任何批评，并且所有的方案都当场记录下来。

应用头脑风暴法要注意的问题是，领导或者权威不能有判断性评论，也不进行讨论。头脑风暴法在帮助团队解决问题获得最佳可能方案时，是很有效的。但是头脑风暴法仅是一个产生思想的过程，而后面的方法则进一步提供了取得期望决策的途径。

3）德尔菲法

德尔菲法（Delphi technique）是一种更复杂、更耗时的方法，除了并不需要团队成员列席外，它类似于名义群体法。这是因为德尔菲法从不允许队员面对面在一起开会。以下步骤描述了德尔菲法的特征。

第一步：确定问题。通过一系列仔细设计的问卷，要求队员提供可能的解决方案。

第二步：每一个成员匿名地、独立地完成第一组问卷。

第三步：第一组问卷的结果集中在一起编辑、誊写和复制。

第四步：每个成员收到一本问卷结果的复制件。

第五步：看过结果后，再次请成员提出他们的方案。第一轮的结果常常能激发出新的方案或改变某些人的原有观点。

第六步：重复四、五两步直到取得大体上一致的意见。

像名义群体法那样，德尔菲法隔绝了群体成员间过度的相互影响。它还无须参与者到场。当然，德尔菲法也有其缺点，它太耗费时间了。当需要进行一个快速决策时，这种方法通常行不通。而且，这种方法不能像相互作用的群体或名义群体那样，提出丰富的设想和方案。

此外，还有名义群体法电子会议方式。

本章小结

组织是一切管理活动取得成功的基础。项目管理作为一种新型的管理方式，其组织结构与传统的组织观念有相同之处又有特殊之处。项目管理强调项目负责人的作用，强调团队的协作精神，其组织形式具有更大的灵活性和柔性。

为了有效实现项目目标必须建立项目组织。在进行项目组织设计时，要采取具体问题具体分析的方法，选择合适的满意的组织形式。一般项目的组织形式有职能式、项目式和矩阵式等几种形式。

项目经理作为项目的负责人，他的责任就是通过一系列的领导及管理活动使项目的目标成功实现并使项目利益相关者都获得满意。项目经理的责任可以分为对于所属上级组织的责任和对于所领导项目小组的责任。

一个项目的实施需要多种资源，从资源属性角度来看，可包括人力资源、自然资源、资本资源和信息资源，其中人力资源是最基本、最重要、最具创造性的资源，是影响项目成效的决定性因素。

项目团队，是为适应项目的实施及有效而建立的。项目团队的一般职责是项目计划、组织、指挥、协调和控制。

思 考 题

1. 工程项目组织的特征有哪些?
2. 组织设计的一般原则是什么?
3. 什么是管理层次和管理跨度?
4. 一般项目的组织形式有哪几种? 各自的特征是什么? 分别适用什么项目?
5. 项目经理的管理权力有哪些?
6. 项目经理应具备哪些素质?
7. 人力资源具有哪些特征?
8. 项目团队的特点有哪些?
9. 项目团队的发展经历哪些过程?
10. 常用的团队决策方法有哪些?

第六章　工程项目实施控制

本章知识点

- 工程项目结构分析的概念；
- 工程项目结构分析方法；
- 工程项目的目标控制；
- 控制的基本理论；
- 工程项目实施控制的任务和对象；
- 工程项目实施控制的主要工作；
- 工程项目变更管理。

第一节　工程项目结构分析

一、工程项目结构分析的概念

项目是由许多互相联系、互相影响、互相依赖的工程活动组成的行为系统，它具有系统的层次性、集合性、相关性、整体性特点。按系统工作程序，在具体的项目工作，如设计、计划和实施之前必须对这个系统作分析，确定它的构成及它的系统单元之间的内在联系。

工程项目结构分析工作包括如下几方面内容：

(1) 对项目的系统总目标和总任务进行全面研究，以划定整个项目的系统范围，包括工程范围和项目所包括的实施责任范围。

例如对于承包商，分析的对象是招标文件（包括合同文件、规范、图纸、工程量表），通过分析可以确定承包商的工程范围和应承担的总体合同责任。

(2) 工程项目的结构分解。即按系统分析方法将由总目标和总任务所定义的项目分解开来，得到不同层次的项目单元（工程活动）。工程项目结构分解可以按照一定的规则由粗到细，由总体到具体，由上而下地进行。它是项目系统分析最重要的工作。

(3) 项目单元的定义。将项目目标和任务分解落实到具体的项目单元上，从各个方面（质量、技术要求、实施活动的责任人、费用限制、工期、前提条件等）对它们作详细的说明和定义。这个工作应与相应的技术设计、计划、组织安排等工作同步进行。

(4) 项目单元之间界面的分析，包括界限的划分与定义、逻辑关系的分析，实施顺序。将全部项目单元还原成一个有机的项目整体，这是进行网络分析、工程组织设计的基础工作。

项目结构分析是一个渐进的过程，它随着项目目标设计、规划、详细设计和计划工作的进展逐渐细化。

项目结构分析是项目管理的基础工作，又是项目管理最得力的工具。实践证明，对于一个大的复杂的项目，没有科学的项目系统结构分析，或项目结构分析的结果得不到很好的利用，则不可能有高水平的项目管理。因为项目的设计、计划和控制不可能仅以整个笼统的项目为对象，而必须考虑各个部分、各个细节，考虑具体的工程活动。

在项目的设计和计划阶段，人们常常难以把所有的工作（工程）都考虑周全，也很难透彻地分析各子系统的内部联系，所以容易遗忘或疏忽一些项目所必需的工作（工程）。这会导致项目设计和计划的失误，项目实施过程中频繁的变更，实施计划被打乱，项目功能不全和质量缺陷，激烈的合同争执，甚至可能导致整个项目的失败。这些现象在实际工程中是很常见的。

所以有必要在项目的总目标和总任务定义后进行详细的、周密的项目结构分析，系统地剖析整个项目，以避免上述情况发生。在国外它又被称为“计划前的计划”或“设计前的设计”。项目越大，越复杂，越显示出这个工作的重要性。

二、建设工程项目结构分析方法

在项目管理中常用的项目结构分析方法有结构化分解方法和过程化方法。

1. 结构化分解方法

任何项目系统都有它的结构，都可以进行结构分解。例如：工程的技术系统可以按一定的规则分解成子系统、功能区间和专业要素；项目的目标系统可以分解成系统目标、子目标、可执行目标；项目的总成本可以分解成各成本要素。此外组织系统、管理信息系统也都可以进行结构分解。分解的结果通常为树型结构图。

2. 过程化方法

项目由许多活动组成，活动的有机组合形成过程。该过程可以分为许多互相依赖的子过程或阶段。在项目管理中，可以从如下几个角度进行过程分解：

(1) 项目实施过程。根据系统寿命周期原理，把工程项目科学地分为若干发展阶段，如前期策划、设计和计划、施工、运行等，每一个阶段还可以进一步分解成工作过程，它定义了工程项目的建设程序。

不同项目的实施过程会有些差别，例如北大西洋公约组织将武器研制项目分为七大阶段：任务需求评估、初步可行性研究、可行性研究、项目决策、计划与研制、生产以及使用等阶段。每两个阶段之间有一个决策点和正式评审程序。同样每个阶段又可分解为许多工作过程。

(2) 管理工作过程。例如整个项目管理过程，或某一种职能管理（如成本管理、合同管理、质量管理等）过程都可以分解成许多管理活动，如预测、决策、计划、实施控制、反馈等。

(3) 行政工作过程。例如在项目实施过程中有各种申报和批准的过程、招标投标过程等。

(4) 专业工作的实施过程。例如基础工程施工可以分解为：打桩、挖土、做垫层、扎钢筋、支模板、浇混凝土、回填土等工程活动。这种分解对工作包内工序（或更细的工程活动）的安排和构造工作包的子网络是十分重要的。

在这些过程中项目实施过程和项目管理过程对项目管理者来说是最重要的过程，必须十分熟悉这些过程。项目管理实质上就是对这些过程的管理。

（一）工程项目结构分解

1. 工程项目结构分解的结果

项目结构分解是将项目行为系统分解成互相独立、互相影响、互相联系的工程活动，在国外的项目管理中人们将这项工作的结果称为工作分解结构，即 WBS（Work Breakdown Structure）。

工程项目结构分解的结果有：

（1）树型结构图。常见的工程项目的树型结构见图 6-1。

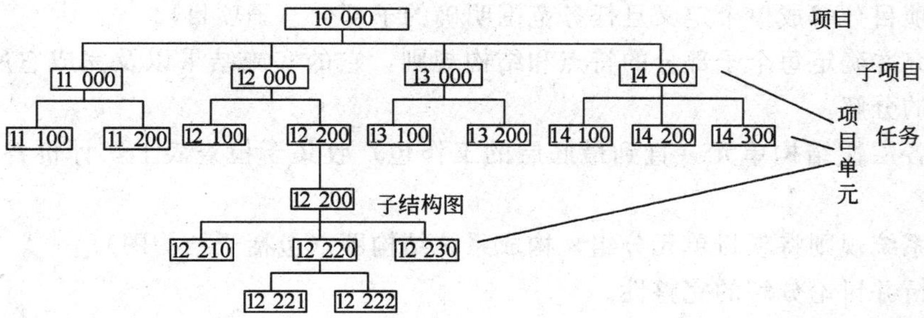

图 6-1　项目结构图

其中每一个单元（不分层次，无论在总项目的结构图中或在子结构图中）又统一被称为项目单元。项目结构图表达了项目总体的结构框架。

（2）项目结构分析表。将项目结构图用表来表示则为项目结构分析表。它的结构类似于计算机中文件的目录路径。例如上面的项目结构图可以用一个简单的表表示（见表 6-1）。

××项目结构分析表　　表 6-1

编　码	名　称	负　责　人	安　全	成　本	质　量	××
10 000						
11 000						
11 100						
11 110						
11 111						
111 112						
11 200						
12 000						
12 100						
12 200						
12 300						
13 000						
14 000						

它是项目的工作范围文件，如果项目任务是完成一份合同，则它就是合同工作范围文件。在上述结构的基础上应用文件对各项工作进行说明，以确保项目的各项活动满足项目范围所定义的要求。定义内容包括各项目单元的名称、编码、负责人、功能性的描述、项目范围、工作特性及成果测量或评定指标、计划成本等说明。

对上述分解成果应全面审查工作范围的完备性、分解的科学性、定义的准确性，经过上级（如业主、企业经理、顾客）批准后作为项目实施的执行文件。

2. 项目结构分解过程

对于不同种类、性质、规模的项目，从不同的角度，其结构分解的方法和思路有很大的差别，但分解过程却很相近，其基本思路是：以项目目标体系为主导，以工程技术系统范围和项目的总任务为依据，由上而下，由粗到细地进行，一般经过如下几个步骤：

(1) 将项目分解成单个定义且任务范围明确的子部分（子项目）。

(2) 研究并确定每个子部分的特点和结构规则，它的实施结果以及完成它所需的活动，以作进一步的分解。

(3) 将各层次结构单元（直到最底层的工作包）收集于检查表上，评价各层次的分解结果。

(4) 用系统规则将项目单元分组，构成系统结构图（包括子结构图）。

(5) 分析并讨论分解的完整性。

(6) 由决策者决定结构图，并形成相应的文件。

(7) 建立项目的编码规则，对分解结果进行编码。

目前项目结构分解工作主要由管理人员承担，常常被作为一项办公室的工作。但是任何项目单元是由实施者完成的，所以在结构分解过程中，甚至在整个项目的系统分析过程中，应尽可能让相关部门的专家、将来项目相关任务的承担者参加，并听取他们的意见，这样才能保证分解的科学性和实用性，进而保证整个计划的科学性。

3. 工程项目结构分解方法

工程项目结构分解是项目计划前一项十分困难的工作，目前尚没有大家统一认可的通用的分解方法、规则和技术术语。它的科学性和实用性基本上是依靠项目管理者的经验和技能。分解结果的优劣也很难评价，只有在项目设计、计划和实施控制过程中体现出来。

项目结构分解图层次的命名（技术术语）也各不相同，许多文献中常用“项目”、“子项目”、“任务”、“子任务”、“工作包”等表示不同的层次。

（二）常见工程项目结构分解

常见的工程项目的结构分解包括如下两大类。

1. 对技术系统的结构分解

(1) 按功能区间的分解。功能是工程建成后应具有的作用，它与工程的用途有关，常常是在一定的平面和空间上起作用的，所以有时又被称为“功能面”。实质上工程项目的运行是工程所属的各个功能综合作用的结果。对功能的分析、分解、综合、说明是项目的策划、技术设计、计划的重要工作。通常在项目技术设计前将项目的总功能目标逐步分解成各个部分的局部功能目标，再作功能面目录，详细地说明该功能的特征，如面积、技术的（如建筑、结构、装备）、物理的（如采光、通风）要求等。对一个复杂的工程，功能还可能分为子功能。常见的工业工程项目功能的分解可以分为如下几个层次。

①以产品结构进行分解。如果项目的目标是建设一个生产一定产品的工厂，则可以将它按生产体系，按生产（或提供加工）的一定产品（包括中间产品或服务）分解成各子项目（分厂或生产体系）。例如：新建一个汽车制造厂，则可将整个项目分解成发动机、轮胎、壳体、底盘、组装、油漆、办公区、库房（或停车场）等几个大区或分厂。

这类似于我国的单项工程，有时它们本身就是一个自成体系的独立的项目。在这一层次的分解时要注意产品方向和产品生产过程的系列组合。

②按平面或空间位置进行分解，即一个项目、子项目（分厂或大区）可以按几何形体分解，例如一个分厂中有几个建筑物（车间、仓库、办公室），建筑物之间有过桥、过道，每个建筑物有室外和室内之分。

③每一个车间、一栋建筑物还可以分解为多个功能面（或子功能面），但这里的功能是在局部被定义的，例如一个工业厂房可能要划分为生产和服务的功能，如油漆、冲压、装配、运输、办公、供应等；又如一栋办公楼，可分为办公室、展览厅、会议厅、停车场、交通、公用区间等。办公室还可分为各个科室，如人事处、财务科、工会等。

④对在整个工程中起作用的，或属于多功能面上的要素常常可以作为独立的功能对待，例如系统工程（如控制系统、通信系统、闭路电视系统等），统一的供排设施（如给排水系统、通风系统）等。

(2) 按要素进行分解。一个功能面又可以分为各个专业要素，要素一般不能独立存在，它们必须通过有机组合构成功能，例如：

一个车间的结构可分为厂房结构、吊车设施、设备基础和框架等；

供排设施可以分为给排水、供暖、通风、清除垃圾等；

各功能面上又可分为电器设施、器具、生产设备、办公设备等。

由此可见，要素具有明显的专业特征。

有些要素还可以进一步分解为子要素，例如：厂房结构可分解为基础、柱、墙体、屋顶及饰面等；而电器设施又可分为供电系统和照明系统等。

上述仅是对工程的硬件系统分解。在现代工程中软件工程越来越重要，如工程中的自动控制系统、智能化大厦的人工智能系统、工程的运行管理系统。在系统分析中，软件工程也是工程技术系统的一个重要的组成部分，一般可将它作为“系统工程”的一部分。

对工程技术系统的结构分解与我国过去常用的分解方法是相似的，即一个工程可以分解为许多单项工程，单项工程分解为单位工程，单位工程又分解为分部工程，分部工程再分解为分项工程。

当然有些工程功能比较单一，例如一般的宿舍楼、教学楼、住宅楼，它们的分解结构就很简单。

由于工程技术系统是十分复杂的，它的结构分解是项目结构分解中最困难、最重要的工作。它对进一步的技术设计，价值工程、项目实施总体计划，以及各阶段的项目实施计划的编制都有决定意义。

2. 按实施过程分解

整个工程、每一个功能或要素作为一个相对独立的部分，必然经过项目实施的全过程，可以按照过程化的方法进行分解，只有按实施过程进行分解才能得到项目的实施活动。

按照实施过程分解得到的结果受项目任务范围的影响，例如常见的建设工程项目分为如下实施过程：设计和计划（初步设计、技术设计、施工图设计、实施计划等）；招标投标；实施准备（现场准备、技术准备、采购订货、制造、供应等）；施工（土建、机械和电器安装、装饰工程）；试生产及验收；投产及保修；运行等。

而对承包商，实施过程的范围由承包合同限定，如果是“设计—施工—供应”总承包合同，则与上述的过程相似。

按实施过程进行分解并非在项目结构图的最底层上，通常在第二层或第三层。例如某项目包括一栋楼和楼外工程建设，其分解图式为图 6-2。

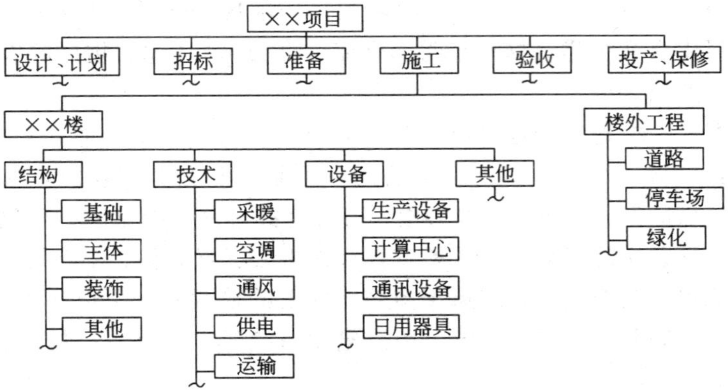

图 6-2　某工程项目结构分解图

根据 WBS 的实际工程应用表明，对大型的工程建设项目一般在项目的早期就应进行结构分解，它是一个渐进的过程。首先按照设计任务书或方案设计文件进行工程技术系统的结构分解。它是对工程项目作进一步设计和计划的依据。在按照实施过程作进一步的分解时，必须考虑项目实施、项目管理及各阶段的工作策略，并不能将工程技术系统的结构作为阶段工作单元的下层子结构。

（1）在对设计和计划进一步分解时，必须在技术系统的基础上考虑设计的策略，包括设计工作阶段的划分、设计工作的管理模式或设计分包。

（2）在对招标、投标工作进一步分解时，必须在技术系统的基础上考虑整个工程的分包策略，包括设计、采购、施工、咨询（包括监理）的分标，以及招标工作总安排。

（3）对实施准备工作的进一步分解，必须在技术系统的基础上考虑整个工程现场准备、技术准备、工作安排和设备材料的供应和采购策略，如业主供应的范围与责任。

（4）而施工阶段进一步分解的子结构与技术系统的结构有很大的相似性，即在图 6-2 中“施工”单元下的分解基本上就是技术系统的分解，有时要考虑如下问题：

①工程施工的分包方式，如：是采用“设计—施工—供应”总承包，还是采用分阶段分专业平行承包。

②工程分阶段实施，还是一次性全面实施。

（5）试生产、验收的进一步分解，通常考虑两个方面：

①试生产的准备工作安排，如生产的原材料准备、操作人员培训、管理人员培训、运行管理系统建立等。

②工程验收的模式和验收工作的划分，如：是否分阶段、分专业验收。

（三）工程项目分解结构编码设计

对每个项目单元进行编码是现代化信息处理的要求。为了计算机数据处理的方便，在项目初期，项目管理者应进行编码设计，建立整个项目统一的编码体系，确定编码规则和方法，并在整个项目中使用。这是项目管理规范化的基本要求，也是项目管理系统集成的前提条件。

通过编码给项目单元以标识，使它们互相区别。编码能够标识项目单元的特征，使人们以及计算机可以方便地“读出”这个项目单元的信息，如属于哪个项目，或子项目，实施阶段，功能和要素等。在项目管理过程中网络分析，成本管理，数据的储存、分析、统计，都靠编码识别。编码设计是保证整个项目的计划、控制工作和管理系统的运行效率的关键。

项目的编码一般按照结构分解图，采用“父码＋子码”的方法编制。例如在图 6-1 和表 6-1 中，项目编码为 1，则属于本项目的次层子项目的编码在项目的编码后加子项目的标识码，即为 11、12、13、14，如此等等，而子项目 11 的分解单元分别用 111、112、113 等表示。则从一个编码中就可“读”出它所代表的信息，如 14 223 表示项目 1 的第四个子项目，第二个任务，第二个子任务，第三个工作包。

（四）工程项目结构分解的作用

工程项目结构分解是将整个项目系统分解成可控制的活动，以满足项目计划和控制的需求。它是项目管理的基础工作，结构分解文件是项目管理的中心文件，是对项目进行观察、设计、计划、目标和责任分解、成本核算、质量控制、信息管理、组织管理的对象。在国外被称为“项目管理最得力的有用的工具和方法”。

工程项目结构分解的基本作用：

(1) 保证项目结构的系统性和完整性。分解结果代表被管理项目的范围和组成部分，它应包括项目所包含的所有工作，不能有遗漏。这样才可能保证项目的设计、计划、控制的完整性。

(2) 通过结构分解，使项目的形象透明，使人们对项目一目了然，使项目的概况和组成明确、清晰。这使项目管理者，甚至不懂项目管理的业主、投资者也能把握整个项目，方便地观察、了解和控制整个项目过程，同时可以分析可能存在的项目目标的不明确性。

(3) 用于建立项目目标保证体系。将项目的任务、质量、工期、成本（投资）目标分解到各项目单元，这样可以对项目单元进行详细的设计，确定实施方案，作各种计划和风险分析，进行实施控制，对完成状况进行评价。

(4) 项目分解结构是进行项目分标，建立项目组织，落实组织责任的依据，项目单元的责任人也就是项目组织成员，所以项目结构对项目组织形式有规定性。

(5) 是网络分析的基础，可用于进度控制。

(6) 作为项目报告系统的对象，是进行各部门、各专业的协调的手段。项目分解结构和编码在项目中充当一个共同的信息交换语言，传递项目的信息。项目中的大量信息，如资源使用、进度报告、成本开支账单、质量过程、变更、会谈纪要，都是以项目单元为对象收集、分类和沟通的。

第二节　工程项目的目标控制

一、控制流程及其基本环节

1. 控制流程

建设工程的目标控制是一个有限循环过程，而且一般表现为周期性的循环过程。通常，在建设工程监理的实践中，投资控制、进度控制和常规质量控制问题的控制周期按周或月计，而严重的工程质量问题和事故，则需要及时加以控制。目标控制也可能包含着对已采取的目标控制措施的调整或控制。

2. 控制流程的基本环节

控制流程可以进一步抽象为投入、转换、反馈、对比、纠偏五个基本环节。

二、控制类型

根据划分依据的不同，可将控制分为不同的类型。例如，按照控制措施作用于控制对象的时间，可分为事前控制、事中控制和事后控制；按照控制信息的来源，可分为前馈控制和反馈控制；按照控制过程是否形成闭合回路，可分为开环控制和闭环控制；按照控制措施制定的出发点，可分为主动控制和被动控制。同一控制措施可以表述为不同的控制类型，或者说，不同划分依据的不同控制类型之间存在内在的同一性。

1. 主动控制

所谓主动控制，是在预先分析各种风险因素及其导致目标偏离的可能性和程度的基础上，拟订和采取有针对性的预防措施，从而减少乃至避免目标偏离。主动控制是事前控制、前馈控制、开环控制，是面对未来的控制。

2. 被动控制

所谓被动控制，是从计划的实际输出中发现偏差，通过对产生偏差原因的分析，研究制订纠偏措施，以使偏差得以纠正，工程实施恢复到原来的计划状态，或虽然不能恢复到计划状态但可以减少偏差的严重程度。被动控制是事中控制和事后控制、反馈控制、闭环控制，是面对现实的控制。

3. 主动控制与被动控制的关系

在建设工程实施过程中，如果仅仅采取被动控制措施，难以实现预定的目标。但是，仅仅采取主动控制措施却是不现实的，或者说是不可能的，有时可能是不经济的。这表明是否采取主动控制措施以及采取何种主动控制措施，应在对风险因素进行定量分析的基础上，通过技术经济分析和比较来决定。因此，对于建设工程目标控制来说，主动控制和被动控制两者缺一不可，应将主动控制与被动控制紧密结合起来。

要做到主动控制与被动控制相结合，关键在于处理好以下两方面问题：一是要扩大信息来源，即不仅要从本工程获得实施情况的信息，而且要从外部环境获得有关信息，包括已建同类工程的有关信息，这样才能对风险因素进行定量分析，使纠偏措施有针对性；二是要把握好输入这个环节，即要输入两类纠偏措施，不仅有纠正已经发生的偏差的措施，而且有预防和纠正可能发生的偏差的措施，这样才能取得较好的控制效果。

在建设工程实施过程中，应当认真研究并制订多种主动控制措施，尤其要重视那些基本上不需要耗费资金和时间的主动控制措施，如组织、经济、合同方面的措施，并力求加大主动控制在控制过程中的比例。

三、目标控制的前提工作

目标控制的前提工作：一是目标规划和计划，二是目标控制的组织。

1. 目标规划和计划

目标规划和计划越明确、越具体、越全面，目标控制的效果就越好。

1）目标规划和计划与目标控制的关系

目标规划需要反复进行多次，这表明目标规划和计划与目标控制的动态性相一致。随着建设工程的进展，目标规划需要在新的条件和情况下不断深入、细化，并可能需要对前一阶段的目标规划作出必要的修正或调整。由此可见，目标规划和计划与目标控制之间表现出一种交替出现的循环关系。

2）目标控制的效果在很大程度上取决于目标规划和计划的质量

应当说，目标控制的效果直接取决于目标控制的措施是否得力，是否将主动控制与被动控制有机地结合起来，以及采取控制措施的时间是否及时等。但是，虽然目标控制的效果是客观的，而人们对目标控制效果的评价却是主观的，通常是将实际结果与预订的目标和计划进行比较。如果出现较大的偏差，一般就认为控制效果较差；反之，则认为控制效果较好。从这个意义上讲，目标控制的效果在很大程度上取决于目标规划和计划的质量。因此，必须合理确定并分解目标，并制订可行且优化的计划。

计划不仅是对目标的实施，也是对目标的进一步论证。计划是许多更细、更具体的目标的组合。制订计划首先要保证计划的技术、资源、经济和财务可行性，还应根据一定的方法和原则力求使计划优化。对计划的优化实际上是对许多方案进行技术经济分析和比较。计划制订得越明确、越完善，目标控制的效果就越好。

2. 目标控制组织

目标控制的组织机构和任务分工越明确、越完善，目标控制的效果就越好。为了有效地进行目标控制，需要做好以下几方面的组织工作：

（1）设置目标控制机构。

（2）配备合适的目标控制人员。

（3）落实目标控制机构和人员的任务和职能分工。

（4）合理组织目标控制的工作流程和信息流程。

四、建设工程目标系统

1. 建设工程三大目标之间的关系

从建设工程业主的角度出发，往往希望该工程的投资少、工期短（或进度快）、质量好。如果采取某种措施可以同时实现其中两个要求（如既投资少又工期短），则该两个目标之间就是统一的关系；反之，如果只能实现其中一个要求（如工期短），而另一个要求不能实现（如质量好），则该两个目标（即工期和质量）之间就是对立的关系。

1）建设工程三大目标之间的对立关系

建设工程三大目标之间的对立关系比较直观，易于理解。不能奢望投资、进度、质量三大目标同时达到“最优”，即既要投资少，又要工期短，还要质量好。

2）建设工程三大目标之间的统一关系。

对于建设工程三大目标之间的统一关系，需要从不同的角度分析和理解。例如，全寿命费用（或寿命周期费用）、价值工程等。

对投资、进度、质量三大目标之间的统一关系进行分析时要注意以下几方面问题：一是掌握客观规律，充分考虑制约因素；二是对未来的、可能的收益不宜过于乐观；三是将目标规划和计划结合起来。

在对建设工程三大目标对立统一关系进行分析时，同样需要将投资、进度、质量三大目标作为一个系统统筹考虑，需要反复协调和平衡，力求实现整个目标系统最优。

2. 建设工程目标的确定

1）建设工程目标确定的依据

在施工图设计完成之后，目标规划的依据就会比较充分，目标规划的结果也就比较准确和可靠。而对于施工图设计完成以前的各个阶段来说，建设工程数据库具有十分重要的作用。

建立建设工程数据库，至少要做好以下几方面的工作：一是按照一定的标准对建设工程进行分类；二是对各类建设工程采用的结构体系进行统一分类；三是数据既要有一定的综合性又要能足以反映建设工程的基本情况和特征。

建设工程数据库对建设工程目标确定的作用，在很大程度上取决于数据库中与拟建工程相似的同类工程的数量。

2）建设工程数据库的应用

要确定某一拟建工程的目标，首先必须大致明确该工程的基本技术要求。在应用建设工程数据库时，往往要对其中的数据进行适当的综合处理，必要时可将不同类型工程的不同分部工程加以组合。同时，要认真分析拟建工程的特点，找出拟建工程与已建类似工程之间的差异，并定量分析这些差异对拟建工程目标的影响。另外，必须考虑时间因素和外部条件的变化，采取适当的方式加以调整。

3. 建设工程目标的分解

1）目标分解的原则

（1）能分能合，要求目标分解要有明确的依据并采用适当的方式。

（2）按工程部位分解，不按工种分解。

（3）区别对待，有粗有细。对不同工程内容目标分解的层次或深度，要根据目标控制的实际需要和可能来确定。

（4）有可靠的数据来源。目标分解所达到的深度应以能够取得可靠的数据为原则。

（5）目标分解结构与组织分解结构相对应。目标分解结构在较粗的层次上应当与组织分解结构一致。

2）目标分解的方式

按工程内容分解建设工程目标是最基本的方式，适用于投资、进度、质量三个目标的分解。目标分解应当达到的层次，一方面取决于工程进度所处的阶段、资料的详细程度、设计所达到的深度等；另一方面还取决于目标控制工作的需要。

建设工程的投资目标还可以按总投资构成内容和资金使用时间（即进度）分解。

五、建设工程目标控制的含义

1. 建设工程投资控制的含义

1）建设工程投资控制的目标

建设工程投资控制的目标，就是通过有效的投资控制工作和具体的投资控制措施，在满足进度和质量要求的前提下，力求使工程实际投资不超过计划投资。

“实际投资不超过计划投资”可能表现为以下几种情况：

（1）在投资目标分解的各个层次上，实际投资均不超过计划投资。

（2）在投资目标分解的较低层次上，实际投资在有些情况下超过计划投资，在大多数情况下不超过计划投资，因而在投资目标分解的较高层次上，实际投资不超过计划投资。

（3）实际总投资未超过计划总投资，在投资目标分解的各个层次上，都出现实际投资超过计划投资的情况，但在大多数情况下实际投资未超过计划投资。

2）系统控制

在确定投资目标时，对投资、进度、质量三大目标进行了反复协调和平衡，力求实现整个目标系统最优。当采取某项投资控制措施时，如果某项措施会对进度目标和质量目标产生不利的影响，就要考虑是否还有别的更好的措施，要慎重决策。

系统控制的思想就是要实现目标规划与目标控制之间的统一、三大目标控制的统一。

3）全过程控制

所谓全过程，是指建设工程实施的全过程或工程建设全过程。建设工程的实施阶段包括设计阶段（含设计准备）、招标阶段、施工阶段以及竣工验收和保修阶段。在这几个阶段中都要进行投资控制，但从投资控制的任务来看，主要集中在前三个阶段。

虽然建设工程的实际投资主要发生在施工阶段，但节约投资的可能性却主要在施工以前的阶段，尤其是在设计阶段。

在明确全过程控制的前提下，还要特别强调早期控制的重要性，越早进行控制，投资控制的效果越好，节约投资的可能性越大。如果能实现工程建设全过程投资控制，效果应当更好。

4）全方位控制

对投资目标进行全方位控制，包括两种含义：一是对按工程内容分解的各项投资进行控制，即对单项工程、单位工程、分部分项工程的投资进行控制；二是对按总投资构成内容分解的各项费用进行控制，即对建筑安装工程费用、设备和工器具购置费用以及工程建设其他费用等都要进行控制。通常，投资目标的全方位控制主要是指上述第二种含义。

在对建设工程投资进行全方位控制时，应注意以下几个问题：一是认真分析建设工程及其投资构成的特点，了解各项费用的变化趋势和影响因素；二是抓主要矛盾，有所侧重；三是根据各项费用的特点选择适当的控制方式。

2. 建设工程进度控制的含义

1）建设工程进度控制的目标

建设工程进度控制的目标可以表达为：通过有效的进度控制工作和具体的进度控制措施，在满足投资和质量要求的前提下，力求使工程实际工期不超过计划工期，或整个建设工程按计划的时间动用。

进度控制的目标能否实现，主要取决于处在关键线路上的工程内容能否按预定的时间完成。当然，同时要不发生非关键线路上的工作延误而成为关键线路的情况。

局部工期延误的严重程度与其对进度目标的影响程度之间并无直接的联系，更不存在某种等值或等比例的关系，这是进度控制与投资控制的重要区别。

2）系统控制

在采取进度控制措施时，要尽可能采取可对投资目标和质量目标产生有利影响的进度控制措施。当然，采取进度控制措施也可能对投资目标和质量目标产生不利影响。根据工程进展的实际情况和要求以及进度控制措施选择的可能性，有以下三种处理方式：一是在保证进度目标的前提下，将对投资目标和质量目标的影响减少到最低程度；二是适当调整进度目标，不影响或基本不影响投资目标和质量目标；三是介于上述两者之间。

3）全过程控制

关于进度控制的全过程控制，要注意以下三方面问题：

一是在工程建设的早期就应当编制进度计划。业主方整个建设工程的总进度计划包括的内容很多，除了施工之外，还包括前期工作（如征地、拆迁、施工场地准备等）、勘察、设计、材料和设备采购、动用前准备等。应当按“远粗近细”的原则编制业主方整个建设工程的总进度计划。越早进行控制，进度控制的效果越好。

二是在编制进度计划时要充分考虑各阶段工作之间的合理搭接。合理确定具体的搭接工作内容和搭接时间，也是进度计划优化的重要内容。

三是抓好关键线路的进度控制。

4）全方位控制

对进度目标进行全方位控制要从以下几个方面考虑：一是对整个建设工程所有工程内容的进度都要进行控制；二是对整个建设工程所有工作内容都要进行控制；三是对影响进度的各种因素都要进行控制；四是注意各方面工作进度对施工进度的影响。

5）进度控制的特殊问题

在建设工程三大目标控制中，组织协调对进度控制的作用最为突出且最为直接。

3. 建设工程质量控制的含义

1）建设工程质量控制的目标

建设工程质量控制的目标，就是通过有效的质量控制工作和具体的质量控制措施，在满足投资和进度要求的前提下，实现工程预定的质量目标。

建设工程的质量首先必须符合国家现行的关于工程质量的法律、法规、技术标准和规范等的有关规定，尤其是强制性标准的规定。这实际上也就明确了对设计、施工质量的基本要求。从这个角度讲，同类建设工程的质量目标具有共性，不因其业主、建造地点以及其他建设条件的不同而不同。

建设工程的质量目标又是通过合同加以约定的，其范围更广、内容更具体。任何建设工程都有其特定的功能和使用价值。建设工程的功能与使用价值的质量目标是相对于业主的需要而言，并无固定和统一的标准。从这个角度讲，建设工程的质量目标都具有个性。

建设工程质量控制的目标就是要实现以上两方面的工程质量目标。由于工程共性质量目标一般都有严格、明确的规定，因而质量控制工作的对象和内容都比较明确，也可以较准确、客观地评价质量控制的效果。而工程个性质量目标具有一定的主观性，有时没有明确、统一的标准，因而质量控制工作的对象和内容较难把握，对质量控制效果的评价与评价方法和标准密切相关。因此，在建设工程的质量控制工作中，要注意对工程个性质量目标的控制，最好能预先明确控制效果定量评价的方法和标准。另外，对于合同约定的质量目标，必须保证其不得低于国家强制性质量标准的要求。

2）系统控制

建设工程质量控制的系统控制应考虑：一是避免不断提高质量目标的倾向；二是确保基本质量目标的实现；三是尽可能发挥质量控制对投资目标和进度目标的积极作用。

3）全过程控制

建设工程总体质量目标的实现与工程质量的形成过程息息相关，因而必须对工程质量实行全过程控制。应当根据建设工程各阶段质量控制的特点和重点，确定各阶段质量控制的目标和任务，以便实现全过程质量控制。

设计阶段和施工阶段的持续时间较长，这两个阶段工作的“过程性”也尤为突出。

4）全方位控制

对建设工程质量进行全方位控制应从以下几方面着手：一是对建设工程所有工程内容的质量进行控制；二是对建设工程质量目标的所有内容进行控制。要特别注意对设计质量的控制，要尽可能作多方案的比较；三是对影响建设工程质量目标的所有因素进行控制。例如，可以将这些影响因素分为人、机械、材料、方法和环境五个方面。质量控制的全方位控制，就是要对这五方面因素都进行控制。

5）质量控制的特殊问题

一是对建设工程质量实行三重控制，即实施者自身的质量控制，政府对工程质量的监督，监理单位的质量控制。对于建设工程质量，加强政府的质量监督和监理单位的质量控制是非常必要的，但决不能因此而淡化或弱化实施者自身的质量控制。

二是工程质量事故处理。在实施建设监理的工程上，减少一般性工程质量事故，杜绝重大工程质量事故，应当说是最基本的要求。为此，不仅监理单位要加强对工程质量事故的预控和处理，而且要加强工程实施者自身的质量控制，把减少和杜绝工程质量事故的具体措施落实到工程实施过程之中，落实到每一工序之中。

六、建设工程目标控制的任务和措施

1. 建设工程设计阶段和施工阶段的特点

1）设计阶段的特点

(1) 设计工作表现为创造性的脑力劳动。设计劳动投入量与设计产品的质量之间并没有必然的联系。

(2) 设计阶段是决定建设工程价值和使用价值的主要阶段。在设计阶段可以基本确定整个建设工程的价值，其精度取决于设计所达到的深度和设计文件的完善程度。

(3) 设计阶段是影响建设工程投资程度的关键阶段。这里所说的“影响投资的程度”不能仅从投资的绝对数额上理解，不能由此得出投资额越少，设计效果越好的结论。所谓节约投资，是相对于建设工程通过设计所实现的具体功能和使用价值而言，应从价值工程和全寿命费用的角度来理解。

(4) 设计工作需要反复协调。首先，建设工程的设计涉及到许多不同的专业领域，需要在各专业设计之间进行反复协调；其次，在设计过程中，还要在不同设计阶段之间进行反复协调，既可能是同一专业之间的协调，也可能是不同专业之间的协调；再次，还需要与外部环境因素进行反复协调，主要涉及与业主需求和政府有关部门审批工作的协调。

(5) 设计质量对建设工程总体质量有决定性影响。在设计阶段，通过设计工作将工程实体的质量要求、功能和使用价值质量要求等都已确定下来，工程内容和建设方案也都十分明确。

2）施工阶段的特点

(1) 施工阶段是以执行计划为主的阶段。进入施工阶段，建设工程目标规划和计划的制定工作基本完成，余下的主要工作是伴随着控制而进行的计划调整和完善。因此，施工阶段是以执行计划为主的阶段。

(2) 施工阶段是实现建设工程价值和使用价值的主要阶段。建设工程的价值主要是在施工过程中形成的，包括转移价值和活劳动价值或新增价值。施工是形成建设工程实体、实现建设工程使用价值的过程。施工就是根据设计图纸和有关设计文件的规定，将施工对象由设想变为现实，由“纸上产品”变为实际的、可供使用的建设工程的物质生产活动。

(3) 施工阶段是资金投入量最大的阶段。建设工程价值的形成过程，也是其资金不断投入的过程。虽然施工阶段影响投资的程度只有10%左右，但在保证施工质量、保证实现设计所规定的功能和使用价值的前提下，仍然存在通过优化的施工方案来降低物化劳动和活劳动消耗、从而降低建设工程投资的可能性。

(4) 施工阶段需要协调的内容多。

(5) 施工质量对建设工程总体质量起保证作用。设计质量能否真正实现，或其实现程度如何，取决于施工质量的好坏。施工质量不仅对设计质量的实现起到保证作用，也对整个建设工程的总体质量起到保证作用。

施工阶段还有两个较为主要的特点：一是持续时间长、风险因素多；二是合同关系复杂、合同争议多。

2. 建设工程目标控制的任务

1) 设计阶段的任务

(1) 投资控制任务。在设计阶段，投资控制的主要任务是制订建设工程投资目标规划；开展技术经济分析等活动，协调和配合设计单位力求使设计投资合理化；审核概（预）算，提出改进意见，优化设计，最终满足建设工程投资的经济性要求。

(2) 进度控制任务。在设计阶段，进度控制的主要任务是确定合理的设计工期要求；制订建设工程总进度计划；协调各设计单位一体化开展设计工作，力求使设计能按进度计划要求进行；按合同要求及时、准确、完整地提供设计所需要的基础资料和数据；与外部有关部门协调相关事宜，保障设计工作顺利进行。

(3) 质量控制任务。在设计阶段，设计质量控制的主要任务是制订建设工程质量目标规划（如设计要求文件）；及时、准确、完善地提供设计工作所需的基础数据和资料；配合设计单位优化设计，确认设计符合有关法规、技术、经济、财务、环境条件要求，满足功能和使用要求。

2) 施工招标阶段的任务

(1) 编制施工招标文件。

(2) 编制标底。

(3) 做好投标资格预审工作。

(4) 组织开标、评标、定标工作。

3) 施工阶段的任务

(1) 投资控制的任务。施工阶段建设工程投资控制的主要任务是通过工程付款控制、工程变更费用控制、预防并处理好费用索赔、挖掘节约投资潜力来努力实现实际发生的费用不超过计划投资。

(2) 进度控制的任务。施工阶段建设工程进度控制的主要任务是通过完善建设工程控制性进度计划、审查施工单位施工进度计划、做好各项动态控制工作、协调各单位关系、预防并处理好工期索赔，以求实际施工进度达到计划施工进度的要求。

(3) 质量控制的任务。施工阶段建设工程质量控制的主要任务是通过对施工投入、施工和安装过程、产出品进行全过程控制，以及对参加施工的单位和人员的资质、材料和设备、施工机械和机具、施工方案和方法、施工环境实施全面控制，以期按标准达到预定的施工质量目标。

3. 建设工程目标控制的措施

为了取得目标控制的理想成果，可以在建设工程实施的各个阶段采取组织措施、技术措施、经济措施、合同措施等四个方面的措施。

组织措施是其他各类措施的前提和保障，而且一般不需要增加什么费用。

运用技术措施纠偏的关键：一是要能提出多个不同的技术方案；二是要对不同的技术方案进行技术经济分析。

经济措施除了审核工程量及相应的付款和结算报告等之外，还需要从一些全局性、总体性的问题上加以考虑。另外，不要仅仅局限在已发生的费用上。通过偏差原因分析和未完工程投资预测，可发现一些现有和潜在的问题将引起未完工程的投资增加，对这些问题应以主动控制为出发点，及时采取预防措施。

合同措施除了拟订合同条款、参加合同谈判、处理合同执行过程中的问题、防止和处理索赔等措施之外，还要协助业主确定对目标控制有利的建设工程组织管理模式和合同结构，分析不同合同之间的相互联系和影响，对每一个合同作总体和具体分析等。

第三节　工程项目实施控制系统

一、控制的基本概念

1. 控制

管理以及工程项目管理首先开始于制订计划，继而进行组织结构设置和人员配置，实施有效的领导，并在计划的实施过程中进行控制。

所谓控制，是指在实现行为对象目标的过程中，行为主体按预定的计划实施各项工作。由于在实施过程中会遇到许多干扰因素，行为主体应通过检查，收集实施状态的信息，并将它与原计划（标准）作比较，若发现偏差，则采取措施纠正这些偏差，从而保证计划正常实施，达到预定目标的全部活动。这里控制表现为以实现事先预定目标为目的，所以又称为目标控制。

工程项目实施控制的行为对象是工程项目的技术系统，控制主体包括工程项目组织者以及各参加者（如设计单位、监理单位、各承包商），控制对象的目标包括工程项目总目标体系、各参加单位的合同目标。

工程项目目标控制问题的要素包括：工程项目、控制目标、控制主体、实施计划、实施信息、偏差数据、纠偏措施、纠偏行为，这些都应是非常具体甚至是需要量化的要素。

2. 控制过程

控制者进行控制的过程是，在预先制订的目标基础上，事先制订实施计划，实施开始后，将计划所要求的劳动力、材料、设备、机具、方法等资源和信息输入受控系统，在输入资源转化为产品的过程中，对受控系统进行检查、监督，并收集相关信息（工作量完成情况、成本、消耗资源情况等），将其与计划或标准相比较，评价计划实际完成情况。如发现偏差，则应采取纠正措施，或通过信息反馈修正计划，开始新一轮控制循环。这个过程就是PDCA循环。P即Plan，计划；D即Do，执行；C即Check，检查；A即Action，处治。在这一过程中，环境与受控系统以及控制系统受外部环境的影响很大。控制模式与流程见图6-3。

3. 控制的基本环节

控制的过程是一个连续的过程，必须经过投入、转换、反馈、对比、纠偏等基本步骤。这几项工作，就是控制过程的基本环节。

1）投入——按计划投入

投入首先涉及到的是传统的生产要素，还包括施工方法、信息等。要使计划能够正常实施并达到预定的目标，就应当保证将质量、数量符合计划要求的资源按规定时间和地点投入到建设工程实施过程中去。一项计划能否顺利实现，计划确定的资源数量、质量和投入时间的正常化是必要条件。

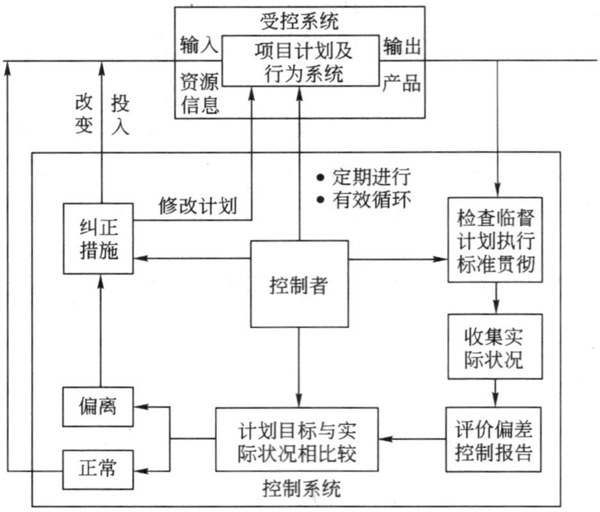

图 6-3　控制模式与流程

2）转换——做好转换过程的控制工作

所谓转换，是指由投入到产出的转换过程，通常表现为劳动力（管理人员、技术人员、工人）运用劳动资料（如施工机具）将劳动对象（如建筑材料、工程设备等）转变为预定的产出品。在转换过程中，计划的运行往往受到许多因素干扰，同时，由于计划本身不可避免地存在一定问题，从而造成实际状况偏离预定的目标和计划。对于可以及时解决的问题，应及时采取纠偏措施。

3）反馈——控制的基础工作

控制部门和控制人员需要全面、及时、准确地了解计划的执行情况及其结果，而这就需要通过反馈信息来实现。为此，需要设计信息反馈系统，预先确定反馈信息的内容、形式、来源、传递等，使每个控制部门和人员都能及时获得他们所需要的信息。信息反馈方式可以分为正式和非正式两种。对非正式信息反馈也应当予以足够的重视，非正式信息反馈应当适时转化为正式信息反馈。及时反馈给决策者，作为决策的重要依据。

4）对比——以确定是否偏离

对比是将目标的实际值与计划值进行比较，以确定是否发生偏离。在对比工作中，要注意以下几点：一是明确目标实际值与计划值的内涵。从目标形成的时间来看，在前者为计划值，在后者为实际值。二是合理选择比较的对象。常见的是相邻两种目标值之间的比较。结算价以外各种投资值之间的比较都是一次性的，而结算价与合同价（或设计概算）的比较则是经常性的，一般是定期（如每月）比较。三是建立目标实际值与计划值之间的对应关系。目标的分解深度、细度可以不同，但分解的原则、方法必须相同。四是确定衡量目标偏离的标准。

5）纠正——取得控制的效果

根据偏差的具体情况，可以按以下三种情况进行纠偏：一是直接纠偏。指在轻度偏离的情况下，不改变原定目标的计划值，基本不改变原定的实施计划，在下一个控制周期内，使目标的实际值控制在计划值范围内。二是不改变总目标的计划值，调整后期实施计划，这是在中度偏离情况下所采取的对策。三是重新确定目标的计划值，并据此重新制订实施计划，这是在重度偏离情况下所采取的对策。纠偏一般是针对正偏差（实际值大于计划值）而言，如投资增加、工期拖延。对于负偏差的情况，要仔细分析其原因，排除假象。如果轻度偏离，可适当改变资源的投入量，如果与目标偏离较大，则需要改变局部计划，如果确认原定计划目标不能实现，那就要修改目标，并制订新的计划。

4. 控制的基本理论

建立在控制论思想基础上的控制基本理论，主要有以下特点：

(1) 控制是一定主体为实现一定的目标而采取的一种行为。要实现最优化控制，必须首先满足两个条件：一是要有一个合格的控制主体；二是要有明确的系统目标。

(2) 控制是按事先拟订的计划和标准进行的，控制活动就是要检查实际发生的情况与标准或计划是否存在偏差，偏差是否在允许范围之内，是否应采取控制措施及采取何种措施以纠正偏差。

(3) 检查的方法是检查、分析、监督、引导和纠正。

(4) 控制是针对被控系统而言的，既要针对被控系统进行全过程控制，又要对其所有要素进行全面控制。全过程控制有事先控制、事中控制和事后控制，要素控制包括对人力、物力、财力、信息、技术、组织、时间、信誉等要素进行控制。

(5) 控制是动态的。

(6) 提倡主动控制，即在偏离发生之前预先分析偏离的可能性，采取预防措施，防止发生偏离。

(7) 控制是一个大系统，它包括组织、程序、手段、措施、目标和信息6个分系统，其中信息分系统贯穿于实施全过程。

二、工程项目控制特征

从控制基本概念可以看出，工程项目的实施必须进行控制。工程项目控制的目的就是保证工程项目总目标的圆满实现，这与工程项目的基本内涵是相吻合的，但工程项目控制有自己的特征。

(1) 项目管理主要采用目标管理（Management by Objective，缩写 MBO)。所以在项目前期策划阶段，必须明确总目标，在实施阶段通过设计和计划对总目标进行分解并落实到具体组织部门或个人。这些目标的实现确保了项目的实现，但目标必须通过实施控制才能实现。目标是控制的灵魂，控制是目标实现的重要手段。

(2) 现代大中型工程项目越来越多，它们投资大、规模大、技术要求高、系统复杂，新技术、新材料、新工艺层出不穷。因而，投入与实现转换的环节多，实施难度很大，没有良好的、有效的控制，项目很难取得成功。

(3) 工程项目参加单位多，项目的顺利实施需要将它们在组织上、时间上、空间上以及协调上形成一个有机整体。一旦在实施的某个环节上出现干扰并导致紊乱，将会影响整个有机体的正常发挥。因而需要在这方面加强控制。

(4) 许多工程项目（如道路工程、大型桥梁、水利工程、地铁、管道工程等），它们的参加单位因工地条件而分散；另外有一些企业中跨部门、跨行业、跨地区甚至跨国的项目越来越多，给项目的控制带来了新的挑战。

(5) 工程项目在实施过程中干扰因素太多，容易造成实施过程偏离项目的目标，偏离计划。如果不进行控制，会造成偏离的进一步增大，以至最终可能导致项目的失败。

三、工程项目实施控制任务和对象

1. 工程项目控制的任务

工程项目控制的任务是进行进度控制、成本控制和质量控制，这就是通常所谓的工程项目的三大目标控制。这三项目标是工程项目的约束条件，也是工程项目实施努力的方向，它们包括了工程实施控制最主要的工作。除此之外，工程项目还必须实施一些其他的控制工作。

1) 合同控制

现代工程项目参加单位与业主之间都是经济关系，并通过合同来维系。由于工程项目的整体性、系统性，业主与各参加单位以及各参加单位、其他单位的合同构成工程项目合同网络。这个网络要靠业主或工程项目组织者去精心设计。合同定义着各承发包工程的目标、工期、质量和价格，还定义着各方的责任、义务、权力、工作，所有与合同相关的工作均应受到严格的控制。

2) 风险管理

由于工程项目实施中蕴含着许多不确定性因素，这些不确定因素有可能发展成为风险，给工程项目造成很严重的负面影响，因此，必须对工程项目实施风险管理。

3) 项目变更管理及项目的形象管理

实施过程中的调控措施以及项目变更必然造成项目实施目标、对象系统、实施过程和计划的变更，造成项目形象的变化。因此，必须加强这方面的管理。

2. 工程项目控制对象

工程项目实施控制对象是项目控制活动的载体。只有对具体的控制对象进行微观控制，并系统集成起来，才能实施对工程项目的全面控制。

(1) 工程项目结构分解各层次的单元，直到工作包及其各个工程活动，它们是控制的最主要对象。由于它们构成进度计划中的工作任务，所以通过它们可形成时间、工程量、成本、资源等的综合控制。只有控制到最小单元才能控制成本、工期、质量，精确度才可信，才能真正理解偏差。

(2) 项目的各个生产要素，包括劳动力、材料、现场、费用等。

(3) 项目管理任务的各个方面，如成本、质量、工期、合同等。

(4) 工程项目的实施过程的秩序、安全、稳定性等。

(5) 为了便于有效地控制和检查，应设置一些控制点。控制点通常是关键点，能最佳地反映目标，如：

①重要的里程碑事件。

②对工程质量、进度、成本有重大影响的工程活动或措施。

③标的大，持续时间长的主要合同。

④主要工程设备、主体工程。

四、工程项目实施控制中的干扰因素及矛盾性

1. 工程项目实施控制中的干扰因素

1）人为的干扰因素

人为的干扰因素包括：决策失误、计划不周、指挥不当、控制协调不力、责任不清、行为有误等。由于人是工程项目管理的主体，所以，人为的干扰是工程项目中最主要的干扰。

2）材料的干扰因素

材料的干扰因素主要包括：供应不及时，大量材料运到现场后发现供应品种、规格、数量、质量不合乎要求，价格不合理，材料实验中出现问题，主体结构已经完成一定工程量后发现由于材料质量问题而不合格，材料使用不当等。构件等预制品也可能发生类似问题。

3）机械设备干扰因素

机械设备干扰因素主要包括：机械选型决策不当，供应不及时，维修保养不充分导致操作中经常出现机械故障，机械使用效率低，更新不及时，取费不合理等。

周转材料和工具产生的干扰与机械设备类似。

4）工艺及技术方案干扰因素

工艺及技术方案干扰因素主要包括：施工技术方案设计不周，没有进行多方案比较，施工技术方案交底不力，导致其贯彻与实施不当，工艺方法选用及使用不当导致操作中出现问题，执行各种规范、技术标准、工艺规程不力，检查不及时，管理点没有设计好、执行好。

5）资金方面的干扰因素

资金方面的干扰因素一般是资金不到位，其中又包括资金供应与支付不及时及数量不足，也有在结算、索赔中发生矛盾影响实施的积极性。

6）环境干扰因素

环境干扰因素极为复杂，对工程项目干扰影响最大。主要有以下几方面：

(1) 技术环境。如对工程项目所在地的地理、地质、地貌、水文、气象等调查分析不力，使项目设计与计划实施受到严重影响。

(2) 工程管理环境。如质量体系、管理制度、管理流程设计等不合理，造成管理过程中工作责任不清、出现问题后相互推诿、工作效率低下、人浮于事。

(3) 劳动环境。如劳动组合不够优化，劳动工具不足或使用不便，施工段划分不当，工作面狭窄，施工现场平面布置不合理等，这些都将导致劳动效率低下，进度滞后。

(4) 社会环境。如环保、环卫、交通、治安、绿化、文物保护等方面的法律法规限制；基础设施的保障与市场供应能力不足等方面干扰。

(5) 人文地域环境。项目实施点的民族生活习惯；政治、社会治安；当地居民对项目的认可等干扰因素，这些因素也是现阶段国内工程项目经常遇到的干扰因素，处理不好会出现阻工现象甚至发生打架斗殴事件。

2. 工程项目控制的矛盾性

工程项目控制并非在项目实施阶段才开始，它在项目构思、目标设计阶段已开始，对项目阶段工作成果的审查、批准都是控制工作，控制措施越早作出，对工程、对成本（投资）影响越大越有效。但在项目早期对项目的功能、技术标准要求、实施方法等各方面的目标尚未明确，或没有足够的说明，使实施控制的依据不足，项目前期的控制工作比较困难。所以应通过各种有效措施加强项目的前期控制，如在项目的目标确定、项目范围定义、可行性研

究、设计和计划中的阶段决策及各种审批工作。

在项目实施阶段，由于技术设计、计划、合同等已经全面定义，控制的目标十分明确，而且实施阶段资源、成本投入量大，所以，这个阶段的控制工作容易引起重视而且易于开展。但这时控制的影响效果比前期控制要小得多。

项目前期与实施阶段的控制效果不同，控制方法与手段也有较大差别，但两个阶段的控制对项目目标的实施都是极为重要的，所以都必须得到重视，不可偏废。

五、工程项目实施控制的主要工作

1. 工程项目的投入管理

当工程项目进入实施阶段，其预先设计的组织系统便开始充分发挥作用，对工程实施的各个阶段进行控制。为了保证计划的顺利进行，首先应做好以下控制工作。

（1）各种投入（如劳动力、技术与方案、材料、设备等资源）必须符合规范与客观要求。

（2）进一步落实各阶段工作程序。工程程序包括各部门、各种队伍及各种人员的工作职责、界面关系，项目实施具体控制工作的流程以及信息反馈过程。

工程项目实施的各个阶段由于工作性质以及投入与输出都不尽相同，因而其工作程序应有区别。如设计与施工，由于其行为系统的差别，它们的工作程序不可能相同。实践中，项目的每个方面（如设计、施工、招投标、供应、设备安装、验收等）都有其正常的工作程序，应结合每个具体项目的特征、各种目标、计划，将各个方面的工作程序具体化，并清楚定义下来，形成文件，让参与工作的每个单位或个人都能清晰地了解。

①项目组织者对工程程序的控制。工程程序是控制的一种极为有效的手段。项目组织者必须事先建立起项目总体工程程序以及它与各参加单位之间的工作程序（如项目协调、处理矛盾、发布指令、解释合同等），并清晰地告知项目的每一参加单位甚至主要人员。这些可通过合同以及项目手册进行说明。

②项目参与者对工作的程序控制。每一个工程项目的参加者必须根据组织者的工程项目手册、合同以及与工作性质建立起各自的工作程序，这一工作程序必须与组织者的总体程序、与其他可能相关的参加者的工作程序相容。

③工程项目实施的工作程序一般包括：工程项目的计划程序、工程项目控制（进度、成本、质量、现场安全、信息等）工作程序、工程项目的组织工作程序、工程项目各种资源（如人力、材料、资金）管理等工作程序、工程项目技术管理工作程序。

以上各方面在项目实施过程中是相互交织的，但项目各种职能管理人员的工作是有界限与界面的，必须通过系统分析与设计去定义这一系列的工作流程，以保证各种工程流程之间的交叉与衔接。

④工作程序应包括各种工作的检查，对各种干扰和潜在危险的预测，各种实际工程实施情况及环境状况的记录，各种工作和文件的审查与批准。

国际标准（ISO 10006）——项目管理质量指南以及我国的《建设工程项目管理规范》的实施体现了建立管理工作程序的精髓。

（3）信息及报告系统规划。管理与控制部门需要什么信息，取决于实际控制的需要。信息管理部门以及各职能管理部门应事先对信息进行规划，这样才获得控制所需要的全面、准确、及时的信息。这些信息记录反映各个工作程序中阶段工作成果。

2. 转换过程的控制

转换过程的控制工作，即跟踪了解工程项目进展情况，掌握工程转换的第一手资料。对转换过程的控制应根据控制期的设置分阶段进行。项目在这一控制工作中，主要是记录各种信息。

(1) 记录各种干扰因素。工作项目的各种干扰因素是评价工程进展与计划偏差的重要方面。

(2) 记录工程实施过程。工程实施过程发生的各种信息的记录，是事后追溯的必要的工作基础，并为分析偏差提供依据。实际工程中的施工日志、监理日志就是用来记录工程实施过程的。

(3) 记录工程量完成情况。

(4) 记录计划完成情况。

(5) 记录工程各种实际发生的费用（如人工、材料等）。

(6) 记录各种材料用量。

(7) 记录各种质量检查过程与结果。

工程量、计划、材料用量、发生费用的记录是反映实际工程进度、成本、工作量、质量等基本信息。它们的记录与汇总应细分到进度计划中各工作任务、WBS 的各项目单元、各责任人。工程信息应真实、客观。

3. 信息反馈与对比

(1) 在信息规划的基础上，将上述各种信息进行加工处理，形成反映工程每一控制期的进度、成本、质量、安全综合信息反馈给控制部门。通过这些信息，结合工程状况、环境变化，可对工程进行预测，这样各管理职能部门就能获得项目实施状况的报告。

(2) 将工程项目实际进度、成本、质量状况与项目的目标、项目的计划相比较，可以确定实际与计划的差距，发现何处、何时、哪方面出现了偏差。

(3) 在实际工程中对这种偏差的认识在时间上是滞后的。因此信息反馈要尽量迅速，并能反映实际问题。实践中最好建立有效的早期预警系统。

(4) 对偏差的分析应是全面的，从宏观到微观，由定性到定量，分析到每个控制对象。偏差可能表现在：

①工程的完备性，工作量和质量。

②生产效率：控制期内完成的工作量和相应的劳动消耗。

③费用、成本：各工作任务或工作包费用，各费用项目剩余成本。

④工期：如工作任务或工作包最终工期、剩余工期。

4. 偏差的分析

(1) 产生偏差的原因很多，除最常出现的实际工程不能完全按计划实施外，可能还有目标的变化、边界条件和环境条件的变化、计划的错误、新的解决方案的采用、不可预见风险的发生、高层管理的干扰等。所以对偏差的分析，不要仅局限于实际与计划的对比，还要根据实际信息判断上述原因发生的可能性，这样才能得到正确的判断。

(2) 产生偏差的责任分析。

①责任分析的依据是原定的目标分解所落实的责任，它由任务书、任务单、项目手册等定义。通过分析确定是哪个单位、哪个部门、哪个成员未能完成规定的责任而造成偏差，这对工程今后的控制是非常重要的。

②在实际工程中有时偏差的产生是由于多方面责任，或多种原因的综合，因此分析时应按原因进行分解，明确造成偏差的各种责任。

（3）实施过程趋向的预测。这主要是给决策者提供决策依据。实施过程趋向预测是在目前实际状况的基础上对后期工程活动作新的进度计划，新的成本、资源计划等，这种预测工作包括：

①偏差对项目的结果状况有什么影响，即按目前状况继续实施工程，其成本、质量的最终状况。

②如果采取措施，以及采取不同的措施，工程项目将会有什么结果。

③事先预测和评价潜在的危险和将来可能发生的干扰，以准备采取预防性行动，否则会加大调整的难度。

5. 采取纠偏措施

当实际与计划发生偏差后，要积极采取措施加以纠正。

如果是轻度偏差，通常可采用较简单的措施进行纠偏。例如，当进度稍许拖延的情况，可适当增加投入应可以解决。

如果有较大偏离，则需要改变局部计划才能使计划目标得以实现。

如果已经确认原定计划目标不能实现，那就要重新确定目标，然后根据新目标制订新计划，使工程在新的计划状态下组织实施。

目标与计划的修改最重要的影响就是造成投资或成本的追加，最严重的措施是中断项目。

纠偏措施的手段是多种多样的，如技术的、经济的、组织的、管理的或合同的手段，干预实施过程、协调各单位、各专业的设计和施工工作。纠偏措施决策权在项目组织单位或参加单位的决策者，它们的控制部门提出各种解决方案并参与决策。

调整是动态的控制，是一个连续滚动的过程，在每个控制期结束都应有相应的协调会议，进行常规的工作调整，修改计划、安排下期的工作，预测未来的状况。

第四节　工程项目的变更管理

一、变更的产生

变更管理是工程项目控制中的一项重要的工作，它不同于进度、成本与质量控制，但它对工程项目的进度、成本、质量带来的影响很大。

工程变更是指项目实施过程中，因业主或承包商的原因引起的任务范围、工程标准等方面的变动，这种变动对合同中已确定的项目费用和进度会产生影响。

工程变更一方面是由于目标设计、勘察设计工作粗糙，或没有考虑科技发展对项目带来的影响，以致在施工过程中发现设计不完备，不符合使用要求，或考虑不够详细，或工程量估算不准确，因而不得不改变施工项目或增减工作量；另一方面，是由于发生了不可预见因素引起的停工或工期拖延而可能造成的实施目标的临时变化等。

实施过程中，某一承包商造成工程的拖延或失误，将会导致另一承包商正常工作的进展或节奏的紊乱。这种情况也应得到控制。

工程变更一般包括：

1）设计变更

如项目进入实施期后，业主方提出改变项目的部分功能，可能涉及到外观，结构，平面布置等的变化，这也是变更中发生最多的一种情况。

2）进度计划变更

这也是发生比较普遍的一种变更，业主方由于种种原因，可能要求提前建成投产等。

3）施工条件变更

由于地质、水文等情况在施工时发现与最初的勘察、设计不同或者由于施工的环境变化都可能出现这类变更，越是大项目、技术复杂项目，这类变更可能越可能发生，如大型桥梁的基础施工，高挖方的路基施工等。

4）技术规范与标准变更

这种情况的变更相对较少一些，除非是国家的强制性规范和标准的变化，一般项目进入实施期还可以按原标准规范执行。

5）施工次序变更

往往由于现场情况有变化而发生。

6）工程数量变更等

这种情况在大型土石方工程中容易发生，在换填、清淤时也常发生。

工程变更可能来自于许多方面，如业主、工程师或承包商等方面的原因，但一般情况下主要是由业主所引起的。不管是哪一方面提出的工程变更，都会对工程项目的实施造成影响，如投资的增加、进度的变化、建设目标或施工目标的变动以及整个工程所有参加单位实施任务时间、费用、施工节奏或均衡性的紊乱。

控制或减少工程变更的主要手段就是加强工程项目策划的完备性、目标先进合理性、技术设计的正确性以及实施方案和实施计划的科学性与可行性等方面的工作。

二、变更造成的影响

变更一般都会对工程项目的实施造成影响，影响主要有以下几方面：

(1) 工程目标和工程实施的各种文件的修改和变更，如设计图纸、规范、各种计划、合同、施工方案、供应方案等。有些重大的变更会打乱整个施工部署以及实施的总体安排。

(2) 项目组织责任的变化和组织争执。

(3) 已完工程的返工，现场工程施工的停滞，施工秩序打乱，已购材料的损失。

变更作出的时间对变更的影响程度不同。同一变更，若发生较早，甚至是在项目策划设计阶段，要比在实施过程中发生所产生的影响要小。

有些工程变更是不可避免的。如果业主或承包商不得不作出变更，应尽量控制工程变更所带来的影响及影响面，尽量不要造成已完工程的返工，否则工程项目实施损失太大。

三、变更的处理

变更决定要尽可能快。一方面要尽量在项目早期发现遗憾或遗漏，另一方面一旦发现问题，不得不作出变更，则变更的决策、措施、指令要尽快落实，否则，造成工程返工、停工，进而对工程进度、成本、质量影响更大。

变更指令作出后，应迅速、全面、系统地落实变更指令，主要做好以下工作：

全面修改相关的各种文件，如图纸、规范、施工计划、采购计划、成本计划等，使它们反映和包容最新的变更。

尽快对相关承包商落实变更指令。指令下达后，立即调动各种因素，积极提供相应的措施。同时还要做好相关的协调或配套工作的落实。

变更带来的影响往往不是单方面的，而是几乎涉及所有项目参加者以及当前所有实施活动。因此变更作出后，应进行全面的计划、安排和协调，避免造成更大更多的损失。

四、变更的控制程序

正由于变更对工程项目造成的影响很大，一般不能通过正常的项目控制来纠正其影响，所以必须加强变更的控制。

变更的控制主要通过设置一整套程序来实现。

1）工程变更的申请

当业主或承包商认为必须进行工程变更以弥补目标定义、设计、施工或环境影响造成的缺陷或不足时，首先应进行变更的申请。项目管理者在项目手册中应事先定义变更的性质，变更申请的格式、确定变更内容和范围，估计变更对进度、费用所产生的影响等。

2）变更的审查与确认

将变更的申请呈报项目组织者（对委托监理的项目一般报总监），经其同意后，送业主审查和认可。项目管理者在收到业主（通常是总监）的书面通知后，应尽快批准并发出变更通知。

根据变更的性质、紧急程度、变更的影响不同，应具体定义变更的审批权限。

3）变更通知

一旦确认变更后，立即针对此项变更进行相关施工文件的修改和变更，并通自有关各方执行变更后的计划、合同、施工图纸等。

本章小结

工程项目实施控制主要通过对工程项目进行结构分析，而工程项目结构分析要了解分析的目的、方法；工程项目的目标控制包括控制的含义、控制流程、控制特征及其基本环节、工程项目实施控制中的干扰因素。工程项目的变更管理包括变更的产生、变更造成的影响及变更的控制程序。

思考题

1. 可以从哪些角度进行过程分解？
2. 工程项目结构分解的基本作用有哪些？
3. 试述主动控制与被动控制的关系。
4. 控制的基本环节有哪些？
5. 工程项目控制有哪些特征？
6. 工程项目实施控制中有哪些干扰因素？
7. 工程变更一般包括哪些变更？
8. 变更控制的程序是什么？

第七章 工程项目进度控制

本章知识点

- 建设工程项目进度控制的主体和任务；
- 进度控制的基本原理；
- 进度控制的方法和措施；
- 进度计划的类型；
- 工程项目进度计划的编制；
- 进度计划的表示方法；
- 进度计划执行中的检查、分析；
- 进度计划的调整方法。

第一节 工程项目进度控制概述

项目能否在预定的时间内交付使用，直接关系到投资效益的发挥。因此，对工程项目进行有效的控制，使其达到预定的目标，是业主方、设计方、施工方、供货方进行项目管理的中心任务和项目实施过程中一项必不可少的环节。进度计划是实现的控制目标和标准。考虑项目的约束条件、编制科学的进度计划、实施中采用科学的控制方法是实现有效控制的基本保证。

一、进度控制的主体和任务

一个项目往往由许多参与单位承担不同的建设任务，业主和其他项目参与者既代表不同的利益方，同时又都有进度控制的任务。根据建设项目生产组织的特点，参与项目进度控制的主体包括业主方、设计方、施工方和供货方等，其进度控制的任务分别如下。

1. 业主方

业主方进行进度控制的主要任务是控制整个项目实施阶段的进度，包括控制设计准备阶段的工作进度、设计工作进度、施工进度、物资采购工作进度，以及项目动用前准备阶段的工作进度。业主方的进度控制一般通过监理工程师实施。

2. 设计方

设计方进度控制的任务是依据设计任务委托合同对设计工作进度的要求控制设计工作进度，这是设计方履行合同的义务。另外，设计方应尽可能使设计工作的进度与招标、施工和物资采购等工作进度相协调。

3. 施工方

施工方进度控制的任务是依据施工任务委托合同对施工进度的要求控制施工进度，这是施工方履行合同的义务。在进度计划编制方面，施工方应该根据项目的特点和施工进度控制的需要，编制深度不同的控制性、指导性和实施性施工的进度计划，以及按照不同计划周期（年度、季度、月度和旬）的施工计划等。

4. 供货方

供货方进度控制的任务是依据供货合同对供货的要求控制供货进度，这是供货方履行合同的义务。供货进度计划一般包括涉及供货的所有环节，如采购、加工制造、运输、仓储等。

二、进度控制的基本原理

建设项目是在动态条件下实施的，因此进度控制也是一个动态的管理过程。工程项目的进度控制包括：计划、实施、监测和调整等基本控制要素，如图 7-1 所示。

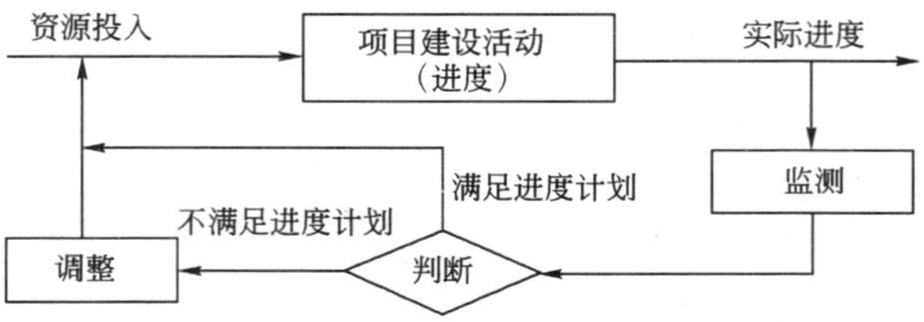

图 7-1　工程项目的进度控制原理图

1. 项目进度计划

项目进度计划是项目进度控制的第一控制要素。项目进度计划有项目的前期准备、设计、施工和动用前准备等几个阶段的进度计划。项目进度控制在项目进度计划阶段的实质性体现，一是制订分级控制进度计划，即将上述计划细化为项目总进度计划（总控制）、项目分阶段进度计划（中间控制）和项目分阶段的各子项进度计划（详细控制）；二是需对这些计划进行优化，这样才能提高项目进度计划的有效控制程度。

2. 项目进度实施

项目进度实施是项目进度控制的第二控制要素。项目进度实施过程中，由于存在干扰因素，会使实施结果偏离进度计划。项目进度控制在项目进度实施阶段的实质性体现，一是预测干扰因素；二是分析风险程度；三是采取预控措施。采用这些监控手段，可避免或减少实际结果与进度计划的偏差。

3. 项目进度监测

项目进度监测是项目进度控制的第三控制要素。要了解和掌握项目进度计划在实施过程中的变化趋势和偏差程度，必须进行项目进度监测。项目进度控制在项目进度监测阶段的实质性体现，一是跟踪检查；二是数据采集；三是偏差分析（实际结果与进度计划的比较）。这些偏差识别工作的快速、准确进行，可提高项目进度控制的敏度和精度。

4. 项目进度调整

项目进度调整是项目进度控制的第四控制要素。项目进度计划在实施过程中，由于发生偏差而需要调整时，是个非常复杂的过程。项目进度控制在项目进度调整阶段的实质性体现，一是偏差分析，分析产生进度偏差的前因后果；二是动态调整，寻求进度调整的约束条件和可行方案；三是优化控制，决策使进度、费用变化最小，能达到或逼近进度计划的优化控制目标。偏差分析、动态调整和优化控制是项目进度控制中最困难、最关键的控制要素。

工程项目进度控制是周期性进行的，项目经理是进度控制的核心部分，业主、承包商和监理工程师的共同控制是进度控制的有力保证。

三、进度控制的方法和措施

1. 进度控制的方法

1）进度控制的行政方法

用行政方法控制进度，是指上级单位及上级领导人、本单位的领导层及领导人利用其行政地位和权力，通过发布进度指令进行指导、协调、考核，利用激励手段（奖、罚、表扬、批评）监督、督促等方式进行进度控制。

使用行政方法进行进度控制，优点是直接、迅速、有效，但应当注意其科学性，防止武断、主观、片面的瞎指挥。

行政方法应结合政府监理开展工作，指令要少些，指导要多些。

行政方法控制进度的重点应是进度控制目标的决策或指导，在实施中应尽量让实施者自己进行控制，尽量少进行行政干预。

国家通过行政手段审批项目建设和可行性研究报告，对重大项目或大中型项目的工期进行决策，批准年度基本建设计划，制订工期定额并督促其贯彻、实施，招投标办公室批准标底文件中的开竣工日期及总工期等，都是行之有效的控制进度的行政方法。实施单位应执行正确的行政控制措施。

2）进度控制的经济方法

进度控制的经济方法，是指用经济类的手段对进度控制进行影响和控制。主要有：

（1）银行通过对投资的投放速度控制工程项目的实施进度。

（2）承发包合同中写进有关工期和进度的条款。

（3）建设单位通过招标的进度优惠条件鼓励施工单位加快进度。

（4）建设单位通过工期提前奖励和延期罚款实施进度控制。

（5）通过物资的供应数量和进度实施进行控制等。

用经济方法控制进度应在合同中明确，辅之以科学的核算，使进度控制产生的效果大于为此而进行的投入。

3）进度控制的管理技术方法

进度控制的管理技术方法是指通过各种计划的编制、优化、实施、调整而实现进度控制的方法，包括：流水作业方法、科学排序方法、网络计划方法、滚动计划方法、电子计算机辅助进度管理等。

2. 进度控制的措施

进度控制的措施包括组织措施、技术措施、经济措施和管理措施等。

1）组织措施

进度控制的组织措施主要包括：

（1）建立包括监理单位、建设单位、设计单位、施工单位、供应单位、市政公用单位等进度控制体系，明确各方的人员配备、进度控制任务和相互关系。

（2）建立进度报告制度和进度信息沟通网络。

（3）建立进度协调会议制度。

（4）建立进度计划审核制度。

（5）建立进度控制检查制度和调度制度。

(6) 建立进度控制分析制度。

(7) 建立图纸审查、及时办理工程变更和设计变更手续的措施。

2) 技术措施

进度控制的技术措施主要包括：

(1) 选用合理的设计技术和施工技术。

(2) 采用多级网络计划技术和其他先进适用的计划技术。

(3) 组织流水作业、保证作业连续、均衡、有节奏。

(4) 缩短作业时间、减少技术间歇的技术措施。

(5) 采用电子计算机控制进度的措施。

(6) 采用先进高效的技术和设备。

3) 经济措施

进度控制的经济措施主要包括：

(1) 对工期缩短给予奖励。

(2) 对应急赶工给予优厚的赶工费。

(3) 对拖延工期给予罚款、收赔偿金。

(4) 提供资金、设备、材料、加工订货等供应时间保证措施。

(5) 及时办理预付款及工程进度款支付手续。

(6) 加强索赔管理。

4) 管理措施

进度控制的管理措施包括：

(1) 树立动态控制的观念，加强组织、指挥、协调，以保证合同进度目标的实现。

(2) 重视工程网络计划方法在进度控制中应用，以实现进度控制的科学化。

(3) 加强风险管理，在合同中充分考虑风险因素及其对进度的影响、处理办法等。

(4) 结合工程费用和质量管理进行进度控制。

(5) 重视信息技术在进度控制中的应用。

第二节　工程项目进度控制计划的编制和表示方法

一、进度计划的类型

进度计划指工程项目建设活动开展前，根据各活动的先后关系、技术经济特点、组织措施、资源消耗、约束条件等，对其各建设活动在开始与完成时间上进行的规划。

进度计划是由多个相互关联的进度计划组成的系统，它是工程进度控制的依据，科学的进度计划是完成进度控制的前提。进度计划根据使用者、编制范围、对象等不同，有如下几种进度计划。

1. 业主的进度计划

为使工程建设符合国家宏观投资计划的要求，遵循基本建设程序，按合理工期建成投入使用，进度计划实现项目进度目标，需要编制各种计划，作为进度控制的基础。一般来说，业主的进度计划属于宏观进度计划范畴。

1) 工程项目前期工作计划

工程项目前期工作计划是指对可行性研究、设计任务书及初步设计的工作进度安排。该计划由建设单位在预测的基础上进行编制。

2）工程项目建设总进度计划

工程项目建设总进度计划，是指初步设计被批准后，编制上报年度计划以前，根据初步设计对工程项目从开始建设（设计、施工准备）至竣工投入使用全过程的统一部署，以安排各单项工程和单位工程的建设进度，合理分配年度投资，组织各方面的协作，保证初步设计确定的各项建设任务的完成。它对于保证项目建设的连续性、增强建设工作的预见性、确保项目按期动用具有重要作用。它是编制、上报年度计划的依据，它由以下几个部分组成。

（1）文字部分。包括工程项目的概况和特点，安排建设总进度的原则和依据，投资资金来源和年度安排情况，技术设计、施工图设计、设备交付和施工力量进场时间的安排，道路、供电、供水等方面的协作配合及进度的衔接，计划中存在的主要问题及采取的措施，需要上级及有关部门解决的重大问题等。

（2）工程项目一览表。该表把初步设计中确定的建设内容，按照单项工程、单位工程归类并编号，明确其建设内容和投资额，以便各部门按统一的口径确定工程项目，控制投资和进行管理。

（3）工程项目总进度计划。工程项目总进度计划是根据初步设计中确定的建设工程和工艺流程，具体安排单项工程和单位工程的进度。一般用横道图编制。

（4）投资计划年度分配表。该表根据工程项目总进度计划，安排各个年度的投资，以便预测各个年度的投资规模，筹集建设资金或与银行签订贷款合同，规定分年用款计划。

（5）工程项目进度平衡表。工程项目进度平衡表用以明确各种设计文件交付日期，主要设备交货日期，施工单位进场日期和竣工日期，水、电、道路接通日期等，以保证建设中各个环节相互衔接，确保工程项目按期投入使用。

在此基础上，分别编制综合进度控制计划，设计工作进度计划，采购工作进度计划，施工进度计划，验收和投产进度计划等。

3）工程项目年度计划

工程项目年度计划依据工程项目总进度计划由建设单位进行编制。该计划既要满足工程项目总进度的要求，又要与当年可能获得的资金、设备、材料、施工力量相适应。根据各合同路段或交付使用的要求，合理安排年度建设的工程项目。工程项目年度计划的内容如下。

（1）文字部分。说明编制年度计划的依据和原则；建设进度；本年计划投资额；本年计划建造的建筑规模；施工图、设备、材料、施工力量等建设条件的落实情况，动用资源情况；对外部协作配合项目建设进度的安排或要求；需要上级主管部门协助解决的问题；计划中存在的其他问题；为完成计划采取的各项措施等。

（2）表格部分。

①年度计划项目表。该计划对年度施工的项目确定投资额、年末形象进度，阐明建设条件（图纸、设备、材料、施工力量）的落实情况。

②年度竣工交付使用计划表。该计划阐明单项工程的建设内容、投资额、新增固定资产、新增路网交通通过能力等的总规模及本年计划完成数，并阐明竣工日期。

③年度建设资金平衡表和年度设备平衡表。

2. 监理咨询单位的进度计划

（1）总进度计划。阐明工程项目前期准备、设计、施工、动用前准备及项目动用等几个阶段的控制进度。一般用横道图编制。

（2）总进度分解计划。包括：年度进度计划；季度进度计划；月度进度计划；设计准备阶段进度计划；设计阶段进度计划；施工阶段进度计划；动用前准备阶段进度计划。

（3）各子项目进度计划。

（4）进度控制工作制度。包括：工作流程图；进度控制措施（组织措施、技术措施、经济措施、合同措施）。

3. 设计单位的计划系统

（1）设计准备工作计划。

（2）设计总进度计划。

（3）设计工作分专业进度计划。

4. 施工单位的计划系统

从编制的范围与对象看，有如下几点：

（1）施工准备工作计划。

（2）施工总进度计划。

（3）单位工程进度计划。

（4）分包工程进度计划。

（5）分部、分项工程进度计划。

（6）施工项目年度（季度、月度）进度计划。

二、工程项目进度计划的编制

1. 工程进度计划编制的基本要求

（1）保证工程项目目标工期实现。

（2）迅速发挥投资效果。

（3）尽量使建设活动及工程施工均衡与连续。

2. 工程进度计划编制程序

（1）确定进度计划编制的依据，明确进度计划的用途。

（2）确定工程建设总工期。

（3）确定工程建设活动及可用资源，根据需要对公路项目进行分解，设计各活动的逻辑关系，确定其延续时间。

（4）选择工程进度计划表达方式，如选择使用表格、或横道图、或网络图、或垂直图。

（5）编制工程进度计划。

（6）优化调整。

（7）编制说明及相应图表。

下面以施工总进度计划的编制阐述工程项目总进度计划编制的一般方法。

施工总进度计划是施工现场各项施工活动在时间上的体现。编制施工总进度计划就是根据施工部署中的施工方案和工程项目的开展程序，对建设项目的所有工程内容做出时间上的安排。其作用在于确定各个施工项目及其主要工种工程、准备工作和项目各子项的施工期限及其开工和竣工日期，从而确定施工现场上劳动力、材料、成品、半成品、施工机械的需要数量和调配情况，以及现场临时设施的数量、水电供应数量和能源、交通的需要数量等。因此，正确地编制施工总进度计划是保证各项目以及整个建设工程按期交付使用，充分发挥投资效益，降低工程建设成本的重要条件。

编制施工总进度计划的基本要求是：

①保证拟建工程在规定的期限内完成。

②迅速发挥投资效益。

③施工的连续性和均衡性。

④节约施工费用。

根据施工部署中建设工程分期分批交付使用的顺序，将项目的各项工程分别列出，在控制的期限内进行各项工程的具体安排；如建设路段不太长、各交工系统工程项目不很多时，亦可不按分期分批交付使用顺序安排，而直接安排总进度计划。

施工总进度计划编制的步骤如下。

1. 列出工程项目一览表并计算工程量

建设项目施工总进度计划主要起控制总工期的作用，因此项目划分不宜过细。通常按照合同路段、重点工程投入使用的顺序和工程开展程序列出，并突出每个交工系统中的主要工程项目，一些附属项目及小型工程，临时设施可以合并列出工程项目一览表。

在工程项目一览表的基础上，按工程的开展顺序，以单位工程计算主要实物工程量。此时计算工程量的目的是为了选择施工方案和主要的施工、运输机械，初步规划主要施工过程的流水施工，估算各项目的完成时间，计算劳动力和技术物资的需要量。因此，工程量只需粗略地计算即可。计算工程量可按初步（或扩大初步）设计图纸并根据各种定额手册进行计算。

2. 确定每一建筑施工段的施工期限

由于各施工单位的施工技术与管理水平、机械化程度、劳动力和材料供应情况等不同而有很大差别。因此应根据各施工单位的具体条件，并考虑施工项目的各合同段的技术特点、建筑结构类型、体积大小和现场地形、工程与水文地质、施工条件等因素加以确定。此外，也可参考有关相似项目的工期来确定各单位工程的施工期限。

3. 确定各单位工程的开竣工时间和相互搭接关系

在施工部署中已经确定了总的施工期限、施工程序和各系统的控制期限及搭接时间，但对每一个单位工程的开竣工时间尚未具体确定。通过对各合同段或构筑物的工期进行分析，确定了每个合同段或构筑物的施工期限后，就可以进一步安排各合同段或构筑物的搭接施工时间。在安排搭接施工时，通常应考虑以下各主要因素。

1）保证重点，兼顾一般

在安排进度时，要分清主次，抓住重点，同时期进行的项目不宜过多，以免分散有限的人力物力。主要工程项目指工程量大、工期长、质量要求高、施工难度大，对其他工程施工影响大、对整个建设项目的顺利完成起关键性作用的工程子项。这些项目在各系统的控制期限内应优先安排。

2）满足连续、均衡施工要求

在安排施工进度时，应尽量使各工种施工人员、施工机械在全工地内连续施工，同时尽量使劳动力、施工机具和物资消耗量在全工地上达到均衡，避免出现突出的高峰和低谷，以利于劳动力的调度、原材料供应和充分利用临时设施。为达到这种要求，应考虑在工程项目之间组织大流水施工，即在相同结构特征的建筑物或主要工种工程之间组织流水施工，从而实现人力、材料和施工机械的综合平衡。另外，为实现连续均衡施工，还要留出一些后备项目作为调节项目，穿插在主要项目的流水中，如附属或临时设施等。

3）满足项目的施工工艺要求

合理安排各个单位工程或分部分项工程的施工顺序，使之满足工程施工的技术要求是保证进度计划可学性的前提。

4）认真考虑施工总进度计划对施工总平面空间布置的影响

由于施工现场的限制，使场内运输、材料构件准放、设备组装和施工机械布置等产生困难。为减少这方面的困难，除采取一定的技术措施外，对相邻各合同路段的开工时间和施工顺序予以调整，以避免或减少相互影响是保证进度的重要措施之一。

5）全面考虑各种条件限制

在确定各合同段施工顺序时，还应考虑各种客观条件的限制。如施工企业的施工力量，各种原材料、机械设备的供应情况，设计单位提供图纸的时间，各年度建设投资数量等，对各项建筑物的开工时间和先后顺序予以调整。同时，由于公路施工受季节、环境影响较大，因此，经常会对某些项目的施工时间提出具体要求，从而对施工的时间和顺序安排产生影响。

4. 安排施工进度

施工总进度计划可以用横道图表达，也可以用网络图表达。由于施工总进度计划只是起控制性作用，因此不必搞得过细。当用横道图表达总进度计划时，项目的排列可按施工总体方案所确定的工程展开程序排列。横道图上应表达出各施工项目的开竣工时间及其延续时间。

近年来，随着网络计划技术的推广和普及，采用网络图表达施工总进度计划已经在实践中得到广泛应用。用时间坐标网络图表达总进度计划比横道图更加直观、明了，还可以表达出各项目之间的逻辑关系。同时，由于可以应用电子计算机计算和输出，更便于对进度计划进行调整、优化、统计资源数量，甚至输出图表等。

5. 总进度计划的优化调整

施工总进度计划表绘制完后，将同一时期各项工程的资源量分别相加，用一定的比例绘在施工总进度计划的底部，即可得出建设项目资源需要量动态曲线。若曲线上存在较大的高峰或低谷，则表明在该时间里各种资源的需求量变化较大，需要调整一些单位工程的施工速度或开竣工时间，以便消除高峰或低谷，或使用资源优化技术进行各种需要的优化，以达到资源需求量均衡或工期最短。

三、进度计划的表示方法

表示工程进度计划的常用方法有关键日期表、横道图、垂直图、网络计划等。

1. 关键日期表

关键日期表是将项目建设活动或施工过程在表中列出，注明其开始与结束时间，是否是关键工作的一种日程安排。其特点是简洁，但表现力较差，优化调整较困难。

2. 横道图（甘特图）

横道图（甘特图）是利用比例横线条表达各活动的延续时间，在图中列出活动或施工过程名称、标注时间坐标值。该方法的特点是简洁明了，直观易懂，但计划中各活动之间的逻辑关系不能明确表达，优化调整较困难。该方法在工程实践中广泛应用。

3. 垂直图（速度图）

垂直图是利用横向（坐标）表示活动时间，纵向（坐标）表示某工作进程（通常开始点定位于下方），活动进展情况由从下至上的斜线表示。该方法的特点是用斜线表示进程，斜线的倾斜度大小表示其施工速度的快慢，直观明了。该方法特别适用于线形工程如公路工程、管线工程等进度规划。

4. 网络计划（CPM/PERT）

网络计划（CPM/PERT）也叫关键线路法，它以流程图为基础，将各活动（或工作）按不同的先后顺序、用节点和箭线构成的一种有向网络图。其特点是各工作之间的逻辑关系清晰、直观易懂。该网络图具有一套完整的优化调整方法，且借助计算机能完成各种优化调整及实施中的控制。

我国《工程网络计划技术规程》（JGJ/T 121—99）推荐的常用的网络计划类型包括如下几种：

（1）双代号网络计划。

（2）单代号网络计划。

（3）双代号时标网络计划。

（4）单代号搭接网络计划。

第三节　进度计划执行中的检查、分析与调整

一、进度计划执行中的检查、分析

1. 进度检查中涉及的有关概念

1）延误（Delay）

延误是指施工中实际进度与计划进度相比较的拖延或耽误，即进度偏差的不利一面。在工程施工过程中涉及延误时，往往是指某些正在施工的工作（或分项工程）的延误。

2）工期（Project Duration）

工期原来是泛指完成一件事件所需的时间。工程项目所需的时间也有人称为工期，是一般情况下为了区别而称为总工期。

3）工期拖延即延误工期（Fail to comply with the Time for Completion）

延误工期（或工期拖延）是指工程项目所需的时间超过计划或合同规定的竣工时间，简称为误期。误期是业主、监理、承包人都不愿意发生的事件，进度控制的目标就是尽量避免误期的发生。

2. 进度检查的方法

进度检查就是将实际进度与计划进度作对比，找出偏差。偏差不外乎有三种可能，即：实际与计划相比的提前、按时（正常）或拖延（延误）。在进度检查时所谈及的偏离往往是针对正在检查的内容，即工作（或分项工程）。因此还应分析这些偏差对工程项目或合同段工期有何影响，即工程总体进度状况发展的趋势。

1）横道图法与S曲线法

工程进度表是反映每个月工程实际进度与计划进度的图表，它是横道图与S曲线的结合。该方法一般用横道图反映每月相应各分项的计划量与实际量以及开、完工时间，用S曲线表示本月整个工程量实际值（实线表示）与计划值（虚线表示）的累加值对比。横道图中横线下方数值为计划完成量百分数（或累加百分数），上方为实际完成量百分数（或累加百分数）。

工程进度表实现了横道图法与S曲线法的优势互补，取长补短，克服了横道图不便了解工程整体进度的弱点和S曲线无法了解各分项工程进度的弱点，所以工程进度表是监理工作

进度控制的重要形式。从工程进度表中了解到工程进度的总体状况和各分项工程的情况；但对于工程进度中的具体问题，发生在哪些段落还得借助于细节横道图和网络计划图，特别是在处理是否给予延期问题时，用网络图最方便。

2）网络计划进度检查的计算方法

（1）网络图中工作的延误。在检查时一般是指工作的实际时间与计划时间相比的拖延或耽误。在网络计划中，计划时间有最早和最迟两种，严格地说延误都是工作的实际时间与计划最早时间相比的拖延或耽误，这点对正确理解网络计划的进度检查尤为重要。

（2）延误工期（工期拖延）。工程项目工期的拖延或耽误，简称为误期。在网络计划中就是工作的实际时间与计划最迟时间相比的拖延或耽误，也等于工作延误减去其总时差。这是网络计划图的最显著优点，使计划管理人员能从局部的工作预计未来的工程全局。

在网络计划图中进行进度检查能做到一举两得。检查时，工作实际进度情况与计划最早时间相比可了解到本身工作的进度状况，也了解了后续工作可能受到的影响，同时，与计划最迟时间比可了解对工程项目工期的影响。用网络计划图进行进度检查，既全面，又简单、快捷，真正做到了局部和全局都一目了然。

3）时标网络图进度检查的前锋线法

双代号时标网络图一般采用最早时间形式绘制。时标图很直观地表示工程各工作的最早开、完工时间和各工作的自由时差（局部时差）；但各工作的总时差必须通过自由时差反向逐个计算或从该工作往后看线路上各工作的自由时差之和的最小值来求得。

实际进度前锋线是网络计划技术中用时标图的形式动态反映工程实际进度，是工程施工动态管理的科学方法。实际进度前锋线形象地表示出某个时刻工程实际进度所到达的“前锋”，反映出工程实际执行状态以及与其计划的目标差（即偏差）。通过对前锋线形态变化的分析，发现计划执行中的问题，预测未来的进度状况和发展趋势，为计划的管理者以及监理工程师提供许多有用信息，揭示了解决问题的最佳途径，以指导管理者和监理工程师从实际出发有预见地采取有效措施，争取最佳经济效益。

（1）实际进度前锋线。实际进度前锋线是指计划实施过程中某一时刻正在施工的各工作实际进度到达的连线。它在时标网络图上，从检查时的时间线（或日期线）开始，自上而下依次连接正在施工的各工作实际到达点，通常形成一条折线。检查日一般认定为晚上收工时。

（2）实际进度前锋线的标定方法。绘制实际进度前锋线的关键是标定某时刻正施工的各工作的实际进度到达点，有以下两种标定方法。

①按已完成的实际工程量标定。

当一项工作的工程确定后，其工作的持续时间与其工程量成正比，比值就是该工作的效率。以该工作的总工程量在计划持续时间内全部完成为假设前提，用已完成的实际工程量表示实际进度点。

$$\frac{\text{已完成工程量}}{\text{总工程量}}=\frac{\text{已施工的标定时间}}{\text{计划工作持续时间}}$$

标定时是从该工作的最早开始时间点起（即箭尾），从左向右画在相应位置上。例如某土方工程（即工作），土方量为 1 000m^3，计划持续时间为 10d，检查时已完成了 600m^3 土方，则该工作实际进度前锋点应在该箭线实线部分的 3/5 处或 3/5×10＝6d 处。

②按尚需时间来标定

在工程施工中，特别是公路工程施工，有些工作的持续时间难以用工程量来计算，只能根据经验或其他方法估算，所以无法获得已完成的工程量，只能凭经验估计尚需时间。另一方面，第一种标定方法没有考虑依照目前效率对本工作未完成部分进度的预测；用尚需时间表示就能反映出未完成部分的工作依照目前的实际效率施工的进度结果。尚需时间的标定方法是将计算或估算的尚需时间，从该工作最早结束时间点（即箭线中实线的末端）起，反向从右向左画在相应位置上。

当工作实际效率不等于计划效率，实际工程总量不等于计划总量时，尚需时间按下列过程进行计算。

a. 目前的实际效率计算：

$$实际效率=\frac{已完成的工程量}{已施工的有效时间}$$

b. 已施工有效时间的计算：

是指到检查时为止已施工的有效时间，即实际开工时间至检查时间再扣除该工作在施工中的停工时间（雨天）。

c. 尚需时间的计算：

$$尚需时间=\frac{预计实际工程总量-已完成工程量}{目前实际效率}$$

这里的尚需时间计算适应在该工作的后续施工是连续地、均匀地按目前效率进行。如果后续施工过程中可能由于气候原因有停工现象时，还应再加上停工时间。我们应注意工程施工中的情况是复杂和多变的，这些方法只是相对准确，不可能也无必要绝对精确。例如，某土方工程，计划持续时间为 10d，原计划工程量为 1 000m^3，已施工了 4d 时间，完成了 600m^3 工程量，由于工程变更造成工程量增加了 800m^3。该工作尚需多少时间完工？

$$效率=600/4=150m^3/d$$

$$尚需日=(1\,000+800-600)/150=8d$$

对于实际与计划的效率和工程量差异不大时，尚需时间也可按下式计算：

$$尚需时间=计划持续时间-已施工时间$$

在工程施工中监理人员用前锋线进行进度检查，就必须要求承包人在提交的报告中有反映进度的上述数据，而监理人员也应注意这些进度数据的收集和记录，以及影响进度的其他数据。具有了上述数据才能绘制出前锋线，才能对未来的施工进度作出预测。

(3) 前锋线对工程进度描述的预测和评价

实际进度前锋线的功能之一就是对工程进度的描述。以检查时的日期线作为基线，若前锋线与工作的交点在日期线之前（右方），则表示该工作比计划提前；若交点正好在检查日期线上，则表示该工作与计划相比按时；若交点在日期线之后（左边），则表示该工作与计划相比延误。偏差值就是交点与日期线的差值。前锋线反映了正施工的各工作实际进度与计划进度的偏差。处于前锋线波峰的工作比相邻的工作进度快，处于前锋线波谷的工作比相邻的工作进度慢；但不能认为波峰的工作一定是提前，波谷的工作一定是延误。波峰和波谷是相对于相邻工作而言，而提前和延误是相对检查日期线而言。

如图 7-2 中，从第 5d 晚上检查情况分析，E 工作延误 2d，F 工作延误 1d，B 工作按时，I 工作按时，K 工作提前 1d。此时的进度发展趋势，虽然关键工作 B 是按时，进度正常，但 E 工作延误 2d 过大，扣除其 1d 总时差后，E 将造成工期拖延 1d（2−1=1），即误期 1d。工作的总时差在时标图中如何计算，参见时标网络图部分或按下列式子计算。

$$TF_{ij} = FF_{ij} + \text{后续线路中工作自由时差之和的最小值}$$

$$\text{工作的误期值} = \text{工作的延误值} - \text{工作总时差}$$

$$\text{工期影响} = \max\{\text{工作误期值}\}\begin{cases} <0 & \text{工期提前} \\ =0 & \text{按期} \\ >0 & \text{延误工期} \end{cases}$$

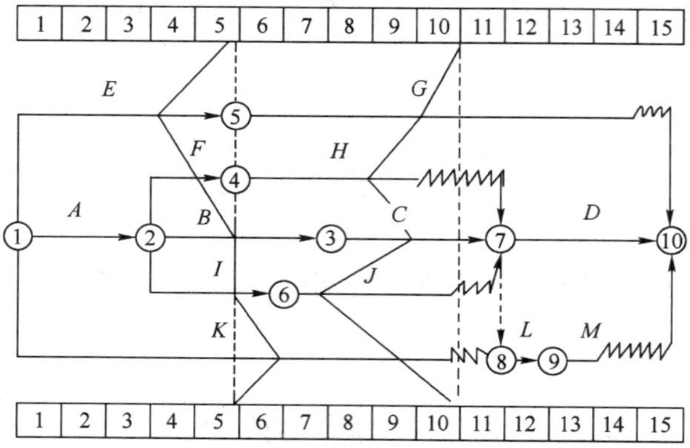

图 7-2

根据前锋线提供的信息，就可以对后续的施工做出合理调整，加快引起误期的工作或其后续工作，即 E 或 C 工作。而对有较多机动时间的延误工作，如 F 工作，可暂不作处理。可抽调有较多机动时间工作的资源支持关键的工作，此时的 B 工作已经不再是关键，而 E 工作却变成关键。

第 10d 晚上检查结果见图 7-2，G 工作延误 1d，H 工作延误 2d，C 工作延误 1d，J 工作延误 3d，K 工作延误 1d。对工期有影响的有 2 个工作，C 工作误期 1d，J 工作误期 3d，所以工期将拖延 3d。要加强对 J 工作管理，分析延误原因采取措施，尽快使工程达到进度目标。从上述例子中也反映出工程进度控制是一个动态过程，网络计划技术最适合于动态管理。

在计划实施过程中，我们不仅可通过前锋线预测工程项目的总进度目标的情况，还可按照一定的时间间隔对计划的执行情况进行检查，通过依次画出不同时刻的实际进度前锋线进行进度预测。例如图 7-2 中，①—⑤—⑩这条线路的工程在加快进度，①—②—⑥—⑦—⑩这条线路的进度过于缓慢。可以用进度比指标来衡量。

$$\text{进度比} = \text{线路上两前锋线的时间差} / \text{日期线差}$$

进度比值大表示进度快，比值小表示进度慢，比值为 1 是基准，说明不快也不慢。通过现在时刻和过去时刻两条前锋线的分析比较，则可反映出过去和现在计划的执行情况，在一定范围内对计划未来的进度和变化趋势作出预测。

二、进度计划的调整方法

调整工程进度计划，主要是调整关键线路上的施工安排；对于非关键工作，如果实际进度与计划进度的差距并不对工程的工期造成不利影响时，监理工程师可不必要求承包人对整个工程进度计划进行调整。

1. 调整进度计划的原因

承包人对进度计划进行调整主要是由于下面两种情况引起的。

1）进度计划的延期

由于非承包人的责任使工程进度延误并获得监理工程师批准延期后，监理工程师应要求承包人对原来的工程进度计划予以调整以适合新的合同工期，并按调整后的进度计划实施工程。例如前面工程变更批准延期后应调整进度计划。

2）进度计划的拖延

由于承包人自身原因造成工程进度延误，而且承包人拒绝接受监理工程师加快工程进度的指令，或虽采取了加快工程进度的措施，但仍然不能赶上预期的工程进度并将使工程在合同工期内难以完成时，监理工程师应对承包人的施工能力重新进行审查和评价，并应该发出书面通知要求承包人调整计划或发出书面警告，同时向业主提出书面报告。

2. 进度计划调整的方法

进度计划的调整，根据调整的原因分为两种，一是延期后应按新合同工期调整计划；二是延误了工期却又无权获得延期，因此需要调整计划使后续计划的工作内容改变或缩短时间以符合合同工期。前一种相当于在给定的工期内以原来计划为参考重新编制符合新合同工期的计划；后一种是在原计划的基础上压缩工期，使计划的计算工期符合合同工期。我们在此主要讨论后一种压缩工期的方法和途径。压缩工期就是网络计划优化中的工期优化，就是压缩关键线路，所以调整计划就是调整关键线路。

1）压缩工期的两种主要途径与方法

(1) 改变原计划中关键工作之间的逻辑关系。

工作之间的逻辑关系有工艺关系和组织关系，一般情况下工作之间的工艺关系不能随意改变，而组织关系可根据组织者的意图和资源情况调整和改变。

①将顺序施工关系改为平行施工关系。

②将顺序施工关系改为搭接施工关系。

(2) 压缩关键工作的持续时间。

压缩关键工作的持续时间就能使关键线路缩短，但要注意压缩过程中关键线路会随着压缩关键工作而改变或增加条数。通过网络图直接进行压缩工期很方便，在压缩时首先要考虑的是，选择哪个关键工作进行压缩，并且应压缩多少才合适，可以从以下几个方面考虑：

①选择有利于尽快缩短工期的关键工作。

②选择因加快进度使工程费用增加较少的关键工作。

③选择技术上容易加快的关键工作。

④选择原持续时间相对较长的、容易压缩的关键工作。

⑤选择可允许压缩时间较多的关键工作。

2）压缩关键工作持续时间的措施

(1) 组织措施：

①增加工作面，组织更多的施工队伍。

②增加每天的施工时间（多班制或加班）。

③增加关键工作的资源投入（劳力、设备等）。

(2) 技术措施：

①改进施工工艺和技术，缩短工艺技术间歇时间（如混凝土的早强剂等）。

②采用更先进的施工方法以缩短施工过程的时间（如现浇方案改为预制装配）。

③采用先进的施工机械。

(3) 经济措施或行政措施：

①用物质刺激和精神刺激的方法提高效率。

②对所采取的技术措施给予相应经济补偿。

(4) 其他配套措施：

①改善外部配套条件。

②改善劳动条件。

③实施强有力的调度等。

一般来说，采用加快措施都会增加工程费用，因此在调整施工进度计划时可利用工期—费用优化的原理来选择压缩的关键工作，尽可能使工程费用增加最少。

3) 调整计划压缩工期的步骤

(1) 用进度检查的方法计算出工期拖延量，以确定压缩天数。

(2) 简化网络图。去掉已执行的部分，以进度检查日期作为新起始节点起算时间，并将尚需日的实际数据代入正施工的工作的持续时间，保留原计划后续部分。

(3) 以简化的网络图及代入的尚需日为基础的网络图计算各工作最早开始时间。

(4) 以计算工期值反向计算各工作最迟结束时间。

(5) 计算各工作的总时差和自由时差，以便于计算线路的长短。线路与关键线路长度之差称为该线路时差，其数值在双代号网络图中等于该线路上各工作的所有自由时差和。

(6) 借助自由时差来比较线路长短的方法。多次压缩关键工作的持续时间，保证做到关键工作每压缩一定值，工期也随之缩短一定值，一直压缩到合同工期为止。

本章小结

进度计划是实现目标的重要组成部分，考虑项目的约束条件，编制科学的进度计划，实施中采用科学的控制方法是实现有效控制的基本保证。

参与项目进度控制的主体包括业主方、设计方、施工方和供货方等。各方的进度控制的任务和侧重点可能不同。

进度计划是由多个相互关联的进度计划组成的系统，它是工程进度控制的依据。科学的进度计划是完成进度控制的前提。根据使用者、编制范围、对象等的不同，进度计划有几种形式。

进度检查就是将实际进度与计划进度作对比，找出偏差。常用的检查方法有横道图法、S曲线法、网络计划计算法、前锋线法。

思考题

1. 试谈现行工程项目管理体制中建设工程项目进度控制的主体和任务。
2. 进度控制的方法有哪些？
3. 有哪些进度控制的措施？各包括哪些内容？
4. 请指出有哪些进度计划的类型。
5. 工程进度计划编制程序是什么？
6. 进度计划的表示方法有哪些？各自的特点是什么？
7. 压缩工期的主要途径有哪些？
8. 进度计划的调整方法有哪些？

第八章　工程项目费用控制

本章知识点

- 建设工程项目资源计划的重要性和目的；
- 资源计划的编制程序；
- 劳动力计划、材料计划和资金计划的编制方法、步骤；
- 费用估算的依据；
- 费用估算的方法；
- 费用计划的编制方法和步骤；
- 费用控制的内容；
- 费用控制的方法。

第一节　工程项目资源计划

建设工程项目所用到的资源种类较多，如劳动力、材料、周转材料、项目施工所需的施工设备、临时设施和必需的后勤供应都是基本的建设工程项目资源。除此之外，工程项目资源还可能包括计算机软件、信息系统、服务、专利技术等，有时人们还把资金作为一种资源。

一、资源计划的目的

资源作为工程实施必不可少的前提条件，它们的费用一般占工程总费用的80%以上，因此在现代工程中资源计划的失误会造成很大的损失，例如由于供应不及时造成工程活动不能正常进行，整个工程停工或不能及时开工（这也成为工程索赔的主要原因之一）；由于不能经济地使用资源或获取更为廉价的资源造成成本增加；由于未能采购符合规定的材料，使材料或工程报废；或采购超量、采购过早造成浪费，造成仓库费用增加等。

由此可知，资源的节约是工程成本节约的主要途径，资源计划与项目成本估算密切相关；另一方面，如果资源不能保证，任何考虑得再周密的工期计划也不能实行。因此资源计划的目的是在不损害质量的前提下，节约资源的消耗并保障工期的实现。资源管理的任务就是按照项目的实施（进度）计划编制资源的使用和供应计划，将项目实施所需用的资源按正确的时间、正确的数量供应到正确的地点，并降低资源成本消耗（如采购费用、仓库保管费用等）。

二、资源计划的编制

资源需求计划的编制首先要用预算的办法得到资源需要量，列出资源计划矩阵；然后结合进度计划进行编制，列出资源数据表，画出资源横道图、资源负荷图和资源累积曲线图，其编制程序如下：

（1）编制科学合理的进度计划。

（2）根据进度计划确定不同阶段（时期）的工作内容。

（3）根据项目策划、设计文件确定各工作的工作量。

（4）根据工程定额计算各项工作对各种资源的需求量。

（5）资源供应情况调查和询价。

（6）确定各种资源的使用的约束条件，包括总量限制，单位时间用量限制，供应条件和过程的限制。

（7）在进度计划的基础上，确定资源使用计划，即“资源投入量—时间”图（表），用其表示项目在不同时期对各种资源的型号、数量需求。

（8）确定各个资源的供应方案、各个供应环节，并确定它们的时间安排。

三、资源计划的方法

本章主要介绍劳动力、材料设备和资金计划的编制方法。

1. 劳动力计划

（1）确定各分项工程或活动的劳动效率。

分项工作量一般是确定的，它可以通过图纸和规范的计算得到，而劳动效率的确定十分复杂。劳动效率通常可用“产量/单位时间”，或“工时消耗量/单位工作量”表示。建设工程项目各活动的劳动效率可以在劳动定额或施工定额中查到。在实际应用时，必须考虑到具体情况，如环境、气候、地形、地质、工程特点、实施方案的特点、现场平面布置、劳动组合等，进行调整。

某分项工程劳动力投入总工时＝某分项工程工作量/（产量/单位时间）

＝某分项工程工作量×工时消耗/单位工作量

（2）确定各分项工程或活动的劳动力投入量（劳动组合或投入强度）。

当确定好每日班次，及每班次劳动时间的情况下，可以计算各活动劳动力投入量：

$$某分项工程劳动力投入量=\frac{劳动力投入总工时}{班次/日\times工时/班次\times分项工程持续时间}$$

$$=\frac{工作量\times工时消耗量\times单位工作量}{班次/日\times工时/班次\times分项工程持续时间}$$

（3）确定整个项目劳动力投入曲线。

在进度计划的基础上，将同一时间各活动所需要的劳动力投入量累加，将其与横道图对应，得各活动劳动力平均投入量。如图 8-1 为某一项目的劳动力投入曲线。

（4）现场其他人员的使用计划，包括为劳动力服务的人员（如医生、厨师、驾驶员等），工地警卫、勤杂人员、工地管理人员等。

劳动力计划常常还包括项目运行阶段的劳动力计划，包括项目运行操作人员、管理人员的招雇、调遣、培训的安排，如对新的项目、设备和工艺引进的项目常常还要将操作人员和管理人员送到国外培训。通常人员的招雇、调遣、培训计划是按照项目顺利、正常投入运行的要求，编排子网络计划，并由项目交付使用期向前安排。

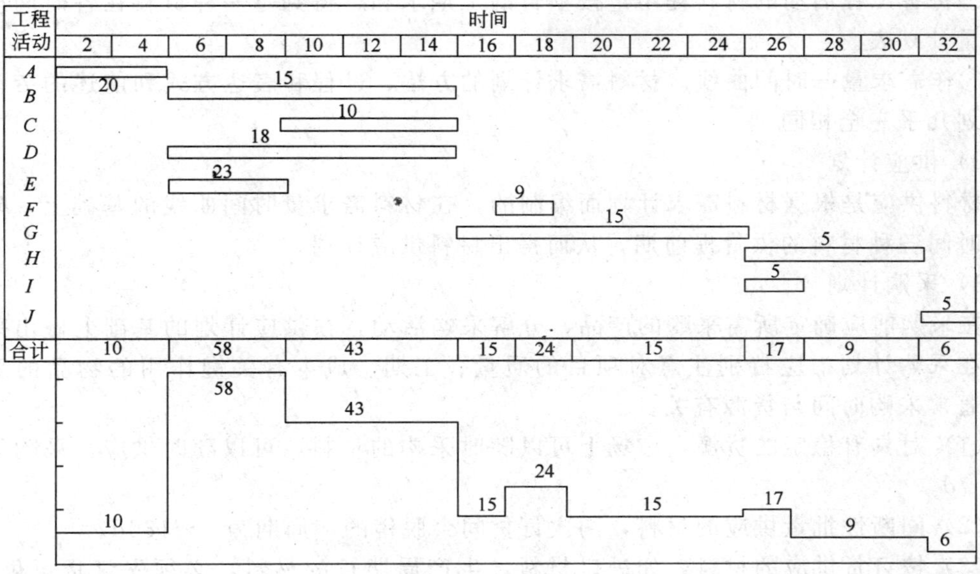

图 8-1 某项目劳动力投入曲线

2. 材料计划

一般而言，材料计划包括如下几类计划：需求计划、供应计划、采购计划和运输计划等。

1）需求计划

需求计划是按照工程范围、工程技术要求、工期计划等确定的材料的使用计划，包括以下两个方面的内容。

（1）各种材料需求量的确定。

各分项工程或活动可以按照图纸、设计规范和实施方法确定它的工作量，以及具体材料的品种、规格和质量要求。材料需求量的多少可以根据材料消耗定额、过去工程的经验、历史工程资料来确定，通常我们用每单位工作量材料消耗量来表示。

某分项工程某种材料消耗量＝该分项工程工作量×每单位工作量材料消耗量

如果材料消耗量为净用量，那么还必须考虑材料各种合理的损耗，如运输、仓储、使用中的损耗。

材料总消耗量＝净用量＋损耗量＝净用量×（1＋损耗率）

损耗率＝损耗量/净用量

按上述的方法，对建设工程项目的所有分项工程的材料需求量进行计算，并将不同分项工程的同种材料需求量汇总求和，则可以得到该工程项目的材料需求量表。此外，对施工方而言，材料消耗量还作为消耗指标随任务下达作为材料控制标准。

（2）材料需求时间曲线。

材料需求量与时间的关系曲线按如下步骤确定：

①将各分项工程的各种材料消耗总量分配到各自的分项工程的持续时间上，通常平均分配。但有时要考虑到在时间上的不平衡性，例如基础工程施工，前期工作为挖土、支模、扎钢筋，混凝土的振捣却在后几天，所以钢筋、水泥、砂石的用量是不均衡的。

②将各工程活动的材料耗用量按项目的工期求和，得到每一种材料在各时间段上的使用量计划表。

③作需求量—时间曲线。材料需求计划的方法、过程和表达方式和前述的劳动力使用计划几乎完全相同。

2）供应计划

材料供应是根据材料需求计划而编制的，在材料需求量时间曲线的基础上，确定好不同时间各种材料的供货提前期，从而得出材料供应计划。

3）采购计划

在采购前应确定所需采购的产品，分解采购活动，在供应计划的基础上做出采购计划。在采购计划中应特别注意对项目的质量、工期、成本有关键作用的物品的采购过程。通常采购时间与货源有关。

（1）对具有稳定的货源，市场上可以随时采购的材料，可以随时供应，采购周期一般1～7d。

（2）间断性批量供应的材料，两次订货间会脱销的，周期为7～180d。

（3）按订货供应的材料，如进口材料，生产周期长的材料，必须先订货再供应的，供应周期为1～3个月。常常要先集中提前订货，再按需要分批到达。

（4）对需要专门研制或开发的成套设备，其时间要求与过程要专门计划。例如地铁项目中的盾构的采办期需要8～12个月。

4）运输计划

在实际工程中，运输问题常常会造成工期的拖延，引起索赔，故运输时间应纳入总工期计划中，应及早地订好仓位及交货时间，并在实施中不断地跟踪货物。在运输过程中涉及到的问题有：

（1）运输方式的选择。通常有海（水）运、铁路、公路、航空等方式，选择运输方式不仅要符合工期要求，还要考虑到价格、气候条件、风险因素、货物的包装、形状、尺寸、供应方式等。

（2）承运合同的洽商。要详细签订承运合同的各项经济条款。

（3）进出口的海关关税及限制。要及时准备进口审批文件及免税或补贴文件等。

（4）特殊运输要求，例如危险品的运输或某些体积大的专有设备的运输，这时就得考虑经济安全的运输路线以及运输通道的可通性、承载能力和装卸机械的安排等。

3. 工程项目资金计划

无论对业主还是承包商，资金都被视为一种宝贵的资源。业主和承包商都很重视工程项目的现金流量状况，并将其纳入计划的范围。

1）业主的资金计划

对业主而言，项目的建设期主要是资金支出，因此资金计划主要表现为支付或付款计划，在支付计划作出后，业主的主要计划就是筹资（融资）计划。

业主的资金计划的编制方法为：

（1）编制工程进度计划。

（2）根据进度计划确定不同阶段（时期）的资金需求量。

（3）在进度计划的基础上，确定“资金需求量—时间”图（表），即资金需求计划。

（4）根据合同所确定的付款方式、期限，确定资金支付计划。

(5) 根据资金支付计划筹集和安排资金，即筹资计划。

2) 承包商的资金计划

承包商的资金计划相对业主的来说更为复杂，一般包括支付计划、工程款收入计划、现金流量计划和融资计划。

(1) 承包商工程项目的支付一般涉及到工资的支付、材料设备的支付、分包工程的支付等，故相应的支付计划一般包括：人工费支付计划，材料费支付计划，设备费支付计划，分包工程款支付计划，现场管理费支付计划，其他费用计划，如上级管理费、保险费、利息等各种其他开支。图 8-2 支出曲线表示了承包商的支付计划（一般为 S 曲线形状）。

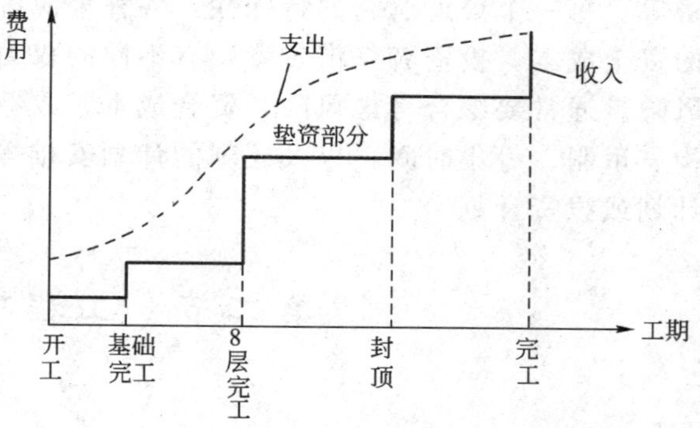

图 8-2　某工程项目承包商工程款收入与支出曲线

(2) 工程款收入计划。承包商工程收入计划与两个因素有关：一是工程进度，即按照成本计划确定的工程完成状况；二是合同确定的付款方式。通常有以下付款方式：

①工程预付款（备料款、准备金）。这笔款项在以后工程进度款中按比例扣还。

②按月进度付款。例如按 FIDIC 条件，月末承包商提交该月工程进度账单，由工程师在 28d 内审核并递交业主；业主在收到账单后 28d 内支付。则工程款支付比成本计划滞后1～2个月。而且许多未完工程还不能结算。

③按形象进度分阶段支付。一般分开工、基础完工、主体完成、竣工等几个阶段，各支付一定的比例，则工程款收入计划为阶梯状（见图 8-2）。

④其他形式带资承包。如由承包商垫资，工程款在工程结束后支付，或由工程本身的收益支付（即类似 BOT 项目）等。

3) 现金流量

在工程支付计划和工程收入计划的基础上可以得到工程的现金流量。它可以通过表或图的形式反映，如图 8-2 所示通常按时间将工程支付和工程收入的主要费用项目罗列在一张图或表中，按时间计算出当期收支相抵的余额，再按时间计算到该期末的累计余额，在此基础上即可绘制现金流量图。

4) 融资计划

由于工程支付计划与工程款收入计划之间会存在差异，有时会有很大的差异。如果差异为正，则为正现金流量，即承包商占用了他人资金进行工程，而且资金还有富余。这当然是很好的，但通常很困难，现代工程付款条件越来越苛刻。如果差异为负，则为负现金流量，即承包商自己必须垫入这部分资金。而对业主来说，在建设期主要是负现金流量。要取得项目的成功，必须有财务支持，如图 8-2 所示的工程就说明承包商在各阶段的支出都大于收入，这时现金流量为负，承包商就得考虑融资。

对负现金流量必须有相同的资金在该时间注入，以保证工程顺利开展。这时需要确定相应的项目融资计划，以及考虑以什么样的融资方式取得资金。

项目融资是现代战略管理和项目管理的重要课题。项目的融资方式决定项目的资本结构，不仅对建设过程，而且对项目建成后的运行过程都极为重要。它决定了项目以及由项目所产生的企业的性质。现在资金渠道很多，例如：自有资金；世行贷款、亚行贷款；国内外商业银行贷款；外国政府各种形式的信贷；发行股票；发行债券；合资经营；各种形式的合作开发，如各种形式的BOT项目；国内的各种形式的基金；国际租赁等。每一个渠道有它的特殊性，各种来源都有不同的项目借贷条件和使用条件及不同的资金成本，投资者（借贷者）有不同的权力和利益，有不同的宽限期，最终有不同的风险。通常要综合考虑风险、资金成本、收益等各种因素，确定本项目的资金来源、结构、币制、筹集时间，以及还款的计划安排等，确定符合技术、经济和法律要求的融资计划或投资计划。

第二节　工程项目费用估算

一、费用估算的依据

费用估算的编制依据主要涉及到项目特征、项目所在地区状况、时间因素、政策条件等，具体的依据一般是：

（1）项目建议书、可行性研究报告。

（2）建设规模、产品方案。

（3）设计方案、图纸、主要设备、材料等。

（4）投资估算指标、概预算定额、材料预算单价、设备价格、运杂费等。

（5）同类型建设项目的投资经济指标、概预算。

（6）资金贷款利率、建设投资收益要求等。

（7）当地的费用标准、历年的调价系数和现场有关情况（水、电、交通、水文地质条件）。

二、费用估算的方法

1．前期策划阶段的投资估算

在这个阶段一般仅仅有项目总体目标和总体功能要求的描述，对项目的技术要求、实施方案尚不清楚，所以无法进行准确的估算，一般只能针对要求达到的功能，按以往工程的经验值或概算指标进行估算。

（1）参照过去同类工程信息，按照项目规模、生产能力或服务能力指标进行匡算。

例如住宅小区或办公楼以“元/m^2”、医院以“元/病床”、公路以“元/km”、一般工业项目以“元/单位生产能力”得出项目的估算，有时也可以将一个大型项目按结构分解成许多功能区间进行估算。

（2）按照国家或部门颁布的概算指标计算。概算指标通常是在以柱工程统计的基础上得出的，它有较好的指导作用，在国民经济的各部门中都有本部门工程的概算指标。用这种方法进行估算时要考虑到特殊的环境情况可能带来的附加的、不正常的费用和专门开发费用及特殊的使用要求。

（3）专家咨询法（德尔菲法）。针对新项目，尚没有系统的详细说明，或对研究开发性的项目，可用德尔菲（Delphi）法征询专家意见进行成本估算。这里的专家是从事实际工程估价、成本管理的工作者。征询意见可以采用头脑风暴的办法，也可以用小组讨论的办法。在其中尽可能给专家提供详细的资料，例如项目结构图、相应的工程说明、环境条件等，以此引导各专家作出估计，在此基础上再进行收集、归纳和整理。

头脑风暴法（Brain Storming），又称智力激励法、BS 法。它是由美国创造学家 A. F. 奥斯本于 1939 年首次提出、1953 年正式发表的一种激发创造性思维的方法。它是一种通过小型会议的组织形式，让所有参加在自由愉快、畅所欲言的气氛中的与会者，自由交换想法或点子，并以此激发与会者创意及灵感，使各种设想在相互碰撞中激起脑海的创造性“风暴”。它适合于解决那些比较简单、严格确定的问题，比如研究产品名称、广告口号、销售方法、产品的多样化研究等，以及需要大量的构思、创意的行业，如广告业。

德尔菲是古希腊城名，相传城中阿波罗圣殿能预卜未来，因而命名。德尔菲法是 20 世纪 60 年代初美国兰德公司的专家们为避免集体讨论存在的屈从于权威或盲目服从多数的缺陷提出的一种定性预测方法。为消除成员间的相互影响，参加的专家可以互不了解，它运用匿名方式反复多次征询意见和进行背靠背的交流，以充分发挥专家们的智慧、知识和经验，最后汇总得出一个能比较反映群体意志的预测结果。

（4）生产能力估算法。寻找一个近期内已建成的性质相同的建设项目，可以根据该项目的生产能力 A_1 和实际总投资额 C_1、拟建的建设项目生产能力 A_2 来推算拟建项目的总投资额 C_2，公式为：

$$C_2 = C_1\left(\frac{A_2}{A_1}\right)^n \cdot f$$

式中：A_1、A_2——生产能力，必须用统一的生产能力指标；

f——生产能力，考虑不同时期，不同地点引起的价格调整系数；

n——生产能力指数，一般取 $0.6<n<1.0$。

n 取值一般考虑：

当 A_1 和 A_2 很相近时，即两个项目生产能力、规模差别不大时，n 取值可近于 1；当 A_1、A_2 差别很大，而生产能力的扩大是通过扩大单个设备的生产容量实现的，则 n 取0.6～0.7；若是通过增加与 A_1 相同规格的设备的数量扩大生产能力，则 n 取 0.8～0.9。

【例 8-1】

某工厂准备在 2002 年扩建锅炉房，其中主要支出是购买和安装锅炉的费用，该型号的设备在 1993 年曾购买过，总费用为 425 万元。1993 年的固定资产投资价格指数为 145.9，2002 年的为 182.4。据初步了解，生产厂家的技术并无大的变化。试在厂家报价之前估计这笔购置费用大约是多少。

解：生产能力指数可取 0.9，则：

$$C_2 = C_1(A_2/A_1)^n \cdot f = 425 \times (1/1)^{0.9} \times (182.4/145.9) = 531\text{ 万元}$$

2. 项目设计的概预算

1）使用定额资料

在我国，工程估价一直使用统一的概预算定额、规定的取费标准和计划规定的利润。因此，计算方法一般都是按施工图计算工作量，套用定额单价，再计算各种费用。对业主来说，计算结果可以作为确定招标工程标底的依据；而对承包商来说，相应的计算结果可以作为报价的基础。

但定额是在一定时间和一定范围内工程实际费用统计分析的结果，它代表着常见的工程状况、施工条件、运输状况、设备、施工方案和过去组合，如果拟建工程有特殊性会带来一定的有时甚至是很大的误差。

2）直接按部分工程专项的供应或服务进行询价

无论是业主还是承包商都可以采用这种方式。通常将所掌握的技术要求、方案、采购条件、环境条件等说明清楚，请一个或几个承包商或供应商提出报价，以此作为总的投资/费用计划的依据。

3）采用已完工程的数据

在国外和我国香港地区，业主、设计事务所、管理公司使用这种方法较多。通常由专门的部门（如协会、政府机关）公布出有代表性的工程资料，这种方法是按照统一的工程费用结构或建筑工程成本结构分项标准统计并公布，包括了已完工程成本的特征数据。我国目前也开始进行此方法的应用。用这种方法可以进行计划成本的匡算或概算，还可以作详细的投资/成本计划。

一般来说，施工企业、管理公司除了使用公布的工程资料外，还有自己内部近期完成的具体工程的资料库，通常他们会以这些数据作为费用/成本计划的参照。在实际工作中，常常选择几个相似工程，用它们的特征数据，计算拟建工程的投资/成本值，以增加结果的可靠度，有时也可以用它们来审查通过其他计算方法确定的工程投资/费用计划的可信度，或者共同确定合理的投资/费用值。

3. 招投标阶段的合同价

这是业主在分析许多投标书的基础上最终与中标的承包商确定的工程价格，最终在双方签订的合同文件中确认，它作为工程结算的依据。对承包商来说，合同价是通过报价竞争获得承包资格而确定的工程价格。

在招投标阶段中，费用预算可能涉及到重大的不确定因素，应对风险作出评价，在费用预算中加入适当的标高度（裕度），如风险准备金、暂定金额等。

4. 工程实施中的成本（费用）计划工作

施工单位成本计划的一项主要内容是编制施工预算，即成本计划。施工预算是为适应施工企业加强管理的需要，按照企业管理和队、组核算的要求，根据施工图纸、施工定额（或劳动定额和地区材料消耗定额）、施工组织设计、考虑挖掘企业内部潜力，在开工前由施工单位编制，供企业内部使用的一种预算。它是施工企业基层的成本计划文件，是将计划成本与实际成本进行分析对比的基础资料，是加强企业管理、实行经济核算的重要措施。

在工程实施过程中，承包商还要对以下几类成本进行计划：

（1）已完成或已支付成本，即在实际工程上的成本消耗，它表示工程实际完成的进度。

（2）追加成本（费用）。由于工程变更，环境变化，合同条件变化所应该追加的合同价款的部分。对承包来说，这些会引起工程量的变化，成本也会相应地发生变化，因此要核算追加成本的多少。

(3) 剩余成本计划，即按当时的环境，要完成余下的工程还要投入的成本量。它实质上是项目前锋期以后的计划成本值，这样项目管理者就可以一直对工程结束时成本状态、收益状态进行预测和控制。

(4) 最终实际成本和结算价格。施工结束后必须按照统一的成本分解原则对工程项目的成本状况进行统计分析、储存资料，作为以后工程成本计划的依据。

三、投资/费用计划的编制方法和步骤

1. 投资/费用计划的内容和表达方式

通常一个完整的项目投资/费用计划包括如下几方面内容：

(1) 各个投资或费用对象的计划成本值。

(2) 投资/费用—时间表和曲线，即投资/费用的强度计划曲线。

(3) 累计投资/费用—时间表和曲线，即S曲线或香蕉图。

(4) 相关的其他计划。例如，资金计划，工程款收支计划，现金流量计划，融资计划等。

常用的投资/费用计划的表达方式有如下几种：

(1) 表格形式，例如投资/费用项目—时间表和投资/费用分析对比表等。

(2) 曲线形式，有两种：

①直方图形式，例如“投资/费用—时间”图，它表达任一时间段中工程投资/费用的完成量。

②累计曲线，例如“累计投资/费用—时间”曲线。

(3) 其他形式，例如表达各投资/费用要素份额的圆（柱）形图等。

2. 投资/费用计划的编制方法

(1) 在经过网络分析后，按各个活动的最早时间输出横道图（有时为了做出香蕉图也按最迟时间或最早最迟同时对比），并确定相应项目单元的工程成本（委托合同价，预算成本等）。

(2) 假设工程成本在相应工程活动的持续时间内平均分配，即在各活动上计划成本—时间关系是直线，则可得各活动的计划成本强度。

(3) 按项目总工期将各期（如每周、每月）各活动的计划成本进行汇集，得到各时间段成本强度。

(4) 作成本—工期表（图）。这是一个直方图形。

(5) 计算各期期末的计划成本累计值，并作曲线，即得出S曲线或香蕉曲线。

【例 8-2】

已知某项目各工程活动的费用计划成本如表 8-1 所示。

某项目各工程活动费用计划成本 表 8-1

工程活动	*A*	*B*	*C*	*D*	*E*	*F*	*G*	*H*	*I*	*J*	合计
持续时间（周）	4	10	6	10	4	2	10	6	2	2	32
计划成本（万元）	8	40	60	60	24	18	40	18	10	6	284
单位时间计划成本（万元/周）	2	4	10	6	6	9	4	3	5	3	8.88（平均）

在网络分析后即可得到各时间段上项目的成本强度，它是在横道图上的基础上作出的，见图8-3，为一直方图。同时求各期末项目计划成本累计值，则可得到累计曲线。

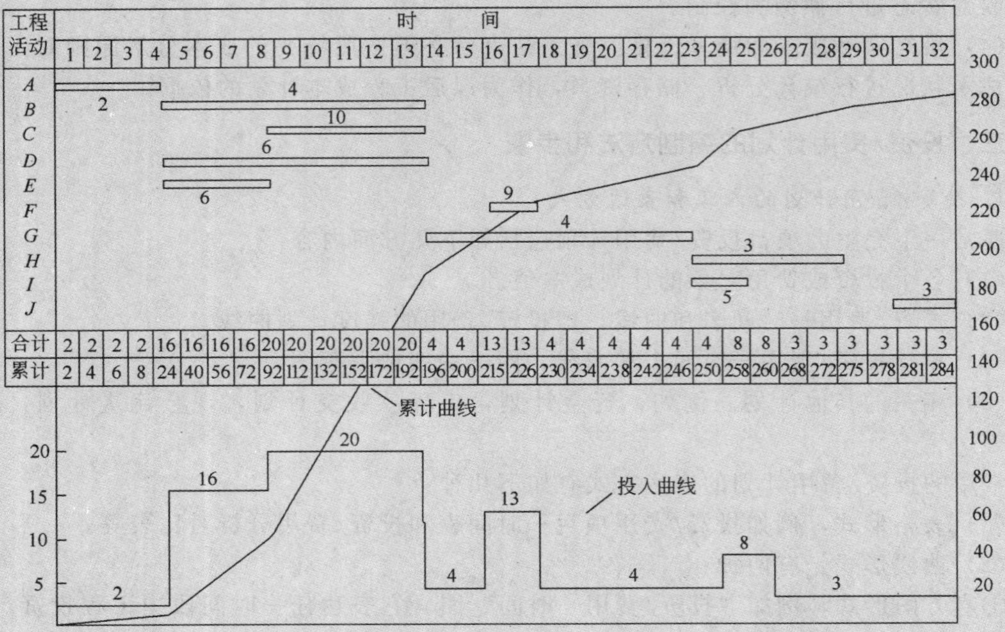

图8-3　累计投资/费用—时间图

第三节　工程项目费用控制

一、工程项目费用控制的主体和对象

工程费用控制的主体一般有：业主、监理、设计、承包商。工程项目费用控制对业主、监理、设计常称为投资控制，而对承包商常称为成本控制。

费用控制的对象一般可以分为：

（1）以项目投资形成的过程作为控制对象。

以根据对项目投资实行全面、全过程控制的要求，具体的控制内容包括：

①投资决策阶段的控制；

②设计阶段的控制；

③施工准备阶段的控制；

④施工阶段的控制；

⑤竣工阶段的控制。

（2）以项目的职能部门、施工队和生产班组作为控制对象。

成本控制的具体内容是日常发生的各种费用和损失。这些费用和损失都发生在各部门，因此可以以部门、施工队和生产班组作为控制对象。

（3）以分部分项工程、单位工程作为控制对象。

(4) 以合同作为控制对象。

业主可以合同作为投资控制的对象，承包商可以合同作为成本控制的对象，双方都要以合同为约束，履行各自的权利和义务。

(5) 以生产要素为控制对象。

成本控制还可以劳动力、材料、机械设备等生产要素为控制对象，核算生产要素的费用成本。

二、工程项目费用控制的依据

工程项目费用控制对业主方来说就是投资控制，对承包商来说是成本控制。

1. 业主的投资控制依据

(1) 决策阶段的投资估算。

(2) 初步设计概算。

(3) 技术设计修正概算。

(4) 施工图预算。

(5) 合同价。

(6) 工程结算、决算。

2. 承包商的成本控制依据

(1) 施工合同（含工程量清单）。

(2) 承包商的费用计划（施工预算、定额成本、标准成本）。

(3) 进度报告。

(4) 工程变更指令和相关的文件。

(5) 施工索赔文件。

(6) 有关法律法规和政策等。

三、项目费用控制的内容

工程项目费用控制按工程项目的建设阶段划分一般包括：

(1) 投资决策阶段的投资控制。

(2) 设计阶段的投资控制。

(3) 施工阶段的投资/成本控制。

(4) 竣工阶段的投资控制。

1. 投资决策阶段的投资控制

在项目投资决策阶段，项目各项技术经济决策对项目以及项目建成后的经济效益，有着决定性的影响，是项目投资控制的重要阶段。在该阶段，科学地确定建设标准、水平及选择适当的工艺和设备，直接关系到项目投资的效益。建设标准以建设项目为对象具体内容应根据各类建设项目的不同情况而定。建设标准能否起到控制项目投资、指导建设的作用，关键在于标准定得是否合理。标准定得过高，会脱离我国的实际情况和财力、物力的承受能力，增加造价，浪费投资；建设标准定得过低，将会阻碍技术进步，影响国民经济的发展和人民生活的改善。因此在制定建设标准时，应紧紧把握住标准水平这个核心，根据不同情况，确定建设标准。

可行性研究工作也是决策阶段必不可少的步骤，是项目建设前期工作中的一项重要工作内容，是项目建设中不可缺少的环节，搞好可行性研究可以避免错误的投资决策，减少工程项目的风险性，避免工程项目方案多变，做到在预算的投资范围内和预定的建设期限内建成投产；对项目在施工过程中或该工程投产后可能出现的某些因素的变化后果做到心中有数，达到最佳经济效果。

要使可行性研究能真正起到建设前期投资控制的作用，应将控制可行性研究的工作质量和成果质量作为该阶段的主要手段，通过对工作质量和成果质量的控制来达到投资控制的目的。为了达到投资控制目标，投资估算各阶段的精度应满足相应要求。

2. 设计阶段的投资控制

虽然项目投资控制的关键就在于施工以前的投资决策阶段，而在项目做出投资决策后，控制项目投资的关键就在于设计，因为设计阶段决定了以后几乎全部的工程费用。根据国内外的一些有关资料，影响投资最大的阶段，是约占工程项目建设周期四分之一的设计阶段。图 8-4 为项目实施过程中不同阶段对项目投资的影响曲线。从该图可以看出，对项目投资影响最大的阶段是设计阶段，尤其是工艺设计和初步设计阶段。而在施工阶段，影响项目投资的可能性仅占 5%～10%。显然，项目投资控制的关键在于施工之前的投资决策和设计阶段，而不在施工阶段。

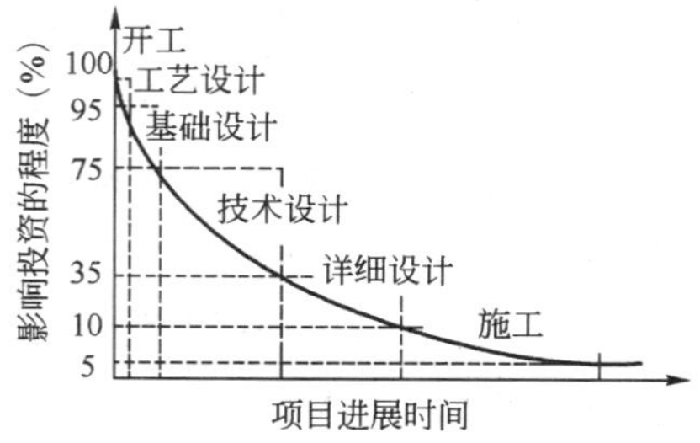

图 8-4　项目实施过程的不同阶段对项目投资的影响

3. 施工阶段的投资/成本控制

1）施工阶段业主的投资控制

在工程施工阶段，由于工程设计已经完成，工程量已完全具体化，并完成了施工招标工作和签订了工程承包合同，这一阶段影响工程造价（即工程投资）的可能性相对较小，节约投资的可能性已经很小，但是工程投资却主要发生在这一阶段，浪费投资的可能性则很大，因此，业主方首先应合理地确定工程项目投资控制目标，在实施过程中把项目的实际支出额与之进行比较，找出偏差，从而有针对性地采取控制措施控制投资。一般业主应做好以下工作：

（1）在确定投资控制目标时，应有科学的依据。否则，投资控制目标便没有实现的可能，而控制也是徒劳的。

（2）加强现场管理，树立项目管理人员的“经济”观念。在积极协助、配合监理工程师做好工程质量、工期、安全监督的同时，充分重视节约投资的重要性。

（3）尽量减少设计变更。应严禁通过设计变更扩大建设规模，提高设计标准，增加建设内容，除非不变更会影响项目功能的正常发挥，或使项目无法进行下去才能变更。对于涉及到费用增减的设计变更，必须经设计单位代表、业主方现场代表、总监理工程师共同签字方为有效。有条件的业主方可以指派工程造价管理专业人员常驻施工现场，随时掌握、控制工程造价的变化情况。

（4）严格现场签证管理。工程技术人员必须与工程经济人员相互配合，做到“随做随签”同时对签证的内容要量化并与实际相符，工程签证单上词语要清晰，内容不能超过应签证的范围。对于需业主确认的材料和设备的价格，必须做到提前询价，必要时也可以采取招标的方式确定材料和设备的价格，以此做好投资控制。

(5) 做好工程施工过程中工程费用支付的管理。业主应建立自己的支付报表来掌握工程费用的支付情况和工程进度情况，要及时扣回预付给承包商的各种款项。此外，还应加强对工程变更、索赔、价格调整等事件引起的意外工程费用支付的管理，尽量减少额外工程费用的支付。

(6) 业主的融资计划和资金使用计划、支付计划要相互协调，避免因资金缺口引发索赔事件，避免投资上升。

2) 施工阶段承包商的成本控制

工程项目费用控制对业主、监理、设计常称为投资控制，而对承包商常称为成本控制。成本控制是指在项目成本的形成过程中，对生产经营所消耗的人力资源、物质资源和费用开支，进行指导、监督、调节和限制，及时纠正将要发生和已经发生的偏差，把各项生产费用控制在计划成本范围之内，以保证成本目标的实现。

承包商必须以成本目标为依据，结合施工项目的具体情况，制订具体的成本计划，使之既可以指导项目管理人员有效地进行成本控制，又可作为企业对项目成本检查考核的依据。对承包商而言，成本控制除了控制成本支出以外，还必须增加工程合同收入，故承包商的成本控制和业主的投资控制在这一点上是具有对立性。

施工阶段承包商的成本控制主要应做好以下几点：

(1) 加强施工任务单、限额领料单和单机核算单的管理，特别要做好每一个分部分项工程完成后的验收，以及实际消耗人工、材料和机械台班的数量核对，以保证施工任务单、限额领料单和单机核算单的结算资料正确，为成本控制提供可靠的依据。

(2) 将施工任务单、限额领料单和单机核算单的结算资料与施工预算（成本计划）进行核对，计算分部分项工程的成本差异，分析差异产生的原因，并采取有效的纠偏措施。

(3) 实行责任成本核算制，经常检查各责任部门和责任者的成本控制情况，检查成本控制责、权、利的落实情况。如果发现成本差异，应会同责任部门或责任者分析产生差异的原因，并督促他们采取相应的对策。如有因责、权、利不到位而影响成本控制工作的情况，应针对责、权、利体制进行调整，使成本控制工作得以顺利进行。

(4) 经常检查工程款支付的履约情况，为顺利施工提供资金保障。如遇工程款拖延支付等情况，要及时采取措施，避免因资金成本抬高工程成本。

(5) 及时提出工程变更引起的费用及各项索赔。

4. 竣工阶段的投资控制

竣工阶段的投资控制主要是正确编制好竣工结算。竣工结算是工程项目建设过程中的重要环节，也是能否早日实现投资效益的关键。在工程竣工结算时，应坚决按合同办事，工程预算外的费用必须严格控制，严格控制各单项工程造价，对于未按图纸要求完成的工作量及未按规定执行的施工签证、合同条款明确包含的费用及按合同条款履行的违约等要严格核减费用。同时，对因施工单位原因造成的工期延误而导致的损失，建设单位可进行反索赔，也能起到降低造价的作用。

在结算中许多施工单位为了自己的利益，往往多报、重报费用，这就要求业主的投资控制人员要精通业务扎实掌握定额和国家的有关文件，有计划、有组织地审查竣工结算，以减少不必要的支出。

四、项目费用控制方法与技术

1. 设计阶段的费用控制方法

1）推行工程设计招投标和设计方案竞赛

工程设计招标和设计方案竞赛都是工程项目设计阶段控制投资的有效方法。国内外工程项目建设中已广泛开展使用，对于降低工程费用、缩短项目工期起着重要作用。

工程设计招标在本书第三章第三节已有相关阐述，此处不再重复。

设计方案竞赛的通常做法是，建设单位或其委托的建设监理公司，先提出竞赛的具体要求和评选条件，提供方案设计所需的技术、经济资料，备函邀请若干专门设计机构参加竞赛，接受邀请的单位，在规定的期限内向竞赛主办单位提交参赛设计方案。

竞赛主办单位邀请专家组成评审委员会，对参赛方案进行审核，就能否满足设计目的要求、是否符合规划管理有关规定，以及建造和使用过程的经济性等方面，提出评价意见和候选名单，最后由建设单位负责人做出评选决策。设计竞赛的第一名往往是设计任务的承担者，但也不是必然，有时可把前几名中奖方案的优点综合起来，作为确定设计方案的基础，再以一定的方式委托设计，签订设计合同。所以，设计竞赛与设计招标是有一定区别的。

2）限额设计

无论采取设计招标还是设计竞赛都应使用限额设计。限额设计是按照批准的可行性研究报告，以投资估算控制初步设计，而在初步设计阶段，以设计总概算为目标，进行层层分解，并落实到各个专业设计人员，设计人员根据限额开展基础设计。在施工图设计阶段，则以施工图预算为目标进行层层分解，并落实到人，设计人员根据限额开展设计工作。推行限额设计，工程师对设计过程的跟踪检查和分阶段费用核算，加强了费用控制，取得了明显成效。

限额设计的全过程实际上就是工程建设在设计阶段的投资额目标管理过程，即目标设置、目标管理、目标实施检查、信息反馈的控制循环过程。工程项目限额设计不是一味考虑节约投资，也不是简单地裁减投资，而应该是设计质量的管理目标。

3）标准设计

标准设计是经国家或省市、自治区批准的建筑、结构和构件等整套标准技术文件图纸。各专业设计单位按照本专业需要自行编制的标准设计图纸，称为通用设计。采用标准设计或通用设计，对控制投资有重要意义，因为推广使用标准设计有益于较大幅度地降低工程费用，具体表现在：

（1）节省设计费用，大大加快设计速度，缩短设计周期，提高设计质量。

（2）构件预制厂生产标准件，能使工艺定型，容易提高工人技术，且易使生产均衡和提高劳动生产率，以及统一配料、节约材料，有利于构配件生产成本的大幅度下降，从而带来整个工程项目投资的节约。

（3）可以使施工准备工作和预制件定购等工作提前，并能使施工速度大大加快，既有利于保证工程质量，又能降低建筑安装工程费用。据上海的调查材料表明，采用标准构件的建筑工程可降低工程造价约10％～15％。

（4）便于贯彻执行各项技术经济政策和各种标准规范及制度。

4）价值工程

价值工程是从产品的功能出发，在设计过程中，重新审核设计图纸，对产品作设计改进，把与用户需求功能无关的设计去掉，更改具有过剩功能的设计部分，设计出价值更高的产品。由于它突破了原来设计图纸的界限，故能大幅度地降低成本。20 世纪 40 年代通用电气公司在价值工程上曾经花了 80 万美元，而在头 17 年里就节约了 2 亿美元以上。

不论什么工程项目，都需要投入资金，也都要求获得项目功能。进行项目管理的目的就是要以最低的项目总成本，来实现项目所必要的功能，从而获得较高的经济效益。因此，各类建设工程项目都可以应用价值工程，而价值工程在建设工程项目中主要应用在规划和设计阶段。

2. 施工阶段的费用控制方法

施工阶段的费用（成本）控制方法主要有以下几种。

1）以施工预算控制成本支出

在工程项目的施工阶段，费用控制可按施工预算实行“以收定支”，或者叫“量入为出”，这是最有效的方法之一，具体包括人工费的控制、材料费的控制、施工机械使用费的控制等。

2）以费用计划控制劳动力和物质资源的消耗

资源消耗的减少就相当于成本费用的节约，控制资源消耗是以施工预算控制费用的重要手段。

3）应用成本与进度同步的方法控制分部分项工程成本

费用和进度之间存在着必然的同步关系，即施工到什么阶段，就应该发生相应的费用，如果费用和进度不对应，就要作为“不正常”现象进行分析，找出原因，加以纠正。

3. 施工阶段费用控制技术

费用控制的步骤一般包括：比较、分析、预测、纠偏、检查。

1）比较

在确定了项目费用控制目标后，必须定期地进行费用计划值与实际值的比较，当实际值偏离计划值时，分析产生偏差的原因。

2）分析和预测

在比较的基础上，对比较的结果进行分析，以确定偏差的严重性及产生偏差的原因。这一步是费用控制工作的核心，其主要目的在于找出产生偏差的原因，从而采取有针对性的措施。在分析的基础上，根据项目实施情况预测整个项目到完成时将耗费的费用，目的在于为费用控制决策提供信息支持。

(1) 成本模型法。

一般可以采用实际成本和计划成本模型对比进行分析，并预测后期的成本走势。这种成本分析和预测方法的一般步骤如下：

①以到本期末的实际工期和实际成本状况为基点，用表列出每一期的实际完成成本值，作出项目实际成本—工期曲线并与计划成本模型进行对比。

②以目前的经济环境（最主要是价格）、近期的工作效率、实施方案为依据，对后期工程进行成本预算。

③按后期计划的调整，即后期工程活动的安排，再一次沿用前面的计划过程和方法，以目前的工期和实际成本为基点作后期的成本计划。

【例 8-3】

图 8-5 是某一项目的成本分析和预测图，它是基于实际和计划成本模型的对比之上。由图可见：到了控制期（即前锋期），经分析发现主要活动拖延，如果不采取任何措施（即图中 A 方案），仍按计划执行，则工期延长 15%，到最后成本增加（包括工期拖延违约金支付）了 5%。如果采取加速措施（即如图中 B 方案）则工期仍按计划（合同）完成，但由于增加了投入，成本增加了 10%。当然还可以用不同的方案在图上进行对比。

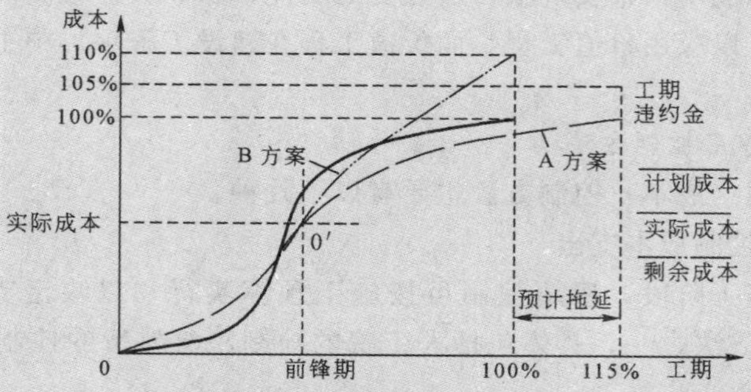

图 8-5　成本分析和预测图

在使用实际和计划成本模型对比控制分析的时候，要注意这种方法的局限性：

①如果在图上计划和实际两曲线完全吻合，或基本吻合，如实际成本曲线在香蕉图范围内（见图 8-6），也不能说明项目实施一定没有问题。因为有可能由于工程进度较慢，未完成计划工作量，同时物价上涨，工作效率低，花费增加，致使实际成本和计划成本曲线正好吻合，从图上反应是费用受控，事实上却恰好是费用超支了。

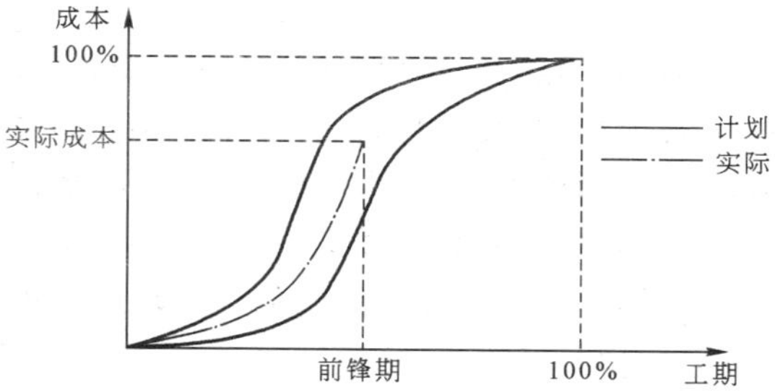

图 8-6　成本分析模型（香蕉图）

②如果在图上计划和实际曲线完全不吻合，偏差较大，也不能说一定存在很大的问题。一般偏离是正常的，因为做费用—时间曲线时是以计划成本在工程活动上平均分配为前提的，而实际上并不是这样，有时甚至有很大的差异。另外，施工次序的变化、设计的变更、工作量的增加和质量的变化等都会导致实际和计划不一致，因此出现了偏离并不一定反应费用不受控制。

③在实际工程中，将实际成本核算到工程活动上是比较困难的，也常常是不及时的。在控制期末，未完成的工作已花费的成本量和完成程度的估算比较困难。

④有时计划成本分解时常常比较随意，项目成本模型所采用的平均分配方法与实际的成本使用差距太大，致使项目的计划成本模型本身的科学性不大。

（2）挣值法。

为了克服成本模型的局限性，考虑到实际存在的各种因素对成本的影响，必须对之加以改进，挣值法就是一种改进的方法。挣值法实际上是一种分析目标实施与目标期望之间差异的方法，它通过测量和计算已完成工作的预算费用与已完成工作的实际费用和计划工作的预算费用，得到有关计划实施的进度和费用偏差，从而达到判断项目预算和进度计划执行情况的目的。

挣值法涉及到以下几个主要概念：

①计划工作预算费用 BCWS（Budgeted Cost For Work Scheduled）。BCWS 是指项目实施过程中某阶段计划要求完成的工作量所需的预算工时或费用。计算公式为：BCWS=计划工作量×预算定额。

BCWS 主要是反映计划进度应当完成的工作量，而不是反映实际消耗的工时或工费。

②已完工作实际费用 ACWP（Actual Cost For Work Performed）。ACWP 是指项目实施过程中某阶段实际完成的工作量所消耗的工时或费用。ACWP 主要反映项目执行的实际消耗指标。

③已完工作预算成本 BCWP（Budgeted Cost ForWork Performed）。BCWP 是指项目实施过程中某阶段实际完成工作量按预算定额计算出来的工时或费用，及挣得值 EarnedValue。BCWP 的计算公式为：BCWP=已完成工作量×预算定额。

④费用偏差 CV（Cost Variance）。CV 是指检查期间 BCWP 与 ACWP 之间的差异。

⑤进度偏差 SV（Schedule Variance）。SV 是指检查日期 BCWP 与 BCWS 之间的差异。

挣值法评价曲线如图 8-7 所示。图的横坐标表示时间，纵坐标则表示费用以实物工程量、工时或金额表示。图中 BCWS 按 S 形曲线路径不断增加，直至项目结束达到它的最大值。可见 BCWS 是一种 S 曲线。ACWP 同样是进度的时间参数，随项目推进而不断增加的，也是 S 形曲线。利用挣值法评价曲线可进行费用进度评价，如图 8-7 所示。CV<0，SV<0，表示项目执行效果不佳，即费用超支，进度延误，应采取相应的补救措施。

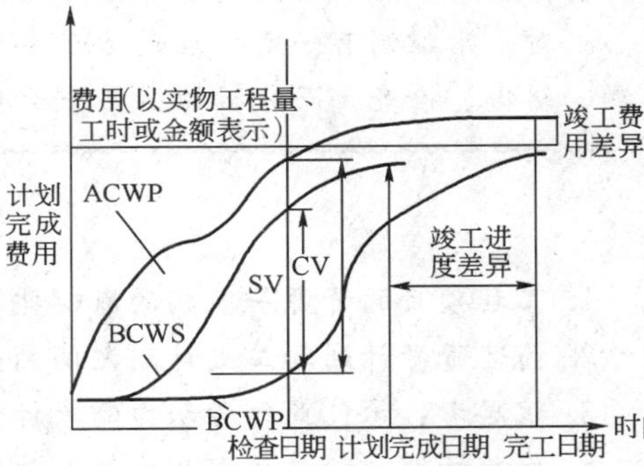

图 8-7　挣值法评价曲线图

3）纠偏

当工程项目的实际费用出现了偏差，应当根据工程的具体情况、偏差分析和预测的结果，采取适当的措施，以期达到费用偏差尽可能小的目的。这一步是费用控制中最具实质性的一步。只有通过纠偏，才能最终起到有效控制费用的目的。

通常要压缩已经超支的成本费用，而不损害其他目标是十分困难的，对成本费用的纠偏措施必须与工期、质量、合同、功能一起统筹考虑，例如：

(1) 寻找新的更好、更省的效率，更高的技术方案、采用符合规范而成本较低的原材料。

(2) 购买部分产品，而不是采用完全由自己生产的产品。

(3) 重新选择供应商，但会产生供应风险，选择需要时间。

(4) 改变实施过程，改变工程质量标准。

(5) 删去工作包，减少工作量、作业范围或要求。但这会损害工程的最终功能，降低质量。

(6) 变更工程范围。

(7) 索赔，例如向业主、承（分）包商、供应商索赔以弥补费用超支等。

4）检查

这是指对工程的进展进行跟踪和检查，及时了解工程进展状况以及纠偏措施的执行情况及其效果，为今后的费用控制工作积累经验。

本章小结

工程项目的资源计划与项目实施方案、工期计划、费用计划密切相关，互相制约及互相影响。

工程项目的资源种类繁多，资源的费用影响着整个工程的费用，因此，我们有必要对各种资源作出计划。本章在阐述资源问题的重要性的基础上，详细介绍了劳动力计划、材料计划和资金计划的编制方法和步骤。

费用计划对业主而言是投资计划，对承包商而言是成本计划。工程项目的费用计划是一个渐进的过程，在这个过程中费用计划的精度逐步提高，在这个过程中，费用估计的方法和工具也不尽相同，费用计划一般使用的模型是S曲线或香蕉图。

有了费用计划，在项目实施过程中就可以依据它进行费用控制。本章介绍了几种费用控制对象的分类，其中一般进行费用控制时会以项目实施过程中的各个阶段为对象进行费用控制。学生需要掌握不同的项目实施阶段费用控制的内容和重点。

对费用控制有一定的理论方法和依据，而且费用控制一般程序是比较、分析、预测、纠偏、检查，而分析的主要手段有成本模型和挣值法两种。

思考题

1. 工程项目的资源一般指的有哪些?
2. 简述资源计划和工期计划之间的关系。资源计划与费用计划有关系吗?
3. 试思考：承包商的劳动力需求计划的平衡对施工组织设计的其他方面有什么影响。
4. 材料计划一般包括哪些计划？试述材料需求计划的编制步骤。
5. 费用估算的方法一般有哪些？各有什么特点和应用限制因素?
6. 投资估算的依据有哪些？投资估算是否就是合同价?
7. 费用控制的潜力在什么建设阶段最大？在设计阶段，费用控制的主要手段有哪些?
8. 工程施工阶段成本控制的方法有哪些？成本控制的主要环节有哪些?
9. 成本模型和挣值法都可以作为成本偏差分析的方法，试说出挣值法用于成本偏差分析的原理。
10. 如果某一工程在某一时间点投资累计值在香蕉图曲线之内，是否就说明费用得到了控制？为什么?
11. 费用计划的习题，以前面进度计划的例题为基础。

第九章 工程项目质量、安全控制

本章知识点

- 质量与质量控制基本概念，质量控制过程，三阶段循环、三全控制和PDCA循环的内容；
- 业主方、设计方、承包方和政府监督方的质量控制要点；
- 质量计划的编制，典型质量控制点控制要点，生产要素质量控制；
- 安全生产的概念，施工安全控制的方针、目标与特点；
- 施工安全计划的编制、内容与实施；
- 施工安全控制的基本要求与程序，危险源控制的方法，安全检查要点。

第一节 质量控制基本原理

一、质量与质量控制基本概念

1. 质量的基本概念

我国国家标准《质量管理体系要求》(GB/T 19001—2000)对质量的定义是：产品、体系或过程的一组固有特性满足顾客和其他相关方要求的能力，包括要满足明示的要求、隐含的要求和必须履行的需求或期望的能力。简单地说，质量既要符合规定的要求，又要满足用户的期望。

1）明示的要求

一般是指在合同环境中，用户明确提出的需要或要求，通常是通过合同、标准、规范、图纸、技术文件等所做出的明文规定，由供方保证实现。

2）隐含的要求

一般是指非合同环境（即市场环境）中，用户未提出或未提出明确要求，而由生产企业通过市场调研进行识别或探明的要求或需要。这种需要虽然从法律、法规或技术标准上尚未作出明确规定，然而随着经济的发展和科学技术的进步及人们消费观念的变化，是客观上已经存在的某些需求。这是用户或社会对产品服务的“期望”，也就是人们公认的、不言而喻的那些“需要”。

工程项目质量是国家现行的有关法律、法规、技术标准、设计文件及工程合同中对工程安全、使用、经济、美观等特性的综合要求。它是在“合同环境”下形成的，合同条件中对工程项目的功能、使用价值及设计、施工质量的明确要求都是业主的“需要”，因而都是工程项目质量的内容。

项目质量管理的主要对象是工程实体质量，主要是指工程项目适合于某种规定的用途，满足人们要求所具备的质量特性的程度，除具有一般产品所共有的特性之外，还包括如下几个方面：

(1) 工程运行后，所生产的产品（或服务）的质量，该工程的可用性、使用效果和产出效益、运行的安全度和稳定性。

(2) 工程结构设计及施工的安全性和可靠性。

(3) 所使用的材料、设备、工艺、结构的质量以及它们的耐久性和整个工程的寿命。

(4) 工程的其他方面，如外观造型、与环境的协调、对生态的保护、项目运行费用的高低以及可维修性和可检查性等。

工程项目的质量还包括服务的质量，如咨询、设计、投标中服务时间（主动、及时、准时、适时周到的程度）、服务能力（准确判断、解决问题的程度）、服务态度（热情、诚恳、有礼貌、守信用、建立良好服务信誉的程度）、施工中的工期、现场的面貌、同其他参加者的协作配合、工程竣工后的保修等。

2. 工程项目质量控制

工程项目质量控制可定义为：为达到工程项目质量要求所采取的作业技术和活动。工程项目质量控制就是为了保证达到工程合同规定的质量标准而采取的一系列措施、手段和方法。工程项目质量控制按其实施者不同包括四方面：业主方面的质量控制、设计方面的质量控制、承包商方面的质量控制和政府监督方面的质量控制。

3. 工程项目质量控制过程

工程项目的建设过程是十分复杂的，它的业主、投资者一般都直接介入整个生产过程，参与全过程的各个环节和对各种要素的质量管理。

要达到工程项目的目标，建成一个高质量的工程，就必须对整个项目过程实施严格的质量控制，质量控制必须达到微观与宏观的统一，过程和结果的统一。

由于项目是一个渐进的过程，在图 9-1 所示的项目控制过程中，任何一个方面出现问题，必然会影响后期的质量控制，进而影响工程的质量目标。

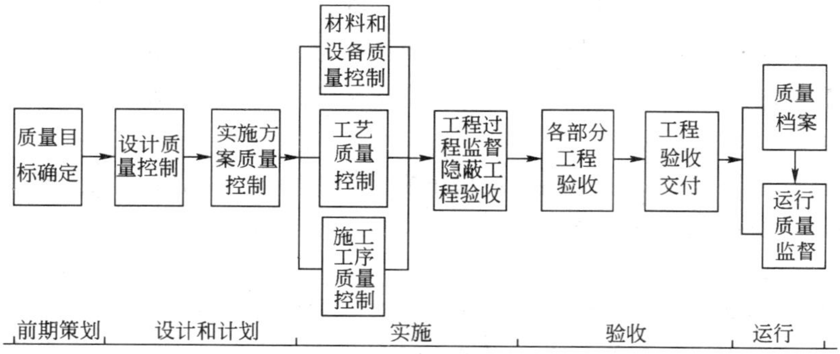

图 9-1 工程项目质量控制过程

二、三阶段控制

施工阶段质量控制是工程项目全过程质量控制的关键环节。根据工程质量形成的时间，施工阶段的质量控制又可分为质量的事前控制、事中控制和事后控制，其中事前控制为重点控制。

1. 事前控制

(1) 审查承包商及分包商的技术资质。

(2) 协助承包商完善质量体系，包括完善计量及质量检测技术和手段等，同时对承包商的试验室资质进行考核。

(3) 督促承包商完善现场质量管理制度，包括现场会议制度、现场质量检验制度、质量统计报表制度和质量事故报告及处理制度等。

(4) 与当地质量监察站联系，争取其配合、支持和帮助。

(5) 组织设计交底和图纸会审，对有的工程部位应下达质量要求标准。

(6) 审查承包商提交的施工组织设计，保证工程质量具有可靠的技术措施。审核工程中采用的新材料、新结构、新工艺、新技术的技术鉴定书；对工程质量有重大影响的施工机械、设备，应审核其技术性能报告。

(7) 对工程所需原材料、构配件的质量进行检查与控制。

(8) 对永久性生产设备或装置，应按审批同意的设计图纸组织采购或订货，到场后进行检查验收。

(9) 对施工场地进行检查验收。检查施工场地的测量标桩、建筑物的定位放线以及高程水准点，重要工程还应复核，落实现场障碍物的清理、拆除等。

(10) 把好开工关。对现场各项准备工作检查合格后，方可发开工令。停工的工程，未发复工令者不得复工。

2. 事中控制

(1) 督促承包商完善工序控制。工程质量是在工序中产生的，工序控制对工程质量起着决定性的作用。应把影响工序质量的因素都纳入控制状态中，建立质量管理点，及时检查和审核承包商提交的质量统计分析资料和质量控制图表。

(2) 严格工序交接检查。主要工作作业包括隐蔽作业需按有关验收规定经检查验收后，方可进行下一工序的施工。

(3) 重要的工程部位或专业工程（如混凝土工程）要做试验或技术复核。

(4) 审查质量事故处理方案，并对处理效果进行检查。

(5) 对完成的分项分部工程，按相应的质量评定标准和办法进行检查验收。

(6) 审核设计变更和图纸修改。

(7) 按合同行使质量监督权和质量否决权。

(8) 组织定期或不定期的质量现场会议，及时分析、通报工程质量状况。

3. 事后控制

(1) 审核承包商提供的质量检验报告及有关技术性文件。

(2) 审核承包商提交的竣工图。

(3) 组织联动试车。

(4) 按规定的质量评定标准和办法，进行检查验收。

(5) 组织项目竣工总验收。

(6) 整理有关工程项目质量的技术文件，并编目、建档。

三、三全控制

1. 三全控制的内容

1) 全面的质量标准

以往的产品质量，主要是指产品的使用价值，即产品的适用性、可靠性等技术特性。而按照全面质量管理的观点，产品质量除使用价值外，还包括经济性、交货期和技术服务质量等。以公路项目为例，全面的质量标准如图 9-2 所示。

用户要求的质量标准并不是凝固的，而是不断变化和提高的。所以我们既要保证按现有标准要求的产品质量，又要不断提高产品质量。

上述质量标准的综合性和动态性，就是全面质量标准的含义。全面质量管理，就是为达到上述全面质量要求所进行的管理。

全面的质量标准
- 适用性（适应车辆通行的需要）} 使用价值
- 可靠性（结构可靠性、安全性）} 使用价值
- 经济性（造价经济合理）
- 交货期（施工周期）
- 技术服务质量（包括缺陷责任期的长短及服务内容和质量）

图 9-2　公路项目全面的质量标准

2）全过程的质量管理

公路产品的质量不仅决定于施工阶段的质量，还涉及到勘察设计、材料和施工设备的质量，以及使用阶段技术服务的质量。因此，作为施工单位不仅要加强施工全过程的质量控制，还应做好对设计质量的审核，做好对进场材料和设备的检验。

对影响产品质量的上述全部过程实施管理，就叫全过程的管理，这种全过程的管理，突出了预防性，即事前的质量控制。

3）全员参与的管理

在实施全过程的质量管理时，从项目经理至每位员工，他们的工作都直接或间接与产品质量的形成有关。所以，质量管理需要全体员工的参与，而不是只由少数专业管理人员去做。

4）全面运用各种管理方法和技术的科学管理

即以科学的态度，采用科学的方法（包括数理统计的、经济的、心理学的方法）进行的科学管理。

2. 三全控制的基本原则

1）贯彻“质量第一”的方针

质量是企业信誉的基础，也是市场竞争的需要，质量问题应引起全体员工足够的重视。

2）贯彻“预防为主”的方针

好的质量不是检验出来的，而是生产出来的。质量管理并不是仅靠对成品的严格检验，更重要的是在产品形成过程中进行严格的控制，对产品质量形成全过程的每个环节采取预防措施，来保证产品的质量。

3）用数据说话

在质量管理中，要尽可能的运用质量检验和实验数据来判别质量的优劣，采用数理统计的方法对质量进行控制，使质量管理科学化。

4）要有广泛的群众基础

公路产品的质量是由项目管理的工作质量来保证的，没有项目管理的工作质量，也就没有公路产品的质量。而项目管理的工作质量涉及到形成产品质量的所有环节、所有过程，涉及到项目管理的各个部门和每位职工。所以说，质量是广大职工共同创造出来的，而不是靠少数人检验出来的。

5）要有严密的组织保证

要搞好全面质量管理，需要有严密的组织保证。为此就要设立相应的机构，配备一定的人员，并明确划分其职责和权限。

四、PDCA 循环

PDCA 循环是人们在管理实践中形成的基本理论方法。它也适用于工程项目质量管理。PDCA 循环包括四个环节，即计划、实施、检查和处置。

1. P（计划，Plan）

计划是指明确目标并制订实现目标的实施方案。即在分析和找出存在的质量问题的基础上，分析产生这些质量问题的原因和影响因素及主要影响因素，针对主要影响因素制定措施，提出行动计划。对高速公路建设项目质量管理而言，计划阶段是要求项目的各参与方根据其任务目标和责任范围，确定质量控制的组织制度、工作程序、技术方法、业务流程、资源配置、检验试验要求、质量记录方式、不合格处理、管理措施等具体内容和做法的文件。同时，对其实现预期目标的可行性、有效性、经济合理性进行分析论证，按照规定的程序与权限审批执行。

计划环节包括以下具体步骤和内容：

(1) 分析质量现状，找出存在的质量问题。分析现状，找出存在的质量问题，要有重点。首先，是项目施工中质量通病；其次，是在工程中技术复杂、难度大、质量要求高的工序。如采用新工艺、新技术、新结构、新材料等工序。分析质量现状，找出存在的问题要依据大量的数据和情报资料，让数据说话，用数理统计的方法来反映问题。

(2) 分析产生质量问题的原因和影响因素。这一步也要依据大量的数据，应用数理统计的方法，并召开有关人员和有关问题的分析会议，最后，绘制成因素分析图。

(3) 找出影响质量的主要因素。为找出影响质量的主要因素，可采用两种方法：一是利用数理统计的方法和图表；二是当数据不容易取得或者受时间限制来不及取得时，可根据有关问题分析会的意见来确定。

(4) 制订改善质量的措施，提出行动计划，并预计效果。在进行这一步时，要反复考虑并明确回答以下问题：第一，为什么要采取这些措施？为什么要这样改进？即要回答采用措施的原因。第二，改进后能达到什么目的？有什么效果？第三，改进措施在何处（哪道工序、哪个环节、哪个过程）执行？第四，什么时间执行？什么时间完成？第五，由谁负责执行？第六，用什么方法完成？用哪种方法比较好？上述六个问题，归纳起来就是原因、目的、地点、时间、执行人和方法。

2. D（实施，Do）

实施是指组织对质量计划或措施的执行。首先，对计划的实施方案进行交底，使各参与者明确计划的意图和要求，掌握标准，规范行为；然后，按计划规定的方法与要求开展作业技术活动。具体地说，就是要依靠思想工作体系，做好教育工作；依靠组织体系，即完善组织机构、责任制、规章制度等工作；依靠产品形成过程的质量控制体系，做好质量控制工作，以保证质量计划的执行。

3. C（检查，Check）

检查是指调查和统计所采取措施的效果，即对计划实施过程进行的各种检查。包括检查是否严格执行了计划的行动方案、实际条件是否发生了变化、不执行计划的原因以及检查产品的质量是否达到标准的要求，对此进行确认和评价。也就是检查作业是否按计划要求去做的、哪些做对了、哪些还没有达到要求、哪些有效果、哪些还没有效果。

4. A（处置，Action）

处置是指对质量检查中所发现的质量问题或质量不合格状态，及时进行原因分析，采取应急措施，解决当前的质量问题，保持质量形成的受控状态。同时，通过总结经验，制订相应的标准或制度，并且提出尚未解决的质量问题，将质量信息反馈到管理部门，反思问题症结或计划时的不周，为今后类似问题的质量预防提供借鉴。这一环节实际上包含两个具体内容：

（1）总结经验，巩固成绩。也就是经过上一步检查以后，把确有效果的措施在实施中取得的好经验，通过修订相应的工艺文件、工艺规程、作业标准的各种质量管理的规章制度加以总结，把成绩巩固下来。

（2）提出尚未解决的问题。通过检查，把效果还不显著或还不符合要求的那些措施，作为遗留问题，反映到下一个循环中去。

PDCA 的四个阶段周而复始，循环一次，质量改善一次，质量水平提高一步，呈螺旋式上升。对一个高速公路建设项目而言，质量管理是一个 PDCA 循环，到勘察设计、施工等又要进行多个 PDCA 循环。就施工阶段而言，项目业主、承包人、监理单位等也有其PDCA循环，当然，他们的下级机构也有其 PDCA 循环。也就是说，通过 PDCA 循环，把项目的各参与方、各项工作有机地联系起来，彼此协同，相互促进，形成大环套小环，一层层地解决问题。PDCA 循环的原理如图 9-3 所示。

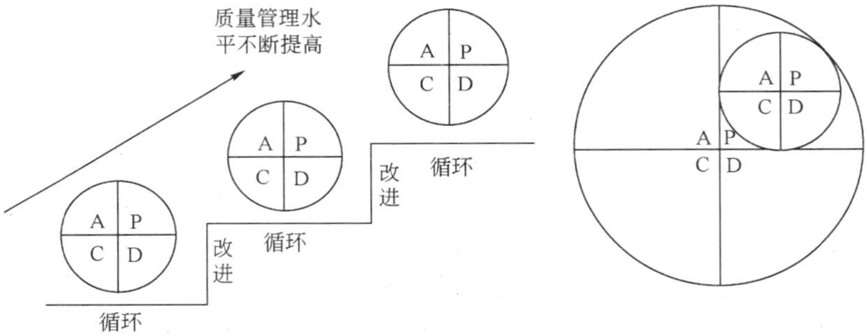

图 9-3　质量管理中的 PDCA 循环的原理图

第二节　质量控制的主体和对象

建设项目工程质量控制按其实施主体不同，分为政府的工程质量管理、业主的质量管理、工程监理单位的质量管理、承包人的质量管理和设计单位的质量管理等方面。

根据《公路工程质量管理办法》（交公路发［1999］90 号）的规定，国务院交通主管部门主管全国公路工程质量管理工作。县级以上人民政府交通主管部门负责本行政区域内公路工程质量管理工作。但是，大中型公路建设项目的质量管理工作由省、自治区、直辖市人民政府交通主管部门负责。县级以上人民政府交通主管部门设置的公路工程质量监督机构根据交通主管部门委托的权限，代表交通主管部门行使行政执法职能，具体负责公路工程质量监督工作。

公路工程质量实行建设单位或项目法人全面负责，监理单位控制，设计、施工单位保证和政府监督相结合的质量管理体制。公路工程建设各方必须按有关规定向质监机构报告公路工程质量情况，提供有关资料；任何单位和个人对公路工程的质量事故、质量缺陷和影响工程质量的行为有权向交通主管部门或质监机构进行检举、控告和投诉。公路工程建设项目的主管部门、建设、设计、施工、监理单位负责人，对本单位的质量工作负领导责任；各单位的工程项目负责人，对本单位工程项目现场的质量工作负直接领导责任；各单位的工程技术负责人，对质量工作负工程技术方面责任；具体工作人员为直接责任人。公路工程在设计使用年限内实行质量终身负责制。

公路工程建设项目必须建立“政府监督、社会监理、企业自检”三级质量保证体系，建立年度工程质量检查制度。

严禁设计、施工、监理单位将承接的公路工程建设项目转包，严格控制公路工程的分包。工程分包单位必须具有相应的资质等级，且不得二次分包。设计和监理合同分包必须经建设单位同意；施工合同分包必须经监理单位审查，建设单位批准。分包单位必须按照分包合同的约定，对工程质量向总承包单位负责，接受总承包单位的质量管理；总承包单位按照总承包合同的约定，对全部工程质量向建设单位负责，对分包工程的质量与分包单位承担连带责任。

一、业主方（监理方）质量控制

1. 业主方的质量控制基本要求

业主的质量管理主要是根据工程特点和技术要求，采用招标方式选择相应资质等级的勘测、设计单位和承包人，并在合同中明确质量条款和质量责任，真实、准确、齐全地提供与建设工程有关的原始资料；根据工程特点，配备相应的质量管理人员；在工程开工前，负责办理有关施工图设计文件审查、工程施工许可证和工程质量监督手续，组织设计单位和承包人认真进行设计交底和图纸会审；在工程施工中，按国家现行有关工程建设法规、技术标准及合同规定，对工程质量进行检查；工程项目竣工后，及时组织设计、施工、工程监理等有关单位进行施工验收。

2.《公路工程质量管理办法》对业主方（建设单位）质量管理责任的规定

为了加强公路工程的建设质量，规范项目业主在公路工程建设中的行为，《公路工程质量管理办法》对建设单位进行了如下质量管理责任的规定：

（1）建设单位应根据国家和交通主管部门有关规定设立，并应当按照国家规定建立、健全质量保证体系，建立质量管理制度，落实质量岗位责任制。

（2）建设单位应严格履行基本建设程序，根据公路工程特点和技术要求，确定合理标段、合理工期、合理造价，并按国务院交通主管部门规定通过项目招投标选择具有相应资格的勘测、设计、施工和监理单位，并应分别签订合同，实行合同管理。公路工程的合同文件，必须有工程质量条款，明确各项工程和材料的质量标准和合同双方的质量责任。承担工程项目同一合同段的施工和监理单位不得隶属于同一管理单位，设计单位不得承担本单位设计工程项目的监理任务，招标代理机构不得参加工程投标。

（3）建设单位应主动接受质监机构对其质量保证体系的监督检查。工程开工前，应按规定向质监机构办理工程质量监督手续；工程施工过程中，应主动接受质监机构对工程质量的监督检查；工程完工后，应由质监机构对工程质量进行鉴定。

（4）建设单位应依照有关公路工程建设的法律、法规、法章、技术标准、规范和合同文件，组织进行设计、施工和监理。开工前应组织施工图设计审查和设计交底；施工中应对工程质量进行检查；工程完工后应及时组织交工验收，并做好竣工验收的准备工作。

（5）建设单位应加强档案管理，所有建设项目都要按照《中华人民共和国档案法》的有关规定，建立、健全项目档案。从项目筹划到工程竣工验收各环节的文件资料，都要严格按照规定收集、整理、归档。

(6) 对在工程质量检查中发现问题和公路工程发生重大工程质量事故的，应严肃处理。对责任单位予以警告、罚款或对设计、施工单位停止1～2年资信登记，对监理单位降低资质等级，或吊销资质证书，对责任人给予行政处分；构成犯罪的，依法追究刑事责任。对建设项目分别给予限期整改（整改期间暂停拨付建设资金）、扣减中央对当年公路建设计划投资的5%～10%的处罚。

(7) 建设单位有下列行为之一的，由交通主管部门予以警告、罚款并应追究有关主管人员的失职、渎职责任。

①造成工程质量低劣或发生质量事故的；

②未按规定选择相应资质等级的设计、施工和监理单位从事工程建设的；

③未按规定办理工程质量监督手续的；

④未按规定进行交工验收而将工程交付使用的；

⑤发生重大质量事故，未按有关规定和时间向有关部门报告的。

3. 业主方对设计质量的控制

1) 设计单位的选择

设计单位对设计的质量负责。设计单位的选择对设计质量有根本性的影响，而许多业主和项目管理者在项目初期对它没有引起足够的重视，有时为了方便、省钱或其他原因（例如关系户），将工程委托给不合格的设计单位甚至委托给业余设计者，结果造成很大的麻烦和经济损失。

设计工作属于高智力型的、技术与艺术相结合的工作，其成果评价比较困难。设计方案以及整个设计工作的合理性、经济性、新颖性等常常不能从设计文件如图纸、规范、模型的表面反映出来，往往在工程竣工后甚至是在项目运行一段时间后，才能作出适当的评价，所以设计质量很难控制。这就要求对设计单位的选择予以特别的重视。设计单位必须是：

(1) 大的、著名的设计单位。

(2) 正规的、管理规范的设计单位。

(3) 不仅本项目设计在它的业务范围内，而且具有与项目相符合的资质等级证书。

(4) 有同类工程经验，在过去的项目中与业主合作良好、信誉好。

2) 设计工作控制

(1) 对阶段设计成果应审批签章，再进行更深入的设计，否则无效。无论是国内还是国外，设计总是分为几个阶段进行，逐渐由总体到细部。各个阶段设计成果都必须经过一定的权力部门审批，作为继续设计的依据，这是一个重要的控制。

(2) 由于设计工作的特殊性，对一些大的、技术复杂的工程，业主和项目管理者常常不具备相关的知识和技能，所以常常必须委托设计监理或聘请有关专家，对设计进度和质量、设计成果进行审查，这是十分有效的控制手段。

(3) 由于设计单位对项目的经济性不承担责任，所以他们常常从自身效益的角度出发尽快出方案、出图，不希望也不愿意作多方案的对比分析。往往只是认真作一个方案，并象征性地作一两个方案作陪衬。对此常须作如下考虑：

①采用设计招标，在中标前审查方案，而且可以对比多家方案，这样定下一个设计单位就等于选择了一个好的方案，但这需要时间和费用。

②采取奖励措施。鼓励设计单位进行设计方案优化，从优化所降低的费用中取一部分作为奖励。

③另外，请科研单位专家对方案进行试验或研究，进行全面技术经济分析，最后选择优化的方案。

多方案的论证不仅对项目的质量有很大的影响，而且对项目投资的节约、经济性有很大的影响。

(4) 对设计工作质量进行检查。这是一项十分细致的，同时又是技术性很强的工作。在设计阶段发现问题的纠正，是最方便、最省事、最省钱的，影响也最小。

设计工作以及设计文件的完备性，应包括说明工程形象的各种文件，如各种专业图纸、规范、模型，相应的概预算文件，设备清单和工程的各种技术经济指标说明，以及设计依据的说明文件，边界条件的说明等。设计文件应能够为施工单位和各层次的管理人员所理解。

从宏观和微观上分析设计构思、设计工作和设计文件的正确性、全面性及安全性，识别系统的错误和薄弱环节。分析这样的设计若付诸实施，工程建成后能否安全、高效、稳定、经济地运行，能否美观，能否与环境协调一致。

设计应符合规范的要求，特别是强制性的规范，如防火、安全、环保、抗震的标准，以及一些质量标准和卫生标准。

3) 设计交底和图纸会审

请施工单位、制造厂商、工程的使用者参加会审。会审的目的有：

(1) 使施工单位熟悉设计图纸，了解工程特点和设计意图，以及对关键工程部分的质量要求，同时也可能减少图纸的差错。

(2) 检查技术设计中有没有考虑到施工的可能性、便捷和安全性。

(3) 检查设计中有没有考虑到运行中的维修、设备更换、保养的方便。

(4) 检查设计中有没有考虑到运营的安全性及交通和运行费用的高低。

4. 业主方（监理方）对施工质量的控制

1) 控制要点

(1) 施工企业及其施工项目部对施工质量负责。工程施工中的质量控制属于生产过程的质量控制。工程质量控制不仅要保证工程的各个要素（材料、设备、工作、工艺等）符合规定（合同、设计文件）要求，而且要保证各部分的成果，即分部分项工程符合规定，还要保证最终整个工程符合质量要求，达到预定的功能，整个系统能经济、安全、高效率地运行。这个阶段质量控制的对象是承（分）包商、供应商或工程小组。

(2) 在工程实施过程中，如果工程出现问题，质量目标最容易受到损害。

(3) 质量控制的关键因素是实施者，所以业主与项目管理者应重视对承（分）包商、供应商的选择。在委托任务、商讨价格、签订合同时应注意考查他们的质量能力、信誉。包括：技术水平、装备水平；管理能力，特别是项目经理、技术总工程师的经历、经验；承包企业质量管理体系，如是否通过国际质量标准 ISO 9000 认证；以往工程的质量标准，企业等级、资信及企业形象、声誉等。将它们作为评标、授予合同的一个重要指标。

如果选择出错，则业主以及他的项目管理者对质量的控制会很困难，而且会有许多麻烦。对于自己的工程小组、操作人员，如果发现质量能力不足，或技术人员、操作人员对新的工艺、材料、方案不懂，则必须进行培训；甚至对分包商、劳务外包人员进行培训或提供培训帮助。由于工程项目的特殊性，实施工程的方案、技术措施、工艺应是先进的同时又是成熟的。

(4) 必须向实施者落实质量责任，灌输质量意识。

①要保证质量，必须将工程的质量责任落实到具体的实施者（承包者），而不是（或不

仅仅是）检查者。建立工程的技术管理制度，并经常进行考核。

②在合同、委托书或任务单中明确质量的要求，确定质量的标准、检查和评价方法、奖惩办法和标准，不能采用含糊不清的笼统的质量要求或标准，在合同中应规定项目组织者对质量的绝对的检查和监督的权力。

③要求各投标单位在投标文件中说清楚质量保证体系、质量保证的措施和方法，并由专家审查这些措施和方法的适用性、科学性、安全性，作为选择承包商的依据。

④在实际工作中，防止实施者为了追求高效率和低费用而牺牲质量，发现工期拖延、费用超支时，首先应考虑选择修改或制定周密的计划，防止以牺牲质量为代价赶工和降低费用。由于质量是工程的内在因素，它的指标常常不明确，所以人们特别容易忽视它。

（5）确定质量控制程序和权力。

①质量控制程序和权力由合同条件、规范和项目功能规定，通常在合同中确定质量控制权力和责任的划分，确定主要控制过程、工程检查验收的规定，在规范中常常包含专业分项的质量检查标准、过程、要求、时间、方法，业务工作条例。

②质量控制程序包括极其广泛的内容：设备和材料采购、工艺、隐蔽工程、分项工程、分部工程、单位工程、单项工程、整个工程项目的最终检验和试运行等。

检查应包括常规检查、专项检查、非常规检查、现场检查以及现场以外的结构构件、设备、生产场地的检查。对每一项检查应确定查什么，怎样检查，在何处何时查，谁检查谁，检查频度。

③当然，要使质量控制有效，还必须与其他控制手段，如工程款支付、计量、合同处罚等结合起来，明确规定（合同中）项目组织者对不符合质量的工程材料、工艺的处置权，例如拒绝验收和付款、指令拆除不合格工程、重新施工，由此引起的一切费用、工期拖延由责任者负责，当然对高质量应有奖励措施。

（6）质量文件。图纸、规范、模型是由设计者提出的质量要求文件，经工程实施应反馈出能够证明和反映实际工程状况的质量报告文件。工程实施以及各种控制过程中应收集、整理这些文件，应有完备的技术档案。这在工程质量评价、质量问题分析、索赔和反索赔中有重要作用，它们应能系统、全面地说明（证明）已建工程的各部分（工程、技术、设备等）的质量状况。

2）技术文件的会审

要将技术设计付诸实施，首先实施者要对技术设计进行会审。这应作为一项工程制度。

（1）作为实施单位，必须全面理解设计文件、设计意图，只有这样才能正确制定实施方案和报价。

（2）对设计文件中发现的问题，例如矛盾、错误、二义性、说明不清楚或无法实施之处，应在会审中提出，向设计单位质询或要求修改。

（3）由于设计和实施单位很多，必须解决它们之间的协调问题，即各个承包商的实施方案必须在质量要求、时间上协调一致。通过会审可以解决沟通和协调问题。

3）材料质量控制

材料的经营和采购是工程项目质量和费用控制的重点。因为一方面材料费用占工程费用大部分（一般在50%以上），另一方面材料是构成工程实体的要素，它决定了工程的内在质量。可以这样说，材料不合格则不会有合格的工程，当然有合格的材料也可能有不合格的工程。材料质量控制措施有：

（1）采购前必须将项目所需材料的质量要求（包括品种、规格、规范、标准等）、用途、投入时间、数量说明清楚，作出材料计划表并在采购合同中明确规定这些内容。

（2）采购选择。供应商通常是很多的，对各种供应材料的质量应有深入的了解，多收集一些说明书、产品介绍方面的信息。

①采购前要求提供样品，特别对承包商（或分包商）自己采购的材料。样品认可后封存，在供应到现场时，再作对比检查。

②尽可能选择有长期合作伙伴关系的供应商。一个大型的承包公司周围应有一些长期的合作伙伴，这有利于保证质量、保证供应、抗御风险。

③要求供应商提供其产品证书，如官方认可的质量系统文件和证明、生产许可证、质量认证书，也可以走访以前的用户。

④对重要的、大批量供应或专项物资供应，可以派自己的人员在生产厂家进行巡视，检查产品质量及生产管理系统，验收产品。

⑤与供应商或其生产厂家一起研究质量改进措施。

⑥供应的可靠度，即供应商的生产（供应）能力，现已承接的业务的数量、供应时间。如果生产单位承接的业务数量超过生产能力，则供应时间不能保证，质量也不能保证。

（3）入库和使用前的检查。检查供应材料的质量，并作出评价，保存记录。不合格的材料不得进入工地，更不得使用。

设备、工艺的质量控制基本上同材料控制过程。

4）工程质量检查和监督

工程施工是一个渐进的过程，质量控制必须在整个过程中起作用，这里有两个层次：

（1）实施单位（如承包商、供应商、工程小组）内部有质量管理工作，如领导、协调、计划、组织控制，通过生产过程的内部监督和调整及质量特征的检查达到质量保证的效果，这里有许多技术监督工作和质量信息的收集、判断工作。

（2）项目管理者对质量的控制权，包括：

①行使质量检查的权力；

②行使对质量文件的批准、确认、变更的权力；

③对不符合质量标准的工程（包括材料、设备、工程）的处置的权力；

④在工程中做到隐蔽工程不经签字不得覆盖；工序间不经验收下道工序不能施工；不经质量检查，已完的分项工程不能验收、不能量方，很显然也不能结算工程价款。这一切必须在合同中明确规定，并在实际工作中得到不折不扣地执行。

5）工程验收和移交

（1）验收过程。实施阶段的质量管理是局部的，主要针对某些特定的对象，而工程验收的重点则在于工程项目的整体是否达到设计的生产能力和规范的要求，检查系统的完整性，工程运行不可缺少的部分。在工程接近完成前双方就应商讨安排验收和移交问题，由项目经理组织各单位、各专业协调进行。工程验收一般分为如下几个阶段：

①检查阶段。包括两层含义：一方面是对工程项目的质量检查，检查其是否达到设计和规范的要求，如结构、地面、油漆工程、门窗、建筑垃圾的处理、绿化工程等；另一方面是对工程的完整性进行检查，即检查各项目内容是否有疏漏，保证项目的功能完整。检查包括对工程实体的检查和各种质量文件的检查。对查出来的问题应限期解决，既可以边移交边解决，也可以推迟移交，再作复查。

②试验阶段。按规范采用某些技术检验方法，对一些设备进行功能方面的检查，如管线的试压和气密性试验，对一些材料和设备的特殊检验等。

③移交阶段。全部工程完成以后，业主组织力量或委托某些专业工程师对整个工程的实体和全部的施工记录资料进行交接检查，找出存在的问题，并为下一步的质量评定工作做好准备。

在竣工阶段，竣工图纸和文件的移交是一项十分重要的工作。竣工图不仅是工程实施状况和最终工程技术系统状况的证明文件，而且是一份重要的历史文件，对工程以后的使用、修理、改建、加固都有重要作用。最终由项目管理者签发证书，则工程正式移交。

（2）工程项目的验收报告。验收报告可以按不同的项目需要编写，通常工业工程项目的验收报告应包括以下几个方面的内容：

①总说明。一般包括以下内容：项目情况介绍，如项目的批准依据、建设规模、新增生产能力、设计依据、设计单位、批准部门、重大设计变更、施工单位、总形象进度、施工大事记、设计概算、竣工决算等；生产准备情况。包括组织机梅、人员培训、原材料供应、水电气的供给和生产技术准备等；试运行结果的考核，各项技术指标分析；总的工程质量评定；三废处理情况；影响生产的遗留问题及处理意见；合同各方面的执行情况；投资效果分析；项目的经验和教训等。

②验收报告附表。一般包括：竣工工程概况表；竣工工程验收清单及交付使用的固定资产表；移交的工、器具和家具表；库存结余的设备材料表；重大事故一览表；重大设计变更表；单位工程质量表；设计质量评定表；关键设备质量评定表；三废治理情况表。

（3）工程验收鉴定书。包括工程名称、建设规模、工程地址、移交日期、验收委员会名单说明、验收委员会鉴定意见、验收签章等。

5. 业主方的质量控制措施

（1）建立、健全界面清楚、责任明晰、控制严谨的质量保证体系和质量岗位责任制。

（2）工程开工前，向质量监督站办理工程质量监督手续；组织设计审查和设计交底。

（3）工程施工过程中的质量管理是高速公路建设项目质量管理中的关键环节，业主的质量保证措施有：

①加强合同管理并严格控制工程分包和劳务队伍的选择。督促监理工程师不定期对承包人进行全面的检查，防止以提供劳务的名义非法分包工程或采取挂靠的方式承揽工程。

②为承包人及时提供能满足工程进展需要和施工计划的工程永久用地，确保良好的施工环境。

③支持监理工程师严把工程质量关，同时督促监理工程师对所有施工环节进行有效控制。

④接受质量监督站对工程质量的监督检查，对检查中发现的质量问题和质量事故隐患要求承包人和监理工程师及时处理，较大问题要进行通报。

⑤施工过程中应要求设计单位及时委派设计代表并会同设计代表经常深入施工现场，积极协助承包人解决和处理工程中出现的与设计有关的技术难题和质量问题。

⑥建立定期的质量检查、不定期的质量抽查或巡查制度，督促承包人建立完善的自检和质量保证体系，督促检查监理工程师、承包人按规定频率进行抽检、自检试验。

⑦贯彻执行国务院《建设项目环境保护管理条例》，加强工程的环保监督管理工作，检查有关水土保持的措施，确保工程环保的质量，审查公路的排水系统及对区域水利的影响，并对不合理部分予以调整。

⑧建立质量评比和奖罚制度，开展树立样板工程的活动，定期召开工程质量会议，选择工程质量好和质量差的典型工点召开现场评议，在全线建立工程质量竞争机制，充分调动参建者的积极性和主动性，确保质量目标的实现。

6. 监理方的质量控制措施

工程监理单位的质量控制主要是受业主的委托，代表业主对工程实施全过程进行的质量监督和管理，包括勘测设计阶段质量管理、施工阶段质量管理，以满足业主对工程质量的要求。监理方采取的质量控制措施一般有以下内容：

(1) 切实履行监理合同，按合同要求配足合格的监理人员和监理设施，并按业主的要求及时组织进场。总监办要加强对监理人员的技术业务素质和职业道德的教育和培养，使监理人员具有独立、公正、有效开展监理业务的能力和责任感。

(2) 制订详细的监理工作计划和检查制度，明确岗位职责。

(3) 在工程开工前，对影响工程质量的各种因素进行分析，了解工程的重点和难点，对工程质量主动实行动态控制，对可以预见的问题事前提醒承包人采取措施，避免不必要的返工。

(4) 认真审查承包人的施工组织设计和各项开工报告，依据合同文件及技术规范严格审查工地试验室、材料、设备、劳动力及现场技术管理人员等准备情况。

(5) 对重要工序和隐蔽工程应进行有效的全过程旁站。以现场控制为重点，以治理和消灭质量通病为突破口，努力做好施工监理工作。通过进行复核试验审核承包人的集料的级配试验、混凝土配合比、砂浆配合比、结构的强度试验及各种标准击实试验。监督承包人的现场取样及各项试验，按不低于承包人试验检测频率的20%独立进行抽样试验。

(6) 验证承包人对控制桩点的复测资料；要求承包人对控制桩点进行有效保护并进行定期复查，抽查并确认承包人的施工定线和放样测量，定期检查承包人使用的测量仪器精度。

(7) 坚持工序验收制度，对质量符合要求的部分予以签认，对不符合质量要求的工程要求承包人返工或采用其他补救措施进行处理。

(8) 监理工程师应遵循实事求是的原则，用数据说话，禁止各总监办之间、各驻地办之间互相攀比，确保监理试验的权威性和公正性。

二、设计方质量控制

设计是指根据工程项目的目标设计、可行性研究报告、设计任务书以及与业主签订的项目总承包合同或设计合同的要求（包括规范），按照国家政策和法规，正确处理和协调资金、资源、技术、环境条件的制约，吸收国内先进的科学技术成就和生产实践经验，选择最优建设方案，进行设计工作，并为工程项目提供建设依据的设计文件和图纸的整个活动过程。设计是从技术方面来定义工程的技术系统，定义工程的功能、工艺等各个总体和细节问题，它包括各阶段的技术设计。

设计是整个工程实施阶段的先行和关键。我国工程质量事故统计资料表明，由于设计方面的原因引起的质量事故占总的40.1%。工程设计对工程的质量以及建设周期、工程实施的秩序程度、投资效益和运行后的经济效益和社会效益等方面都起着重要的作用。设计中的任何错误都会在计划、制造、施工、运行中扩展和放大，引起更大的失误。

设计管理与控制是工程项目管理过程中的一个重要方面。工程设计图纸和文件是项目实施过程中后续几个阶段（采购、施工、运行）的主要依据。因此，加强设计过程中的管理与控制，将对工程项目的进度、成本、质量和数据控制均产生直接影响。

1. 设计的组织与分工

1）设计的专业设置与划分

工程项目有许多种类型，但不管哪一种类型，工程项目都是由许多技术子系统组成的。如建筑工程项目，一般由地基与基础工程、建筑主体结构及建筑、给水排水、电气、消防、电梯等子系统组成，现在一些大型的建筑工程项目还包括净水系统，通信、监控、空调通风、智能化及综合布线、室外各种水、电、声、光、环境、排污治污等子系统，其他如专业工程（各种工业项目）、交通工程（铁路、地铁、高速公路）、桥梁工程、水利工程等都比建筑工程要复杂得多，涉及的专业更多。由于各种专业知识是独特的，所以设计单位必须将各种专业设计人员进行有机划分，不同的工程项目、不同的专业设计单位，其专业设置总是有所区别。

（1）要有利于工作的进行，既要分工明确，又要便于互相创造条件。

（2）既要专业化，分工又不可过细；既要有利于整体技术水平和设计质量的提高，又要充分发挥个人的特长。

2）工程项目设计的组织

由于工程项目技术系统是一个有机的整体，所以每一个工程项目的设计都必须将其所涉及的各种专业的设计人员有机组织起来，建立临时的项目设计组织。项目设计组织中所含专业应根据合同规定的任务范围确定，项目设计组织的工作需要有关部门和人员支持及配合，如档案室、后勤部门等。

3）设计部门及项目设计组织的职责与分工

在进行工程项目设计时，为了保证设计工作有条不紊地进行，设计单位应根据设计对象的特征，建立起规范化的工作流程，明确各专业设计部门及配合部门的职责与分工，明确项目设计组织内各种专业的职责与分工，并进一步明确如设计项目经理、专业负责人、项目工艺经理等工作岗位的职责和任务。这些职责与分工必须是有机联系、系统安排的。

为了保证设计质量，同样应明确设计质量职责与分工。质量职责的制订应包括决策层、管理层和实施管理层，设计单位应建立质量保证体系，设置质量管理专职机构，制订质量体系文件，并组织实施。在项目组织内配备质量经理或质量工程师，对项目的设计质量进行监督。

设计质量的职责主要有以下几个方面：

（1）质量计划的编制、审核与审定、实施、监督。

（2）项目设计报告的编写。

（3）对各专业设计的检查。

（4）对设计各阶段的控制，不合格信息的收集，不合格品的评价、处置上报和记录。

（5）审查项目设计数据的可靠性。

（6）综合性设计方案的审查，各专业间设计协作关系的协调。

（7）专业设计质量的负责。

（8）设计变更程序的确定。

（9）有关质量记录的控制。

应建立质量管理的工作流程，针对项目组织中不同层次的管理人员，将上述各项质量的职责有机地落实到各个工作岗位的管理人员。

2. 设计控制工作

1）设计策划

设计策划是指针对合同项目建立质量目标，规定质量控制要求，重点是制订开展各项设计活动的计划，明确设计活动内容及其职责分工，配备合格人员和资源。项目的设计策划要形成文件，通常以项目设计计划的形式编制，作为项目设计管理和控制的主要文件。

项目设计计划的主要内容包括：确定设计工作内容、确定设计原则、设计的主要内容和要求、设计规定、标准和规范、设计材料的采购、设计各专业职责等。

2）设计输入

设计输入就是针对设计的要求，在设计质量控制程序中规定设计输入的内容。设计输入应尽可能定量化。设计输入的内容和质量，直接关系到设计文件的质量，因此，应予以高度重视。设计输入内容主要包括：项目合同及其附件中的有关数据和资料，用户对设计的要求，计划任务书，项目可行性研究报告中的有关数据和资料，环境调查资料、项目设计计划及所采用的标准、规范和设计规定。

3）项目设计数据表的编制

对设计输入资料进行核对、检查和评审，并在此基础上编制项目设计数据表，经用户确认后作为设计的依据，当项目设计数据有遗漏或变更并对设计有较大影响时，应列入用户变更。

4）设计接口

设计接口是为了使设计过程中设计部门和其他部门，以及各设计专业之间能做到协调，必须明确规定并切实做好设计部门与其他部门、设计内部各专业间以及工业项目各工区、各车间的设计接口。设计接口分组织接口和技术接口，应制订相应的设计接口管理程序，经技术管理部门组织评审后实施。设计过程中应严格按照规定的程序进行设计接口管理。

5）设计评审

设计评审是对设计进行综合的、系统的、文件化的检查，以评价设计是否满足了相关质量要求，找出存在的问题，并提出解决的办法。设计评审分别按合同的设计阶段以及设计单位程序文件的有关规定进行。

(1) 在设计评审过程中，对设计文件的质量，应主要依据其质量特性的功能性、可信性、安全性、可实施性、适应性、经济性和时间性等7个方面是否满足要求来衡量。

(2) 对工业项目设计，应进行工艺方案评审。工艺设计方案是决定项目设计技术水平的关键。在工艺设计的初期阶段，必须对工艺方案进行充分的讨论和认真的评审，以确定先进、合理和可靠的工艺方案。成熟技术的工艺方案由工艺设计部门组织评审。重大工艺技术方案成新工艺由项目经理提出申请，由设计单位的技术管理部门协同项目部组织评审。

(3) 总体方案的评审。总体方案的评审包括对设计规模、总建筑面积、生产工艺及技术水平、建筑造型等方面的评审。总体方案的评审，主要在初步设计时进行。

(4) 专业设计方案评审。专业设计方案评审的重点是设计方案的设计参数、设计标准、设备和结构的选型、功能和使用价值等方面，应做好设计方案的技术经济评价。

(5) 施工图设计的评审。施工图设计的评审主要是针对设计是否满足工程设计输入的要求，设计深度是否符合规定，设计采用的标准、规范和设计文件标识是否正确，设计文件是否完整等。

6）设计验证

设计验证是确保设计输出满足设计输入的重要环节，是对设计产品的检查，通过检查和提供客观证据，证明设计输出是否满足了设计输入的要求。设计评审是设计验证的主要方法，从事验证工作的人员，应具备一定的资格要求。

7）设计文件校审

设计文件的校审是对设计所作的逐级检查和验证检查，以保证设计满足规定的质量要求。设计校审应按设计过程中规定的每一阶段进行，包括半成品和成品的图纸及文件的校审。

8）设计文件的会签

设计文件的会签是保证各专业设计相互配合和正确衔接的必要手段，通过会签，可以消除专业设计人员之间的误解、错误或遗漏，是保证设计质量的重要环节。

设计文件的会签包括综合会签和专业会签两部分。综合会签主要是保证各专业在建筑内或装置或厂区内的布置合理，互不碰撞；专业会签主要是保证各专业的设计图纸和设计条件相符。

三、承包方质量控制

1. 承包方质量控制的基本要求

承包人的质量管理是以工程合同、设计图纸和技术规范为依据，对施工准备阶段、施工阶段、竣工验收交付阶段等施工全过程的工作质量和工程质量进行的控制，以达到合同文件规定的质量要求。

承包人对所承包的工程项目的施工质量负责。

应当建立、健全质量管理体系，落实质量责任制，确定工程项目的项目经理、技术负责人和施工管理负责人。

承包人必须按照工程设计图纸和施工技术规范、标准组织施工。未经设计单位同意，不得擅自修改工程设计。

在施工中，必须按照工程设计要求、施工技术规范、标准和合同约定，对建筑材料、构配件、设备和商品混凝土进行检验，不得偷工减料，不使用不符合设计和强制性技术标准要求的产品，不使用未经检验和试验或检验和试验不合格的产品。

2. 现场施工准备的质量控制

（1）工程定位及测量放线控制。

承包人应对业主给定的原始基准点、基准线和高程等测量控制点进行复核，并将复测结果报监理工程师审核，经批准后承包人据以进行准确的测量放线，建立施工测量控制网，并应对其正确性负责，同时做好基桩的保护。

（2）施工平面布置的控制。

施工现场总体布置要合理，要有利于保证施工正常、顺利地进行，有利于保证质量，特别是要对场区的运输道路、防洪排水、器材存放、给水及供电、原料堆放等有合理的安排。

（3）原材料、构配件的控制。

①凡由承包人负责采购的原材料、半成品或构配件，在采购订货前应向监理工程师申报；对于重要的材料，还应提交样品，供试验或鉴定，有些材料则要求供货单位提交理化试验单，经审查认可后，方可进行订货采购。

②对于半成品或构配件，应按经过审批认可的设计文件和图纸要求采购订货，质量应满足有关标准和设计的要求，交货期应满足施工及安装进度安排的需要。

③优选合格的供货厂家，大宗器材或材料的采购应当实行招标采购的方式。供货厂方应向订货方提供质量文件，用以表明其提供的货物能够完全达到质量要求。

④进口材料的检查、验收，应会同国家商检部门进行。

⑤材料构配件进场后，在使用之前应达到规定的存放条件。

(4) 施工机械配置的控制。

施工机械设备的选择，除应考虑施工机械的技术性能、工作效率、工作质量、可靠性及维修难易、能源消耗，以及安全、灵活等方面对施工质量的影响与保证外，还应考虑其数量配置对施工质量的影响与保证条件。此外，要注意设备形式应与施工对象的特点及施工质量要求相适应。在选择机械性能参数方面，也要与施工对象特点及质量要求相适应。

(5) 分包单位资格的审核确认。

①分包单位向总承包人提交《分包单位资质报审表》。

②审查总承包人提交的《分包单位资质报审表》。审查时，主要是审查施工承包合同是否允许分包，分包的范围和工程部位是否可进行分包，分包单位是否具有按工程承包合同规定的条件完成分包工程任务的能力。

③对分包单位进行调查，核实其情况是否属实。

(6) 设计交底与施工图纸的现场核对。

3. 工序开工前准备状态的控制

1) 质量控制点的设置

质量控制点是指为了保证工序作业过程质量而确定应重点控制对象、关键部位或薄弱环节。对于质量控制点，一般要事先分析可能造成质量问题的原因，再针对原因制定对策和措施进行预控。以下工序或部位可作为质量控制点：

(1) 一般施工过程中的关键工序或环节以及隐蔽工程。

(2) 施工中的薄弱环节，或质量不稳定的工序、部位或对象。

(3) 对后续工程施工或对后续工序质量或安全有重大影响的工序、部位或对象。

(4) 采用新技术、新工艺、新材料的部位或环节。

(5) 施工上无足够把握的、施工条件困难的或技术难度大的工序或环节。

2) 质量预控对策

所谓工程质量预控，就是针对所设置的质量控制点或分部、分项工程，事先分析施工中可能发生的质量问题和隐患，分析可能产生的原因，并提出相应的对策，采取有效的措施进行预先控制，以防在施工中发生质量问题。

(1) 检查承包人的工序质量管理体系。

检查内容有：施工承包人的质量管理体系和质量控制自检系统是否处于良好的状态，系统的组织结构、管理制度、检测制度、检测标准、人员配备等方面是否完善和明确，质量责任制是否落实。

(2) 工序作业技术交底。

关键部位、技术难度大、施工复杂的工序和分项工程施工前，承包人的技术交底书（作业指导书）要报监理工程师。经监理工程师审查后，如技术交底书不能保证工序的质量要求，承包人要进行修改补充。没有做好技术交底的工序或分项工程，不得进入正式实施。

(3) 工序现场施工条件。

①施工作业环境的控制。主要从施工过程需要的诸如水、电或动力供应、施工照明、安全防护设备、施工场地空间条件和通道以及交通运输和道路条件等是否良好，承包人对此进行的有关准备工作是否已做好，发生问题的应急处理对策是否有效等方面进行检查。

②施工机械设备性能及工作状态的控制。从施工机械设备的进场检查、机械设备工作状

态的检查等方面进行控制。

③大型临时设备的检查。在跨越大江、大河的桥梁施工中，经常会涉及到承包人在现场组装的大型临时设备，如轨道式龙门吊机、悬灌施工中的挂篮、架梁吊机、吊索塔架、缆索吊机等。这些设备使用前，承包人必须取得本单位上级安全主管部门的审查批准，办好相关手续后，方可批准投入使用。

4. 施工测量及计量器具性能、精度的控制

(1) 工程作业开始前，承包人应向项目监理机构报送工地试验室（或外委试验室）的资质证明文件，列出本试验室所开展的试验、检测项目、主要仪器、设备，法定计量部门对计量器具的标定证明文件，试验检调人员上岗资质证明，试验室管理制度等。

(2) 施工测量开始前，承包人应向项目监理机构提交测量仪器的型号、技术指标、精度等级、法定计量部门的标定证明，以及测量人的上岗证明，经审核确认后，方可进行正式的测量作业。

5. 中间产品的质量控制

高速公路建设项目施工中，均会涉及到一些中间产品的生产。如混凝土工程中，砂、石集料本身的组分级配，混凝土拌制的配合比；路基填料的级配、配合及拌制；路面工程中沥青摊铺料的级配、配合比不同原材料的级配、配比及拌制后的产品对最终工程质量有重要的影响。

1) 拌和原材料

使用的原材料除材料本身质量要符合规定要求外，材料本身的级配也必须符合相关规定，如粗集料的粒径级配、细集料的级配曲线要在规定的范围内。

2) 材料配合比

根据设计要求，承包人首先进行理论配合比设计，进行试配试验后，确认2～3个能满足要求的理论配合比提交监理工程师审查。报送的理论配合比必须附有原材料的质量证明资料（现场复验及见证取样试验报告）、现场试块抗压强度报告及其他必需的资料。监理工程师经审查后确认其符合设计及相关规范的要求后，予以批准。

3) 现场制备料

首先，要检查拌和设备状态及相关拌和料计量装置；其次，要使投入使用的原材料（如水泥、砂、外加剂、水、粉煤灰、粗集料）与批准的配合比一致；制成品的实际配合比要符合设计的理论配合比。

4) 预制场及自行制作的预制构件

对预制场及自行制作的预制构件，设专职监理工程师对生产全过程进行监理，重点检查水泥、钢筋、碎石、预应力钢材、外掺剂及锚具的质量，审查混凝土的设计配合比，生产中对每道工序要严格检查验收，不合格的构件禁止运到施工现场。

6. 承包人现场监督和检查

1) 现场监督、检查的内容

(1) 开工前的检查。主要是检查开工前准备工作的质量，能否保证正常施工及工程施工质量。

(2) 工序施工中的跟踪监督、检查与控制。主要是监督、检查在工序施工过程中，人员、施工机械设备、材料、施工方法及工艺或操作以及施工环境条件等是否均处于良好的状态，是否符合保证工程质量的要求，若发现有问题及时纠偏和加以控制。

（3）对于重要的和对工程质量有重大影响的工序和工程部位，还应在现场进行施工过程的旁站监督与控制，确保使用材料及工艺过程质量。

2）现场监督检查的方式

（1）测量、复测。测量工作要贯穿于施工的全过程，特别是对放线所依据的基准点、基准线都要实地严格复查；与相邻承包人取得联系，协调工作，以便相邻工程导线点和水准点的衔接。

（2）抽样检验。每道工序完工后，承包人自检，用数据反映工程质量水平，及时对缺陷工程处理，保证每道工序的质量。

（3）成品检查验收。对已完成的分部、分项工程，监理工程师抽查其外观质量，并按规定的频率抽检各分部、分项工程的各项质量指标，对合格的工程，监理工程师签认《中间交工证书》。

7. 试验工作

1）原材料、砂浆、混凝土及混合料设计配合比的试验

有关材料进行试验后，应出具材料试验报告单，无论是抽样检查还是取样送检，所出具的报告必须符合政府质量监督部门关于资质规格的要求。若发现原材料不合格，工地试验室要及时向监理工程师反映，由监理工程师提出处理意见。

承包人必须根据施工进展情况，超前适时进行砂浆、混凝土及混合料设计配合比的试验，向监理中心试验室提出推荐的配合比。

2）现场检测试验

施工前总监办与承包人的试验人员，按规范确定检测项目，施工中共同按规范要求的频率进行试验或在工地试验室旁站监督承包人的试验过程，检查原始记录并按规定频率对现场进行独立抽查，将抽查结果填入质量检验单，对无条件做的试验项目在监理中心试验室或在政府有关部门认定了资质的试验室进行。施工中试验人员重点检查工程的关键部位及隐蔽工程部位。工地试验室应将抽查情况和旁站监督的资料及承包人自查的原始试验记录，以规定频率对分项工程进行复查检验，并将检查结果反馈给承包人。

8. 质量记录资料的管理

质量资料是施工或安装期间，实施质量管理活动的记录，它详细地记录了工程施工阶段质量管理活动的全过程。因此，它不仅在工程施工期间对工程质量的控制有重要作用，而且在工程竣工和投入运行后，对于查询和了解工程建设的质量情况以及工程维修和管理也能提供大量有用的资料和信息。质量记录资料包括以下三方面内容。

1）施工现场质量管理检查记录资料

主要包括承包人现场质量管理制度，质量责任制；主要专业工种操作上岗证书；分包单位资质及总包单位对分包单位的管理制度；施工图审查核对资料（记录），地质勘测资料；施工组织设计、施工方案及审批记录；施工技术标准；工程质量检验制度；混凝土搅拌站（级配填料拌和站）及计量设置；现场材料、设备存放与管理等。

2）工程材料质量记录

主要包括进场工程材料、半成品、构配件、设备的质量证明资料，各种试验检验报告（如力学性能试验、化学成分试验、材料级配试验等），各种合格证，设备进场维修记录或设备进场运行检验记录。

3）施工过程工序质量记录资料

施工或安装过程可按分项、分部、单位工程建立相应的质量记录资料。在相应质量记录资料中应包含有关图纸的图号、设计要求，质量自检资料，监理工程师的验收资料，各工序作业的原始施工记录，检测及试验报告，材料、设备质量资料的编号、存放档案卷号。此外，质量记录资料还应包括不合格项的报告、通知以及处理和检查验收资料等。

质量记录资料应在工程施工或安装开始前，由监理工程师和承包人一起，根据建设单位的要求及工程竣工验收资料组卷归档的有关规定，研究列出各施工对象的质量资料清单。以后，随着工程施工的进展，承包人应不断补充和填写关于材料、构配件及施工工序的有关内容，记录新的情况。当每一阶段（如检验批，一个分项或分部工程）施工或安装工作完成后，相应的质量记录资料也应随之完成，并整理组卷。施工质量记录资料应真实、齐全、完整，相关各方人员的签字齐备、字迹清楚、结论明确，与施工过程的进展同步。在对工序效果的验收中，如缺少资料和资料不全，监理工程师应拒绝验收。

四、政府监督方质量控制

1. 政府监督方的质量控制要求与质量监督管理体制

1）质量控制要求

政府的工程质量管理主要是以法律、法规为依据，通过抓工程报建、施工许可、材料和设备准用、工程质量监督、重大工程竣工验收备案等主要环节进行。

2）高速公路建设项目质量监督管理体制

为加强对建设工程质量的管理，《建设工程质量管理条例》明确政府行政主管部门设立专门机构对建设工程质量行使监督职能，其目的是保证建设工程质量、保证建设工程的使用安全及环境质量。国务院建设行政主管部门对全国建设工程质量实行统一监督管理，国务院铁路、交通、水利等有关部门按照规定的职责分工，负责对全国有关专业建设工程质量的监督管理。国务院发展计划部门按照国务院规定的职责，组织稽查特派员，对国家出资的重大建设项目实施监督检查；国务院经济贸易主管部门按国务院规定的职责，对国家重大技术改造项目实施监督检查。各级政府质量监督机构对建设工程质量监督的依据是国家、地方和各专业建设管理部门颁发的法律、法规及各类规范和强制性标准。政府的工程质量监督管理具有权威性、强制性、综合性的特点。

政府对建设工程质量监督的职能包括两大方面：一是监督工程建设的各方主体（包括建设单位、施工单位、材料与设备供应单位、设计、勘察单位和监理单位等）的质量行为是否符合国家法律、法规及各项制度的规定；二是监督检查工程实体的施工质量，尤其是地基基础、主体结构、专业设备安装等涉及结构安全和使用功能的质量。

交通部颁发的《公路建设监督管理办法》（2000 年第 8 号）规定：公路建设实行工程质量监督管理制度。公路工程质量监督机构应当在政府交通主管部门的委托权限内实施工程质量监督，并对监督工作质量负责。公路工程质量监督机构根据国家有关工程质量的法律、法规和交通部制定的技术标准、规范、规程以及质量检验评定标准，对工程质量进行监督、检查和鉴定。任何单位和个人不得非法干预质量监督机构的质量鉴定工作。政府交通主管部门应加强对公路建设项目法人和从业单位安全生产管理机构、规章制度、安全生产责任制落实情况的监督检查。公路建设项目发生工程质量、安全事故，项目法人应在 24h 内按项目管理权限向政府交通主管部门报告。工程质量事故同时报公路工程质量监督机构。省级人民政府交通主管部门或受委托的公路工程质量监督机构负责调查处理一般质量和安全事故；交通部会同省级人民政府交通主管部门负责调查处理重大公路工程质量和工程安全事故；特别重大质量和安全事故的调查处理按照国务院有关规定办理。

《公路工程质量管理办法》规定：公路工程质量实行政府监督管理制度。凡新建、改建的公路工程项目，均应由质监机构实施质量监督管理。质监机构负责检查、监督建设、设计、施工、监理单位建立、健全质量保证体系，负责对建设项月的招投标活动进行监督检查，负责监督设计、施工和监理单位在资质允许范围内从事的公路工程建设的质量工作，负责对施工现场影响工程质量的行为进行监督检查。质监机构实施以抽查为主的监督方式，并运用法律和行政手段，制止和纠正影响公路工程质量的建设行为。公路工程交、竣工验收，质监机构应按公路工程检验评定标准对工程质量等级进行鉴定。未经鉴定、不合格的工程，不得组织验收和交付使用。国务院交通主管部门质监机构出具的检测数据，是全国最终检测数据；各省级质监机构出具的检测数据，是本行政区域内公路行业的最终检测数据。

2. 高速公路建设项目政府监督的管理职能

1）建立和完善工程质量管理法规

包括行政性法规和工程技术规范标准，如《公路法》、《招标投标法》、《建筑工程质量管理条例》、公路工程设计规范、公路施工质量验收标准及验收规范等，特别是关于公路工程设计和施工中必须采用的强制性标准。

2）建立和落实工程质量责任制

包括高速公路建设项目工程质量行政领导的责任、项目法人的责任、参建单位法定代表人的责任和工程质量终身负责制等。

3）高速公路建设项目法人和从业单位主体资格的管理

交通部颁发的《公路建设市场准入规定》（2000 年第 6 号）对公路建设市场准入条件进行了明确的规定：

（1）公路建设项目法人必须通过资格审查后方可进入公路建设市场。申请资格审查必须具备以下条件：

①法人资格；

②与拟建工程规模相适应的组织、技术、财务管理人员和相应机构；

③对项目筹划、资金筹措、建设实施负责的能力，经营性公路建设项目法人还应具有运营管理、债务偿还和资产管理全过程负责的能力。

（2）公路建设从业单位必须通过资信登记后方可进入公路建设市场。申请资信登记必须具备以下条件：

①从事公路工程业务的营业执照；

②相应等级的公路工程资质证书；

③近 5 年从事公路建设活动的业绩、人员、设备、资金、信誉等方面的评价和证明。

3. 高速公路建设项目质量政府监督的实施

（1）建设工程质量监督申报。

在工程项目开工前，监督机构接受高速公路建设工程质量监督的申报手续，并对建设单位提供的文件、资料进行审查，审查合格签发有关质量监督文件。

（2）开工前的质量监督。

开工前召开项目参与各方参加的首次监督会议，公布监督方案，提出监督要求，并进行第一次监督检查。监督检查的主要内容为工程参与各方的工程质量保证体系建立和是否完善的情况的审查。具体内容为：检查项目参与各方的质保体系，包括组织机构、质量控制方案及质量责任制等制度；审查施工组织设计、监理规划等文件及审批手续，以及各方人员的资质证书；检查的结果记录保存。

（3）施工过程中的质量监督。

在工程建设全过程，监督机构按照监督方案对项目施工情况进行不定期的检查。检查内容为工程参与各方的质量行为及质量责任制的履行情况、工程实体质量和质保资料的检查。

（4）竣工阶段的质量监督。

按规定对工程竣工验收备案工作实施监督。竣工验收前，对质量监督检查中提出质量问题的整改情况进行复查，了解其整改情况。参与竣工验收会议，对验收过程进行监督。

（5）建立工程质量监督档案。

第三节　项目实施中的质量控制

一、质量计划的编制

1. 质量计划的定义

质量计划是由项目经理和项目部成员编制的，项目质量计划是通过将项目的目标分解落实到 WBS 中编制的，使用倒置的树形图技术，项目的活动一步步被分解成较低级别的活动，直到这些活动要求能明确并能清楚地识别。这样，项目经理就能保证将这些质量要求用文件记录下来，并在以后的过程中执行，项目就能满足用户的要求和期望。

这里需指出的是：ISO9000 系列的质量认证工作是针对企业的，企业依据 ISO9000 系列的精神建立企业的质量体系，并获得权威的质量认证。按照 ISO10006，为了达到项目质量目标，必须制定整个工程项目的质量体系，在工程实施过程中按照质量体系进行全面控制。企业的质量体系与项目的质量体系既有联系又有区别。首先，项目的质量体系从属于企业的质量体系，符合企业的质量体系方针政策、质量目标、质量管理、质量体系、质量策划、质量控制、质量保证等，企业的质量体系具有共性，体现在企业的质量保证手册中。其次，项目的质量体系又与企业的质量体系有所区别，项目是具体的，具有独立的特征，项目质量体系应在企业质量体系的基础上满足业主对项目的质量要求，因而项目的质量体系是个性，体现在项目手册的质量执行计划中，项目的质量体系在合同、项目实施计划、项目管理规范、工作计划中有所反映。

2. 质量计划的编制要求

（1）项目质量计划的编制应由项目经理主持。

（2）质量计划应体现从工序、分项工程、分部工程到单位工程的过程控制，且应体现从资源投入到完成工程质量最终检验和试验的全过程控制。

（3）质量计划应成为对外质量保证和对内质量控制的依据。

3. 质量计划的内容

（1）编制依据。

（2）项目概况。

（3）质量目标。

（4）组织机构。

(5) 质量控制及管理组织协调的系统描述。

(6) 必要的质量控制手段，施工过程、服务、检验和试验程序等。

(7) 确定关键工序和特殊过程及作业的指导书。

(8) 与施工阶段相适应的检验、试验、测量、验证要求。

(9) 更改和完善质量计划的程序。

4. 质量计划的实施要求

(1) 质量管理人员应按照分工控制质量计划的实施，并应按规定保存控制记录。

质量计划所涉及的范围是项目的全过程，故对工序、分项工程、分部工程到单位工程全过程的质量控制，必须以质量计划为依据。项目的各级质量管理人员必须按照分工，对影响工程质量的各环节进行严格的控制，并按规定保存好质量记录、质量审核、用于分析项目质量的图表等。

(2) 当发生质量缺陷或事故时，必须分析原因、分清责任、进行整改。

一旦发生质量缺陷或事故，按质量事故处理程序，停止有质量缺陷部位和与其有关联的部位及下道工序的施工，尽快进行质量事故的调查，正确判断事故原因，研究制订事故处理方案，实施处理方案，分清质量责任。

5. 质量计划的验证要求

(1) 项目技术负责人应定期组织具有资格的质量检查人员和内部质量审核员验证质量计划的实施效果。当项目质量控制中存在问题或隐患时，应提出解决措施。

将实施结果与质量要求和控制标准进行对照，从而发现质量问题及隐患，并采取项目质量纠偏措施，使项目质量保持在受控状态。项目质量验证方法可分为自检、互检、交接检、预检、隐检等。每次验证应做出记录，并给予保存。

(2) 对重复出现的质量问题，不仅要分析原因、采取措施、给予纠正，而且要追究责任，给予处罚。

二、质量控制点控制

1. 土方开挖工程

1) 控制点

(1) 基底超挖。

(2) 基底未保护。

(3) 施工顺序不合理。

(4) 开挖尺寸不足，边坡过陡。

2) 预防措施

(1) 根据结构基础图绘制基坑开挖基底标高图，经审核无误方可使用。土方开挖过程中，特别是临近基底时，派专业测量人员控制开挖高程。

(2) 基坑开挖后尽量减少对基土的扰动，如基础不能及时施工时，应预留 30cm 土层不挖，待基础施工时再开挖。

(3) 开挖时应严格按施工方案规定的顺序进行，先从低处开挖，分层分段，依次进行，形成一定坡度，以利排水。

(4) 基底的开挖宽度和坡度，除考虑结构尺寸外，应根据施工实际要求增加工作面宽度。

2. 地下防水工程

1） 控制点

（1） 材料选择。

（2） 空鼓。

（3） 渗漏。

2） 预防措施

（1） 多方案、多材料的比较，选择一种价格合理，最适合现场实际情况使用的防水材料。

（2） 施工时要严格控制基层含水率；卷材铺贴时，要将空气排除彻底，接缝处应认真操作，使其黏结牢固。对阴阳角、管根等特殊部位，在防水施工前，应做增强处理，可根据具体部位采取有效措施。

（3） 卷材末端的收头处理，必须用嵌缝膏或其他密封材料封闭；防水层施工完成后，要做好成品保护，并及时按设计要求做保护层。

3. 回填土工程

1） 控制点

（1） 未按要求测定土的干密度。

（2） 回填土下沉。

（3） 回填土夯压不密实。

（4） 管道下部夯填不实。

2） 预防措施

（1） 回填土每层都应测定夯实后的干土密度，检验其密实度，符合设计要求才能铺上层土；未达到设计要求的部位应有处理方法和复验结果。

（2） 因虚铺土超过规定厚度或冬期施工时有较大的冻土块，或压实遍数不够，甚至漏压，坑（槽）底有机物或落土等杂物清理不彻底等因素造成回填土下沉，施工中要认真执行规范规定，检查发现后及时纠正。

（3） 回填时，应在夯压前对干土适当洒水湿润，对土太湿造成的“橡皮土”要挖出换土重填。

（4） 回填管沟时，为防止管道中心线位移或损坏管道，应用人工先在管子周围填土夯实，并应从管道两边同时进行，直至管顶 0.5m 以上，在不损坏管道的情况下，可采用机械回填和压实。

4. 大体积混凝土施工

1） 控制点

控制裂缝的产生。

2） 预防措施

（1） 优化配合比设计，采用低水化热水泥，并掺用一定配比的外加剂和掺和料，同时采取措施降低混凝土的出机温度和入模温度。

（2） 混凝土浇筑应做到斜面分段分层浇筑、分层捣实，但又必须保证上下层混凝土在初凝之前结合好，不致形成施工冷缝，应采取二次振捣法。

（3） 在四周外模上留设泌水孔，以使混凝土表面泌水排出，并用软轴泵排水。

（4） 混凝土浇筑到顶部，按高程用长刮尺刮平，在混凝土硬化前 1～2h 用木搓板反复搓压，直至表面密实，以消除混凝土表面龟裂。

(5) 混凝土浇筑完后，应及时覆盖保湿养护或蓄水养护，并进行测温监控，内外温差控制在25℃以内。

5. 钢筋工程

1) 控制点

(1) 墙柱钢筋位移。

(2) 钢筋接头位置错误。

(3) 绑扎接头、对焊接头未错开。

(4) 箍筋弯钩不足135°。

(5) 板的弯起钢筋、负弯矩筋被踩到下面。

2) 预防措施

(1) 在混凝土浇筑前检查钢筋位置，宜用梯子筋、定位卡或临时箍筋加以固定；浇筑混凝土前再复查一遍，如发生位移，则应校正后再浇筑混凝土。浇注混凝土时注意浇筑振捣操作，尽量不碰到钢筋，浇筑过程中派专人随时检查，及时修整钢筋。

(2) 梁、柱、墙钢筋接头较多时，翻样配料加工时应根据图纸预先画施工简图，注明各号钢筋搭配顺序，并避开受力钢筋的最大弯矩处。

(3) 经对焊加工的钢筋，在现场进行绑扎时对焊接头要错开搭接位置，加工下料时，凡距钢筋端头搭接长度范围以内不得有对焊接头。

(4) 钢筋加工成形时应注意检查平直长度是否符合要求，现场绑扎操作时，应按135°弯钩。

(5) 板的钢筋绑好之后禁止人在钢筋上行走或采取有效措施防止负筋被踩到下面，且在混凝土浇注前先整修合格。

6. 模板工程

1) 控制点

(1) 墙体混凝土厚薄不一致。

(2) 墙面凹凸不平、模板粘连。

(3) 阴角不垂直、不方正。

(4) 梁柱接头错台。

2) 预防措施

(1) 墙体放线时误差应小，穿墙螺栓应全部穿齐、拧紧；加工专用钢筋固定撑具（梯子筋），撑具内的短钢筋直接顶在模板的竖向纵肋上。模板的刚度应满足规定要求。

(2) 要定期对模板检修，板面有缺陷时，应随时进行修理，不得用大锤或振捣棒猛振模板，撬棍击打模板；模板拆除不能过早，混凝土强度达到1.2MPa方可拆除模板，并认真及时清理和均匀涂刷隔离剂，要有专人验收检查。

(3) 对于阴角处的角模，支撑时要控制其垂直度，并且用顶铁加固，保证阴角模的每个翼缘必须有一个顶铁，阴角模的两侧边粘贴海绵条，以防漏浆。

(4) 在柱模上口焊20mm×6mm的钢条，柱子浇完混凝土后，使混凝土柱端部四周形成一个20mm×6mm交圈的凹槽，第二次支梁柱顶模时，在柱顶混凝土的凹槽处粘贴橡胶条，梁柱顶模压在橡胶条上，以保证梁柱接头不产生错台。

7. 混凝土工程

1) 控制点

（1）麻面、蜂窝、孔洞。

（2）漏浆、烂根。

（3）楼板面凸凹不平整。

2）预防措施

（1）在进行墙柱混凝土浇筑时，要严格控制下灰厚度（每层不超过 50cm）及混凝土振捣时间；为防止混凝土墙面气泡过多，应采用高频振捣棒振捣至气泡排除为止；遇钢筋较密的部位时，用细振捣棒振捣，以杜绝蜂窝、孔洞。

（2）墙体支模前应在模板下口抹找平层，找平层嵌入模板不超过 1cm，保证下口严密；浇筑混凝土前先浇筑 5～10cm 同等级混凝土水泥砂浆；混凝土坍落度要严格控制，防止混凝土离析；底部振捣应认真操作。

（3）梁板混凝土浇筑方向应平行于次梁推进，并随打随抹；在墙柱钢筋上用红色油漆标注楼面＋0.5m 的高程，拉好控制线控制楼板高程，浇混凝土时用刮杠找平；混凝土浇筑 2～3h后，用木抹子反复（至少 3 遍）搓平压实；当混凝土达到规定强度时方可上人。

8. 钢结构工程

1）控制点

（1）构件运输堆放变形。

（2）焊接变形。

（3）尺寸不准。

（4）焊缝缺陷。

（5）螺栓孔眼不对。

（6）现场焊接质量达不到设计及规范要求。

（7）不使用安装螺栓，直接安装高强螺栓。

2）预防措施

（1）构件运输堆放时地面必须垫平，垫点应合理，上下垫木应在一条垂线上，以避免垫点受力不均而产生变形。

（2）应采用合理焊接顺序及焊接工艺或采用夹具、胎具将构件固定，然后再进行焊接，以防止焊接后翘面变形。

（3）构件吊装后，检查时应用统一精度的钢尺，并严格检查构件制作尺寸，不允许超过允许偏差。

（4）严格按规范要求进行焊接施工，尽量减少焊接缺陷产生。

（5）安装时不得任意扩孔或改为焊接，应与设计单位协商后按规范或洽商要求进行处理。

（6）焊工须有上岗证，并应编号，焊接部位按编号做检查记录，全部焊缝经外观检查凡达不到要求时，补焊后应复验。

（7）安装时必须按规范要求先使用安装螺栓临时固定，调整紧固后再安装高强螺栓并替换。

三、生产要素质量控制

在工程项目建设中，对工程项目质量影响的主要生产要素就是“人、机、料、法、环”等五大方面。为此，生产要素质量控制应围绕这五个方面进行严格控制，以确保工程项目建设的质量。

1. 对“人”的因素的控制

人是工程质量的控制者，也是工程质量的“制造者”。工程质量的好与坏，与人的因素是密不可分的。控制人的因素，即调动人的积极性、避免人的失误等，是控制工程质量的关键因素。

1）领导者的素质

领导者是具有决策权力的人，其整体素质，是提高工作质量和工程质量的关键，因此，在对承包商进行资质认证和选择时一定要考核领导者的素质。

2）人的理论和技术水平

人的理论水平和技术水平是人的综合素质的表现，它直接影响工程项目质量，尤其是技术复杂，操作难度大，要求精度高，工艺新的工程对人员素质要求更高，否则，工程质量很难保证。

3）人的生理缺陷

根据工程施工的特点和环境，应严格控制人的生理缺陷，如高血压、心脏病的人，不能从事高空作业和水下作业；反应迟钝、应变能力差的人，不能操作快速运行、动作复杂的机械设备等，否则，将影响工程质量，引起安全事故。

4）人的心理行为

影响人的心理行为因素很多，而人的心理因素如疑虑、畏惧、抑郁等很容易使人产生愤怒、怨恨等情绪，使人的注意力转移，由此引发质量、安全事故。所以，在审核企业的资质水平时，要注意企业职工的凝聚力如何，职工的情绪如何，这也是选择企业的一条标准。

5）人的错误行为

人的错误行为是指人在工作场地或工作中吸烟、打赌、错视、错听、误判断、误动作等，这些都会影响工程质量或造成质量事故。所以，在有危险的工作场所，应严格禁止吸烟、嬉戏等。

6）人的违纪违章

人的违纪违章是指人的粗心大意、注意力不集中、不履行安全措施等不良行为，会对工程质量造成损害，甚至引起工程质量事故。所以，在使用人的问题上，应从思想素质、业务素质和身体素质等方面严格控制。

2. 对材料、构配件的质量控制

材料及构配件的质量是工程项目质量的基础，加强材料和构配件的质量控制是工程质量的重要保证。

1）材料质量控制的要点

（1）掌握材料信息，优选供货厂家。应掌握材料信息，优选有信誉的厂家供货，对主要材料、构配件在订货前，必须经监理工程师论证同意后，才可订货。

（2）合理组织材料供应。应协助承包商合理地组织材料采购、加工、运输、储备。尽量加快材料周转，按质、按量、如期满足工程建设需要。

（3）合理地使用材料，减少材料损失。

（4）加强材料检查验收。

用于工程上的主要建筑材料，进场时必须具备正式的出厂合格证和材质化验单。否则，应作补检。工程中所有各种构配件，必须具有厂家批号和出厂合格证。凡是标志不清或质量有问题的材料，对质量保证资料有怀疑或与合同规定不相符的一般材料，应进行一定比例的材料试验，并需要追踪检验。对于进口的材料和设备以及重要工程或关键施工部位所用材料，则应进行全部检验。

(5) 重视材料的使用认证，以防错用或使用不当。

2) 材料质量控制的内容

(1) 材料质量的标准。材料质量的标准是用以衡量材料标准的尺度，并作为验收、检验材料质量的依据。其具体的材料标准指标可参见相关材料手册。

(2) 材料质量的检验、试验。材料质量的检验目的是通过一系列的检测手段，将取得的材料数据与材料的质量标准相比较，用以判断材料质量的可靠性。

①材料质量的检验方法。书面检验：书面检验是通过对提供的材料质量保证资料、试验报告等进行审核，取得认可方能使用。

外观检验：外观检验是对材料从品种、规格、标志、外形尺寸等进行直观检查，看其有无质量问题。

理化检验：理化检验是借助试验设备和仪器对材料样品的化学成分、机械性能等进行科学的鉴定。

无损检验：无损检验是在不破坏材料样品的前提下，利用超声波、X射线、表面探伤仪等进行检测。

②材料质量检验程度。材料质量检验程度分为免检、抽检和全部检查三种。

免检：免检就是免去质量检验工序。对有足够质量保证的一般材料，以及实践证明质量长期稳定而且质量保证资料齐全的材料，可予以免检。

抽检：抽检是按随机抽样的方法对材料抽样检验。如对材料的性能不清楚，对质量保证资料有怀疑，或对成批生产的构配种，均应按一定比例进行抽样检验。

全检：对进口的材料、设备和重要工程部位的材料，以及贵重的材料，应进行全部检验，以确保材料和工程质量。

③材料质量检验项目。材料质量检验项目一般可分为一般检验项目和其他检验项目。

④材料质量检验的取样。材料质量检验的取样必须具有代表性，也就是所取样品的质量应能代表该批材料的质量。在采取试样时，必须按规定的部位、数量及采选的操作要求进行。

⑤材料抽样检验的判断。抽样检验是对一批产品（个数为 N）根据一次抽取 n 个样品进行检验，用其结果来判断该批产品是否合格。

(3) 材料的选择和使用要求。材料的选择不当和使用不正确，会严重影响工程质量或造成工程质量事故。因此，在施工过程中，必须针对工程项目的特点和环境要求及材料的性能、质量标准、适用范围等多方面综合考察，慎重选择和使用材料。

3. 对施工方法的控制

对方法的控制主要是指对施工方案的控制，也包括对整个工程项目建设期内所采用的技术方案、工艺流程、组织措施、检测手段、施工组织设计等的控制。对一个工程项目而言，施工方案恰当与否，直接关系到工程项目质量，关系到工程项目的成败，所以，应重视对方法的控制。这里说的方法控制，在工程施工的不同阶段，其侧重点也不相同，但都是围绕确保工程项目质量这个目的。

4. 对施工机械设备的控制

施工机械设备是工程建设不要缺少的设施，目前工程建设的施工进度和施工质量都与施工机械关系密切。因此，在施工阶段，必须对施工机械的性能、选型和使用操作等方面进行控制。

1）机械设备的选型

机械设备的选型，应因地制宜，按照技术先进、经济合理、生产适用、性能可靠、使用安全、操作和维修方便等原则来选择施工机械。

2）机械设备的主要性能参数

机械设备的性能参数是选择机械设备的主要依据，为满足施工的需要，在参数选择上可适当留有余地，但不能选择超出需要很多的机械设备，否则，容易造成经济上的不合理。机械设备的性能参数很多，要综合各参数，确定合适的施工机械设备。在这方面，要配合承包商，结合机械施工方案，择优选择机械设备，要严格把关，对不符合需要和有安全隐患的机械，不准进场。

3）机械设备的使用、操作要求

合理使用机械设备，正确地进行操作，是保证工程项目施工质量的重要环节，应贯彻“人机固定”的原则，实行定机、定人、定岗位的制度。操作人员必须认真执行各项规章制度，严格遵守操作规程，防止出现安全质量事故。

5. 对环境因素的控制

影响工程项目质量的环境因素很多，有工程技术环境、工程管理环境、劳动环境等。环境因素对工程质量的影响复杂而且多变。因此，应根据工程特点和具体条件，对影响工程质量的环境因素严格控制。

四、项目动用前的准备控制

1. 运行条件准备

工程运行条件的准备是项目施工和运行两个重要阶段的中间环节，并涉及很大的费用。对许多复杂的工业建设项目，试运行本身包括极其复杂的工作内容，它具有项目的特征，可以作为一个独立的子项目进行全面计划、准备、协调、控制。

(1) 提供运行文件，包括系统运行（使用、操作）手册、维护要求、技术要求、使用条件说明。这作为项目成果由项目组织者负责，由设计单位或设备供应商承担并完成。

(2) 培训操作人员及维护人员。他们必须掌握操作技术和各种规程，对专业性强的工作常常必须经过正规的培训，避免操作失误，并防止由此造成的工程损坏。

(3) 物质准备。包括生产用原材料、能源、设备运行的备用件等一切必要的生产条件，在承包（或供应）合同中应注明这些供应的责任人。

对于由新项目组建的企业或企业分部，则必须建立新企业的运行机制、生产管理规章制度、管理组织及管理系统。

2. 试运行

(1) 项目试运行是对整个项目的设计、计划、实施和管理工作进行综合检验。

作为使用单位，应尽可能地按设计生产能力满负荷运行，以检验工程。由于保修期（缺陷责任期）是从移交开始的，所以一经移交就应进入使用状态。有的工程是分批移交的，则在计划期就应考虑到移交后应能进行局部运行，否则会减轻施工单位的保修责任。

(2) 在保修期中应定期派人进行系统检查，进行各种监测，因为早期（一般1年中）几乎所有的质量问题都能暴露，所以能及时地按合同解决出现的问题。

(3) 必须完全按照操作规程和规定的条件运行，否则质量问题的责任由运行者负责。

(4) 当然，运行中的质量管理更重要的是要通过各种措施来保证工程设备良好的运行状态和高生产效率、低费用。通过质量保证措施的投入（一般为生产成本的5%～10%），使产品质量好，竞争能力强，销量增加，废品少，返修少，设备运行期延长。

（5）做好运行状态的全部记录，为落实保修责任做好准备。

3. 缺陷责任和保修

运行初期的质量保证在很大程度上仍属于实施者的责任，一般工程承包合同都有保修期的规定；为了保证承包商对工程的缺陷责任，常常留有一笔保留金作为维修的保证。

2000年国务院颁布的《建设工程质量管理条例》对建设工程的质量责任、保修期年限、保修办法都有明确的规定。

由于投产初期很容易出毛病。这里的毛病可能是许多原因造成的，例如：

（1）工程设计问题。

（2）工程施工问题。

（3）设备问题。

（4）操作或运行管理问题。

对具体的问题，必须进行原因分析，找出解决办法。在保修阶段一定要进行工程质量跟踪，及时找出运营中的问题，精确描述问题，以分析责任。

第四节　项目安全控制

一、安全控制概述

1. 安全生产的概念

安全生产是指使生产过程处于避免人身伤害、设备损坏及其他不可接受的损害风险（危险）的状态。

不可接受的损害风险（危险）通常是指：超出了法律、法规和规章的要求；超出了方针、目标和企业规定的其他要求；超出了人们普遍接受（通常是隐含）的要求。

因此，安全与否要对照风险接受程度来判定，是一个相对性的概念。

2. 安全控制的概念

安全控制是通过对生产过程中涉及到的计划、组织、监控、调节和改进等一系列致力于满足生产安全所进行的管理活动。

3. 安全控制的方针与目标

1）安全控制的方针

安全控制的目的是为了安全生产，因此安全控制的方针也应符合安全生产的方针，即："安全第一，预防为主"。

"安全第一"是把人身的安全放在首位，安全为了生产，生产必须保证人身安全，充分体现了"以人为本"的理念。

"预防为主"是实现安全第一的最重要手段，采取正确的措施和方法进行安全控制，从而减少甚至消除事故隐患，尽量把事故消灭在萌芽状态，这是安全控制最重要的思想。

2）安全控制的目标

安全控制的目标是减少和消除生产过程中的事故，保证人员健康安全和财产免受损失。具体可包括：减少或消除人的不安全行为的目标；减少或消除设备、材料的不安全状态的目标；改善生产环境和保护自然环境的目标；安全管理的目标。

4. 施工安全控制的特点

1）控制面广

由于建设工程规模较大，生产工艺复杂、工序多，在建造过程中流动作业多，高处作业多，作业位置多变，遇到的不确定因素多，安全控制工作涉及范围大，控制面广。

2）控制的动态性

由于建设工程项目的单件性，使得每项工程所处的条件不同，所面临的危险因素和防范措施也会有所改变，员工在转移工地后，熟悉一个新的工作环境需要一定的时间，有些工作制度和安全技术措施也会有所调整，员工同样有个熟悉的过程。

建设工程项目施工的分散性。因为现场施工是分散于施工现场的各个部位，尽管有各种规章制度和安全技术交底的环节，但是面对具体的生产环境时，仍然需要自己的判断和处理，有经验的人员还必须适应不断变化的情况。

3）控制系统交叉性

建设工程项目是开放系统，受自然环境和社会环境影响很大，安全控制需要把工程系统和环境系统及社会系统结合。

4）控制的严谨性

安全状态具有触发性，其控制措施必须严谨，一旦失控，就会造成损失和伤害。

二、安全计划

1. 建设工程施工安全技术措施计划

（1）建设工程施工安全技术措施计划的主要内容包括：工程概况，控制目标，控制程序，组织机构，职责权限，规章制度，资源配置，安全措施，检查评价，奖惩制度等。

（2）编制施工安全技术措施计划时，对于某些特殊情况应考虑：

①对结构复杂、施工难度大、专业性较强的工程项目，除制订项目总体安全保证计划外，还必须制订单位工程或分部分项工程的安全技术措施；

②对高处作业、井下作业等专业性强的作业，电器、压力容器等特殊工种作业，应制订单项安全技术规程，并应对管理人员和操作人员的安全作业资格和身体状况进行合格检查。

（3）制订和完善施工安全操作规程，编制各施工工种，特别是危险性较大工种的安全施工操作要求，作为规范和检查考核员工安全生产行为的依据。

（4）施工安全技术措施：施工安全技术措施包括安全防护设施的设置和安全预防措施，主要有17方面的内容，如防火、防毒、防爆、防洪、防尘、防雷击、防触电、防坍塌、防物体打击、防机械伤害、防起重设备滑落、防高空坠落、防交通事故、防寒、防暑、防疫、防环境污染等方面措施。

2. 施工安全技术措施计划的实施

1）安全生产责任制

建立安全生产责任制是施工安全技术措施计划实施的重要保证。安全生产责任制是指企业对项目经理部各级领导、各个部门、各类人员所规定的在他们各自职责范围内对安全生产应负责任的制度。

2）安全教育

安全教育的要求如下：

(1) 广泛开展安全生产的宣传教育，使全体员工真正认识到安全生产的重要性和必要性，懂得安全生产和文明施工的科学知识，牢固树立安全第一的思想，自觉地遵守各项安全生产法律法规和规章制度。

(2) 把安全知识、安全技能、设备性能、操作规程、安全法规等作为安全教育的主要内容。

(3) 建立经常性的安全教育考核制度，考核成绩要记人员工档案。

(4) 电工、电焊工、架子工、司炉工、爆破工、机操工，起重工、机械驾驶员、机动车辆驾驶员等特殊工种工人，除一般安全教育外，还要经过专业安全技能培训，经考试合格持证后，方可独立操作。

(5) 采用新技术、新工艺、新设备施工和调换工作岗位时，也要进行安全教育，未经安全教育培训的人员不得上岗操作。

3) 安全技术交底

(1) 安全技术交底的基本要求：

①项目经理部必须实行逐级安全技术交底制度，纵向延伸到班组全体作业人员；

②技术交底必须具体、明确，针对性强；

③技术交底的内容应针对分部分项工程施工中给作业人员带来的潜在危害和存在问题；

④应优先采用新的安全技术措施；

⑤应将工程概况、施工方法、施工程序、安全技术措施等向工长、班组长进行详细交底；

⑥定期向由两个以上作业队和多工种进行交叉施工的作业队伍进行书面交底；

⑦保持书面安全技术交底签字记录。

(2) 安全技术交底主要内容：

①本工程项目的施工作业特点和危险点；

②针对危险点的具体预防措施；

③应注意的安全事项；

④相应的安全操作规程和标准；

⑤发生事故后应及时采取的避难和急救措施。

三、安全控制

1. 施工安全控制的基本要求

①必须取得安全行政主管部门颁发的《安全施工许可证》后才可开工；

②总承包单位和每一个分包单位都应持有《施工企业安全资格审查认可证》；

③各类人员必须具备相应的执业资格才能上岗；

④所有新员工必须经过三级安全教育，即进工、进车间和进班组的安全教育；

⑤特殊工种作业人员必须持有特种作业操作证，并严格按规定定期进行复查；

⑥对查出的安全隐患要做到“五定”，即定整改责任人、定整改措施、定整改完成时间、定整改完成人、定整改验收人；

⑦必须把好安全生产“六关”，即措施关、交底关、教育关、防护关、检查关、改进关；

⑧施工现场安全设施齐全，并符合国家及地方有关规定；

⑨施工机械（特别是现场安设的起重设备等）必须经安全检查合格后方可使用。

2. 施工安全控制的程序

施工安全控制的程序如图 9-4 所示。

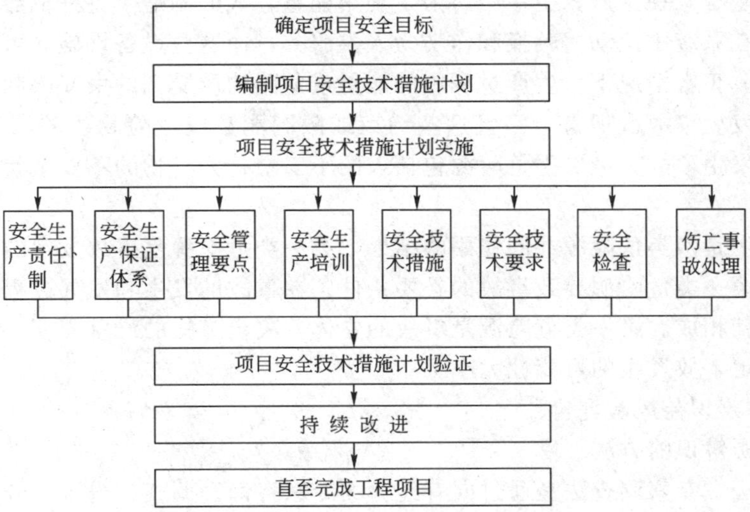

图 9-4 施工安全控制程序

1）确定项目的安全目标

按“目标管理”方法在以项目经理为首的项目管理系统内进行分解，从而确定每个岗位的安全目标，实现全员安全控制。

2）编制项目安全技术措施计划

对生产过程中的不安全因素，用技术手段加以消除和控制，并用文件化的方式表示，这是落实“预防为主”方针的具体体现，是进行工程项目安全控制的指导性文件。

3）安全技术措施计划的落实和实施

包括建立健全安全生产责任制、设置安全生产设施、进行安全教育和培训、沟通和交流信息、通过安全控制使生产作业的安全状况处于受控状态。

4）安全技术措施计划的验证

包括安全检查、纠正不符合情况，并做好检查记录工作。根据实际情况补充和修改安全技术措施。

5）持续改进，直至完成建设工程项目的所有工作。

3. 危险源控制的方法

1）危险源的概念

危险源是可能导致人身伤害或疾病、财产损失、工作环境破坏或这些情况组合的危险因素和有害因素。危险因素强调突发性和瞬间作用的因素，有害因素强调在一定时期内的慢性损害和累积作用。危险源是安全控制的主要对象，所以，有人把安全控制也称为危险控制或安全风险控制。

在实际生活和生产过程中的危险源是以多种多样的形式存在的，危险源导致的事故可归结为能量的意外释放或有害物质的泄漏。根据危险源在事故中发生发展中的作用把危险源分为两大类：

第一类危险源。可能发生意外释放的能量的载体或危险物质称作第一类危险源。能量或危险物质的意外释放是事故发生的物理本质。通常把产生能量的能量源或拥有能量的能量载体作为第一类危险源来处理。

第二类危险源。在生产、生活中，为了利用能量，人们制造了各种机器设备，让能量按照人们的意图在系统中流动、转换和作功为人类服务，而这些设备设施又可以看成是限制约束能量的工具。正常情况下，生产过程中的能量或危险物质受到约束或限制，不会发生意外释放，即不会发生事故。但是，一旦这些约束或限制能量或危险物质的措施受破坏或失效（故障），则将发生事故。第二类危险源包括人的不安全行为、物的不安全状态和不良环境条件三个方面。

事故的发生是两类危险源共同作用的结果，第一类危险源是事故发生的前提，第二类危险源的出现是第一类危险源导致事故的必要条件。在事故的发生和发展过程中，两类危险源相互依存，相辅相成。第一类危险源是事故的主体，决定事故的严重程度，第二类危险源出现的难易，决定事故发生的可能性大小。

2）危险源辨识与风险评价

（1）危险源辨识的方法。

专家调查法。专家调查法是通过向有经验的专家咨询、调查，辨识、分析和评价危险源的一类方法，其优点是简便、易行，其缺点是受专家的知识、经验和占有资料的限制，可能出现遗漏。常用的有：头脑风暴法（Brain storming）和德尔菲（Delphi）法。头脑风暴法是通过专家创造性的思考，从而产生大量的观点、问题和议题的方法。其特点是多人讨论，集思广益，可以弥补个人判断的不足，常采取专家会议的方式来相互启发、交换意见，使危险、危害因素的辨识更加细致、具体。常用于目标比较单纯的议题，如果涉及面较广，包含因素多，可以分解目标，再对单一目标或简单目标使用本方法。德尔菲法是采用背对背的方式对专家进行调查，其特点是避免了集体讨论中的从众性倾向，更代表专家的真实意见。要求对调查的各种意见进行汇总统计处理，再反馈给专家反复征求意见。

安全检查表（SCL）法。安全检查表（Safety Check List）实际上就是实施安全检查和诊断项目的明细表。运用已编制好的安全检查表，进行系统的安全检查，辨识工程项目存在的危险源。检查表的内容一般包括分类项目、检查内容及要求、检查以后处理意见等。可以用“是”、“否”作回答或“√”、“×”符号作标记，同时注明检查日期，并由检查人员和被检单位同时签字。安全检查表法的优点是：简单易懂、容易掌握，可以事先组织专家编制检查项目，使安全检查做到系统化、完整化。缺点是一般只能做出定性评价。

（2）风险评价方法。

风险评价是评估危险源所带来的风险大小及确定风险是否可容许的全过程。根据评价结果对风险进行分级，按不同级别的风险有针对性地采取风险控制措施。以下介绍两种常用的风险评价方法。

①方法 1。

将安全风险的大小用事故发生的可能性（P）与发生事故后果的严重程度（f）的乘积来衡量，即：

$$R=P\cdot f$$

式中：R——风险大小；

P——事故发生的概率（频率）；

f——事故后果的严重程度。

根据上述的估算结果，可按一定标准对风险的大小进行分级。

②方法 2。

将可能造成安全风险的大小用事故发生的可能性（L）、人员暴露于危险环境中的频繁程度（E）和事故后果（C）三个自变量的乘积衡量，即：

$$S=L\cdot E\cdot C$$

式中：S——风险大小；

L——事故发生的可能性；

E——人员暴露于危险环境中的频繁程度；

C——事故后果的严重程度。

此方法因为引用了 L、E、C 三个自变量，故也称为 LEC 方法。

3）危险源的控制方法

（1）第一类危险源的控制方法。

①防止事故发生的方法：消除危险源、限制能量或危险物质、隔离。

②避免或减少事故损失的方法：隔离、个体防护、设置薄弱环节、使能量或危险物质按人们的意图释放、避难与救援措施。

（2）第二类危险源的控制方法。

减少故障：增加安全系数、提高可靠性、设置安全监控系统。

故障—安全设计：包括故障—消极方案（即故障发生后，设备、系统处于最低能量状态，直到采取校正措施之前不能运转）；故障—积极方案（即故障发生后，在没有采取校正措施之前使系统、设备处于安全的能量状态之下）；故障—正常方案（即保证在采取校正行动之前，设备、系统正常发挥功能）。

4）危险源控制的原则

（1）尽可能完全消除有不可接受风险的危险源，如用安全品取代危险品。

（2）如果是不可能消除有重大风险的危险源，应努力采取降低风险的措施，如使用低压电器等。

（3）在条件允许时，应使工作适合于人，如考虑降低人的精神压力和体能消耗。

（4）应尽可能利用技术进步来改善安全控制措施。

（5）应考虑保护每个工作人员的措施。

（6）将技术管理与程序控制结合起来。

（7）应考虑引入诸如机械安全防护装置的维护计划的要求。

（8）在各种措施还不能绝对保证安全的情况下，作为最终手段，还应考虑使用个人防护用品。

（9）应有可行、有效的应急方案。

（10）预防性测定指标是否符合监视控制措施计划的要求。

4. 安全检查

工程项目安全检查的目的是为了消除隐患、防止事故、改善劳动条件及提高员工安全生产意识的重要手段，是安全控制工作的一项重要内容。通过安全检查可以发现工程中的危险因素，以便有计划地采取措施，保证安全生产。施工项目的安全检查应由项目经理组织，定期进行。

1）安全检查的类型

安全检查可分为日常性检查、专业性检查、季节性检查、节假日前后的检查和不定期检查。

日常性检查是指经常的、普遍的检查。企业一般每年进行1～4次；工程项目组、车间、科室每月至少进行一次；班组每周、每班次都应进行检查。专职安全技术人员的日常检查应该有计划，针对重点部位周期性地进行。

专业性检查是针对特种作业、特种设备、特殊场所进行的检查，如电焊、气焊、起重设备、运输车辆、锅炉压力容器、易燃易爆场所等。

季节性检查是指根据季节特点，为保障安全生产的特殊要求所进行的检查。如春季风大，要着重防火、防爆；夏季高温多雨雷电，要着重防暑、降温、防汛、防雷击、防触电；冬季着重防寒、防冻等。

节假日前后的检查是针对节假日期间容易产生麻痹思想的特点而进行的安全检查，包括节日前进行安全生产综合检查，节日后要进行遵章守纪的检查等。

不定期检查是指在工程或设备开工和停工前，检修中，工程或设备竣工及试运转时进行的安全检查。

2）安全检查的注意事项

安全检查要深入基层、紧紧依靠职工，坚持领导与群众相结合的原则，组织好检查工作。

建立检查的组织领导机构，配备适当的检查力量，挑选具有较高技术业务水平的专业人员参加。

做好检查的各项准备工作，包括思想、业务知识、法规政策和检查设备、奖金的准备。

明确检查的目的和要求。既要严格要求，又要防止一刀切，要从实际出发，分清主、次矛盾，力求实效。

把自查与互查有机结合起来。基层以自检为主，企业内相应部门间互相检查，取长补短，相互学习和借鉴。

坚持查改结合。检查不是目的，只是一种手段，整改才是最终目的。发现问题，要及时采取切实有效的防范措施。

建立检查档案。结合安全检查表的实施，逐步建立健全检查档案，收集基本的数据，掌握基本安全状况，为及时消除隐患提供数据，同时也为以后的职业健康安全检查奠定基础。

3）安全检查的主要内容

查思想。主要检查企业的领导和职工对安全生产工作的认识。

查管理。主要检查工程的安全生产管理是否有效。主要内容包括：安全生产责任制，安全技术措施计划，安全组织机构，安全保证措施，安全技术交底，安全教育，持证上岗，安全设施，安全标识，操作规程，违规行为，安全记录等。

查隐患。主要检查作业现场是否符合安全生产、文明生产的要求。

查整改。主要检查对过去提出问题的整改情况。

查事故处理。对安全事故的处理应达到查明事故原因、明确责任并对责任者做出处理、明确和落实整改措施等要求。同时还应检查对伤亡事故是否及时报告、认真调查、严肃处理。

安全检查的重点是违章指挥和违章作业。安全检查后应编制安全检查报告，说明已达标项目，未达标项目，存在问题，原因分析，纠正和预防措施。

本章小结

质量是指产品、体系或过程的一组固有特性满足顾客和其他相关方要求的能力，包括要满足明示的要求、隐含的要求和必须履行的需求或期望的能力。工程项目质量控制是指为达到工程项目质量要求所采取的作业技术和活动。工程项目质量控制按其实施者不同，包括四方面：业主方面的质量控制、设计方面的质量控制、承包商方面的质量控制和政府监督方面的质量控制。

施工阶段质量控制是工程项目全过程质量控制的关键环节。根据工程质量形成的时间，施工阶段的质量控制又可分为质量的事前控制、事中控制和事后控制，其中事前控制为重点控制。

项目质量计划的编制应由项目经理主持。质量计划应体现从工序、分项工程、分部工程到单位工程的过程控制，且应体现从资源投入到完成工程质量最终检验和试验的全过程控制。

项目实施中，除了对项目质量控制点进行重点控制外，还应对工程项目质量影响的主要生产要素，即："人、机、料、法、环"等五大方面进行严格控制，以确保工程项目建设的质量。

安全生产是指使生产过程处于避免人身伤害、设备损坏及其他不可接受的损害风险（危险）的状态。安全控制是通过对生产过程中涉及到的计划、组织、监控、调节和改进等一系列致力于满足生产安全所进行的管理活动。安全控制的目标是减少和消除生产过程中的事故，保证人员健康安全和财产免受损失。

工程施工安全计划的主要内容包括：工程概况，控制目标，控制程序，组织机构，职责权限，规章制度，资源配置，安全措施，检查评价，奖惩制度等。工程施工安全的程序是：确定项目的安全目标；编制项目安全技术措施计划；安全技术措施计划的落实和实施；安全技术措施计划的验证；持续改进，直至完成建设工程项目的所有工作。

第一类危险源的控制方法中防止事故发生的方法有消除危险源、限制能量或危险物质、隔离；避免或减少事故损失的方法有隔离、个体防护、设置薄弱环节、使能量或危险物质按人们的意图释放、避难与救援措施。第二类危险源的控制方法主要是减少故障和故障一安全设计。

安全检查的目的是为了消除隐患、防止事故、改善劳动条件及提高员工安全生产意识通过安全检查可以发现工程中的危险因素，以便有计划地采取措施，保证安全生产。安全检查可分为日常性检查、专业性检查、季节性检查、节假日前后的检查和不定期检查。

思考题

1. 质量的涵义是什么？包括哪些要求？
2. 试述 PDCA 循环的主要内容。
3. 试述三阶段控制的要点。

4. 试述业主方、设计方、承包方和政府监督方质量控制的基本要求。

5. 质量计划包括哪些主要内容?

6. 安全控制的方针与目标是什么?

7. 工程施工安全计划应包括哪些主要内容?

8. 施工安全控制有哪些基本要求?

9. 危险源的控制方法有哪些?

10. 安全检查有哪些主要类型?有哪些主要内容?

第十章　工程项目合同管理

本章知识点

- 合同管理的概念、意义和任务；
- 合同管理的特点；
- 建设工程项目主要合同体系；
- 合同的类型及其特点；
- 合同的谈判与签订；
- 索赔的概念、分类、原因；
- 索赔程序的主要内容。

第一节　工程项目合同管理概述

建设工程项目合同管理是指对建设工程项目合同的签订、履行、变更和解除进行监督检查，对合同履行过程中发生的争议或纠纷进行处理，以确保合同依法订立和全面履行。建设工程项目合同管理贯穿于从合同签订、履行到合同终结直至归档的全过程。广义的合同管理包括两个层次的管理：一个是管理合同的政府有关部门，如工商行政管理部门和其他有关行政主管部门；另一个是履行合同的当事人双方对合同的管理，如发包人的合同管理和承包人的合同管理。本章所述及的合同管理是属于第二个层次的管理，而且主要指发包人的管理。

一、合同管理的意义和任务

由于工程项目建设的特点，合同履行的环境是经常发生变化的，加之当事人双方主观意识、各自利益的驱动以及管理不善等因素作用，使得合同在履行过程中遇到障碍而发生变更、甚至引起争议和纠纷，故此需要加强合同管理，目的是对合同进行有效的控制，确保合同能有效地实施，进行合同管理可达到：

(1) 适应我国建立社会主义市场经济的需要。我国建筑业社会主义市场经济体制正日益规范化。随着政府部门职能的转变，要求业主与承包企业双方的行为将主要依据合同关系加以明确及进行约束，其各自的权益也将依靠合同受到法律的合法保护。

(2) 加强工程项目管理、提高合同履约率。业主作为项目法人，必须树立合同法制观念，加强工程建设的合同管理。

(3) 推行项目法人责任制、招标投标制、工程建设监理制和合同管理制的重要手段。我国建筑市场管理中所推行的项目法人责任制、招标投标制、工程建设监理制和合同管理制，是建筑业规范化管理的保证。业主必须学会正确科学地运用合同管理手段，规范化地管理工程招标及各合同项目的实施，以提高工程建设的经济效益和社会效益。

（4）提高对国际工程建设市场的竞争意识及合同管理的技能，打开和进入国际工程承包市场。

现代化建筑市场的模式应当是：市场机制健全，具有合格的市场主体，以完备的市场要素，通过建立健全市场保障体系及有关各类法规，保证建筑市场秩序良好。

合同管理的任务是：必须依法确定与承包商之间的经济权利和经济义务关系，并通过签订的有关工程建设合同将这种关系进一步地确立。有关的法律、法规是签订合同的重要依据和保障，严格履行与科学管理工程建设合同是控制工程投资、确保工程质量的重要手段。并通过工程合同的管理防范和化解合同双方间的纠纷。因此，要求合同双方在签订有关合同时，应就合同条款的内容进行认真研究、推敲，力求条款内容完善、词句严密、签订合同程序合法、双方的权益和义务明确。合同双方认真地按有效合同履行其责，可以预防和减少合同纠纷的发生，而且即使发生合同纠纷，可以通过调解或仲裁的方式，依据合同保护双方各自的合法权益。

二、合同管理的特点

合同管理包括合同订立、履行、变更、索赔、解除、终止、争议解决、控制和综合评价等内容，并应遵守《合同法》和《建筑法》的有关规定。《合同法》是民法的重要组成部分，是市场经济的基本法律制度。《建筑法》是我国工程建设的专用法律，其颁布实施，对加强建筑活动的监督管理、维护建筑市场秩序和合同当事人的合法权益、保证建设工程质量和安全，提供了明确的目标和法律保障。

工程项目合同管理一般有如下特点：

（1）工程合同管理不同于政府有关部门的监督管理，工程项目合同管理属于合同内部的、横向的管理。由于工程项目的复杂性特点，合同管理工作也极为复杂、繁琐。

（2）由于工程项目的实施是一个渐进的过程，工程施工工期一般较长，这使得建设工程合同生命期较长。工程项目不仅包括可行性研究、设计、施工，而且包括招投标、合同谈判、保修期，合同管理必须在这么长时间内连续不断地进行。

（3）由于工程项目价值量大，合同价格高，使合同管理的经济效益显著。合同管理对工程经济效益影响很大，合同管理得好，可使业主投资、质量、进度都可受到控制，对承包商来说，合同管理得好，可使他避免亏本，赢得利润。这已为许多工程实践所证明，据有关资料，合同管理成功和失误对工程经济效益影响之差可达工程造价的20%。

（4）由于工程项目的本身一次性、受外部环境影响大等特点，使合同变更频繁，这要求合同管理是动态的。常常会有工程稍大合同实施变更项就可能多达几百项，合同实施必须随着变化了的情况不断地调整，这就使得合同管理是动态变化的，而且合同控制和合同变更的管理显得极为重要。

（5）合同管理受外界影响大，风险大，如经济条件、社会条件、法律和自然条件的变化，这些因素常使合同双方难以预测和控制，使得合同正常实施受到阻碍，甚至造成经济损失。

（6）合同管理作为工程项目管理的一项管理职能，有它自身的职责和任务，同时对工程项目管理其他管理职能又有其特殊的作用。因为合同管理对进度、质量、成本、投资有总控制和总协调作用，故它是综合性的全面的高层次的管理工作。

三、合同管理应遵循的程序

（1）合同评审。

（2）合同订立。

（3）合同实施计划。

（4）合同实施控制。

（5）合同综合评价。

（6）有关知识产权的合法使用。

四、合同评审应包括的内容

（1）招标内容和合同的合法性审查。

（2）招标文件和合同条款的合法性和完备性审查。

（3）合同双方责任、权益和项目范围认定。

（4）与产品或过程有关要求的评审。

（5）合同风险评估。

合同评审既包括合同的合法性与条款的完备性等审查，又包括对于产品（或过程）的要求的审查。在质量管理体系中要求对合同规定的产品要求进行审查，组织应以书面的方式确定双方达成的协议，应有能力完成合同的全部要求。

五、项目合同实施控制

（1）合同实施控制包括合同交底、合同跟踪与诊断、合同变更管理和索赔管理等工作。

合同的实施控制包括自合同签订后至合同终止的全部合同管理内容。

（2）在合同实施前，合同谈判人员应进行合同交底。合同交底应包括合同的主要内容、合同实施的主要风险、合同签订过程中的特殊问题、合同实施计划和合同实施责任分配等内容。

合同交底应由合同谈判人员负责进行。目前也有项目经理与合同管理人员共同参加合同谈判的方式，但由于项目经理与合同谈判人员的工作性质不同，项目经理参加谈判不能代替合同谈判人员的合同交底。合同交底应以书面和口头方式进行。

六、合同跟踪和诊断

全面收集并分析合同实施的信息，将合同实施情况与合同实施计划进行对比分析，找出其中的偏差。

定期诊断合同履行情况，诊断内容应包括合同执行差异的原因分析、责任分析以及实施趋向预测。应及时通报实施情况及存在问题，提出有关意见和建议，并采取相应措施。

合同实施阶段的首要工作是跟踪和诊断。跟踪和诊断必须以实际情况为依据，要建立合同实施的信息体系。确保有关合同的实施信息及时反馈，真实可靠。项目经理部和组织的管理层及有关部门均须对合同实施情况进行定期分析，发现问题应在相应的职权范围内采取措施解决，并需检查措施的有效性。

七、合同总结

组织应该就合同进行总结，合同总结报告应包括下列内容：

(1) 合同签订情况评价。

(2) 合同执行情况评价。

(3) 合同管理工作评价。

(4) 对本项目有重大影响的合同条款的评价。

(5) 其他经验和教训。

由于项目的唯一性，合同的总结报告应根据实际情况编写。组织的管理层应提出针对项目总结报告的要求。

第二节　工程项目合同体系

一、工程项目主要合同关系

工程项目是一个极为复杂的社会生产过程，它可分为可行性研究、勘察设计、工程施工和运行等阶段，参与工程建设的有业主、设计、监理、施工承包人、设备供应商、材料供应商等。他们之间形成各种各样的经济法律关系，维系这种关系的纽带是合同，因此工程项目中就存在各种各样的合同。

在一个工程项目中，相关的合同可能有几十份、几百份，甚至几千份。它们之间有十分复杂的内在联系，形成一个复杂的合同系统。其中，业主和施工承包方是两个最主要的节点。

1. 业主/项目法人的主要合同关系

业主/项目法人作为工程项目（或服务）的买方，是工程项目的所有者和经营者，他根据对工程项目的需求，确定工程项目的整体目标。这个目标是所有相关合同的基础。为实现工程项目的总目标，业主将工程项目的勘察、设计、各专业工程施工、设备和材料供应、建设过程的咨询与管理等工作委托出去，并与有关单位签订如下合同：

(1) 工程咨询合同。业主委托工程咨询时与咨询（监理）公司签订工程咨询合同。

(2) 工程勘察设计合同。业主与工程勘察设计单位签订勘察设计合同，勘察设计单位负责工程的地质勘察和技术设计工作。

(3) 工程货物采购合同。对由业主方负责提供材料和设备的情况，他必须与有关的材料和设备供应单位签订采购合同。

(4) 工程施工合同。一般通过公开或邀请招标选择施工承包人，业主确定中标人后与施工承包人签订工程施工合同。

(5) 融资合同。业主常与金融机构签订融资合同。后者向业主提供资金保证。根据资金筹措渠道的不同，有银行贷款合同、合资合同或 BOT 融资合同等。

2. 承包人的主要合同关系

承包人是工程施工的具体实施者，是工程承包合同的执行者。承包人通过投标接受业主的委托，签订工程承包合同。承包人要完成承包合同的责任，包括由工程量表所确定的工程范围内的施工和保修等。这需要方方面面的专业力量和庞大的资源供应体系支持。任何承包人都不可能、也不必具备所有专业工程的施工能力、材料和设备的生产和供应能力，因此，他同样必须将许多专业工作和资源供应工作委托出去。这就形成了承包人复杂的合同关系。

(1) 分包合同。承包人把从业主那里承接到的工程中的某些分项工程或工作分包给另一承包人来完成，并与其签订分包合同。

(2) 货物采购合同。承包人为采购和供应工程所必要的材料和设备，与供应商签订供应合同。

(3) 运输合同。这是承包人为解决材料和设备的运输问题而与运输单位签订的合同。

(4) 加工合同。加工合同即承包人将建筑构配件、特殊构件加工任务委托给加工承揽单位而签订的合同。

(5) 租赁合同。在建筑工程中承包人需要许多施工设备、运输设备、周转材料。当有些设备、周转材料在现场使用率较低，或自己购置需要大量资金投入而自己又不具备这个经济实力时，可以采用租赁方式，与租赁单位签订租赁合同。

(6) 劳务供应合同。劳务供应合同即承包人与劳务供应商之间签订的合同，由劳务供应商向工程提供劳务。

(7) 保险合同。承包人按施工合同要求对工程进行保险，与保险公司签订保险合同。

上述主要合同关系按纽带关系或管理层次整合，可以得到如图 10-1 所示合同体系。在图 10-1 中，工程项目业主和其他参建方直接签订的合同为第一个层次的合同，业主方常称甲方，在合同的签订过程中起主导作用。其他一些合同，业主一般并不是合同的当事人，但业主在其中还有重要的影响。如施工分包合同，将哪一部分分包及分包给谁均要得到业主的认可。又如，承包人的采购合同，其采购对象一般也要得到业主认可。

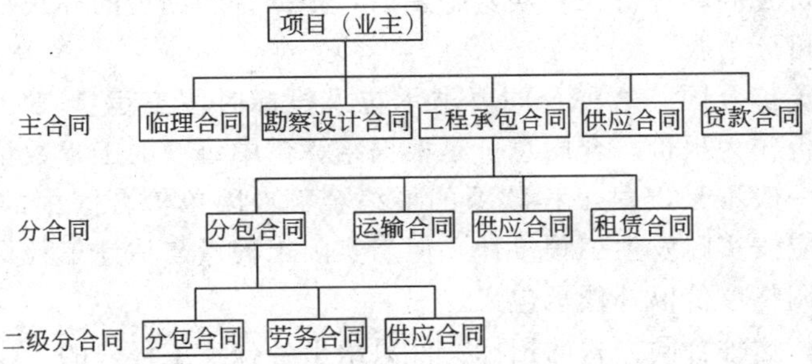

图 10-1　工程项目合同体系

二、合同类型

工程项目合同可以从不同的角度进行分类，下面主要介绍根据计价方式对承包合同的分类。

按承包合同的计价方式，可将合同分为总价合同、单价合同、成本加酬金合同和混合合同 4 种类型。

1. 总价合同（Lump Sum Contract）

总价合同是指在合同中确定一个完成项目的总价，承包单位据此完成项目全部内容的合同。这种合同类型能够使建设单位在评标时易于确定报价最低的承包人、易于进行支付计算。但这类合同仅适用于工程量不太大且能精确计算、工期较短、技术不太复杂，风险不大的项目，一般情况下适用于民用建筑工程。采用这种合同类型要求建设单位必须准备详细而全面的设计图纸（一般要求施工详图）和各项说明，使承包人能准确计算工程量。总价合同又可分：

(1) 固定价总价合同（固定总价合同）。这种合同以图纸和工程说明为依据，按照商定的总价进行承包，并一笔包死。在合同执行过程中，除非业主要求变更原定的承包内容，否则承包人不得要求变更总价。这种合同方式一般适用于工程规模较小，技术不太复杂，工期较短，且签订合同时已具备详细设计文件的情况。

(2) 可调价总价合同。在招标及签订合同时，以设计图纸及当时的市场价格计算签订总价合同，但在合同条款中双方商定，若在执行合同过程中由于发生合同内约定的风险，如物价上涨，引起工料成本增加时，合同总价应相应调整，并规定了调整方法。这时业主承担了物价上涨这一不可预测费用因素的风险。这种合同方式一般适用于工期较长，通货膨胀率难以预测，但现场条件较为简单的工程项目。

2. 单价合同（Unit Price Contract）

单价合同也是适用 FIDIC 的合同类型。单价合同是承包人在投标时，按招标文件就分部分项工程所列出的工程量清单确定各分部分项工程费用的合同类型。这类合同的适用范围比较宽，其风险可以得到合理的分摊，并且能鼓励承包人通过提高工效等手段从成本节约中提高利润。这类合同能够成立的关键在于双方对单价和工程量计算方法的确认。在合同履行中需要注意的问题则是双方对实际工程量计量的确认。单价合同可分为：

(1) 固定价单价合同，即单价在合同约定的风险范围内（一般主要指市场价格波动、政策法规变化等风险）不可调整。

(2) 可调价单价合同即单价在合同实施期内，根据合同约定的办法在约定的风险范围内调整。单价合同又可分为：

①估计工程量单价合同。这种合同要求承包人投标时按工程量表中的估计工程量为基础，填入相应的单价作为报价。合同总价是根据结算单中每项的工程数量和相应的单价计算得出，但合同总价一般不是支付工程款项的最终金额，因单价合同中的工程数量是一估计值。支付工程款项应按实际发生工程量计，但当实际工程量与估计工程量相差过大，超过规定的幅度时，允许调整单价以补偿承包人。

②纯单价合同。这种合同方式的招标文件只给出各分项工程内的工作项目一览表、工程范围及必要说明，而不提供工程量。承包人只要给出各项目的单价即可，将来实施时按实际工程量计算。

3. 实际成本加酬金合同

这类合同在实际中又有下列几种不同的做法。

(1) 实际成本加固定费用合同（Cost Plus Fixed-Fee Contract）。这种合同的基本特点是以工程实际成本，加上商定的固定费用来确定业主应向承包人支付的款项数目。这种合同方式主要适用于开工前对工程内容尚不十分确定的情况。

(2) 实际成本加百分比合同（Cost Plus Percentage-of-Cost Contract）。这种合同的基本特点是以工程实际成本加上实际成本的百分数作为付给承包人的酬金。这种合同方式不能鼓励承包人关心缩短建设工期和降低施工成本，因此较少采用。

(3) 实际成本加奖金合同（Cost Plus Incentive-FeeContract）。这种合同的基本特点是先商定一目标成本，另外规定一百分数作为酬金。最后结算时，若实际成本超过商定的目标成本，则减少酬金；若实际成本低于商定的目标成本，则增加酬金。这种合同方式鼓励承包人关心缩短建设工期和降低施工成本，业主和承包人均不会有太大的风险，因此采用得较多。但目标成本的确定常比较复杂。

4. 混合型合同（Mixed Contract）

它是指有部分固定价格、部分实际成本加酬金合同和阶段转换合同形式的情况。前者对重要的设计内容已具体化的项目采用得较多，而后者对次要的、设计还未具体化的项目较适用。

三、合同选择

工程承发包合同类型的选择取决于工程项目的具体内容、工程项目的性质、业主和承包人双方的兴趣及合作基础、项目复杂程度及项目客观条件、项目风险程度等多种因素。一般而言，合同类型选择需考虑下列因素。

(1) 业主和承包人的意愿。业主从自己的角度出发，一般都希望自己少承担风险，简化管理手续，并期望通过各种合同条件将项目目标、责任及约束条件由承包人全部承担下来。因此，许多业主对固定总价合同更感兴趣。从承包人角度出发，一般都不愿对大型复杂项目搞总价包死的合同，以免承担过大风险。若业主坚持搞固定总价合同，承包人往往把风险应变费和盈利打得很高，以应付可能出现的风险。

(2) 工程项目规模和复杂程度。一般而言，项目规模越大，技术越复杂，越难于采用固定价总价的合同，因为承包人要为此承担全部风险。从业主角度看，则刚好相反。

(3) 工程项目的明确程度和设计深度。总价合同要求工程细节明确，单价合同要求工程设计具有一定的深度，以便准确地估算工程成本。若工程细节不够明确，设计没有达到一定深度，则一般采用成本加酬金合同较合适。

(4) 工程进度的紧迫程度。工期要求过紧的项目一般不宜采用总价合同。这种项目由于仓促上马，图纸不全，准备不充分，实施中变更频繁，很难以固定价格成交，多采用成本加酬金合同。

(5) 项目竞争激烈程度和市场供求状况。当建筑承包市场呈现供过于求的买方市场时，业主对合同类型的选择拥有较大主动权。由于竞争激烈，承包人只能尽量满足业主意愿。相反，若施工任务多于施工力量，或承包人对项目某种特殊技术处于垄断地位，则承包人对合同类型选择起主导作用。

(6) 项目外部因素和风险。项目实施要受到项目外部条件和环境的影响，当项目外部风险较大时，大型项目一般难于采用总价合同。比如通货膨胀率较高、政局不稳或者气候恶劣地区，由于物价、政治和自然条件多变，可能导致项目风险加大，承包人一般难以接受固定总价合同，因为这些不可控制因素可能导致项目成本大幅度上升。

合同类型选择是业主和承包人双方签约前的重要工作。由于涉及双方利益、责任和权限范围，业主、承包人应综合考虑上述多种因素，权衡利弊，根据项目具体的内、外部条件，在充分协商的基础上共同选择能为双方认可和接受的合同类型。

四、合同谈判与签订

1. 合同谈判

1) 合同谈判的目的

所谓合同是双方共同认可并达成一致。欲达到此目标，双方的合同谈判是基本途径。在以招标方式发包工程项目时，合同谈判更具有其特殊的作用。开标以后业主往往选出二、三家投标者就工程有关问题和价格问题进行谈判，然后选择中标者。业主和承包商都具有自己的谈判目的。

(1) 业主参加谈判的目的：

①通过谈判，了解投标者报价的构成，进一步审核和压低报价。

②进一步了解和审查投标者的施工规划和各项技术措施是否合理，以及负责项目实施的班子力量是否足够雄厚，能否保证工程的质量和进度。

③根据参加谈判的投标者的建议和要求，也可吸收其他投标者的建议，对设计方案、图纸、技术规范进行某些修改后，估计可能对工程报价和工程质量产生的影响。

(2) 投标者参加谈判的目的：

①争取中标。即通过谈判宣传自己的优势，包括技术方案的先进性，报价的合理性，所提建议方案的特点，许诺优惠条件等，以争取中标。

②争取合理的价格，既要准备应付业主的压价，又要准备当业主拟增加项目、修改设计或提高标准时适当增加报价。

③争取改善合同条款，包括争取修改过于苛刻的和不合理的条款，澄清模糊的条款和增加有利于保护承包商利益的条款。

2) 谈判的过程

在实际工作中，有的业主把全部谈判均放在决标之前进行，以利用投标者想中标的心情压价并取得对自己有利的条件；也有的业主将谈判分为决标前和决标后两个阶段进行。下面就后一种方式介绍谈判的主要内容。

(1) 决标前的谈判。业主在决标前与初选出的几家投标者谈判的内容主要有两个方面，一是技术答辩，二是价格问题。

技术答辩由评标委员会主持，了解投标者如果中标后将如何组织施工，如何保证工期，对技术难度较大的部位采取什么措施等。虽然承包商在编制投标文件时对上述问题已有准备，但在开标后，进入前几标时，应该在这方面再进行认真细致的准备，必要时画出有关图解，以取得业主和评标委员的好感，顺利通过技术答辩。

价格问题是一个十分重要的问题，业主可利用有利地位，要求承包商降低报价，并就工程款额中自由外汇比率、付款期限、贷款利率（对有贷款的投标）以至延期付款条件等方面要求投标者作出让步。但如为世界银行贷款项目，则不允许压低标价。承包商在这一阶段一定要沉住气，对业主的要求进行逐条分析，在适当时机适当地、逐步地让步，因此，谈判有时会持续很长时间。

(2) 决标后的谈判。经过决标前的谈判，业主确定出中标者并发出中标函，这时业主和中标者还要进行决标后的谈判，即将过去双方达成的协议具体化，并最后签署合同协议书，对价格及所有条款加以认证。

决标后，中标的承包商地位有所改善，他可以利用这一点，积极地、有理有节地同业主进行决标后的谈判，争取协议条款公正合理，对关键性条款的谈判，要做到彬彬有礼而又不作大的让步。对有些过分不合理的条款，一旦接受了会带来无法负担的损失，则宁可冒损失投标保证金的风险而拒绝业主要求或退出谈判，以迫使业主让步，因为谈判时合同并未签字，中标者不在合同约束之内，也未提交履约保证。而业主也不会强逼中标者同意，因为一旦中标者真的退出谈判，业主要另外花时间和精力进行其他投标人的遴选。

3) 谈判的内容

(1) 关于工程范围

承包商所承担的工作范围，包括施工、设备采购、安装和调试等。在签订合同时要做到明确具体，范围清楚，责任分明，否则将导致报价漏项。

(2) 关于合同文件

①应使业主同意将议标中双方一致同意的修改和补充意见整理为正式的“补遗”或“附录”，并由双方签字作为合同的组成部分。在“补遗”或“附录”中写明原标书哪些条件由“补遗”或“附录”中的相应条款替代，以免发生矛盾和误解而在实施工程中发生争端。

②应当由双方同意将投标前业主对各投标人质疑的书面答复或通知，作为合同的组成部分，因为这些答复或通知，既是标价计算的依据，也可能是今后索赔的依据。

③承包商提供的施工图纸是正式的合同文件内容。不能只认为“业主提交的图纸才是合同文件”。应该表明“合同协议同时由双方签字确认的图纸均属于合同文件”。以防业主借补充图纸的机会增加工程内容。

④对于作为付款和结算工程价款的工程量及价格清单，应该根据议标阶段作出的修正重新整理和审定，并经双方签字。

⑤尽管采用的是标准合同文本，在签字前都必须全面检查，对于关键词语和数字更应反复核对，不得有任何差错。必要时，最后的合同文件，包括“补遗”、“‘附录”都应请律师或咨询机构咨询，使其正确无误。对当事人来说合同文件就是法律文书，应该使用严谨、周密的法律语言，不能使用日常通俗语言或“工程语言”，以防一旦发生争端而影响合同的履行。

(3) 关于双方的一般义务，包括：

①“工作必须使监理工程师满意”的条款问题；

②履约保证问题；

③工程保险问题；

④工人的伤亡事故保险和其他社会保险问题；

⑤不可预见的自然条件和人为障碍问题。

(4) 关于劳务。

(5) 关于材料和操作工艺。

(6) 关于工程的开工和工期。

(7) 关于工程维修。

(8) 关于工程的变更和增减。

(9) 关于施工机具、设备和材料的进口。

(10) 关于不可抗力和特殊风险，(在 FIDIC 条款中有规定，可参照执行)。

(11) 关于争端、法律依据及其他。

(12) 关于付款。

2. 合同签订

合同签订的过程，是当事人双方互相协商并最后就各方的权利、义务达成一致意见的过程。签约是双方意志统一的表现。

签订工程承包合同的准备工作时间很长，若是招标项目，实际上它是从准备招标文件开始，继而招标、投标、评标、中标，直至合同谈判结束为止的一整段时间。

工程项目合同一经签署就对签约双方产生法律约束力，任何一方都应严肃、认真、积极执行合同，否则将承担相应的违约责任。为此，在工程项目合同签订时通常应考虑如下几方面的问题：

(1) 合同签订应该遵守的基本原则。

(2) 合同签订的程序。

(3) 合同的文件组成及其主要内容。

(4) 合同签订的形式。

具体地应注意：

(1) 签约前注意了解对方是否具有法人资格，对方的信誉如何及其他有关情况和资料。若由代理人签约时，则要了解是否有具有法律效力的法人委托书。

(2) 合同文本用词要准确，不能发生歧义，要符合《合同法》等相关法规规定，要注意合同主要条款是否齐全，用词是否确切，合同双方的权利与义务是否对等。应尽可能使用标准文本或合同范本。

(3) 合同签订前应尽可能进行公证，以确保合同的有效性。

(4) 合同签订后应按有关规定及时送交合同主管部门审查及向有关部门备案。有的合同必须经批准方能生效的，要在规定的时间内完成。

(5) 要主动及时地组织和督促各职能部门严格按合同规定履行义务。

(6) 全部合同文件包括合同文本、附件及工程施工变更资料及有关会议纪要、来往函电等，应由专人保管不得丢失。

(7) 合同优先顺序。

【典型工程实例】 小浪底工程合同谈判

小浪底工程是我国部分使用世行贷款兴建的特大型水利水电枢纽工程，小浪底II标的投标和合同谈判过程曲折复杂，涉及国际工程的各个方面，堪称国际工程的范例。在谈判中，外方和中方提出的要价差距一度达20多个亿，双方为此展开了艰巨的谈判。其中光技术谈判便达1年多，共150余次；召开了9次争议听证会，一次便会花费一两周时间。

中国水利水电第十一工程局从前期工程开始，把工作重点放在II标，同时组织精干力量全力参与国际合作竞标。经过努力，水电十一局如愿与欧洲多家著名承包商组成联营体中标小浪底第II标段。最终SPIE联营体报价最低，但在递交标书的同时递交了一封封面信，在封面信中，联营体提出了以下几个重要事项：

(1) 我们假定特别合同条款第70-1B-b条中的“净值”将按照和工程量表中单价构成相同的基础补偿给承包商。

(2) 我们希望能有机会和业主就向3标提供骨料价格调差问题进行讨论。

(3) 按照招标文件规定的条件，承包商需要相当大的融资，因此，我们假设在签订合同之前，承包商和业主能修改财务方面的规定，以使承包商有一个合理的资金流。

(4) 根据特别合同条件第67.3款，纠纷将按照国际商会规则并由按此规则任命的3名仲裁员进行仲裁。仲裁地点将是瑞士的洛桑，语言为英语。

(5) 我们的标书还基于出口信贷保险能够如期获得。

该封面信是一封非常重要的信件，正是这封信导致了马拉松式的澄清和合同谈判。

业主要求联营体对上述信件进行澄清，希望联营体放弃以上条件，但联营体在澄清中并未退步，业主十分恼火。但由于报价最低，承包商的回答均以世行采购导则为基础，文字工作也做得很好等原因，业主无奈在1994年3月邀请SPIE联营体到郑州进行合同谈判，并在邀请信中再次要求承包商将上述两个商务条件放弃。

3月21日开始谈判。业主采取高压政策，企图迫使承包商就范。承包商在委婉中表现强硬，在灵活中坚持原则，对业主而言，谈判未取得实际进展。4月10号，承包商第一次提出了撤除条件、进行经济补偿的具体要求。4月22号，承包商对经济补偿要求进行了修订。5月8日双方谈判代表就千万美元级的补偿达成一致意见。由于认为现场谈判人员达成的补偿数额不足以使承包商有信心完成该工程，5月11日，承包商欧洲方面拒绝接受SPIE和十一局谈判代表在郑州和业主达成的补偿意见。5月12日，在极度愤怒的情况下，业主致信承包商决定将承包商废弃。至此，SPIE联营体和业主的合同谈判以失败结束。

SPIE联营体与业主的谈判失败后，业主遂邀请第二标ZUBLIN联营体进行合同谈判。在和SPIE联营体的谈判基础上，业主和ZUBLIN联营体谈判进展顺利。6月28日，业主以高出SPIE联营体的标价和补偿额与ZUBLIN联营体草签合同。考虑到十一局在工程各方面的准备工作，业主和ZUBLIN同意接纳十一局为ZUBLIN的联营伙伴。

第三节　工程项目索赔管理

在市场经济下，建设工程项目由于其复杂性，工程索赔成为一种正常的现象。加强对索赔理论和方法的研究，认真对待和搞好工程索赔，这对维护国家和企业利益都有十分重要的意义，同时有利于保证工程建设按质、按量、按时完成。

一、索赔的基本概念

施工索赔是承包商由于非自身原因发生合同规定之外的额外工作或损失所要求进行的费用和时间的补偿。换句话说，凡超出原合同规定的行为给承包商带来的损失，无论是时间上的还是经济上的，只要承包商认为不能从原合同规定中获得支付的额外开支，应该得到经济和时间补偿的，均有权向业主提出索赔。因此，索赔对于承包商是一种正当的权利要求，是应该争取得到的合理偿付，不是无理争利，业主应加强管理，尽量减少索赔，确保项目建设目标实现。

一般地讲，施工索赔是指承包商向业主提出的要求，这是狭义的索赔。从广义上讲，索赔应当包括承包商向业主提出的索赔和业主向承包商提出的索赔。一般称后者为反索赔，这两种情况往往并存。尽管反索赔是业主为维护自身的利益对承包商的一种防卫行为，但业主的这种行为也是正当的。

索赔是一门“艺术”，它是一门融社会科学、自然科学为一体的边缘科学，涉及到工程技术、工程管理、贸易、法律、财会、公共关系等在内的众多专业学科知识，因此在索赔过程中，一定要注重对这些知识的有机结合和综合应用。

根据索赔的范围、性质、依据、产生的原因和目标等不同，索赔有下列分类：

1）按照索赔的范围分类

（1）广义的索赔。包括工程索赔、贸易索赔和保险索赔。

（2）狭义的索赔。即指工程索赔。

2）按照索赔的依据分类

（1）合同之内的索赔。索赔内容所涉及的均可以在合同中找到依据，特别是应用FIDIC合同条件时，例如：工程量计算、变更工程时的计量和价格、不同原因引起的拖期等等，均属此类。

（2）合同规定之外的索赔。索赔的内容和权利虽然难于在合同条件中找到依据，但权利可以来自普通法律。通常，这种合同之外的索赔表现为属于违约造成的损害或可能是违约担保造成的损害，有的可以在民事法律的侵权行为中找到依据。

（3）道义索赔（Ex-Gratia Claims），亦称通融索赔或优惠索赔。这种索赔在合同内或在其他法规中均找不到依据，从法律角度讲没有索赔要求的基础，但承包人确实蒙受损失，他在满足发包人要求方面也做了最大努力，因而他认为自己有提出索赔的道义基础。因此，他对其损失寻求优惠性质的补偿。有的发包人通情达理，出自善良和友好，给承包人以适当补偿。

3）按照涉及合同当事人分类

（1）承包商同业主之间的索赔。这类索赔内容大部分都是有关工程的计量、变更、工期、质量和费用价格方面的争议，也有关于其他违约行为、中止或终止合同的损害赔偿等。

（2）承包商同分包商之间的索赔。其内容范围与前一种大致相似，但多数是分包商向承包商索要付款和赔偿，而承包商则向分包商罚款或扣留支付款等。

（3）承包商同供应商之间的索赔。其内容多系商贸方面争议，例如货品、建筑材料、机具等不符合技术要求，数量短缺，交货拖期违约，运输中损坏等。

（4）承包商和业主共同向保险公司索赔。这一类多是工程已受到灾害、事故或其他损害和承包商受到损失，按保险单向其投保的保险公司索取赔偿。

（5）其他索赔。承包商或业主在履约过程中与其他方面往来业务中发生的索赔。

4）按照索赔的目的分类

（1）工期索赔。也称时间索赔，这种索赔的目的是承包人要求发包人延长施工期限，使原合同中规定的完工日期顺延，以避免承担拖期损失赔偿的风险。

（2）费用索赔。也称经济索赔，它是承包人向发包人要求补偿自己额外费用支出的一种方式，以挽回不应由他承担的经济损失。在施工实践中，大多数情况是承包人既提出工期索赔，又提出费用索赔。按照惯例，两种索赔要独立提出，不宜将两种索赔要求写在同一报告中。若某一索赔事件发生后，发包人可能只同意工期索赔，而拒绝经济索赔。若两种要求在同一报告中，通常会被认为理由不充分或索赔要求过高，反而会被拒绝。

5）按照索赔产生的原因分类

（1）业主违约索赔。

（2）合同错误索赔。

（3）合同变更索赔。

（4）工程环境变化索赔。

（5）不可抗力因素索赔。

6）按照索赔处理的方式分类

（1）单项索赔。在施工中，每一项索赔事件发生后，及时提出索赔的一种处理索赔事件的方法。

（2）一揽子索赔，也称总索赔。在施工中发生的若干索赔事件汇总在竣工前一次性索赔。

二、索赔的起因和提出

据国外资料统计，施工索赔无论在数量上或金额上，都在稳步增长。如在美国有人统计了由政府管理的22项工程，发生施工索赔的次数达427次，平均每项工程索赔约8次，索赔金额约占总合同额的6%，索赔成功率约占93%。

施工索赔发生的原因大致有以下方面：

(1) 建筑过程的难度和复杂性增大。

(2) 合同文件（包括技术规范）前后矛盾和用词不严谨。

(3) 恶劣的自然条件。

(4) 建筑业经济效益的影响。

(5) 项目承发包及管理模式的变化。

(6) 其他第三方干扰。

(7) 政策与法规变化。

(8) 风险分担不均。

(9) 业主或其代理人的责任。

(10) 设计变更。

三、索赔的程序

1. 意向通知

发现索赔或意识到存在潜在的索赔机会后，承包商应立即将索赔意向书面通知监理工程师（业主）。这种意向通知是非常重要的，它标志着一项索赔的开始，FIDIC《土木工程施工合同条件》第20.1条规定：如果承包商认为，根据本条件任何条款或与合同有关的其他文件，他有权得到竣工时间的任何延长期和（或）任何追加付款，承包商应向工程师发出通知，说明引起索赔的事件或情况。该通知应尽快在承包商察觉或应已察觉该事件或情况后28d内发出。《建设项目施工合同条件》第36条规定：索赔事件发生后28d内，向工程师发出索赔意向通知。

事先向监理工程师（业主）通知索赔通知，这不仅是承包商要取得补偿的必须首先遵守的基本要求之一，也是承包商在整个合同实施期间保持良好的索赔意识的最好办法。索赔意向通知通常包括以下四个方面的内容：

(1) 事件发生的时间和情况的简单描述。

(2) 合同依据的条款和理由。

(3) 有关后续资料的提供，包括及时记录和提供事件发展的动态。

(4) 对工程成本和工期产生的不利影响的严重程度，以期引起监理工程师（业主）的注意。

一般索赔意向通知仅仅是表明意向，应写的简明扼要，涉及索赔内容但不涉及索赔数额。

2. 资料准备

索赔的成功很大程度上取决于承包商对索赔作出的解释和具有强有力的证明材料。因此，承包商在正式提出索赔报告前的资料准备工作极为重要。这就要求承包商注意记录和积累保存以下各个方面的资料，并可随时从中索取与索赔事件有关的证据资料。可以作为索赔的证据资料一般有：

(1) 施工日志。应指定有关人员现场记录施工中发生的各种情况，包括天气、出工人数以及设备数量及其使用情况，进度、质量情况，安全情况，监理工程师在现场有什么指示，进行了什么实验，有无特殊干扰施工的情况，遇到了什么不利的现场条件，多少人员参观现场等等。这种现场记录和日志有利于及时发现和正确分析索赔，可能是索赔的重要证明材料。

(2) 来往信件。对与监理工程师、业主和有关政府部门、银行、保险公司的来往信函须认真保存，并注明发送和收到的详细时间。

(3) 气象资料。在分析进度安排和施工条件时，天气是考虑的重要因素之一，因此，要保存一份如实完整、详细的天气情况记录，包括气温、风力、湿度、降雨量、暴风雪、冰封等。

(4) 备忘录。承包商对监理工程师和业主的口头指示和电话应随时用书面记录，并请给予书面确认。事件发生和持续过程的重要情况记录。

(5) 会议纪要。承包商、业主和监理工程师举行会议时要做好详细记录，对其主要问题形成的会议纪要，由会议各方签字确认。

(6) 工程照片和工程声像资料。这些资料都是反映工程客观情况的真实写照，也是法律承认的有效证据，应拍摄有关资料并妥善保存。

(7) 工程进度计划。承包商编制的经监理工程师或业主批准同意的所有工程总进度、年度、季进度、月进度计划都必须妥善保管，任何与延续有关的索赔分析、工程进度计划是非常重要的证据。

(8) 工程核算资料。所有人工、材料、机械设备使用台账，工程成本分析资料，会计报表，财务报表，货币汇率，现金流量，物价指数，收付款票据都应分类装订成册，这些都是进行索赔费用计算的基础。

(9) 工程图纸。监理工程师和业主签发的各种图纸，包括施工图设计文件、设计更改通知单、竣工图及其相应的修改时间，应注意对照检查和妥善保存，对于设计变更一类的索赔，原设计图和修改图的差异是索赔最有力证据。

(10) 把投标阶段有关现场考察和编标资料，各种原始单据（工资单，材料设备采购单），各种法规，证明等都应积累和保存，它们都有可能是某项索赔的有力证据。

3. 索赔报告的编写

索赔报告是承包商向监理工程师（业主）提交的一份要求业主给予一定经济（费用）补偿和（或）延长工期的正式报告。承包商应该在索赔事件对工程产生的影响结束后，尽快（一般合同规定28d内）向监理工程师（业主）提交正式的索赔报告。在实际工作中，如果索赔事件影响持续延长，也可能在整个工程施工期间都会有持续影响，就不能在工程结束后才提出索赔报告，应每隔一段时间（由监理工程师或按合同规定）向监理工程师报告。

编写索赔报告应注意以下几个问题：

(1) 索赔报告的基本要求。首先，必须说明索赔的合同依据，即基于何种理由有资格提出索赔要求，一种是根据合同某条某款规定，承包商有资格因合同变更或追加额外工作而取得费用补偿和（或）延长工期；另一种是业主或其代理人如果违反合同规定给承包商造成损失，承包商有权索取补偿。第二，索赔报告中必须有详细准确的损失金额及时间的计算。第三，要证明客观事实与损失之间的因果关系，说明索赔事件前因后果的关联性，要以合同为依据，说明业主违约或合同变更与引起索赔的必然性联系，如果不能有理有据说明因果关系，而仅在事件的严重性和损失的巨大上花费过多的笔墨，对索赔的成功都无济于事。

（2）索赔报告必须准确。编写索赔报告是一项比较复杂的工作，须有一个专门的小组和各方的大力协助才能完成。索赔小组的人员应具有合同、法律、工程技术、施工组织计划、成本核算、财务管理、写作等各方面的知识，进行深入的调查研究，对较大的、复杂的索赔需要请有关专家咨询，对索赔报告进行反复讨论和修改，写出的报告不仅有理有据，而且必须准确可靠，应特别强调以下几点：

①责任分析应清楚、准确。在报告中所提出索赔事件的责任是对方引起的，应把全部或主要责任推给对方，不能有责任含混不清和自我批评式的语言。要做到这一点，就必须强调索赔事件的不可预见性，承包商对它不能有所准备，事发后尽管采取能够采取的措施也无法制止，指出索赔事件使承包商工期拖延，费用增加的严重性和索赔值之间的直接因果关系。

②索赔值的计算依据要正确，计算结果要准确。计算依据要用文件规定的和公认合理的计算方法，并加以适当的分析。

索赔费用同工程成本一样，分为人工费、材料费、施工机械设备费、管理费等。只要把索赔项目中各种损失的费用和额外的工作分析清楚了，其计算方法与建筑工程估价的计算方法基本一致。

数字计算上不要有差错，一个小的计算错误可能影响到整个计算结果，容易给人在索赔的可信度上造成不好的印象。

③用词要婉转和恰当。在索赔报告中要避免使用强硬的不友好的抗议式的语言，不能因语言而伤害了和气和双方的感情。切记断章取义，牵强附会，夸大其词。

（3）索赔报告的形式和内容。为使索赔报告简明扼要，条理清楚，便于对方由表及里，由浅入深的阅读和了解，注意对索赔报告形式和内容的安排也是很有必要的。

索赔报告正文包括题目、事件、理由（依据）、因果分析、索赔费用（工期）。题目应简要说明针对什么提出的索赔，即概括出索赔的中心内容。事件是对索赔事件发生的原因和经过，包括双方活动和所附的证明材料。理由是指出根据所陈述的事件，提出索赔的根据。因果分析是指依上述事件和理由所造成成本增加、工期延长的必然结果。最后提出索赔费用（工期）的分项总计的结果。

计算过程和证明材料的附件是支持索赔报告的有力证据，一定要和索赔报告中提到的完全一致，不可有丝毫相互矛盾的地方，否则有可能导致索赔的失败。

应当注意，承包商除了提交索赔报告的资料外，还要准备一些与索赔有关的各种细节性的资料，以防对方提出问题时进行说明和解释，比如运用图表的形式对实际成本与预算成本、实际进度与计划进度、修订计划与原计划进行比较，通过图表来说明和解释，人员工资上涨、材料设备价格上涨，各时期工作任务密集程度的变化，资金流进流出等等，使之一目了然。

4. 提交索赔报告

索赔报告编写完毕后，应及时提交给监理工程师（业主），正式提出索赔。索赔报告提交后，承包商不能被动等待，应隔一定的时间，主动向对方了解索赔处理的情况，根据所提出的问题进一步作资料方面的准备或提供补充资料，尽量为监理工程师处理索赔提供帮助、支持和合作。

索赔的关键问题在于“索”，承包商不积极主动去“索”，业主没有任何义务去“赔”。因此，提交索赔报告本身就是“索”，但要让业主“赔”，提交索赔报告还只是刚刚开始，承包商还有许多更艰难的工作。

5. 索赔报告的评审

监理工程师（业主）接到承包商的索赔报告后，应该马上仔细阅读其报告，并对不合理的索赔进行反驳或提出疑问，监理工程师将根据自己掌握的资料和处理索赔的工作经验就以下问题提出质疑：

(1) 索赔事件不属于业主和监理工程师的责任，而是第三方的责任。

(2) 事实和合同依据不足。

(3) 承包商未能遵守意向通知的要求。

(4) 合同中的开脱责任条款已经免除了业主补偿的责任。

(5) 索赔是由不可抗力而引起的，承包商没有划分和证明双方责任的大小。

(6) 承包商没有采取适当措施避免或减少损失。

(7) 承包商必须提供进一步的证据。

(8) 损失计算夸大。

(9) 承包商以前已明示或暗示放弃了此次索赔的要求等等。

在评审过程中，承包商应对监理工程师提出的各种质疑作出圆满的答复。

6. 谈判解决

经过监理工程师对索赔报告的评审，与承包商进行了较充分的讨论后，监理工程师应提出对索赔处理决定的初步意见，并参加业主和承包商之间进行的索赔谈判，通过谈判，作出索赔的最后决定。

7. 争端的解决

如果索赔在业主和承包商之间不能通过谈判解决，就上升为业主和承包商之间的争端。争端解决的方式一般为和解、调解、仲裁和诉讼。一般业主和承包商可以就其争端的问题提交监理工程师解决直至仲裁。FIDIC99 版还引入了争端解决委员会（DAB）的处理方法（见图 10-2），如有争端，可先提交争端解决委员会，如果对其裁决结果不服，再依照程序提出仲裁或诉讼。

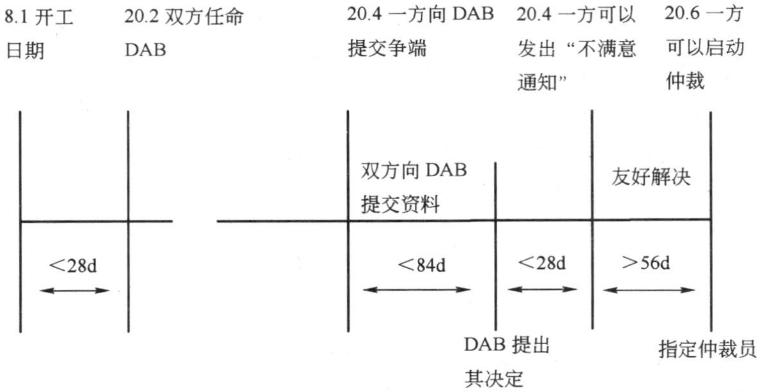

图 10-2　FIDIC 设想的解决争端事项的典型程序

【典型工程实例】　鲁布革引水系统工程索赔

鲁布革引水系统工程，业主为中国水电部鲁布革工程局，承包商为日本大成建设株式会社，监理工程师为澳大利亚雪山公司。在工程过程中由于不利的自然条件造成排水设施的增加，引起费用索赔。

1. 合同相关内容分析

工程量表中有如下相关分项：

3.07/1 项："提供和安装规定的最小排水能力"，作为总价项目，报价：42 245 547 日元和 32 832.18 元人民币；

3.07/3 项："提供和安装额外排水能力"，作为总价项目，报价：10 926 404 日元和 4 619.97元人民币，同时技术规范中有：

S3.07（2）（C）规定；"由于开挖中的地下水量是未知的，如果规定的最小排水能力不足以排除水流，则工程师将指令安装至少与规定排水能力相等的额外排水能力。提供和安装额外排水能力的付款将在工程量表 3.07/3 项中按总价进行支付"。

S3.07（3）（C）中又规定："根据工程师指令安装的额外排水能力将按照实际容量支付"。

显然上述技术规范中的规定之间存在矛盾。合同规定的正常排水能力分别布置在：平洞及 AB 段：1.5t/min，C 段：1.5t/min，D 段 1.5t/min，渐变段及斜井：3.0t/min，合计 7.5t/min。按 S3.07（2）（C）规定，额外排水能力至少等于规定排水能力，即可以大于 7.5t/min。

2. 事态描述

从 1986 年 5 月至 1986 年 8 月底，大雨连绵，由于引水隧道经过断层和许多溶洞，地下水量大增，造成停工和设备淹没。经业主同意，承包商紧急从日本调来排水设施，使工程中排水设施总量增加到 30.5t/min（其中 4t/min 用于其他地方，已单独支付）。承包商于 1986 年 6 月 12 日就增加排水实施提出索赔意向，10 月 15 日正式提出索赔要求：

索赔项目	日元	人民币（元）
被淹没设备损失	1 716 877	2 414.70
增加排水设施	58 377 384	12 892.67
合计	60 094 261	15 307.37

3. 责任分析

（1）机械设备由于淹没而受到损失，这属于承包商自己的责任，不予补偿。

（2）额外排水设施的增加情况属实。由于遇到不可预见的气候条件，并且应业主的要求增加了设备供应。

4. 理由分析

虽然对额外排水设施责任分析是清楚的，但双方就赔偿问题产生分歧。由于工作量表 3.07/3 项与规范 S3.07（2）（C）、S3.07（3）（C）之间存在矛盾，按不同的规定则有不同的解决方法：

(1) 按规范 S3.07 (2) (C)，额外排水能力在工作量表 3.07/3 总价项目中支付，而且规定“至少与规定排水能力相等的额外排水能力”，则额外排水能力可以大于规定排水能力，且不应另外支付。

(2) 但按照规范 S3.07 (3) (C)，额外排水能力要按实际容量支付，即应予以全部补偿。

(3) 由于合同存在矛盾，如果要照顾合同双方利益，导致不矛盾的解释，则认为工程量表 3.07/1 已包括正常排水能力，3.07/3 报价中已包括与正常的排水能力相等的额外排水能力，而超过的部分再按 S3.07 (3) (C) 规定，按实际容量给承包商以赔偿。这样每一条款都能得到较为合理的解释。最后双方经过深入的讨论，一致同意采用上述第三种解决方法。

5. 影响分析

承包商提出，报价所依据的排水能力仅为平洞 1.5t/min，渐变段及斜井 3t/min，其他两个工作面可以利用坡度自然排水，所以合同工程量表 3.07/1 和 3.07/3 中包括的排水能力为 9.0t/min，即 (1.5t+3t) ×2/min。承包商这样提出的目的，不仅可以增加属于赔偿范围的排水能力，而且提高了单位排水能力的合同单价。但工程师认为，承包商应按合同规定对每一个工作面布置排水设施，并以此报价。所以合同规定的排水能力为 15t/min（正常排水能力 7.5t/min，以及与它相同的额外排水能力）。则属于索赔范围的即适用规范 S3.07 (3) (C) 的排水能力为：30.5－4－15＝11.5t/min

6. 索赔值计算

承包商在报价单中有两个值：3.07/1 作为正常排水能力，报价较高；而 3.07/3 作为额外排能力，报价很低。工程师认为，增加的是额外排水能力，故应按 3.07/3 报价计算。承包商对 3.07/3 报价低的原因作出了解释（可能由于额外排水能力是作为备用的，并非一定需要，故报价中不必全额考虑），并建议采用两项（3.07/1 和 3.07/3）报价之和的平均值计算。这个建议最终被各方接受。则合同规定的单位排水能力单价为：日元：(42245547＋10926404) /15＝3544793 日元/ (t/min)，人民币：(32832.18＋4619.97) /15＝2496.81 元/ (t/min)，则赔偿值为日元：3544793×11.5＝40765165 日元，人民币：2496.81×11.5＝28713.31 元，最后双方就此达成一致。

7. 二义性的解决。如果经过上面的分析仍没得到一个统一的解释，则可采用如下原则：

(1) 优先次序原则。合同是由一系列文件组成的，例如按 FIDIC 合同的定义，合同文件包括合同协议书、中标函、投标书、合同条件、规范、图纸、工程量表等。实质还包括合同签订后的变更文件及新的附加协议，合同签订前双方达成一致的附加协议。当矛盾和含糊出现在不同文件之间时，则可适用优先次序原则。各个合同都有相应的合同文件优先次序的规定。

(2) 对起草者不利的原则。尽管合同文件是双方协商一致确定的，但起草合同文件常常又是买方（业主、总包）的一项权力，他可以按照自己的要求提出文件。按照责权利平衡的原则，他又应承担相应的责任。如果合同中出现二义性，即一个表达有两种不同的解释，可以认为二义性是起草者的失误，或他有意设置的陷阱，则以对他不利的解释为准，这是合理的。我国的合同法也有相似的规定（如《合同法》第 41 条）。

本章小结

建设工程项目合同管理是建设工程项目管理体制四大制度之一。对业主和承包商而言，合同管理都可以给他们带来极大经济效益。

建设工程项目合同管理不同于一般货物买卖的合同管理，它具有自身的一些特点，正是由于这些特点，才使合同管理显得尤为重要。

建设工程项目合同管理体系涉及到许多方，如业主、设计、承包、监理、供应等各单位，但最重要的还是业主和承包商两方的合同管理，也就是一般意义上的施工合同管理。

不同的工程项目合同有不同的合同类型可以选择，一般有单价合同、总价合同、成本加酬金三大类基本合同类型，业主和承包商可以根据具体情况进行选择，选择的一般依据在本章中也详细阐述了。在签订合同之前，合同谈判也是重要的一个步骤，本章介绍了应该如何进行合同谈判。

在建设工程项目合同管理中，合同的索赔管理是非常重要的一项工作。索赔的提出有各种原因，在索赔管理中，要注意合同有关索赔的条款规定。如果出现索赔事件，应按合同规定的索赔程序提出索赔，及时得到补偿。本章从索赔的分类、原因和一般程序对索赔管理进行了一个简单的介绍。

思考题

1. 合同管理的目的是什么？为什么要进行合同管理？

2. 谈谈如何通过合同管理实现项目的三大目标控制。

3. 建设工程合同体系中最关键的是哪两方的合同关系，为什么？

4. 对业主而言，如何进行合同类型的选择？

5. 按合同计价方式，可将合同分为哪几类？

6. 成本加酬金的合同有什么应用条件？它对业主的项目管理有什么要求？

7. 何谓一揽子索赔？这种索赔方式是依据什么分类的？这种索赔方式有什么弊端？

8. 索赔产生的原因一般有哪些？何谓反索赔？试参考相关文献谈谈反索赔一般可由什么原因引起？

9. 简述索赔程序。请参阅相关文献回答我国《建设工程施工合同示范文本》中的索赔程序时间规定是怎样的。

10. 案例分析

某城市地下工程，业主与施工单位参照 FIDIC 合同条件签订了施工合同，除税金外的合同总价为 8 600 万元，其中：现场管理费率 15%，企业管理费率 8%，利润率 5%，合同工期 730d。为保证施工安全，合同中规定施工单位应安装满足最小排水能力 1.5t/min的排水设施，并安装 1.5t/min 的备用排水设施，两套设施合计 15 900 元。合同中还规定，施工中如遇业主原因造成工程停工或窝工，业主对施工单位自有机械按台班单价的 60%给予补偿，对施工单位租赁机械按租赁费给予补偿（不包括运转费用）。

该工程施工过程中发生以下三项事件：

事件 1：施工过程中业主通知施工单位某分项工程（非关键工作）需进行设计变更，由此造成施工单位的机械设备窝工12d。

事件2：施工过程中遇到了非季节性大暴雨天气，由于地下断层相互贯通及地下水位不断上升等不利条件，原有排水设施满足不了排水要求，施工工区涌水量逐渐增加，使施工单位被迫停工，并造成施工设备被淹没。为保证施工安全和施工进度，业主指令施工单位紧急增加购买额外排水设施，尽快恢复施工，施工单位按业主要求购买并安装了两套1.5t/min的排水设施，恢复了施工。

事件3：施工中发现地下文物，处理地下文物工作造成工期拖延40d。

请讨论：就以上三项事件，施工单位能否向业主提出索赔，并试讨论怎样计算工期索赔和费用索赔。

第十一章　工程项目信息管理

本章知识点：

- 信息的特征与种类；建设工程项目信息的特征、分类及其作用；
- 工程项目管理信息系统的含义、基本结构和功能；
- 工程项目管理信息系统的建立与开发；
- 信息资源共享的技术基础与共享平台的基本结构；
- 文档管理的任务和基本要求、文档系统的建立；
- 工程管理信息化的发展与意义。

第一节　工程项目信息管理概述

一、信息的特征与种类

信息是各项管理工作的基础和依据，没有及时、准确和满足需要的信息，管理工作就不能有效地起到计划、组织、控制和协调的作用。建设工程项目管理，实质上是对工程项目信息的管理，即工程项目管理机构（人员）在明确工程项目信息流程的基础上，对工程项目信息进行收集、加工、存储、传递、分析和应用。因此，信息管理在工程项目管理工作中具有十分重要的作用，它是工程项目管理人员控制工程项目三大目标的基础。

现代意义上的工程，不但内部组织庞大、分工复杂，而且外部市场竞争也日趋激烈，从而使工程项目管理人员对信息的需求不但在数量上大幅度增加，而且也要求不断提高其质量的正确性、精确性、相关性和时间性。传统的手工或机械式信息处理系统已无法适应现代管理的需要，以电子计算机及现代通信系统为基础的管理信息系统为了满足上述需要而飞速发展起来，它的出现使工程项目管理发生了根本性的变革。

1. 信息的特征

信息是现代社会中为人们所广泛使用的一个概念。对信息的定义，目前还没有统一的说法。综合各种表述，能够比较准确包含信息本质特征的定义是：信息是经过加工的数据；信息是有一定含义的数据；信息是对决策有价值的数据；信息是有意义的数据。信息反映着客观世界中各种事物的特征和变化，是可以借助某种载体加以传递的有用知识。

掌握信息的特征，有助于充分利用信息资源更好地为决策服务。一般而言，信息具有如下特征。

1）可识别性

信息必须是可以识别的，这一特征包括直接识别和间接识别两个方面。通过感官识别信息是直接识别，通过其他各种探测手段识别信息则是间接识别。不同的信息源需要用不同的识别方法。

2）可转换性

信息可以由一种形态转换为另一种形态，如物质信息可以转换成语言、文字、图像、图形等信息形式，也可以转换成计算机的代码以及广播、电视和电信中的信号等。当然，代码和电信号也可以转换成语言、文字、图像、图形等信息形式。

3）可存储性

人脑存储信息称为记忆。人脑的记忆系统可分为长期记忆和短期记忆两种。电子计算机的信息存储也有两个组成部分，即内部存储器和外部存储器。

4）可处理性

用人的大脑处理信息是人的思维活动，而用电子计算机处理信息是靠人们事先编写的计算机应用软件来实现的。要得到准确的信息，处理信息时必须注意其完整性和真实性。

5）可传递性

信息的可传递性是信息的本质特征。人与人之间的信息传递是用语言、表情和动作进行的，而社会活动的信息传递则是通过报纸、杂志、报告和各种文件等多种媒体来实现的。电子技术的飞速发展使信息可以通过电报、电话、广播、电视等多种形式传递。电子计算机的广泛应用使人类社会进入了信息资源充分共享的时代。

6）可再生性

人类收集、存储的信息经过处理后可以用语言、文字、图像等形式再生成。电子计算机收集的信息也可以用屏幕显示、打印机打印、绘图仪绘图等形式再生成。

7）可扩散性

信息的扩散是由传输渠道的多样化和迅速化决定的。传输载体的可选性与适应性，使信息可以迅速地扩散与渗透。其目的是为了让更多的人掌握、利用信息，以利于社会发展与进步。

8）有效性和无效性

信息源是客观事物，但接收者是人，要受人的影响。人的社会分工不同，对信息的要求也就不同。信息接收者对其分工范围内的有关信息感兴趣，认为它们是有效信息；而对其分工之外的信息则不感兴趣，认为是无效信息。社会分工越细，有效信息越专业化。

9）可共享性

信息能够同时为多个人利用，不会因为使用者的增加而使每个使用者获得的信息减少。这是信息与一般物质资源的不同之处。物质资源一经使用就会消耗，而信息则不然。信息的共享性使同一信息在其作用的空间和时间上得以无限地扩展。

2. 信息的分类

信息所包含的内容是多种多样的，可以从不同的角度对其分类，归纳如表 11-1。

信 息 的 分 类 表 11-1

信息分类的角度	信 息 类 型
按照特征	自然信息、社会信息
按照管理层次	战略信息、战术信息、作业信息
按照应用领域	管理信息、社会信息和科技信息等

续上表

信息分类的角度	信 息 类 型
按照加工顺序	一次信息、二次信息和三次信息等
按照加工程度	原始信息、综合信息
按照稳定性	固定信息、流动信息
按照流向	输入信息、中间信息、输出信息
按照信息来源	内部信息、外部信息
按照反映形式	数字信息、文字信息、图像信息和声音信息等

信息还可以从其他不同角度进行分类。

二、工程项目信息的特征与分类

信息是有意义的数据。建立信息管理体系的目的是为了及时、准确地获得项目所需要的信息。进行项目管理体系的设计时，应同时考虑项目组织和项目启动的需要，包括信息的准备、收集、标识、分类、分发、编目、更新、归档和检索等。口头信息不能作为项目管理中的有效信息。

1. 工程项目信息的特征

工程项目信息除具有信息的一般特征外，还具有以下几个方面的特点：

1）信息来源的广泛性

工程项目信息来自开发商、设计单位、施工承包单位、材料供应单位及监理组织内部各个部门；来自可行性研究、设计、施工招标、施工及保修等各个阶段中的各个环节，乃至各个专业；来自质量控制、投资控制、进度控制、合同管理等各个方面。由于工程项目信息来源的广泛性，往往给信息的收集工作造成很大困难。如果信息收集得不完整、不准确、不及时，必然会影响到工程项目管理人员判断和决策的正确性和及时性。

2）信息资源的非消耗性

工程项目信息可供信息系统中的多个子系统或一个子系统的不同过程反复使用而不被消耗。例如，某一工程项目的工程量信息，在投资控制子系统中确定投资额要利用它，在进度控制子系统中编制进度计划也要用到它。在进度控制子系统中，不仅编制计划利用它，而且在实施计划的动态控制过程中还要利用它。正是由于信息资源的非消耗性，使得在信息系统中对信息投资的效果是应用越广，效益就越大，故在信息管理中投资是非常值得的。

3）信息数量的巨大性

由于工程项目建设规模大、牵涉面广、协作关系复杂，使工程项目建设管理工作涉及大量的信息。项目管理人员不仅要了解中央及地方政府有关的政策、法规、技术标准及规范，而且要掌握工程项目建设各个方面的信息；既要掌握计划的信息，又要掌握实际进展的信息，还要对它们进行对比分析。因此，项目管理人员每天都要处理成千上万的数据。而这样大的数据量单靠人手工操作处理是极困难的，只有利用电子计算机才能及时、准确地进行处理，从而为项目管理人员的正确决策提供及时、可靠的支持。

4）信息的发生、加工及其应用在时空上的不一致性

在工程项目建设的不同阶段、不同地点都将发生、处理和应用大量的信息。如工程项目的实际进展信息的发生源在每一个具体的施工现场，它的加工处理可能在施工现场、办公

室，也可能在计算中心，而其应用则在工程项目管理的各个业务部门。

5）信息的系统性

工程项目信息是在一定时空内形成的，与工程项目管理活动密切相关。同时，工程项目信息的收集、加工、传递及反馈是一个连续的闭合环路，具有明显的系统性。

6）信息表现形式的多样性

工程项目信息可以用文字、语言、图表、图像等多种形式表现。由于多媒体计算机的飞速发展，为工程项目信息的多媒体表现提供了极大的方便。

2. 工程项目信息的分类

为了有效地管理和应用工程项目信息，须将之进行分类。按照不同的分类标准，可将工程项目信息分为不同的类型。

1）按照建设工程项目管理的目标划分

（1）成本控制信息。是指与成本控制直接有关的信息，如工程项目的成本计划、工程任务单、限额领料单、施工定额、对外分包经济合同、成本统计报表、原材料价格、机械设备台班费、人工费、运杂费等。

（2）投资控制信息。是指与投资控制直接有关的信息。如各种估算指标、类似工程造价、物价指数；设计概算、概算定额；施工图预算、预算定额；工程项目投资估算；合同价组成；投资目标体系；计划工程量、已完工程量、单位时间付款报表、工程量变化表、人工、材料调差表；索赔费用表；投资偏差、已完工程结算；竣工决算、施工阶段的支付账单；原材料价格、机械设备台班费、人工费、运杂费等。

（3）质量控制信息。是指与建设工程项目质量控制直接有关的信息。如国家或地方政府部门颁布的有关质量政策、法令、法规和标准等，质量目标体系和质量目标的分解，质量目标的分解图表，质量控制的工作流程和工作制度、质量保证体系的组成，质量控制的风险分析；质量抽样检查的数据、各种材料设备的合格证、质量证明书、检测报告、质量事故记录和处理报告等。

（4）进度控制信息。是指与工程项目进度控制直接有关的信息。如施工定额；项目总进度计划、进度目标分解、项目年度计划、工程总网络计划和子网络计划、计划进度与实际进度偏差；网络计划的优化、网络计划的调整情况；进度控制的工作流程、进度控制的工作制度、进度控制的风险分析；材料和设备的到货计划、各分项分部工程的进度计划、进度记录等。

（5）合同管理信息。指建设工程相关的各种合同信息，如工程招投标文件；工程建设施工承包合同，物资设备供应合同，咨询、监理合同；合同的指标分解体系；合同签订、变更、执行情况；合同的索赔等。

2）按工程项目管理的工作流程划分

（1）计划信息。如已有的统计资料、要完成的各项指标、上级企业的有关计划、工程施工的预测等。

（2）执行信息。如下达的各项计划、指示、命令等。

（3）检查信息。如工程的实际进度，成本、质量等的实施状况。

（4）反馈信息。如各项调整措施、意见、改进的办法和方案等。

3）按信息的来源划分

（1）工程项目的内部信息。取自工程项目本身，即指建设工程项目各个阶段、各个环节、各有关单位发生的信息总体。如工程概况、设计文件、合同结构、合同管理制度，工程项目的成本目标、质量目标和进度目标、工程施工方案、工程施工进度、工程施工完成的各项技术经济指标、信息资料的编码系统、信息目录表、会议制度、资料管理制度、项目经理部的组织等。

(2) 工程项目的外部信息。来自建设工程项目上其他单位及外部环境的信息称为外部信息。如监理通知、设计变更、国家有关的政策及法规、国内及国际市场上原材料及设备价格、物价指数、类似工程的进度计划、类似工程造价和进度、投资单位的实力以及信誉、国际和国内的新材料、新技术、新方法、国际大环境的变化、资金市场的变化等。

4) 按照信息的稳定程度划分

(1) 固定信息。是指在一定的时间内相对稳定的信息，这类信息又可分为三种。

①标准信息。主要是指各种定额和标准。如施工定额、原材料消耗定额、生产作业计划标准、设备和工具的耗损程度等。

②计划信息。主要是指反映在计划期内已经确定的各项任务和指标等。

③查询信息。这是指在一个较长时间内，很少发生变更的信息。如政府部门颁发的技术标准、不变价格、各项施工现场管理工作制度等。

(2) 流动信息。是指在不断变化着的信息。如项目质量、投资成本及进度的统计信息，反映在某一时刻建设工程项目的实际进展及计划完成情况的信息等。例如，原材料消耗量、机械台班数、人、生产日数等，都属于流动信息。

5) 按照信息的性质划分

(1) 管理信息。指的是项目管理过程中的信息，如施工进度计划、材料消耗、库存储备等。

(2) 技术信息。指的是技术部门提供的信息，如技术规范、施工方案、技术交底等。

(3) 经济信息。如施工项目成本计划、成本统计报表、资金耗用等信息。

(4) 资源信息。如资金来源、劳动力供应、材料供应等信息。

6) 按照信息的层次划分

(1) 战略级信息。指工程项目建设过程中进行决策的信息，如项目概况、项目投资总额、项目建设总工期、承包商的确定、合同价格的确定等。

(2) 战术级信息。指工程项目建设过程中的管理信息，如工程项目年度进度计划、工程项目年度财务计划、工程项目年度材料计划、工程项目施工总体方案、工程项目三大目标控制计划等。

(3) 作业级信息。指工程项目建设过程中各业务部门的日常信息，较具体，精度较高。如分项目工程作业计划、分项目工程施工方案、分项目工程成本控制措施、分项目工程质量控制措施、分项目工程质量监测数据、分项目工程材料消耗计划、分项目工程材料的实际消耗情况等。

7) 按其他标准划分

按照信息范围的大小不同，可以把建设工程项目管理中的信息分为精细的信息和摘要的信息两类。精细的信息比较具体详尽，一般提供给基层使用；而摘要的信息比较概括抽象，一般提供给上级部门和领导层使用。

按照信息发生的时间不同，可以把建设工程项目管理中的信息分为历史性的信息和预测性的信息两大类。历史性的信息是有关过去的信息，预测性的信息是有关未来的信息。

通过按照一定的标准将建设工程项目管理中的信息予以分类，有助于根据工程项目管理工作的不同要求，提供适当的信息，从而保障工程项目管理工作的顺利进行。

三、工程项目信息的作用

项目管理信息化是项目管理现代化的标志之一，项目管理信息化是提高项目管理效率的重要途径。如何最大限度地利用高科技信息技术永远是现代建设工程项目管理研究和应用的热点问题，其主要作用体现在以下几个方面。

1. 信息是工程项目管理不可缺少的资源

工程项目的建设过程，实际上是人、财、物、技术、设备等资源的投入过程，而要高效、优质、低耗地完成工程项目建设任务，还必须通过信息的收集、加工和应用，实现对上述资源的规划和控制。工程项目的建设过程可用图 11-1 表示。

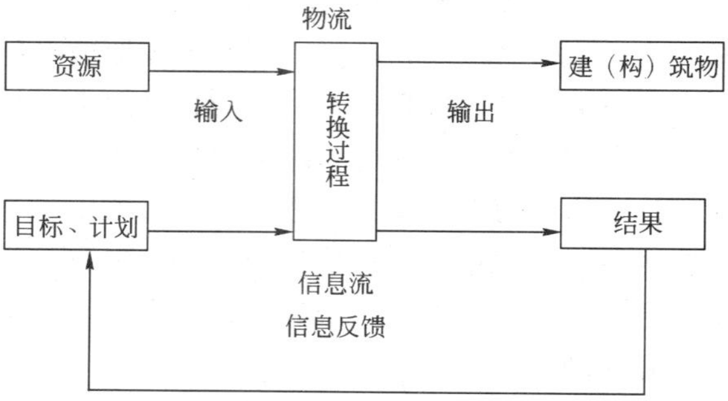

图 11-1 工程项目建设过程

从图中可以看出，在工程项目建设过程中有两大流通，即物流和信息流。其中，物流是客观存在的实体，它的畅通无阻，要求有足够的信息流来保证。信息流是伴随着物流而产生的，它对物流起着主导作用，如果不能充分发挥信息流的主导作用，就会导致物流的混乱。项目管理的主要功能就是通过信息流的作用来规划、调节物流的数量、方向、速度和目标，使其按照一定的规划运动，最终实现工程项目建设的三大目标。因此，信息是工程项目管理不可缺少的重要资源。

2. 信息是项目管理人员实施控制的基础

控制是工程项目管理的主要手段。控制的主要任务是将计划的执行情况与计划目标进行对比分析，找出差异及其产生的原因，然后采取有效措施排除和预防产生差异的原因，保证项目总体目标得以实现。

为了有效地控制工程项目投资目标、质量目标及进度目标，首先，项目管理人员应掌握有关项目三大目标的计划值，它们是控制的依据；其次，项目管理人员还应掌握三大目标的实际执行情况。只有充分掌握了这两方面的信息，项目管理人员才能实施控制工作。因此，从控制的角度讲，如果没有信息，或信息不准确、不及时，项目管理人员将无法实施正确的监督管理。

3. 信息是进行项目管理决策的依据

项目管理决策正确与否，将直接影响工程项目建设总目标的实现及项目管理人员的信誉。而影响项目管理决策正确与否的主要因素之一就是信息。如果没有可靠、充分的信息作为依据，正确的决策是断然不能做出的。例如，在工程项目施工招标阶段，开发商要对投标单位进行资质预审，以确定哪些报名参加投标的承包单位能满足招标的需要。为了进行这项工作，开发商就必须了解各个报名参加投标的承包单位的技术水平、财务实力和施工管理经验等方面的信息。

4. 信息是项目管理人员协调项目建设各参与单位之间关系的纽带

工程项目的建设过程涉及到众多的单位，如与项目审批有关的政府部门、监理单位、设计单位、承包商、材料设备供应单位、资金供应单位、运输单位、保险单位、税收单位等，这些单位都会给项目目标的顺利实现带来一定的影响。要想让他们协调一致地工作，实现项目的建设目标，就必须用信息将它们组织起来，处理好它们之间的活动。

5. 信息是设计单位、施工单位等进行竞争的有力工具

如果设计单位、施工承包单位等能掌握完整、准确的信息，就能为它们确定正确的竞争策略提供可靠支持，从而在投标竞争中击败对手。揽到工程设计和施工任务；在项目的设计、施工过程中也就能有效地控制项目的建设目标。信息和信息技术为工程设计、施工承包单位等创造了越来越多的竞争优势，使它们在竞争中得以生存与发展。

四、项目信息管理应遵循的程序

(1) 确定项目信息管理目标。

(2) 进行项目信息管理策划。

(3) 项目信息收集。

(4) 项目信息处理。

(5) 项目信息运用。

(6) 项目信息管理评价。

项目经理部应根据实际需要，配备熟悉工程管理业务、经过培训的人员担任信息管理工作。在项目经理部中，可以在各部门中设信息管理员或兼职信息管理员，也可以在项目部中单设信息管理员或信息管理部门。项目信息管理员必须经有资质的培训单位培训和考核合格。

第二节 工程项目信息管理系统

一、项目信息管理系统的建立

工程项目管理需要在项目实施过程中对产生的大量信息进行处理，从而为项目规划和项目控制提供所需信息。计算机在工程项目信息管理中起着重要作用，它已经成为信息处理的重要工具。工程项目信息管理工作的迅速增长，使计算机的应用范围越来越广，应用的功能也由一般的数据处理走向支持决策，逐渐形成项目管理信息系统的概念。

1. 工程项目信息管理系统的含义

工程项目信息管理系统也称项目规划和控制信息系统，它是一个针对工程项目的计算机应用软件系统，通过及时地提供工程项目的有关信息，支持项目管理人员确定项目规划；在项目实施过程中控制项目目标，即费用目标、进度目标和质量目标。

工程项目信息管理系统是以工程项目为目标系统，利用计算机辅助工程项目管理的信息系统。计算机辅助管理的软件，按其数据处理的综合集成度可分为：

(1) 部分程序，一个部分程序只能解决一个问题的某一部分。

(2) 单项软件，单项软件可以解决一个完整的问题，进行单项事务处理，其主要是模仿人工工作过程，如计算工资、编制施工图预算、进度计划编制等。

(3) 软件链，一个软件链由若干个单项软件组成，它是从单项应用发展至数据共享的职能事务处理系统。例如；工程项目进度管理系统，可以建立和优化进度计划。对项目资源进

行安排、进度查询、跟踪比较项目进度、进度报告等。

（4）软件系统，软件系统由几个数据关联的软件链组合而成。

为实现资源共享、提高数据处理的效率和质量，应建立计算机辅助管理的系统。软件系统是按照总体规划、标准和程序，根据需要，经一个个子系统的开发而实现。

2. 工程项目信息管理系统的结构和功能

一个完整的工程项目信息管理系统（PMIS）一般主要是由费用控制子系统、进度控制子系统、质量控制子系统、合同管理子系统和共用数据库所构成，其结构图见图 11-2 所示。

在整个系统中的各个子系统与公用数据库相联系，与公用数据库进行数据传递和交换，使项目管理的各种职能任务共享共同的数据，减少数据的冗余，保证数据的兼容性和一致性。

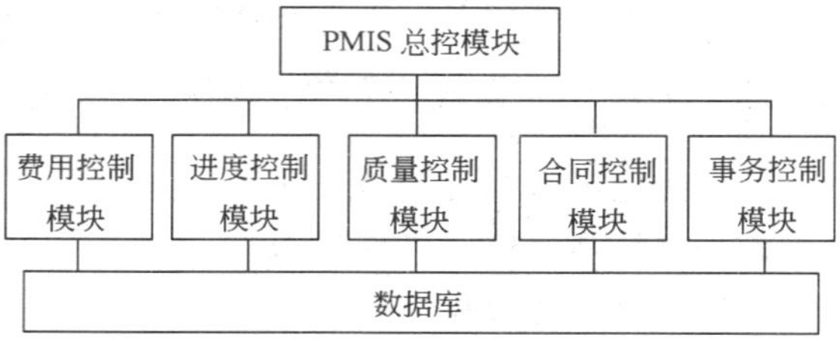

图 11-2　工程项目信息管理系统结构图

具有集中统一规划的数据库，是工程项目信息管理系统成熟的重要标志。工程项目的信息只有集中统一，才能成为工程项目的管理资源，能够为工程项目的各种目标规划和控制所共享。数据库具有自己功能完善的数据库管理系统，它对整个系统中数据的组织、数据的传输、数据的存取等进行统一集中的管理，使数据为多种用途服务。

工程项目信息管理系统是一个由几个功能子系统的关联而合成的一体化的信息系统，它的特点是：提供统一格式的信息，简化各种项目数据的统计和收集工作，使信息成本降低；及时全面地提供不同需要、不同浓缩度的项目信息，从而可以迅速作出分析解释，及时产生正确的控制；完整系统地保存大量的项目信息，能方便、快速地查询和综合，为项目管理决策提供信息支持；利用模型方法处理信息，预测未来，科学地进行决策。

工程项目信息管理系统的主要功能如下：

1）费用控制

具体功能包括：计划费用数据处理；实际费用数据处理；计划/实际费用比较分析；费用控制；资金投入控制；报告报表生成。

2）进度控制

具体功能包括：编制项目进度计划，绘制进度计划的网络图、横道图；项目实际进度的统计分析；计划/实际进度比较分析；进度变化趋势预测；计划进度的调整；项目进度各类数据查询。

3）质量控制

具体功能包括：项目建设的质量要求和标准的数据处理；材料、设备验收记录、查询；工程质量验收记录、查询；质量统计分析、评定的数据处理；质量事故处理记录；质量报告报表生成。

4）合同管理

具体功能包括：合同结构模式的提供和选用；各类标准合同文本的提供和选择；合同文件、资料的登录、修改、查询和统计；合同执行情况的跟踪和处理过程的管理；合同实施报告报表生成；建筑法规、经济法规查询。

一个完整、完善、成熟的工程项目信息管理系统具有强大的功能，能够极其有力地辅助进行项目管理。但是，工程项目信息管理系统同样也是一个人——机器系统，信息处理的过程是由人和计算机共同进行的。建立充分发挥计算机作用的信息系统，问题往往并不在于计算机，而在于工程项目管理的基础管理工作，在于将什么数据、信息输入计算机，把什么样的信息处理交给计算机更合适。

3. 工程项目信息管理系统的建立与开发

工程项目信息管理系统的开发研制是一项非常复杂的工作，它的开发周期长、耗资巨大，投入高、风险大。尤其他是以工程项目的管理系统为环境的，所涉及的相关专业多、且专业需求程度高，项目管理专业人士在研制过程中起着重要的作用。工程项目信息管理系统的设计和实现，也是对项目管理的思想、组织、方法和手段的一种提升，它能深化项目管理的基本理论，更需要强化项目管理的基础管理工作，改进管理组织和管理方法。

工程项目信息管理系统是在项目组织模式，项目管理流程和项目实施流程基础上建立的。他们之间互相联系又互相影响。项目管理信息系统的建立本身就是一个系统工程，是在项目管理流程和项目实施流程基础上建立的，它们之间互相联系又互相影响。

1）项目管理信息系统的建立要确定如下几个基本问题：

(1) 信息的需要。项目管理者需要哪些信息，以什么形式、何时、以什么渠道供应，这是调查和确定信息系统的输出。不同层次的管理者对信息的内容、精度、综合性有不同的要求。上述报告系统主要解决这个问题。

管理者的信息需求是按照他在组织系统中的职责、权力、任务、目标设计的，即他要完成他的工作行使他的权力应需要哪些信息。当然他的职责还包括他对其他方面提供信息。

(2) 信息的收集和加工。信息的收集。项目管理者所需要的信息是由哪些原始资料、数据加工得来的；由谁负责这些原始数据的收集；这些资料、数据的内容、结构、准确程度怎样；由什么渠道（从哪里）获得这些原始数据、资料。

信息的加工。这些原始资料面广、量大，形式丰富多彩，必须经过信息加工才能得到可供决策的信息，才能符合不同层次项目管理的不同要求。信息加工过程通常有：

①评价原始资料的置信度，评价它们来源的可靠性，数值的准确性；

②提炼。通过信息处理、数值处理、逻辑处理从原始数据中得到有特点的，符合管理需要的信息；

③编制索引。为了查询、调用的方便，建立项目文档系统，将所有信息分解、编目；

④存储。许多信息要反复使用，作为工程项目的历史资料和实施情况的证明，它们必须被妥善保存。

(3) 信息的使用和传递渠道。由于计算机的应用大大增加了信息传输的速度和信息量。信息经过加工后必须准确地、及时地、按规定的渠道传递给信息的使用者。

信息的传递渠道是信息系统中项目各参加者之间的纽带。它使信息能够顺利地流动，并将各项目参加者沟通起来，形成项目管理信息系统。

2）项目管理信息系统总体描述

项目管理信息系统是在项目管理组织、项目工作流程和项目管理工作流程基础上设计、并全面反映在它们之中的信息流。所以对项目管理组织、项目工作流程和项目管理流程的研究是建立管理信息系统的基础，而信息标准化、工作程序化、规范化是它的前提。

项目管理信息系统可以从如下几个角度进行总体描述：

(1) 项目参加者之间的信息流通。项目的信息流就是信息在项目参加者之间的流通。它通常与项目的组织模式相似，项目管理者要具体设计这些信息的内容、结构、传递时间、精确程序和其他要求。在信息系统中，每个参加者为信息系统网络上的一个节点。他们都负责具体信息的收集（输入），传递（输出）和信息处理工作。

例如，在项目实施过程中，业主需要如下信息：项目实施情况月报，包括工程质量、成本、进度总报告；项目成本和支出报表，一般按分部工程和承包商作成本和支出报表；供审批用的各种设计方案、计划、施工方案、施工图纸、建筑模型等；决策前所需要的专门信息、建议等；各种法律、规定、规范，以及其他与项目实施有关的资料等。

业主作出各种指令，如变更工程、修改设计、变更施工顺序、选择分包商等；审批各种计划、设计方案、施工方案等；向董事会提交工程项目实施情况报告。

而项目经理通常需要：各项目管理职能人员的工作情况报表、汇报、报告、工程问题请示；业主的各种口头和书面的指令，各种批准文件；项目环境的各种信息；工程各承包商，监理人员的各种工程情况报告、汇报、工程问题的请示。

项目经理通常作出：向业主提交各种工程报表、报告；向业主提出决策用的信息和建议；向社会其他方面提交工程文件。这些通常是按法律必须提供的，或作为审批用的；向项目管理职能人员和专业承包商下达各种指令，答复各种请示，落实项目计划，协调各方面工作等。

（2）项目管理职能之间的信息流通。项目管理系统是一个非常复杂的系统。它由许多子系统构成，如计划子系统、合同子系统、成本子系统、质量和技术子系统等。它们共同构成项目管理系统。按照管理职能划分，可以建立各个项目管理信息子系统。例如，成本管理信息系统、合同管理信息系统、质量管理信息系统、材料管理信息系统等。它是为专门的职能工作服务的，用来解决专门信息的流通问题。

3）系统的开发步骤

从计算机软件工程角度出发，工程项目信息管理系统的开发由系统规划、系统分析、系统设计、系统实施与系统评价等阶段来完成。

（1）系统规划。管理信息系统的开发，工作艰巨，技术复杂，它是一项系统工程，需要经过很好的策划。系统规划是要提出系统开发的要求，通过一系列的调查和可行性研究工作，确定项目管理信息系统的目标，确定信息系统的主要结构，制定系统开发的全面计划，用以指导信息系统研制的实施工作。

（2）系统分析。系统分析是整个开发过程的重要阶段。它包括对项目任务的详细了解和分析，在此基础上，通过数据的收集、数据的分析、系统数据流程图的确定等，决定最优的系统方案。

（3）系统设计。系统设计是根据系统分析的结果，进行新系统的设计。它包括确定系统总体结构、计算机系统流程图和系统配置，进行模块设计、系统编码设计、数据库结构设计、输入输出设计、文件设计和程序设计等。

（4）系统实施。系统实施也称系统实现，它包括机器的购置、安装，程序的调试，基础数据的准备，系统文档的准备，人员培训，以及系统的运行与维护等。

（5）系统评价。信息系统建成及投入运行以后，需要对系统进行评价，估计系统的技术性能和工作性能，检查系统是否达到预期目标，系统的功能是否按文件要求实现，进而对系统的应用价值和经济效益作出评价。

二、各方信息资源的共享

1. 概述

信息资源是指人类社会信息活动中积累起来的以信息为核心的各类信息活动要素（信息技术、设备、设施、信息生产者等）的集合。在信息社会里，信息资源已成为继能源之后的最为重要的社会资源，其实质是人类通过创造、搜集、积累、传播而形成的一种知识资源和智力资源。

信息资源共享的实质是以信息资源优化配置为基础的高效利用。在信息化建设过程中，信息资源共享工作取得了可喜的进步，信息资源总量不断增加，质量逐步提高，深度逐渐扩大；信息服务业已经呈现出产业化端倪；公益性信息服务的社会效益较好，正在向普遍服务的方向迈进；政府信息资源的开发利用在政务信息系统建设中及为公众的服务中效果明显，有关信息资源共建与共享的保障环境也正逐步完善。

2. 信息资源共享的技术基础

信息资源共享的技术基础是信息技术。信息技术是收集、处理、存储和传递信息的技术，是扩展人的信息器官功能的技术。信息技术包括信息搜集技术、信息存储技术、信息处理技术和信息传播技术。这些信息技术中，信息处理技术是实现信息资源共享的核心技术。下面就信息处理技术作一简单介绍。

1）计算机

作为20世纪最重大的发明之一，计算机不仅体积上大大减小，而且运算速度、存储容量、稳定性、易用性等诸多方面都得到了极大的改善和提高，计算机的应用已经深入到人们工作和生活的方方面面。

由于计算机具有运算速度快、计算精度高、具有记忆功能、具有逻辑判断功能和高度自动化等独特的特点，被广泛应用于社会的各个方面，如科学计算、信息处理、过程控制、计算机辅助系统和人工智能等。

2）数据库

数据库技术是计算机科学的一个重要分支。自1968年第一个商品化数据库管理系统问世以来，数据库技术得到迅速发展。近年来，随着网络技术和多媒体技术的发展，基于互联网的融合多媒体技术的数据库技术显示出更为广阔的技术前景，成为信息管理、办公自动化的主要技术支持手段。

数据库技术研究如何科学地组织数据和存储数据，如何高效地检索数据和处理数据，以及如何既减少数据冗余，又能保障数据安全，实现数据共享。在计算机应用领域中，管理信息系统方面的应用占90%以上，而数据库技术又是管理信息系统的基础。数据处理是数据库的首要功能，数据处理的首要任务是数据管理，包括如何分类、组织、存储、检索和维护数据库。迄今为止，数据管理技术经历了人工管理、文件管理和数据库管理三个阶段。现阶段的数据库管理系统已经具有数据库的定义功能、数据操作功能、数据库的控制功能、数据库的维护功能和数据字典等主要功能。数据库系统的管理、开发和使用人员主要有数据库管理员、系统分析员、应用程序员和用户，这些人员的职责和使用权限各不相同。

3）通信技术

通信作为信息传递过程，是决定信息系统能否有效运行的一个关键因素。对于工程项目管理信息系统来说，要实现多方信息资源的共享和系统高效率的运行，必须首先在项目内部实现有效的通信，然后再与外部资源通过网络相连接。

通信是指信号通过介质从发送端传至接收端的过程。通信的性能指标包括带宽、数据传输速率、容量、传播速度、误码率和延迟等。通信中的数据传输方式包括并行传输和串行传输、异步传输和同步传输、单工、半双工和全双工传输等。通信介质是远程通信的物质基础，其性能对网络的通信、速度、距离、价格以及网络中的节点数和可靠性都有很大影响。常用的通信介质包括双绞线电缆、同轴电缆、光纤电缆和自由空间（包括微波传输、蜂窝传输、红外线传输和激光传输）等。

4）计算机网络技术

计算机网络通常是指凡将地理位置不同并具有独立功能的多个计算机系统，通过通信设备和通信线路连接起来，以功能完善的网络软件（包括网络通信协议、数据交换方式及网络操作系统等）实现网络资源共享的系统。计算机网络系统包括主计算机系统、终端设备、通信设备和通信线路四大部分构成。主机是网络的资源，通信设备和通信线路是网络进行数据通信的手段和途径，终端设备是用户应用网络的窗口，是使用者和网络打交道的接口。

计算机网络的主要功能有五种，即资源共享、均衡负荷及分布处理、信息的快速传输和集中处理、网络用户的通信与合作和综合信息服务等。

连接在网络上的计算机、大容量磁盘、高速打印机等部件，均可看成是网络上的一个结点，又称为工作站。各结点在网络上的连接形式叫做网络的拓扑结构。计算机网络中常见的拓扑结构有总线型、星型、环型、树型和混合型等。

从网络的应用角度来说，按照网络的作用范围，计算机网络的类型有局域网、城域网、广域网和互联网。所谓的互联网就是将位于不同地理位置的异构机器系统，通过异构网连接在一起组成一个更大的网络。Internet 就是目前世界上最大的互联网，全世界所有的局域网、城域网、广域网都可以加入 Internet 网。

从信息资源的角度来看，Internet 是一个集全球各领域各机构的各种信息为一体的、供上网用户共享的信息资源网。作为一个信息沟通工具，Internet 的三大基本功能是电子邮件（E-mail）、远程登录（Telnet）和文件传输（FTP）。

由于 Internet 整体结构的开放性，由上述三大基本功能衍生出来的各种应用、资源和服务项目很多，其中最重要的是信息查询服务，这进一步完善了信息资源共享。

3. 信息资源共享平台

1）多数据库系统（MDBS）

多数据库系统联邦数据库的进一步完善，也是意在解决异构数据库互操作问题的一种解决方式。MDBS 是在已经存在的数据库或文件系统（称为局部数据库：LDB，Local Data Base）之上，为用户提供一个统一的存取数据的环境。一个 MDBS 是由一组发展起来的 LDB 组成的，并在这些 LDB 之上为用户建立一个统一的存取数据的层次，使得用户像使用一个统一的数据库系统一样使用 MDBS，它的体系结构如图 11-3 所示。

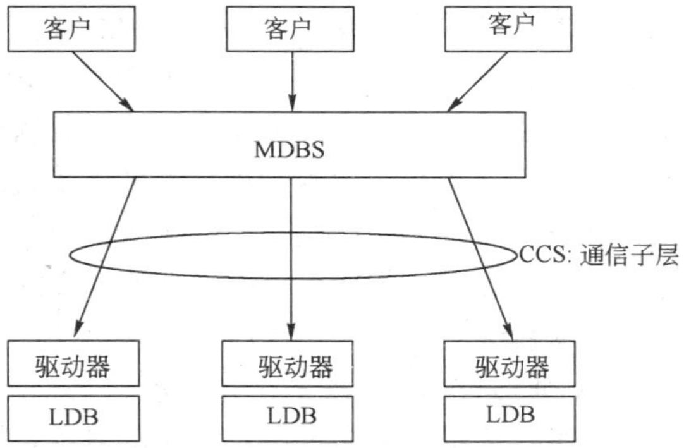

图 11-3 多数据库系统结构

MDBS 为用户提供一个虚拟的全局数据模式，用户在全局的视角上用统一的全局数据模式对 LDB 进行操作，然后在 MDBS 内部将这种全局模式通过一组函数转换成各种 LDB 所要求的数据模式。

2）数据仓库（DW）

数据仓库是一个面向主题的、集成的、持久的且随时间变化的数据集合，用于支持管理人员的决策。数据仓库是为决策支持系统提供完整好用的数据而发展起来的，它从原始数据中按照一定的粒度要求抽取信息，并重新组织，然后根据不同的主题向外展现，其结构如图 11-4。

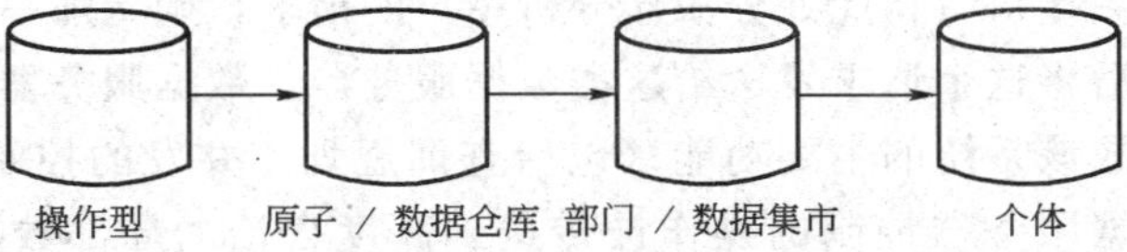

图 11-4 数据仓库结构

操作层只保存原始数据并且服务于高性能数据处理领域；数据仓库层存储不更新的原始数据，一些导出数据也在此存放；数据的部门层几乎只存放导出数据；在数据个体层中完成大多数启发式分析。

3）分布式数据库

以上所述的几种技术都在不同程度上解决了信息共享的问题。下面作者根据对已有系统的分析和新时期的需要，给出在分布式数据库上建立信息共享平台（ISP：Information Sharing Platform）的模型（见图 11-5）。

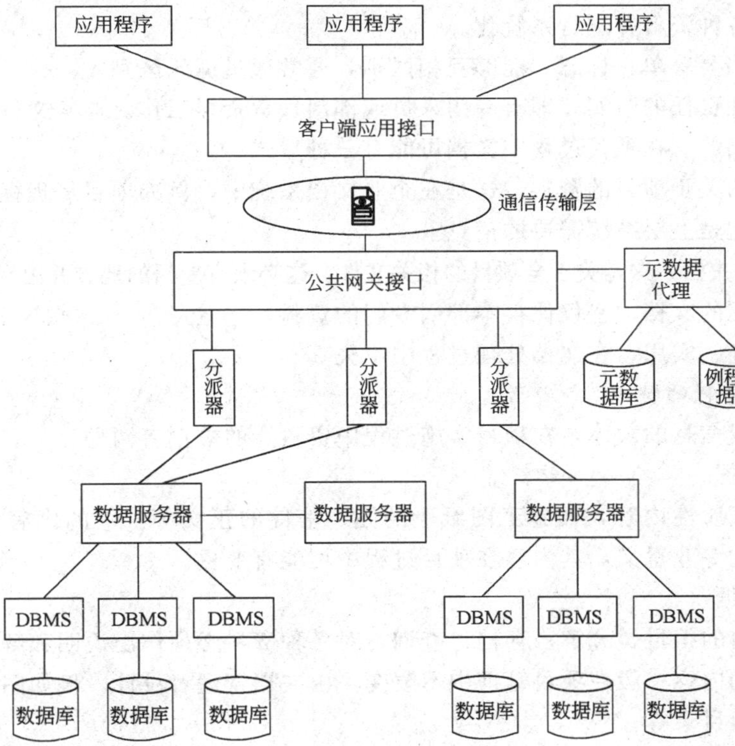

图 11-5 信息共享平台模型

该模型依靠集中式元数据数据库，力图完成以下目标：

①在各种局部数据库中进行联合查询，并将结果返回给用户。

②对各种局部数据库进行管理，如数据的存取，事物的管理。

③维持各分布式异构数据库的数据一致性，如异构数据库之间的复制。

④对元数据数据库的管理。

在此模型中，客户端应用首先根据本身的级别从元数据库中取出元数据，使用元数据的导航功能，确定要操作的对象。然后通过应用程序接口，将对该对象的操作通过网络服务层传输到服务器公共网关接口，在此处分派器分析用户的请求，确定那一类的数据服务器有能力处理这个请求，然后将这个请求发送给这类数据服务器。数据服务器是多个数据连接的守护进程的集合体，完成该系统的主要功能（包括查询规划，并发的控制等），对发送来的请求做出反应。经过数据服务器控制的操作被传送到高度自治的局部数据库，完成该数据操作，并将操作结果逐级返回到用户应用程序中。

三、文档管理

1. 文档管理的任务和基本要求

在实际工程中，许多信息由文档系统给出。文档管理指的是对作为信息载体的资料进行有序地收集、加工、分解、编目、存档，并为项目各参加者提供专用的和常用的信息的过程。文档系统是管理信息系统的基础，是管理信息系统有效率运行的前提条件。所以在项目中也要建立像图书馆一样的文档系统。文档系统应满足如下要求：

（1）系统性，即包括与项目相关的、应进入信息系统运行的所有资料并限制它们的范围。事先要罗列各种资料并进行系统化。

（2）各个文档要有单一标志，能够互相区别，通常通过编码区别。

（3）文档管理责任的落实，即有专门人员或部门负责资料工作。通常文件和资料是集中处理、保存和提供的。在项目过程中文档可能有三种形式：

①企业保存的关于项目的资料，这是在企业文档系统中，例如项目经理提交给企业的各种报告、报表，这是上层系统需要的信息。

②项目集中的文档，这是关于全项目的相关文件。这必须有专门的地方并由专门人员负责。

③各部门专用的文档，它仅保存本部门专门的资料。

（4）内容正确、实用，在文档处理过程中不失真。

2. 项目文件资料的特点

资料是数据或信息的载体，在项目实施过程中资料上的数据有两种。

1）内容性数据

它为资料的实质性内容，如施工图纸上的图、信件的正文等。它的内容丰富，形式多样，通常有一定的专业意义，其内容在项目过程中可能有变更。

2）说明性数据

为了方便资料的编目、分解、存档、查询，对各种资料必须作出说明和解释，用一些特征加以区别。它的内容一般在项目管理中不改变，由文档管理者设计，例如图标，各种文件说明，文件的索引目录等。

通常，文档按内容性数据的性质分类，而具体的文档管理，如生成、编目、分解、存档等以说明性数据为基础。

3. 建设工程项目文档资料的载体

建设工程项目文档资料的载体主要有以下几种形式：

(1) 纸质载体。以纸张为基础的载体形式。

(2) 缩微品载体。以胶片为基础，利用缩微技术对工程资料进行保存的载体形式。

(3) 光盘载体。以光盘为基础，利用计算机技术对工程资料进行存储的形式。

(4) 磁性载体。以磁性记录材料（磁带、磁盘等）为基础，对工程资料的电子文件、声音、图像进行存储的方式。

4. 文档系统的建立

资料通常按它的内容性数据的性质进行划分。工程建设项目中常常要建立一些重要资料的文档，如合同文本及其附件，合同分析资料，信件，会谈纪要，各种原始工程文件（工程日记，备忘录）；记工单、用料单，各种工程报表（如月报，成本报表，进度报告），索赔文件，工程的检查验收、技术鉴定报告等。

有效的文档管理是以较强表达能力的资料特征（编码）为前提的。在项目实施前，就应专门研究，建立该项目的文档编码体系。最简单的编码形式是用序数，但它没有较强的表达能力。不能表示资料的特征。一般项目编码体系有如下要求：

(1) 统一的、对所有资料适用的编码系统。

(2) 能区分资料的种类和特征。

(3) 能“随便扩展”。

(4) 对人工处理和计算机处理有同样效果。

通常，项目管理中的资料编码有如下几个部分：

(1) 有效范围。说明资料的有效及使用范围，如属某子项目、功能或要素。

(2) 资料种类。外部形态不同的资料，如图纸、书信、备忘录等；特点不同的资料，如技术的、商务的、行政的等。

(3) 内容和对象。资料的内容和对象是编码的着重点。对一般项目，可用项目结构分解的结果作为资料的内容和对象。但有时它并不适用，因为项目结构分解是按功能、要素和活动进行的，与资料说明的对象常常不一致，在这时就要专门设计文档结构。

(4) 日期、序号。相同有效范围、相同种类、相同对象的资料可通过日期或序号来表达，如对书信可用日期、序号来标识。

项目相关资料的索引一般可采用表格形式，在项目实施前，它就应被专门设计。表中的栏目应能反映资料的各种特征信息。不同类别的资料可以采用不同的索引表，如果需要查询或调用某种资料，即可按图索取。

例如信件索引可以包括如下栏目：信件编码，来（回）信人，来（回）信日期，主要内容，文档号，备注等。这里要考虑到来信和回信之间的对应关系，收到来信或回信后即可在索引表上登记，并将信件存人对应的文档中。

5. 信息编码

信息编码是信息管理计划的重要内容，信息编码的方法主要有：顺序编码法、分组编码法、十进制编码法、4 缩写编码法。

信息分类编目的原则：

(1) 唯一确定性，每一个代码仅表示唯一的实体属性或状态。

(2) 可扩充性与稳定性。

(3) 标准化与通用性。

(4) 逻辑性与直观性。

(5) 精炼性。

项目信息编码系统应有助于提高信息的结构化程度，方便使用，并且应与企业信息编码保持一致。项目信息代码系统可以作为企业信息代码系统的子系统，其编码结构应与企业信息编码一致，从而保证企业管理层和项目管理层信息共享。

6. 编制建设工程项目文档的质量要求与组卷方法

对建设工程档案编制质量要求与组卷方法，应该按照建设部和国家质量检验检疫总局于2002年1月10日联合发布，2002年5月1日实施的《建设工程文件归档整理规范》(GB/T 50328—2001) 国家标准，此外，尚应执行《科学技术档案案卷构成的一般要求》(GB/T 11822—2000)、《技术制图复制图的折叠方法》、《城市建设档案案卷质量规定》等规范或文件的规定及各省、市地方相应的地方规范执行。

1) 归档文件的质量要求

归档的工程文件一般应为原件；工程文件的内容及其深度必须符合国家有关工程勘察、设计、施工、监理等方面的技术规范、标准和规程；工程文件的内容必须真实、准确，与工程实际相符合；工程文件应采用耐久性强的书写材料，如碳素墨水、蓝黑墨水，不得使用易褪色的书写材料，如：红色墨水、纯蓝墨水、圆珠笔、复写纸、铅笔等；工程文件应字迹清楚，图样清晰，图表整洁，签字盖章手续完备；工程文件中文字材料幅面尺寸规格宜为A4幅面 (297mm×210mm)。图纸宜采用国家标准图幅；工程文件的纸张应采用能够长期保存的韧力大、耐久性强的纸张。图纸一般采用蓝晒图，竣工图应是新蓝图。计算机出图必须清晰，不得使用计算机所出图纸的复印件；所有竣工图均应加盖竣工图章；利用施工图改绘竣工图，必须标明变更修改依据；凡施工图结构、工艺、平面布置等有重大改变，或变更部分超过图面1/3的，应当重新绘制竣工图；不同幅面的工程图纸应按《技术制图复制图的折叠方法》统一折叠成A4幅面，图标栏露在外面；工程档案资料的缩微制品，必须按国家缩微标准进行制作，主要技术指标（解像力、密度、海波残留量等）要符合国家标准，保证质量，以适应长期安全保管；工程档案资料的照片（含底片）及声像档案，要求图像清晰，声音清楚，文字说明或内容准确；工程文件应采用打印的形式并使用档案规定用笔，手工签字，在不能够使用原件时，应在复印件或抄件上加盖公章并注明原件保存处。

2) 归档工程文件的组卷要求

(1) 立卷的原则和方法。立卷应遵循工程文件的自然形成规律，保持卷内文件的有机联系，便于档案的保管和利用；一个建设工程由多个单位工程组成时，工程文件应按单位工程组卷。如：工程文件可按建设程序划分为工程准备阶段的文件、监理文件、施工文件、竣工图、竣工验收文件；工程准备阶段文件可按单位工程、分部工程、专业、形成单位等组卷；监理文件可按单位工程、分部工程、专业、阶段等组卷；施工文件可按单位工程、分部工程、专业、阶段等组卷；竣工图可按单位工程、专业等组卷；竣工验收文件可按单位工程、专业等组卷。在立卷过程中应遵循下列要求：案卷不宜过厚，一般不超过40mm；案卷内不应有重复文件，不同载体的文件一般应分别组卷。

卷内文件的排列时文字材料应按事项、专业顺序排列。同一事项的请示与批复、同一文件的印本与定稿、主件与附件不能分开，并按批复在前、请示在后，印本在前、定稿在后，主件在前、附件在后的顺序排列。图纸按专业排列，同专业图纸按图号顺序排列。既有文字材料又有图纸的案卷，文字材料排前，图纸排后。

编制卷内文件页号应把符合卷内文件的，均按有书写内容的页面编号。每卷单独编号，页号从“1”开始。页号编写位置：单页书写的文字在右下角；双面书写的文件，正面在右下角，背面在左下角。折叠后的图纸一律在右下角。成套图纸或印刷成册的科技文件材料，自成一卷的，原目录可代替卷内目录，不必重新编写页码。案卷封面、卷内目录、卷内备考表不编写页号。

(2) 卷内目录的编制应符合下列规定。卷内目录式样宜符合现行《建设工程文件归档整理规范》中的要求。序号以一份文件为单位，用阿拉伯数字从1依次标注。填写责任者，有多个责任者时，选择两个主要责任者，其余用“等”代替。文件编号要填写工程文件原有的文号或图号。文件题名要填写文件标题的全称。日期填写文件形成的日期。页次填写文件在卷内所排列的起始页号。最后一份文件填写起止页号。

卷内目录排列在卷内文件之前，符合卷内备考表的式样宜符合现行《建设工程文件归档整理规范》中的要求。

卷内备考表主要标明卷内文件的总页数、各类文件数（照片张数），以及立卷单位剥案卷情况的说明。卷内备考表排列在卷内文件的尾页之后。

案卷封面的编制应符合案卷封面印刷在卷盒、卷夹的正表面，也可采用内封面形式。案卷封面的式样应符合现行《建设工程文件归档整理规范》中的要求。案卷封面的内容应包括：档号、档案馆代号、案卷题名、编制单位、起止日期、密级、保管期限、共几卷、第几卷。档号应由分类号、项目号和案卷号组成。档号由档案保管单位填写。档案馆代号应填写国家给定的本档案馆的编号。档案馆代号由档案馆填写。案卷题名应简明、准确地揭示卷内文件的内容。案卷题名应包括工程名称、专业名称、卷内文件的内容。编制单位应填写案卷内文件的形成单位或主要责任者。起止日期应填写案卷内全部文件形成的起止日期。

文档保管期限分为永久、长期、短期三种期限。各类文件的保管期按现行《建设工程文件归档整理规范》中的要求。永久是指工程档案需永久保存，长期是指工程档案自保存期等于该工程的使用寿命，短期是指工程档案保存20年以下。同一案卷内有不同口管期限的文件，该案卷保管期限应从长。工程档案套数一般不少于两套，一套由建设单位保管，另一套原件要求移交当地城建档案管理部门保存，接受范围规范规定可以各城市根据本地情况适当拓宽和缩减，具体可向建设工程所在地城建档案管理部门询问。密级分为绝密、机密、秘密三种。同一案卷内有不同密级的文件，应以高密级为本卷密级。卷内目录、卷内备考表、卷内封面应采用70g以上白色书写纸制作，幅面统一采用A4幅面。

7. 建设工程项目文档的验收与移交

1) 建设工程项目文档的验收

(1) 列入城建档案管理部门档案接收范围的工程，建设单位在组织工程竣工验收前，应提请城建档案管理部门对工程档案进行预验收。建设单位未取得城建档案管理部门出具的认可文件，不得组织工程竣工验收。

(2) 城建档案管理部门在进行工程档案预验收时，应重点验收内容包括：工程档案分类齐全性、系统完整性；工程档案的内容是否真实、准确地反映工程建设活动和工程实际状况；工程档案是否已整理立卷，立卷符合现行《建设工程文件归档整理规范》的规定；竣工图绘制方法、图式及规格等是否符合专业技术要求，图面整洁，盖有竣工图章；文件的形成、来源是否符合实际，要求单位或个人签章的文件，其签章手续完备；文件材质、幅面、书写、绘图、用墨、托裱等是否符合要求；工程档案由建设单位进行验收，属于向地方城建档案管理部门报送工程档案的工程项目还应会同地方城建档案管理部门共同验收。

(3) 国家、省市重点工程项目或一些特大型、大型的工程项目的预验收和验收，必须有地方城建档案管理部门参加。

(4) 为确保工程档案的质量，各编制单位、地方城建档案管理部门、建设行政管理部门等要对工程档案进行严格检查、验收。编制单位、制图人、审核人、技术负责人必须进行签字或盖章。对不符合技术要求的，一律退回编制单位进行改正、补齐，问题严重者可令其重做。不符合要求者，不能交工验收。

(5) 凡报送的工程档案，如验收不合格将其退回建设单位，由建设单位责成责任者重新进行编制，待达到要求后重新报送。检查验收人员应对接收的档案负责。

(6) 地方城建档案管理部门负责工程档案的最后验收。并对编制报送工程档案进行业务指导、督促和检查。

2) 建设工程项目文档的移交

主要包括以下几方面：

(1) 在列入城建档案管理部门接收范围的工程，建设单位应在工程竣工验收后3个月内向城建档案管理部门移交一套符合规定的工程档案。

(2) 停建、缓建工程项目的工程档案，暂由建设单位保管。

(3) 对改建、扩建和维修工程项目，建设单位应当组织设计单位、监理单位、施工单位据实修改、补充和完善工程档案。对改变的部位，应当重新编写工程项目档案，并在工程竣工验收后3个月内向城建档案管理部门移交。

(4) 建设单位向城建档案管理部门移交工程档案时，应办理移交手续，填写移交目录，双方签字、盖章后交接。

(5) 施工单位、监理单位等有关单位应在工程项目竣工验收前将工程档案按合同或协议规定的时间、套数移交给建设单位，办理移交手续。

第三节　工程管理信息化

一、工程管理信息化的发展

从20世纪70年代开始至今，信息技术在工程管理中的应用有了长足的发展。20世纪70年代，工程管理信息化主要表现为工程网络计划的时间参数的计算、施工图预算等单项程序的应用；20世纪80年代，出现了项目管理信息系统；20世纪90年代，随着工程项目管理的集成发展出了一些集成的管理系统；20世纪90年代末期至今，正在朝着基于网络平台的工程管理系统发展。1996年，在建设部颁布的“建筑技术政策纲要（1996—2010）”的全部20项中，有一项就是“大力推广应用计算机技术”，但还没有明确提出建设领域信息化的概念。2001年2月，建设部在颁布“建设领域信息化工作的基本要点”中，第一次明确地提出了建设领域信息化这一概念。

目前，建筑行业大多数企业都拥有了自己的计算机系统及软件。勘察设计用的管理信息系统可以对设计单位的人员信息、设计项目信息、设计过程信息和设计审核等进行系统化的管理；在施工管理中目前大部分企业采用的还是传统的信息管理方法，即信息从它的产生、整理、加工传递到检索和利用都是利用纸介质进行的，只有少数企业应用如 P3，Project 等软件进行现场管理，在整个过程中，信息以一种较为缓慢的速度流动；我国工程监理与设计施工比较，信息技术的应用起步较晚并相对薄弱。监理工作流动性很大，一个项目现场三、四个监理人员，配备便携式电脑记录当天的工作任务和成果并不多见；而且软件市场上通用的监理软件相当欠缺。

国外的研究给出了对未来大型工程项目建设中应用信息沟通技术发展趋势的调查统计结果，在未来 10 年，采用电子文档交换信息，增加参建各方之间的信息沟通，将越来越受到人们的重视。大型项目建设过程中产生的大量基于纸张的信息文档将由电子化文档代替，参建各方的信息交换方式也由传统的依靠纸张、电话和传真向基于现代信息网络的电子邮件及其他合适的网络通信技术转移。

在未来的建设工程中，应用 IT 技术沟通和共享项目信息和知识更为重要。IT 技术不仅能利用自动手段搜集、保存和检索建设工程项目管理中的相关数据，并且能利用有效的信息处理方法把这些数据处理成信息，还能利用功能强大的网络通信技术以丰富的形式，快速、大量地传输各种形式的数据、信息和知识等。如条形码技术（Bar Code Technology）能自动地获取和保存数据；数字地图（Digital Mapping）和文件扫描（Document Imaging）技术能使图形转变为数字形式；三维视图（3D）及动画（Animation）技术能有效地以可视方式及友好的用户界面描绘、检索及传输数据；数字照相机、数字录像机、数字探头、数字手套等数字化设备可以方便地将施工现场的任何影像及部件数字化等。另外，数据、信息和知识还能方便地在基于互联网（Internet）/企业内部网（Intranet）/企业外部网（Extranet）的环境下以物理方式传输。如传输图像、声音、影像等的多媒体（Multimedia）技术；各种 E-mail（包括声音 Mail，传真 Mail，图像 Mail，多媒体 Mail 等）技术、群组技术（Groupware）（如问题讨论组、白板技术等）、电子数据交换（EDl）技术、共享数据库技术、视频会议（VC）技术、虚拟现实（VR）技术、4D 技术等，这些基于现代信息网络的沟通技术能满足以物理方式传输文本文件，声音及图像等非文本文件的各种信息需要。

随着建设工程项目系统的变化，建设工程信息化也在变化，工程管理信息化的变化则集中体现了建设工程项目系统的变化和发展。国际上一些知名的研究机构认为，未来建设工程管理信息系统的发展有着如下规律：

(1) 工程项目管理软件的功能更加趋于专业化，因此要与工程项目管理理论结合更为紧密，同时针对不同的建设工程任务和管理者，软件功能将更加具有针对性。

(2) 建设工程管理信息系统更加注重与通讯功能和计算机网络平台的集成。

(3) 建设工程管理信息系统中不同子系统之间集成度的提高，如进度控制子系统与投资控制子系统和合同管理子系统的集成。不同的建设工程信息管理子系统通过统一的数据模型和高效的文档管理系统得以实现较高程度的信息共享，提高了建设工程管理信息系统中信息处理的效率。

(4) 建设工程管理信息系统与建筑业其他计算机辅助系统集成度的提高，如投资控制子系统与 CAD 系统的集成，建设工程信息管理系统与物业管理信息系统的集成等。

(5) 建设工程管理信息系统开放性的提高，由于采用统一的开放性标准，如 TCP/IP 协议、Java 语言平台等。建设工程管理信息系统对具体软硬件平台的依赖性降低，系统的可移植性与互操作性不断提高，更加有利于建设工程信息管理系统推广和应用。

(6) 建设工程管理信息系统可以更加方便地管理地域上分布的多个项目。

（7）采用更为先进的系统开发方法（面向对象的系统分析与设计、CASE 工具等），提高了开发的效率，同时强调用户的参与性，更利于用户的使用和学习等。

总体而言，未来建设工程管理信息系统的发展的总方向是专业化、集成化和网络化，同时强调系统的开放性和可用性。目前，国际上许多著名建设工程管理信息软件的最新版本都或多或少地体现了这些变化，这些趋势都是值得人们研究和借鉴的。

二、工程管理信息化的意义

当今，工程项目的规模和要求出现了许多根本性的变化，工程项目面临一系列的问题和机会，项目管理工作日趋复杂。对工程项目实施全面规划和动态控制，需要处理大量的信息，处理时间要短，速度要快，又要准确，这样才能及时提供相关的项目决策信息。对工程建设过程中产生的大量数据单靠人工方法整理和计算是远远不能满足项目管理的要求的，许多信息处理工作靠手工方式是不能胜任的。因此，提高工程项目管理水平，实现工程管理信息化，进行项目管理信息的处理已成为项目管理发展的必然趋势。

工程管理信息化，集记录、查询、计算、传送、决策信息等功能于一身，对工程招投标、勘察设计、施工和工程监理等都提供了科学、快速、准确的管理方式，极大地提高管理工作效率，大大地提高工程项目管理的水平，从而提升了企业的经济效益和竞争力。因此，工程管理信息化有非常重要的意义。

首先工程管理信息化极大地提高了管理工作效率和水平，表现为：

（1）计算机能够快速、高效地处理项目产生的大量数据，提高信息处理的速度，准确提供项目管理所需的最新信息，辅助项目管理人员及时、正确地作出决定，从而实现对项目目标的控制。

（2）计算机能够存储大量的信息和数据，采用计算机辅助信息管理，可以集中储存与项目有关的各种信息，并能随时取出被存储的数据，使信息共享，为项目管理提供有效使用服务。

（3）计算机能够方便地形成各种形式、不同需求的项目报告的报表，提供不同等级的管理信息。

（4）利用计算机网络，可以提高数据传递的速度和效率，充分利用信息资源，沟通信息联系。

（5）工作效率提高，决策及时准确。计算机、网络、监控监测系统确保了建筑工程管理信息的共享性、准确性、实时性、唯一性和便捷性，大大提高企业管理工作效率和领导决策的科学性。由于信息技术的应用，普通管理人员与决策人员可以同时掌握信息，所以微观决策可以宏观化，宏观决策微观化。

高水平的项目管理，离不开先进、科学的管理手段。在项目管理中应用计算机作为手段，可以辅助发现存在的问题，帮助编制项目规划，辅助进行控制决策，帮助实时跟踪检查。计算机辅助工程项目管理是有效实施项目管理的重要保证。

其次，实现工程管理信息化具有显著的经济和社会效益：

（1）缩短建设工期，可优化资源配置和施工网络，减少窝工和返工，缩短建设工期。

（2）节约项目成本。利用网上招标系统降低采购成本，通过基建财务管理系统加强投资和成本监控，实现快速工程决算。据了解，美国政府采用网上采购费用平均节约 10%，我国政府 2002 年政府采购规模约 1000 亿元，如果采用网上采购，可节约 10 亿元支出。

（3）保证工程质量。现在的建筑产品已逐步步入精细生产阶段，建筑产品已成为精细产品，需要精细加工，对建筑业生产管理方式提出了越来越高的要求。比如上海的磁悬浮项目，由于磁悬浮的速度要达到每小时400多公里，要求24m跨度大梁的整个平直度误差不能超过2mm。此时采用传统的精确技术控制已达不到此精度要求。

(4) 有效避免信息不对称。建立电子商务平台，可将招投标信息在网上公开发布，招标、投标和评标都在网上完成，可保证信息的公开透明，由此招标人的权利将大大受到限制，有效地限制了“寻租”现象。

(5) 塑造企业形象。互联网网站的建立有助于企业文化建设和企业形象塑造。

本章小结

信息是各项管理工作的基础和依据，没有及时、准确和满足需要的信息，管理工作就不能有效地起到计划、组织、控制和协调的作用。建设工程项目管理，实质上是对工程项目信息的管理。

信息是经过加工的数据；信息是有一定含义的数据；信息是对决策有价值的数据。信息反映着客观世界中各种事物的特征和变化，是可以借助某种载体加以传递的有用知识。

工程项目信息资源对工程建设的管理活动有着巨大的影响，它不仅是工程项目管理不可缺少的资源、项目管理人员实施控制的基础、进行项目管理决策的依据，还是项目管理人员协调项目建设各参与单位之间关系的纽带，是设计单位、施工单位等进行竞争的有力工具。

工程项目信息管理系统是以工程项目为目标系统，利用计算机辅助工程项目管理的信息系统。一个完整的工程项目管理信息系统一般是由费用控制子系统、进度控制子系统、质量控制子系统、合同管理子系统和共用数据库所构成，

信息资源共享的实质是以信息资源优化配置为基础的高效利用。Internet是一个集全球各领域各机构的各种信息为一体的、供上网用户共享的信息资源网。

文档管理指的是对作为信息载体的资料进行有序地收集、加工、分解、编目、存档，并为项目各参加者提供专用的和常用的信息的过程。文档系统是管理信息系统的基础，是管理信息系统有效率运行的前提条件。

工程管理信息化，为工程招投标、勘察设计、施工和工程监理等提供了科学、快速、准确的管理方式，极大地提高管理工作效率，大大地提高工程项目管理的水平，从而提升了企业的经济效益和竞争力。

思考题

1. 信息具有哪些特征？其分类如何？
2. 工程项目信息有哪些分类方式？有何作用？
3. 什么是工程项目信息管理系统？一个完整的工程项目信息管理系统一般由哪些子系统构成？
4. 信息资源共享的实质是什么？
5. 文档管理的基本要求是什么？
6. 工程管理信息化的意义何在？

附录　工程项目管理实例

实例一　国家大剧院工程施工总体规划项目管理

（北京城建—香港建设—上海建工国家大剧院建筑安装工程总承包联合体）

一、工程概况及特点分析

1. 工程简介

本工程位于天安门地区人民大会堂西侧，西长安街南侧，石碑胡同以东，占地面积11.893ha。工程总建筑面积约为194 198m²。（其中地下停车场建筑面积为44 678m²），由北侧建筑（201区）、中心建筑（202区）、南侧建筑（203区）三部分构成；南北侧建筑201区、203区分别为地下三层、二层，包括票务大厅、消防通道、人员出入口、员工餐厅、停车场等。202区建筑外观是一个超级椭球形壳体，位于水池中央，其尺寸为：东西向长212.2m，南北向长143.64m，高度为46.285m。内部设有歌剧院（2 416座）、音乐厅（2 017座）、戏剧场（1 040座）及其他附属配套设施。三者的地下部分结构相连，不设变形缝，由通道分区；地上部分结构相对独立。建筑物最大埋深为32.5m，地下最底层位于－21.89m，歌剧院舞台下最深处高程为－27.5m，混凝土结构顶高程为33.65m，±0.000绝对高程为44.75m，其效果图及平面图见附图1及附图2。

附图1　202区国家大剧院主体建筑组成效果图

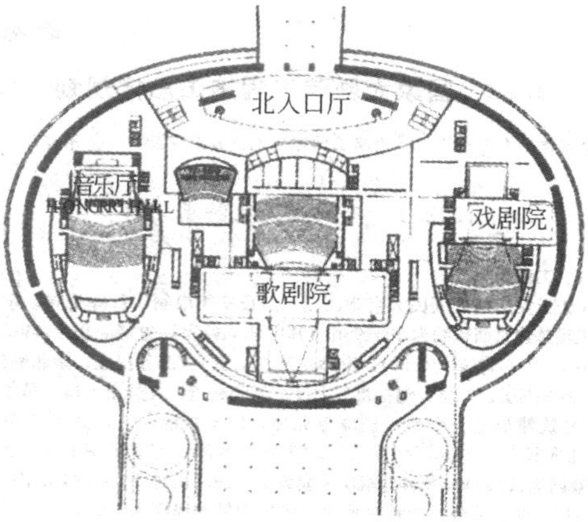

附图2　202区国家大剧院主体建筑平面图

本工程建筑分类为一类，耐火等级为一级；剧场建筑等级为特级，结构设计使用寿命为100年。结构形式为框架剪力墙结构，部分主要的结构柱采用H型钢—混凝土劲型柱，舞台口及局部大跨度梁采用有黏结预应力钢筋混凝土结构体系。工程抗震设防烈度为8度，按近震考虑。工程防水等级为一级，采用防排结合，以防为主的原则。基础的外墙、底板为刚性防水混凝土。

国家大剧院工程椭球形屋顶采用钢结构壳体，内部无支点。椭球形壳体结构由设置在地面下的钢筋混凝土环梁支撑，环梁结构的外围是纯地下环形消防通道。钢结构壳体外饰大部分为0.4mm厚的钛板，中部安装玻璃，椭球体外四周水池环绕，人工湖面积达35 000m²。分22个区域设置并组成一体，构成一水上明珠的建筑艺术造型。它的建造是我国文化事业的繁荣与发展、中国文化事业走向世界的体现，是北京市又一座标志性建筑。

国家大剧院工程为国家重点工程，该项目由北京市建委、建设部、文化部等部门组成业主委员会，由法国巴黎机场公司负责设计工作，北京市建筑设计研究院为公司所委托的国内配合设计单位。国家大剧院工程由北京城建集团有限责任公司、香港建设（控股）有限公司、上海建工（集团）总公司联合总承包施工，北京双圆工程咨询监理有限公司负责工程监理。

2. 工程水文地质概况

工程建设场地位于永定河洪冲积扇中部，地层土质以黏性土、粉土与砂卵石交互层为主并存在多个沉积旋面。工程涉及到地下三种类型的地形水，自上而下依次为上层滞水（埋深2.2～6.6m，高程为38.91～43.27m）、层间潜水（埋深14.7～16.5m，高程为29.71～31.10m）和两层承压水（侧压水头埋深16.2～19.3m，高程为26.59～29.10m，两层承压水具有相差不大的水头高程）。设计抗浮验算水位高程38.00m，地下防水设计水位高程43.30m。场区大部分区域地形基本平坦，自然地面高程为46.0m左右，北部在已废弃的建筑基坑内，南部位于已经拆除的民宅区。

3. 工程特点分析

(1) 本工程为国家标志性工程，其建设意义重大，它既是国内最高表演艺术中心，又是国际一流的艺术殿堂，技术标准高。

(2) 工程地理位置重要，东临人民大会堂和天安门广场，西侧及南侧紧靠老北京民宅，北靠长安街主干道，地处首都中心，交通管制严格，不定因素多，因此施工组织管理水平要求高。

(3) 工程场区水文地质条件复杂，地下水丰富，承压水头高，基础超常埋深，属北京地区之最，对土方开挖及基坑支护技术要求高。地下水控制、保证基底稳定是基础施工的关键。

(4) 结构平面复杂，呈椭圆状布局，曲线墙体较多，由多种结构体系组成。平、立面布置交错，分界、分层不规则，无标准结构层，不利于模板周转使用和平面分区流水，给施工组织带来困难。

(5) 地下结构埋入高承压水中，混凝土裂缝控制要求严格。施工中将采用提高混凝土抗裂性能、严密组织施工等措施，确保防水混凝土质量。

(6) 合同的施工工期短，施工技术复杂，各专业设备、管线量大，穿插作业多，对现场组织协调要求高，管理难度大。

(7) 该工程壳体为超大型空间结构，且呈非正椭圆体球，跨度大，技术复杂，施工空间定位测量、安装需要丰富经验，因而保证施工阶段的结构稳定及施工安全至关重要。

(8) 壳体的主要结构件——梁架（特别是短轴梁架侧向厚度仅60mm）平面外刚度极差，因而该构件的起扳、起吊、搬运的难度颇大。另外，梁架呈中心对称辐射状布置，因而每种同类构件只有四件，对构件制作放样及安装顺序要求颇高。

(9) 中心建筑由于采用了壳体覆盖设计，对于后期的机电设备安装和装饰施工的作业条件（如：施工照明、材料运输、消防安全等）会造成困难，需要采取专项应对方案或措施。

(10) 由于屋顶造型为非正椭球体表面，构成屋面材料的钛金属复合板和夹层玻璃幕在制作过程中因规格不统一而带来很多困难。

二、施工目标

1. 工期目标

国家大剧院工程总工期目标为 931 日历天，于 2001 年 12 月 13 日开工，至 2004 年 6 月 30 日完工。

2. 工程的质量目标是：北京市“结构长城杯”、北京市优质工程“长城杯”、争创国家优质工程“鲁班奖”。据此，制订细化的质量目标：

（1）分项工程合格率 100%，优良率不低于 92%。

（2）分部工程优良率不低于 80%，其中主体工程、装饰工程确保为优良。

（3）单位工程观感质量综合得分率不低于 90%。

（4）单位工程竣工交验一次成优。

3. 安全生产、文明施工目标

1）安全生产管理目标

无因公死亡、重伤和重大机械设备事故；因公轻伤率控制在 0.3%以内。

2）文明施工目标

获市级文明安全施工达标工地；争创国内一流的文明安全施工现场。

三、总体施工部署

1. 部署原则

本工程体量大、结构质量、装修标准高，而总工期只有 931d，工期非常紧张。为了实现工程建设工期和质量要求的目标，总承包联合体在施工部署上总的指导思想是：应用最佳的施工技术，选用最有战斗力的施工队伍，投入先进的机械设备，安排合理的施工工序，采用科学的组织管理方法，保证达到优质、安全、按期竣工的目标。

1）在时间上的部署原则——季节施工的考虑

土方开挖尽量避开雨期施工，以保证边坡稳定并避免沟槽；壳体的玻璃幕墙及钛金属板安装在 2003 年冬期施工前完成，保证防水及密封胶的施工质量；为确保 2003 年冬期施工前室内通暖，热交换站等供暖设施在 2003 年 8 月底安装并调试完成。

2）在空间上的部署原则——立体交叉施工的考虑

为了贯彻空间占满、时间连续、均衡有节奏施工、尽可能为后续施工留有余地的原则，保证工程按总进度计划完成，需要采用主体和二次结构、主体和安装、主体和装修、安装和装修的立体交叉施工。为使上部结构正在施工而下部的二次结构、安装、装修插入施工，需对结构分批次验收。

3）总施工顺序上的部署原则

按照先地下后地上；先结构后维护；先主体后装修；先土建后专业的总施工原则进行部署。

2. 施工管理架构

为落实国家大剧院工程承包合同和总承包联合体协议中有关项目管理的条款和原则，以统一归口、分工负责、发挥优势、精简层次作为组织架构的基本要求。

总承包部总部设综合部、工程部、技术部、质量部、商务部、安保部、财务部等七个管理部，行使对工程全面、全过程的职能管理，各管理部门在职能范围内代表总承包分别对口业主、监理、设计及工地社会协调等。

总承包部设土建分部、钢结构分部、机电分部、屋面分部、精装修分部等五个专业分部，专业分部实行总承包内部责任成本核算。总承包部内部职能管理部和专业分部之间实行矩阵式的条块分工的对应关系。各管理部对专业分部的管理和协调的重点在于控制工程从开工到竣工的总体进度、技术、质量、预决算和工程安全目标，以及各分部之间的业务衔接和协调。各专业分部对其分工范围内的工程在接受管理部的统一指导下，在不涉及总体目标和其他专业分部业务的条件下，代表总承包部对工程实施管理，并对本分部业务负责。见附图3。

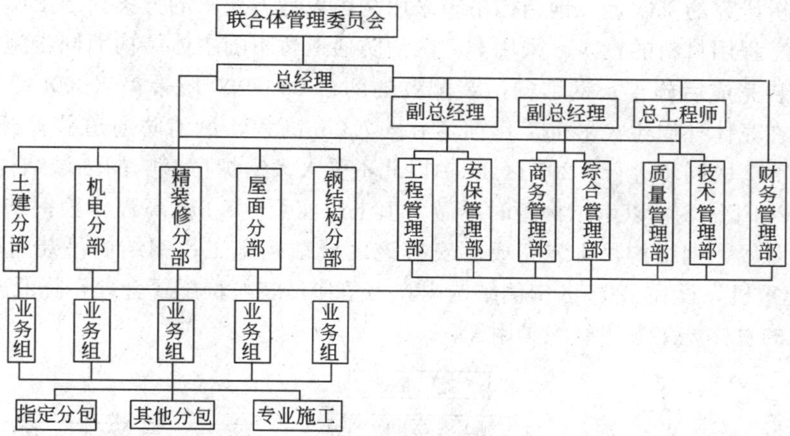

附图3　国家大剧院工程总承包联合体施工管理架构

3. 工程施工任务划分

按照总承包联合体确定的管理架构，结合本工程不同施工阶段的特点，总承包联合体组建5个专业分部进行施工管理，具体如下：

土建分布负责基坑工程和结构工程两大部分的施工管理。其中，基坑工程将组织6个作业队施工，其中基坑围护4个作业队（含桩基、连续墙），及降水作业队、土方作业队，结构工程将组织5个土建施工作业队施工。它们将分别负责：202区歌剧院部分、202区戏剧院及203区73轴西侧部分、202区音乐厅及203区73轴东侧部分、201区18轴南侧部分、201区17轴北侧部分工程的施工。

钢结构分部负责壳体钢结构的施工管理，将组织5个作业队进行施工，即吊装作业队、焊接作业队、测量作业队、拼装作业队、机械运输作业队。

屋面分部负责壳体屋面钛板、玻璃幕（含防水层、保温隔热层）装饰的施工管理。由3个作业队即保温防水作业队、钛板屋面作业队、玻璃幕作业队施工。

机电安装分部负责室内、外给排水管道及设备安装；消防、喷淋管道及设备安装；室内采暖管道及设备安装；建筑给水、室内热水供应、室内燃气管道安装；变、送配电设备安装；电气照明、动力管线安装；防雷接地、火灾报警与消防联动控制；安保、通信等弱电系统；通风、空调管道及设备安装；防火排烟管道及设备安装；负责对电梯、自动扶梯、舞台设备安装单位的现场协调管理。下设若干个作业队具体施工。

精装修分部将负责201北侧建筑部分、202区中心建筑部分、203区南侧建筑部分装修工程的施工管理，组建若干个作业队进行施工。

施工管理界面划分：根据本工程施工的具体特点并结合以往施工的一般规律，本着科学合理、责任明确、尽量减少交叉施工、有利于施工管理的原则，制订各专业施工管理分部间的施工管理界面划分办法。各专业分部间施工界面划分由总承包联合体施工管理部以文件形式具体规定。

4. 施工顺序组织

工程施工中，主要施工流程和进度控制总体安排是：先期进行 202 区中心建筑的各工序施工，此区域是整个工程的核心区，工作体量最大，工序交叉最多，深基坑和大跨度壳体钢结构施工等汇集此区域。因此，科学合理地组织好 202 区各工序的穿插施工和选择用先进的施工技术手段是整个工程工期保证的关键。壳体钢结构施工是 202 区施工的关键，为保证质量和安全，在认真分析研究的基础上，钢结构吊装采用法国设计方要求的方案。施工中，为减少结构支撑，降低非工程用材料的投入，采用 202 区消防通道暂不随主体结构而同步施工的办法，推迟在钢结构吊装完成后施工；钢结构吊装配置的两台 0～2000 履带吊（300t 级）及一台 600t 级履带吊布置在壳体外周边，吊机工作面定在－7.0m 高程，沿消防通道位置开行；203 区地下结构施工与 202 区同步进行；201 区 17 轴以北不受人大锅炉房影响的区域结构施工亦与 202 区同步进行，201 区 18 轴以南结构暂时不做，填土压实至－7.0m 高程作为钢结构梁架拼装场地和吊机开行路线，钢结构吊 I 装完成后安排该区域结构施工；钢结构吊装另外配置的一台 M440D 塔式起重机，设在 J202 区南侧结构内，力争使吊装机群配置合理，降低施工成本。

整个工程的总体施工顺序组织见附图 4。

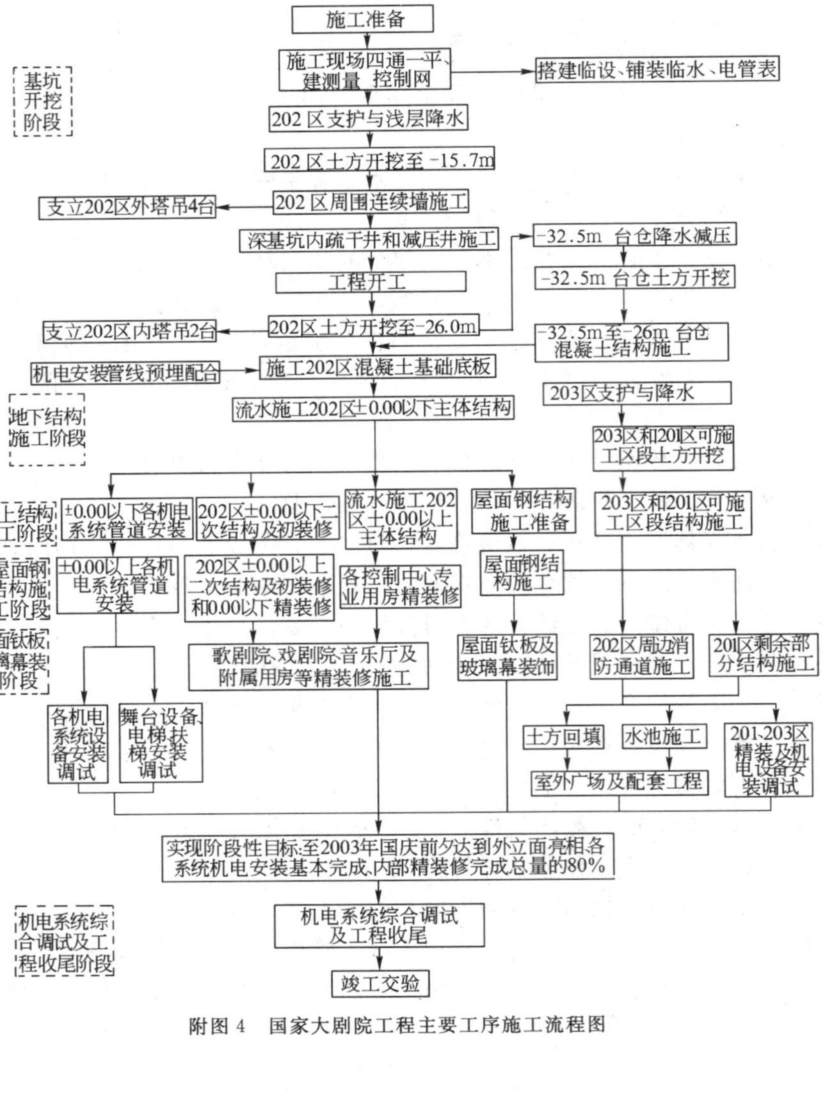

附图 4　国家大剧院工程主要工序施工流程图

1）基坑开挖施工阶段

地表层土方摘帽→－12.5m高程以上护坡桩施工→锚杆施工作业面土方挖运→－15.7m高程以上土方挖运→－15.7m高程层连续墙施工作业面及运输道路硬化→连绷临设施工（泥浆罐平台，钢筋绑扎平台等）→导墙施工→连续墙施工—锚杆施工作业面土方挖运→接头注浆施工→202区疏干井及台仓减压井施工→锚杆施工→连续墙连梁施工→锚杆张拉锁定→－15.7m至－26.1m土方挖运→台仓土方挖运至设计基底高程。基坑验槽随各流水段开挖顺序分四次进行，提前约请勘测、设计、监理单位共同验收，验槽后立即进行混凝土垫层施工。同时各作业队在连续墙施工时，划分若干流水段，便于组织施工和质量控制。

2）结构工程施工阶段

(1) 流水段划分：根据结构平面布置特征和有利于施工的原则，将作业面按平面和竖向划分为若干个流水段（流水段划分详见专业工程施工组织设计或施工方案），在各自施工区内流水施工，施工时注意协调土建工序（测量、钢筋、模板、混凝土）以及水电预埋的穿插配合。

(2) 结构施工：整个施工过程分为台仓及箱型底板工程、地下结构工程、主体结构工程、人工湖及附属结构工程五个阶段进行。

①底板工程阶段：计划工期2个月，2.55万m^2的施工任务是本工程组织施工的第一战役，也是关系到整个工程成败的关键。大体量混凝土浇筑、混凝土裂缝控制及钢筋绑扎是本阶段施工的重点。本阶段工程施工组织计划按照底层板和箱梁钢筋绑扎及底层板混凝土浇筑—箱型梁混凝土浇筑—级配砂石回填—上层板钢筋绑扎及混凝土浇筑等四个步骤进行。各步骤按流水段进行顺序流水施工。

②地下结构施工阶段：施工周期为2002年4月10日至2002年7月31日。模板工程是制约本阶段工程能否顺利完成的关键因素，由于本结构平面结构复杂、曲线结构多、竖向层高变化大，故测量放线工作是本阶段施工控制的另一个重要因素。

③主体结构施工阶段：施工周期为2002年8月1日至2002年12月15日。主体结构单层面积较地下部分有所减少，但对于施工质量特别是混凝土宏观质量要求大大提高，因而加强对模板工程施工质量控制是本工程的重点。同时，各观众厅及歌剧院舞台特大空间的高凌空、大跨度、大断面屋顶梁及顶板是本阶段工程施工的另一难点，选择安全、合理、经济的支撑体系是完成这一任务的关键。

④人工湖及附属结构施工阶段：安排在主体结构、钢屋架及其他大型吊装工程完成后进行，工期为100d，此部分结构特点是平面面积大，对混凝土结构整体性要求高。人工湖部分防水工程质量控制是本阶段施工一个关键。除人工湖外，此阶段施工还包括201区北侧部分土建结构工程。

3）钢结构工程施工阶段

该阶段基本施工顺序为：深化设计→编制施工方案→钢材采购→钢构件制作→钢构件预拼装→现场准备→顶环梁安装→梁架安装（包括斜撑与连杆安装）→验收→支撑卸载→拆除支撑→扫尾→退场。

4）机电安装工程施工阶段

(1) 强、弱电管的结构预埋及各类水管、风管、电缆桥架的结构留孔等在土建施工时积极配合预留预埋，及时了解土建的施工进度情况，确保结构工期。

(2) 结构施工完毕后，施工将进入正常的安装工作，这是从整体的角度来讲，一方面要保证自己的安装工程的顺利进行，另一方面又要配合土建单位二次结构的施工。所以涉及二次结构的安装项目要施工，所含内容包括结构墙的管道井，隔墙内的暗配管。

(3) 在进入装饰阶段时，吊顶内机电安装的各类管道安装要遵循小管道避让大管道的原则，安装顺序为由上至下开始，这样使不同工种之间减少相互干扰，施工可以连续进行。

(4) 各类系统的总管路可以优先安装，在现场条件允许的前提下，部分管道可以进行预制，然后在到现场进行安装，这样可以减少现场施工作业面，给其他工种增加了施工场地。

(5) 各专业系统的施工顺序应该是先做总管，再进行支、干管施工，这样便于控制整个系统安装尺寸。

5) 精装修工程施工阶段

(1) 203 区南侧建筑于 2002 年底前完成，如有需要可作后勤辅助用房。主体工程共分六部分，基本在同期内施工。201 区北侧建筑因人大锅炉房影响放置最后施工。顶棚工作要跟从壳体结构进度完成。流水作业的组织方法，一般情况下在各施工区域范围内进行，特殊作业的施工、玻璃安装、特殊金属安装及家具，跨区域范围组织流水作业及统一组织加工。

(2) 在室内隔墙安装完毕和地面做至找平层以后，装修工程的施工顺序为：墙面基层构架安装→立门口及墙面基层处理→吊顶龙骨安装→吊顶封板→固定家具构架安装→石材及湿作业墙面面层安装→石材及湿作业地面面层安装→木门扇安装→天花顶棚、墙面、固定家具面层装修→油漆涂料施工→金属玻璃饰面安装→墙纸壁、布艺施工木地板安装→地毯铺设→活动家具。

(3) 一般情况下，前道工序作为后道工序的施工条件。流水方向依各施工区域的实际情况而定。

(4) 机电专业大部分为隐蔽工程，其主要工作量应该在装饰施工开始之前进行，否则将产生大量的交叉作业，互相干扰，影响工程的正常进行，装饰工程开始之前，上下水干管、支管应基本到位，上水、空调、通风的主要管线应完成保温。装饰工程开始后，在工序安排上要考虑机电专业的施工，有些部位隔墙有可能后作，石膏板墙、吊顶天花内有机电专业的管线，施工时须留出必要的交叉作业的时间。施工中与机电各专业的配合需服从统一的协调和安排。

5. *工程施工总进度控制计划*

根据业主要求，本工程的关门工期已经确定。为了保证各分部、分项工程均有相对充裕的时间进行技术准备和施工生产，确保工程质量，在编制工程施工总进度计划时，确定了各个施工阶段的目标时间。各个施工阶段的目标时间经确定后不能更改，施工设备、资金、劳动力在满足阶段目标的前提下进行配置。

1) 施工的主要阶段工期目标控制

(1) 台仓施工和 202 区土方开挖阶段：基坑开挖（含边坡支护、地基降水、土方挖运），202 区从 2001 年 12 月 13 日开始至 2002 年 2 月 22 日结束。203 区从 2002 年 4 月 5 日开始至 2002 年 6 月 20 日，201 区 17 轴北侧不受锅炉房影响的区域从 2002 年 6 月 15 日至 2002 年 6 月 30 日。

(2) 地下结构施工阶段：202 区从 2002 年 2 月 19 日开始至 2002 年 7 月 31 日基本完成封顶。201 区 17 轴北侧不受锅炉房影响的结构从 2002 年 7 月 2 日至 2002 年 12 月 15 日结束；201 区 18 轴以南结构待钢结构吊装完成后施工，即从 2003 年 7 月 26 日至 2003 年 11 月

28日结束；201区受锅炉房影响区域的结构施工需结合锅炉房拆除情况及时安排，计划从2003年10月14日至2004年5月20日完成。203区从2002年6月23日开始至2002年9月30日完成封顶。

(3) 地上结构施工阶段：从2002年7月17日开始至2002年12月15日完成封顶。其中从2002年9月16日至2002年12月20日完成壳体钢结构吊装的现场施工准备。

(4) 钢结构阶段：从2002年12月21日开始至2003年5月31日结束。

(5) 屋面工程施工阶段：从2003年6月1日开始至2003年11月30日结束。

(6) 机电工程施工阶段：从2002年6月23日开始至2004年5月20日完成各个单系统安装和调试。

(7) 装修装饰工程施工阶段：从2002年6月11日开始至2004年6月30日结束。其中从2002年6月11日插入室内二次结构及室内初装修。

(8) 联网调试阶段：从2004年5月21日开始到2004年6月30日结束。其中交验及退场从2004年6月1日开始至2004年6月30日结束。

2) 施工总进度控制计划表

略。

6. 施工资源安排

1) 主要工程材料计划

表略。

2) 主要施工机械设备计划

(1) 基坑开挖施工阶段（表略）。

(2) 结构工程施工阶段（表略）。

(3) 钢结构工程施工阶段（略）。

(4) 机电安装工程施工阶段（略）。

(5) 屋面及精装修工程施工阶段（略）。

四、施工准备

1. 劳动力组织准备

(1) 根据工程特点，按照总承包管理组织机构设置的要求确定主要管理人员岗位，遵循合理分工，密切协作，因事设职和因职选人的原则，建立起有着丰富施工经验，有开拓精神和工作效率高的工程施工总承包部。

(2) 招标选择精干的施工队伍。根据采用的施工组织方式，确定合理的劳动力组织，建立相应的专业和混合施工班组。对分包单位人员进行技术等级复核，并对操作人员进行技能抽验。特殊工种必须持有相应的技术等级证书上岗操作。

(3) 组织劳动力进场，按照开工日期和劳动力需要量计划，组织工人进场，安排好职工生活。进场前对所有职工进行入场教育工作，教育工作包括：学习规章制度、规程、规范，安全施工教育，特殊工艺操作技术培训，文明施工教育等方面。

(4) 施工人员必须具备相应的岗位素质，并持证上岗。

2. 技术准备

(1) 认真学习扩大初步设计方案、图纸，了解设计意图，为把握工程重点奠定基础。

①根据本工程的特点，任务确定后，应及早与设计单位结合，掌握扩大初步设计方案的

编制情况，使方案的设计在质量、功能、工艺技术等方面均能适应建材、施工的发展水平，为施工阶段扫除障碍。

②根据设计施工图及文件的要求，在认真消化吸收的基础上对超级椭球体的结构尺寸进行复验，以得出准确的壳体相关的位置、尺寸、角度等数据，并根据吊装和运输的要求，进行细部构件的深化设计，深化设计图将送交原设计确认，作为施工验收的依据。

（2）由于本工程为“边设计、边施工、边修改”的三边工程，施工图纸提供及时、到位，是保证施工生产连续、正常的关键。为了便于业主、设计方更好地掌握施工方的总体施工进度安排，适时提供施工图设计，以满足现场施工生产需要，确保总体进度计划的实现，施工方将根据总体进度计划安排向业主提出分阶段的图纸需求计划。

（3）熟悉和审查施工图纸：接到施工任务后，首先由工程施工总承包部组织各参建单位进行图纸自审，并在此基础上进行设计交底和图纸会审。在设计交底之后，各专业分部按照施工组织总设计，设计图纸和有关施工规范编制本区段施工组织设计和施工方案。

（4）在熟悉和审图的基础上，编制出工程所需各类材料、设备的计划书，与业主方协商，明确双方对材料、设备的采购权限。

（5）建立健全施工现场的测量控制网络，现场设三级测量管理，即总承包部测量队，专业分部测量组，作业队测量班。

（6）建立起完善的试验机构体系，制定出适合本工程的试验计划，尤其是项目中采用的新结构、新材料、新技术的试制和实验工作计划。由于施工工程规模巨大，计划在场内设立现场实验室，负责本工程试验计划的制定和全面试验工作，完成现场试验材料的采集和试验检验，严把材料合格关。

（7）做好工程技术交底工作。

①主要包括：单项工程施工组织设计，工程施工实施细则和施工技术标准的交底。

②采取自上而下逐级进行交底。交底方式采用书面、口头和现场示范多种形式。

3. 现场准备

（1）建立现场测量控制网：根据勘测单位给定的永久性坐标和高程控制点，按照建筑总平面图要求，进行施工场地闭合导线和水准线路控制网的布设，设置场区永久性控制测量标桩。

（2）做好“四通一平”，认真设置消火栓。根据施工总平面图，布设好水、电网线，做好循环道路的硬化。场区周围按照 CIS 系统设立围栏。确保施工现场水通、电通、道路畅通、通信畅通和场地平整，并满足工程所处政治中心特殊环境的要求。

施工现场根据不同施工阶段对场地和施工的不同需求，分期做好各阶段平面布置，在结构内外的适当部位设置足够的大型塔吊，以用做工程施工需要的垂直运输。环绕工程位置铺设的循环道路，尽量使物料一次运到塔吊有效回转半径之内，减少场内二次倒运。

（3）修建施工设施：按照施工平面图和施工设施需要量计划，建造各项施工设施，为正式开工准备好用房。

（4）组织施工机具进场：根据施工机具需要量计划，按照施工平面图要求，组织施工机械、设备和工具进场按指定地点和方式储存或堆放。

（5）做好季节性施工准备：认真落实雨期施工、冬期施工和高温季节项目的施工设施自技术组织措施。

4. 材料及料场的准备

（1）根据施工图纸和进度计划的要求，编制各种物资需要量计划表，并以此落实各项物资的招标、加工订货和进口材料的到场跟踪。

(2) 料场的准备

①根据施工总平面图选定料场，其中：在主体结构施工时，钢筋加工场移出施工现场，设立场外料场，靠汽车运输解决，周转材料在现场存放和周转，现场不设混凝土拌和站，全部采用预拌混凝土；在屋面钢结构施工时，钢构件工厂分段制作运至现场，场内设置四块钢结构组拼场地，203 区 3 块，201 区 1 块，组拼后构件有部分通过有轨运输至主机起重半径内进行安装；在机电安装和精装修阶段采取现场设置库房或设场外料场。

②对于大型设备将根据设备的外形尺寸，选定合理的进场路线、时间与设计协商需预留的通道及洞口，确定物资运输方案和计划，组织物资按计划进场和保管。

五、主要分项工程施工方法（内容非常翔实，本处只开列清单）

(1) 土方开挖与基坑支护工程及地下水控制。

(2) 钢筋混凝土结构工程。

(3) 壳体钢结构工程。

(4) 钛金属板及玻璃幕屋面工程。

(5) 机电设备安装工程。

(6) 装修与装饰工程。

(7) 室外管网、泛光照明及水池灯光。

(8) 机电安装与土建等交叉施工原则。

六、施工总平面管理

国家大剧院工程总体施工平面布置共分四个阶段进行部署，分别为基坑开挖施工阶段，结构工程施工阶段，屋面钢结构工程施工阶段，屋面钛板、室内精装修、机电设备安装阶段。本工程总体施工平面布置本着科学合理、满足需要、经济适用的原则，突出各个施工阶段的特点，结合本工程的实际情况，考虑施工用电、用水、消防、照明、运输以及材料加工的要求，特别是在室内精装修和机电设备安装阶段对消防及照明的特殊需求，在壳体钢结构屋面封闭后在壳内−7.00m 平面进行施工消防和施工照明管线的敷设，而后通过竖向通道进行各层辐射。在此基础上对施工现场进行了功能区域划分，并绘制了分阶段施工总平面图。

(1) 施工现场总平面布置图经总承包部主管生产的副总经理批准后实施，并设置在施工现场大门内。

(2) 施工现场总平面图管理实行“总部统一管理，分部各负其责”的施工现场管理责任制。总承包部工程部、安保部负责行使总平面图的管理职能，重点协调、综合平衡各分部间的关系，加强检查实施动态管理，及时解决现场存在的问题，使工程平面管理始终处于有序受控状态。各分部根据划分的责任区，也应绘制所辖施工区域的平面布置图，报总承包部备案，并负责协调管理各作业队的关系。

(3) 临设工程由总承包部实行统一管理并严格执行报批制度。由于临设工规划报批周期较长，办理程序较复杂，分部确需增加或变更临设工程，须提前一个月向总承包部工程部提出书面申请，并备齐有关技术资料，经总承包部主管生产的副总经理批准后由工程部申办临时建设工程规划许可证，经城市规划管理部门批准后方能实施。未经批准擅自搭建的违规临设，一律自行拆除并接受处罚。

(4）施工机械和施工料具必须严格按施工平面布置图确定的位置停放，不得任意侵占场内施工道路，保证施工现场道路畅通，给排水系统、用电系统处于良好的使用状态。保持场容场貌的整洁，随时清理建筑垃圾，做到活完场清。确需进行局部改变施工现场平面布置图的，各分部应先向总承包部提出申请，经批准同意后方可实施。

(5）对施工现场总平面图布置和实施情况建立定期检查制度，随每月现场安全文明施工检查一同进行。检查主要内容为材料机具有无乱停乱放现场，临设工程有无违规搭建等。

(6）对未按施工现场总平面布置图规定进行现场布置的责任单位，由总承包部下达整改通知，责令限期整改，并按《国家大剧院工程现场文明安全管理办法》中的有关处罚办法进行处罚。

(7）临设工程未按规定办理手续，因私搭乱建被城市规划管理部门处以罚款，由责任单位承担全部损失，总承包部处以同等数额的罚款。

七、施工管理措施

1. 技术管理措施

(1）施工图纸管理（计 6 项，此处略)。

(2）工程资料及技术文件管理（计 8 项，此处略)。

(3）工程测量管理（计 13 项，此处略)。

(4）施工方案管理（计 11 项，此处略)。

(5）新技术、新材料、新工艺的应用管理。

①本工程为特大型公共建筑，由于其设计新颖，许多施工内容在国内没有先例可循（如超大钢结构壳体结构施工)，因此在施工过程中，应大力开展新技术开发和推广工作，积极采用新材料、新工艺，努力降低工程成本，对参施单位的施工技术提出了更高更严格要求。

②本工程由总承包部总工程师负责组织、指导各分部进行各项新技术、新材料、新工艺的应用等科技推广工作。

③各专业分部的科技开发工作由主任工程师负责，为加强科技管理工作，设专职工程师分管科研工作，并成立科技小组，配合本工程创国优“鲁班奖”的目标。

④本工程在应用新技术、新材料或新工艺的施工之前必须制定相应详细的实施方案。随时由总承包部组织专家论证会。

⑤分部主任工程师对使用的新技术、新工艺从技术上负责，组织审查其方案和实施细则，审定其相应的操作规程，并组织技术和安全交底工作。

⑥施工组织者和操作人员应充分领会新技术、新工艺的核心精神，操作时，应严格按交底内容施工，严禁擅自改变操作工艺和步骤。遇到特殊情况时应及时请示报告。

⑦本工程推广并开发研究的新技术项目。

2. 质量管理措施

1）工程物资质量管理

(1）工程物资选样质量管理。工程物资由各分部统一选购。各分部根据工程要求，依据图纸、合同文件、施工方案等选择工程物资、确定合格的材料供应商，对所采购物资（产品）设备进行验证，保证所采购工程物资（产品）设备满足规范标准及合同要求。对供应商的质量能力进行评价，评价内容为供应商的资质、信誉、装备能力、检验、化验能力、样品评价、对比类似产品的历史情况，对比类似产品的试验结果，对比其他用户的使用情况等。

分部根据收集的样品、质量证明文件、对工程物资和材料供应商考察的结果等，填写《工程物资选样送审表》，报建设（监理、设计）单位批复，批复同意使用后，方可进行采购，同时报质量部备案。对于特殊工程物资，需根据工程进度以及物资的生产加工周期，提前进行选样和订货工作。

（2）工程物资进场管理。工程物资进场后，由各分部对材料的质量保证资料和实物进行检查，检查合格后，填写《工程物资进场报验表》，完成向监理单位的报验工作，并附以下资料：出厂质量证明文件；进场数量清单；进场复试报告或检查（检验）记录等。

所需资料必须为原件，能够如实反映材料实际情况，如不得不使用复印件时，则必须注明原件存放单位，并加盖原件存放单位公章，同时须复印人签字、复印单位盖章。资料填写，必须项目齐全、字迹清晰、与实际物资和质量保证资料相符。

质量部对进场的工程物资实物和质量保证资料进行抽查。

工程物资进场后，需根据国家及北京市有关规范、标准以及建设单位和设计单位的要求等，进行检验和试验。进场材料须标明所处状态，即：未经检验和试验、已经检验和试验，但待决定、经检验和试验合格、经检验和试验不合格。对于未经检验和试验的、已经检验和试验但结果未知的、或经检验和试验不合格的工程物资，不得用于工程中。不合格物资的处理方式和处理结果应有明确的文字记录。

工程物资进场后，应妥善保存，对于特殊物资、设备等还应制订专门的运输、储存措施，避免工程物资在运输、储存过程中造成质量的下降。

2）工序过程质量管理

（1）对于工序过程质量管理应严格贯彻、执行工程合同、图纸、国家及北京市有关工程质量、材料、试验的规范、规程及标准，使工序过程施工质量达到受控状态。

（2）各级质量管理人员以及特殊工种操作人员必须持证上岗；各级质量管理人员需加强对工序能力的分析，对工序过程进行控制，以便及时发现问题，采取必要的措施和对策，确保工序能力达到规定要求。

（3）工序施工作业前，专业技术人员对参施人员进行书面技术交底，并做好交底记录。交底内容包括：施工准备、材料要求、操作工艺、质量标准、质量控制点及预防措施、成品保护、安全规定等内容。交底应根据施工规范及验收规范，结合本工程特点，具有指导意义，签字齐全。施工管理人员必须组织操作人员严格按技术交底施工。

（4）工序完成后，要及时组织有关人员进行自检和交接检，并填写《分项工程质量评定表》，确认达到技术质量标准后报各分部质量组，由质量组进行复核检查。各工序施工应有完善的施工记录和质量记录。

（5）各级质量管理人员对过程质量进行跟踪监督，当发现工序质量不符合规定时，应行使质量否决权，责令整改或停工整顿，直到符合质量标准为止。

（6）分项工程在大面积施工前，必须进行样板工程施工。样板工程作业队自检合格后，由专业分部质量组组织预验收，经验收合格报请质量部进行复验，确认工程物资、操作工艺、施工质量等符合要求后，由质量部会同监理、业主、设计等有关单位进行验收，并签认有关资料和样板工程验收记录，然后方可进行大面积施工，确保工序过程质量达到要求。

3）工程验收质量管理

本工程的质量验收管理要符合国家及北京市相应的验收规范、工程质量验评标准和施工合同以及《国家大剧院内控质量标准》、《国家大剧院工程质量管理办法》的要求，各种施工记录和过程控制的质量记录要齐全。

(1) 分项工程质量验收程序。各作业队进行自检，自检合格后填写隐检、预检记录、分项工程质量评定，报分部质量组；分部质量组负责分项工程质量检查，分项工程检查合格后，填写《分项、分部工程施工报验表》，报监理工程师验收；监理验收合格后，签认资料，由分部质量组负责通知作业队，进行下一道工序的施工。

特殊过程、工序以及业主、设计等有关部门有特殊要求的分项工程验收，在完成前及时通知有关部门进行验收。

(2) 分部工程质量检查及报监理验收工作程序。分部工程施工完毕后，进行工程调试、施工试验，作业队进行自检，合格后报质量组，在专业分部主任工程师组织下，进行分部工程质量评定、资料汇总，质量部进行核定，按照监理规程有关规定，报监理工程师及有关单位验收。监理工程师验收合格，签认《分项、分部工程施工报验表》，工程进入下道工序施工。

(3) 专业验收：电梯、人防、消防、燃气、热力、市政等专业工程，在施工安装结束后，由施工的专业分部组织进行自检、联合调试，联合体会同业主、监理等相关部门参加；合格后，由施工的专业分部整理资料并向业主移交，由业主向有关管理部门提出验收申请。

(4) 单位工程验收（竣工验收）：单位工程施工结束，由联合体组织有关部门、专业分部进行自查，自查合格后，报业主、监理检查，通过以后，联合体牵头组织各专业分部汇总、整理工程资料，在各专业工程验收通过后，向业主移交资料，由业主组织设计、监理、施工单位进行四方验收，并报北京市建筑质量监督总站、北京市城建档案馆监督、备案。

4) 成品保护

略。

5) 施工质量保证措施

(1) 质量保证体系。根据合同、有关法规的要求，以及联合体《国家大剧院工程质量管理办法》，建立以项目经理为最高质量负责人的三级质量保证体系，即联合体—专业分部—作业队的三级质量管理体系结构，明确岗位责任制，严格贯彻“质量第一”和“谁施工谁负责质量”的原则，加强对国家大剧院工程施工全过程的质量控制，确保质量目标顺利实现。

由于大剧院工程五个专业分部分别由北京城建、香港建设和上海建工三家优势企业组建，为了发挥各企业的优势，在总的质量保证体系下，各个分部根据自身特点建立各自的分质量保证体系。

(2) 制度。为了保证国家大剧院工程质量目标的实现，必须严格贯彻执行国家及北京市的有关法规、规范、标准等，按照合同、设计文件、各种有效的施工方案以及《国家大剧院质量管理办法》等，进行施工管理。建立健全各种质量管理制度，坚持预防为主的原则，使各项质量管理工作处于严格的受控状态，保证质量目标实现的能力。

国家大剧院工程质量管理制度主要包含自检制度、交接检制度、专检制度、成品保护制度、工程验收质量管理制度、隐检与预检制度、样板施工制度、资料管理制度等。

(3) 责任。建立以总经理为最高质量责任者的三级质量保证体系，建立健全各质量管理制度，按照联合体《质量管理办法》中各部门和人员责任的有关内容，各部门各司其职、各负其责，坚持谁施工谁负责的原则，规范和明确各级管理人员的质量管理责任，牢固树立“质量第一”的思想，强化各级管理人员的质量意识。

(4) 措施：

①认真贯彻国家及北京市有关法律、规范、标准、规程，严格按照合同条款和设计图纸

的要求组织施工，制订专门的技术措施和管理措施，保证工序的质量。

坚持“预防为主”的原则，加强质量预控。制订出相应的质量控制措施，为施工过程的质量控制提供依据。建立健全各项技术质量管理制度，明确各级管理人员的岗位责任，坚持谁施工谁负责质量的原则。施工过程中，坚持“三检制”、“样板施工制度”，加强工序（特别是关键工序）的质量管理和预先控制，从提高工序能力和质量检验水平入手，确保工序质量，认真做好隐、预检工作，努力提高分项工程验收一次通过率。

加强资料管理工作，及时填报工程质量记录、报表和台账。

②土建分部。在施工质量管理中，建立工程质量数据库，利用计算机对工程质量情况实行动态监控，迅速反馈质量信息。

认真执行隐、预检制度，加强“三检”制度的落实。未按规定进行隐检、预检、“三检”的工序，不得转入下道工序的施工。

严格执行质量管理的《质量奖惩办法》，坚持推行全面质量管理，成立并组织开展 QC 小组活动，真正实现全员、全过程和全方位的质量管理。坚持质量例会制度，认真做好质量分析总结工作，并积极开展不同形式的质量分析会，研究质量动态，及时解决施工中出现的质量问题，使工程质量始终处于受控状态，确保工程质量目标的顺利实现。

③钢结构吊装工程。环梁安装关键控制点的保证措施：

强调梁架安装的对称性。强调梁架安装时，对环梁位移、高程进行跟踪观察。梁架下设足够支柱，用先进的测量仪器定位，保证环梁的弯曲变形不大于 5mm，支架的垂直变形不大于 3mm。

梁架关键控制点的保证措施：

梁架采用双机抬吊安装，并在其投影长度的中部设支架。当第一榀肋架固定时，其上下弦两侧须带浪风并用倒链抽紧。当梁架形成节间时，节间中的环梁须安装到位。

预拼装控制点的保证措施：预拼装的构件验收合格，预拼装的场地基础牢固，预拼装的支撑架牢固，定位尺寸正确，预拼装构件的三维坐标控制点测量准确。

焊接变形控制点的保证措施：严格按焊接工艺规程进行施焊，采取反变形措施，控制焊接变形，尽量对称焊接，短轴梁架的幕墙座板改为部分熔透焊。

监测：梁架和环梁支架卸载时，在各主要支架的节点部位做应力应变测试，便于操作者控制卸载顺序及卸载量程。

④机电设备安装工程。开工前，施工技术人员应认真做好图纸资料会审，在此基础上对图纸进行优化和深化。在深化的基础上结合结构特点、装饰要求、功能发挥，按照先大后小，主次分明、层次清晰、排列整齐、布局合理等原则，对实地进行了多次测量、计算、修改，然后与业主、监理、设计等单位磋商后，最后形成了功能满足，布局科学的深化施工图，为国家大剧院工程的安装质量创造了先决条件，并编制相应的施工方案，对施工班组进行详细的施工技术交底。

施工全过程中，施工人员应严格按施工方案要求施工，严格遵循相应规范、标准、施工工艺、操作规程要求施工，并及时做好施工记录，按照光坯阶段的“三性”（系统性、完整性、正确性）和“三率”（管线到位率、畅通率、资料的同步率），规范现场的硬件质量和软件质量。

做好安装与土建、安装内部各专业（工种）间的交叉施工配合。严格按照工艺计量和质量计量网络图规定，进行工艺检测和质量检测，并及时做好记录。强化质保体系，加强质量重要环节的控制和停止点检查，控制点处必须专人控制，停止点处必须停止检查，待合格后，才能进入下道工序。

工程完工后，及时收集、整理竣工资料，完整地装订后，及时移交有关部门。

⑤装修、装饰工程。精选具备建设过程各工序专业水准的施工队伍，并以此作为项目管理的支持和保障，为工程实现质量目标提供专业化技术手段。实行动态管理，定期对分供方的实绩进行评审、考核、并作记录。

制订正确的施工顺序，将土建、水、电、空调、消防等各专业工序相互协调，排出一个楼层（或部位）的工序流程表，各专业工序均按此流程进行施工，严禁违反施工程序的做法。

（5）屋面工程。在钢结构质量保证的基础上，实施测定与定点→协调→修正→配合→跟踪→反馈的体系相结合，确保准确。

在施工过程中预先计算壳体的可能位移而相应进行配重措施，与主体建造配合定出基准，设定基准线，以外壳配重，壳内加配重负荷，随机调整负荷来保证整体的平衡与对称性。

增加可视参照线，以测量的基准为基础，拉出可视的鱼丝线，增加可视基准印象，结合测量的图纸进行实施。工程师在现场进行技术施工→指导→教育→施工，实际与设计→测量→技术→监查，配合进行施工作业。

采取了分部、分段对称安装施工法来减少施工的安装累积误差，以施工顺序图为主体原则，玻璃部分与钛板的接口处，更要考虑位移伸缩，和防雨水措施。

3. 文明施工、消防安全管理措施

略。

4. 工期保证措施

总承包根据合同规定的工期编制总进度计划并定出过程中的控制节点，加强监控。对工期及各项资源投入实行动态管理。总进度计划要充分结合施工技术方案，各分部的进度要求，充分利用计划中的自由时差，抓住关键线路上的重点工作，确保施工的最佳均衡和连续作业，并高度重视安装、调试及专业设备安装、装潢等的相互关系。同时总承包将会在现场建立起计划体系，加强信息的传递和反馈，并加大对各分部的现场管理，组织和直辖工作的力度，确保整个现场能在统一指挥、统一组织、统一调度下，有序作业。进度计划确定以后，要在整个生产活动中定期（周、旬）和不定期的检查，并定期召开现场调解和协调会，及时解决矛盾和增强协调力度。

在施工中以“节点着色法”和“实际进度前锋线”的记录方式不断与计划图比较，发现问题，研究措施，补救拖延工期，强化计划执行过程中的动态管理和控制，保证计划目标的如期实现。

1）基坑开挖阶段

（1）定期组织召开生产调度会，定时审查前期计划完成情况、分析生产上出现的问题、提出解决问题的办法、制订新的生产计划，协调各方面的力量，保证工期按时或提前完成。

（2）采取施工方案先行，施工组织在先，技术交底详细。保证设备按计划要求配备，并留有设备储备，随时投入施工。对主要材料实行统一管理，保证材料质量和进场时间等具体措施保证施工工期。

2）结构工程阶段

（1）为保证本工程结构顺利封顶，将从四个方面即人、机、料、法分别进行准备。

（2）本工程所选择的结构施工队，都是施工过结构长城杯的队伍，建制较为齐全，技术工种较为熟练。经理部管理人员的配备注重实践、技术相结合，以老带新，以技术人员替代传统的工长。

（3）机械方面，混凝土采用地泵加汽车泵配合浇筑，以保证大方量混凝土浇筑时间。塔吊布置以作业面全覆盖为原则，以保证施工使用。

（4）由于本项目结构复杂多变，具有曲线墙体多、大跨度、大截面、大凌空高度的梁、板结构等特点，施工难度比较大，且钢筋量比较大，编制了科学合理、针对性较强的分部分项施工方案，以指导施工实施，加快施工进度。根据每一施工段上的实际工程量和垂直运输能力合理安排劳动力，充分利用技术工种的劳动效率，加快施工进度。

（5）大力推广应用新技术、新工艺，降低工程成本，充分利用空间、时间，提高工程的技术含量。

3）钢结构施工阶段

（1）将严格按照合同文件要求，选派具有相当技术素质和经历类似施工工程的管理层人员组成施工班子。在分部经理的领导下，指定专人为生产专管，对施工全过程的进度计划进行全面管理、协调和监控。

（2）根据总体技术线路，确定技术攻关的重点和难点，在严密计算的基础上，充分进行各种必需的模拟试验，以确保工程顺利实施。

（3）充分做好施工准备，编制各项物资需用量计划和劳动力计划，并按工程进度，组织分阶段有序进场。

（4）本工程中梁架的拼装是重要技术，梁架的安装是关键技术，技术含量很高。为保证工序顺利实施，采用计算机模拟施工方案的工况，验证方案的正确，并经建设、设计、监理单位的同意后予以实施。同时考虑到特殊性，预备一定的施工措施以防万一。

（5）建立计划检查制度，执行项目岗位责任制，以总进度计划为依据，分解编制月、周施工进度计划，并以周计划作为检查基准，并对项目岗位责任制执行奖惩办法。

4）屋面施工阶段

屋面施工以工程的总进度为准则，所有的进度随工程总进度的变化、修改而变化、修改。由于工期较短，采用与主体建筑同时作业的施工方法，即钢结构施工的同时进行测量→放线→基准点定位→内层安装→钛板和玻璃幕墙安装（由上至下完成外壳工程）。土建施工与外墙同时进行来完成，形成周密的组织计划。

（1）管理方面。选拔专人为屋面工程经理，在工程经理下面布置设计、生产、质保、采购、运输、安装、现场安全等部门，以自律、分散分层管理方法，使问题点不扩张和重复，将任何不利工程的因素降至最低点。另配置附属的人员，执行“工地优先”的目标。

为高质量完成本工程，许多外围控制的协作供应厂家将提供帮助。设计图纸和所有用于本工程的材料，配件类随工程的进度，将会具体化。

（2）设计方面。以实现设计师的整体构想为目的，所有细节的施工以设计师的意见为主，来实现、体现整体构想。对铝料、辅料、钛板、玻璃幕墙等的设计时采用控制编号。即使是同种材料，也按其位置进行编号来控制，达到设计→生产→运输→安装都以一个号码来控制。

（3）运输方面。采用“JUST IN TIME”送货系统，即“恰时”送到其目的地。

（4）施工方面。施工时与各方进行商量、协调，积极处理施工中的问题点。其次，按照总进度实施钛板部分的进度。

5）机电安装工程施工阶段

机电设备安装对工程进度的要求较高，鉴于本工程的紧迫性，采取了以下措施来确保工期。

（1）建立强有力的项目管理班子。抽调多次担任高级民用工程施工的项目经理、施工技术人员来承担本工程。国家大剧院作为中国第一流的文化艺术建筑，应该将它建成一个精品工程，在施工进度、工程质量、文明施工等各个方面都有所建树。

（2）选择精干的、善于打硬仗的、技术素质好的施工力量。由于本工程进度要求紧，技术要求高，根据工程进展的需要，挑选优秀的施工班组进场施工，不论是项目经理，还是专业施工员，都挑选曾参加过大型影剧院建设、且有丰富经验的人员，尽量使业主满意，使业主放心。

（3）提高机械化施工水平。施工队从事高级民用建筑的施工已有二十多年的经验，对超大型的公共设施机械化施工积累了一定的经验，充分利用这一优势，通过提高机械化水平来加快施工进度。

（4）提高网络管理水平，以工程节点作为阶段进度控制目标，用工程节点阶段目标保证整个工程的进度目标。

（5）实行总承包领导下的统一施工部署，加强分部间的联系和协调，互相配合，互相谅解，互相支持，提高整个工程的进度和质量。

（6）做好专业分部的各工种的协调，使工程施工一环紧扣一环，确保每一单位工程节点的准点实现。

（7）保持一定的后备力量，以便必要时投入使用，从而保证进度计划的实现。

（8）抓好安全生产、文明施工，确保现场条件满足施工进度与质量的需要。

6）精装修工程施工阶段

（1）开工前要完成图纸深化设计，并对施工队进行设计交底，对主要施工项目及新材料和工艺，要编写施工方案或工艺卡，明确操作程序，施工方法和质量标准，使施工更具科学性。

（2）施工队要认真学习和审查图纸，理解设计意图，掌握施工工艺，对图纸中出现的问题或不明确之处，要找设计人员联系解决，力争把问题解决在开工之前，以扫清施工过程中的技术障碍。

（3）施工队要编制施工预算，进行材料和劳动力分析。施工预算将作为申报材料计划和进行劳动力组织调配的技术依据，以提高材料计划的准确度和劳动力配置的合理性，确保施工作业连续、均衡而不中断。

（4）正式开工前进行测量放线工作，复核楼内原有高程线，并根据装修施工的需要进行补充。核验结构工程各部位的实际位置和高程。根据装修图纸，进行装修工程的定位放线。核验水电设备的预留管线和孔洞。校核装修与实际是否相符，有问题及时提出协商解决避免出现“交叉性错误”而引起返工。

5. 季节性施工措施

略。

6. 节约资源、降低成本措施

（1）在工程设计方面。随时接受业主的要求，及时从北京城建和上海建工的两个甲级设计院中派出专业人员协助设计单位工作，共同研究，以使设计达到最优化，减少施工过程变更，节省投资。

（2）在施工组织方面。提出多套施工方案，对每一个方案进行严格论证，并辅以经济比较，供业主和工程师审核与选定，以使每一个方案在技术上先进可行，经济上合理最佳。

（3）加强劳动力组织管理。选择优秀的劳动力队伍，在不影响工期的情况下，合理安排各工序的搭接，保证施工的正常进行，减少闲置劳动力，节约劳动力成本。

(4) 加强材料管理。实行按施工预算定额限额领料，套材下料，合理使用整料，加强边、角、零料的回收和利用。做好材料的运输、存放和保管，防止锈蚀、变质和损坏，特殊材料应采取特殊措施，并由专人、专库保管发放，节约材料成本。

(5) 加强施工机械管理。对主要机械设备的操作实行定机、定人、定岗位责任的“三定”制度管理，使设备的保管、使用、维护工作落实到人，提高机械设备的完好率，保证在施工时发挥最佳性能；对大型施工机械的使用，做到不重复进场、不重复吊装、不停用或少停用，提高机械的利用率，节约机械成本。

(6) 在材料设备采购方面。由承包商采购大宗或总价值较大或对本工程较重要的材料、设备，实行“货比三家”进行优选，并及时将有关资料报告业主或工程师以供抉择。新购材料设备为实际原产地，并技术性能可靠，经济上合理偏低。

(7) 在资金使用与控制方面。建立内部资金控制系统，降低资金使用成本。每月向业主或工程师报告重大的资金使用情况，以便业主监督。

7. 项目公共关系处理

本工程的性质和位置的特殊性决定了工程开工之后，必将成为国家、政府、及社会各界的焦点，在施工过程中协调好各方面公共关系尤为重要。

1) 与业主的关系处理

(1) 项目总承包部全体人员要确立“业主是顾客”的观念，以工期目标和工程质量目标为核心，建造一流的建筑产品，让业主满意。

(2) 定期向业主提供工程进度报告，对于合同允许条件下的工程进度延误或超合同条件下施工，必须征得业主或监理的同意。

(3) 为保证项目的顺利建设，应积极与业主交流汇报，主动为业主排忧解难，想业主所想，急业主所急，和业主融洽相处。

(4) 经常核实项目建设的施工范围是否与签订的合同与图纸一致，发现有不符的及时找原因，并请业主或监理核实和签证。

2) 总分包与监理具体工作程序

10 项，此处略。

3) 与政府部门之间的关系

8 项，此处略。

4) 处理好与当地社区的关系

(1) 在进场施工后，和当地社区政府取得联系，通报工程的性质、概况和建设意义，求得周围单位、居民的支持与谅解。

(2) 对受施工的噪声、强光、灰尘影响的单位和居民采取必要的弥补措施，同时也积极采取预防措施，减少这些危害，尽可能地保护周围单位和居民的利益。

5) 与新闻媒介的关系

在征得业主同意之后，通过新闻媒介取得社会对项目建设的了解和支持。

6) 与协作单位的合作关系

(1) 在与设计单位的合作中，开工前就事先考虑好发生设计变更等情况，制订一套应急措施或方案，遇有设计变更，及时迅速地调整工程进度计划，并相应协调分包单位。

(2) 与其他协作单位合作中，在遵守合同和法律的前提下，做好协商合作。

（本资料原作者：徐贱云，张从思，杨晓诚，彭成军，曾兆平，余波，黄沛东，李洪毅，甜敬岩等。由于篇幅，对本文进行了很多删减，可能失去了原书的某些精髓，造成谬误之处请见谅！）

实例二　济青高速公路工程项目管理

（北京城建集团有限责任公司）

济南—青岛高速公路是我国继沈大、京津塘高速公路之后，又一条纵贯山东半岛17个市区县、双向四车道、全立交、全封闭的高速公路，总长318km。整个工程分为8个合同段施工，其中第八合同（青岛）段42km，是北京城建集团职工用智慧和汗水浇铸在胶东大地上的无字丰碑。

北京城建集团于1990年底中标承建青岛段，工期3年，该段是全线工程量最大、技术要求最高的合同段。整个工程有4座特大桥，该段就有两座，其中桃源河特大桥横跨桃源河和兰烟铁路。北京城建集团在全线开工最晚的情况下，创出了施工速度最快、工程质量最好、提前3个月竣工的佳绩，连续几年囊括山东省颁发的“重合同守信誉”奖杯，受到中外监理和社会各界的一致赞誉。这佳绩源于他们先进的工程项目管理模式和一流的施工技术。

一、施工的前期准备

高速公路工程规模浩大，标准高，技术复杂，需要人、财、物的巨大投入和高度机械化作业，因此，一项工程从中标到开工这一阶段的准备工作是大量的和非常重要的。施工前期准备工作充分、扎实、严细，是确保施工生产顺利进行的前提条件，也是取得良好社会效益和经济效益的重要环节。

准备工作的内容主要包括：中标后各种手续办理及法律准备；施工组织准备；施工技术准备；施工现场准备；设备、物资及后勤保障工作准备和有关外部协调工作的准备等。

1. 中标后各种手续办理及法律准备

1）承包商需要办理的各种手续

（1）合同条款谈判和签署合同。接到中标通知书后28d内，按招标文件规定格式的合同协议书就有关问题进行谈判，包括：价格问题、货币问题、支付问题。

（2）企业法人登记。根据国家工商行政管理局关于办理企业分支机构登记注册手续的有关规定，承包商应到当地工商局申请办理注册手续，并办理企业法人授权书证明。经当地工商局核准登记注册，领取“营业执照”，并刻制公章，开立银行账户，进行业务活动。

（3）税务登记的申请办理。根据《中国税收征收管理法》第九条规定：企业在外地设立的分支机构和从事生产、经营的纳税人，自领取营业执照之日起30d内，带有关证件向税务机关申报办理税务登记，第九条还规定：从事临时经营的纳税人办理税务登记后税收负担较低；未办理税务登记的按临时经营商进行征收，税收负担较高。

（4）办理进口材料、设备报批手续。根据海关总署、财政部（84）税收字第689号文规定：凡国内单位直接使用世界银行贷款进口的机械设备、材料可予以减免进口关税和工商税，以此配合业主设备管理部门办理进口材料、设备和产品税手续。同时报商检部门备案，加强联系，以利工作。

（5）设立办事处。高速公路工程施工的承包商及施工单位，大多远离大本营，进驻到新的区域组织施工，为便于与当地政府及各部门关系的协调，便于前方施工队伍与后方大本营的联系，需根据当地政府的有关规定申报成立办事处。

(6) 履约担保。FIDIC 条款第 10 款作了明确的规定："按标书附录规定的金额在收到中标通知书 28d 以内向雇主提供。……提供这种担保的单位应经工程师批准。"通过担保公司、保险公司等机构为承包商履行义务而开出的具有一定金额和具体期限的书面函件称作保函。有的将银行开出的担保称担保书。

(7) 保险。济青公路项目招标文件合同通用条款第 21、22、23、24、25 条就保险作了详细的规定和说明。

保险具有强制性，是承包商弥补经济损失的一种方法。一般业主指定保险公司投保。工程承包中主要有以下几种保险：工程一切险、第三方责任险、人身意外险、物资运输险。

(8) 承包商如果是一个联合体，还要签订《联合施工协议》。

(9) 需要业主办理的各种手续，如开工许可证、土地征用、青苗树木等的处理和赔偿，现场原有居民或其他房屋、设施的拆迁，施工所需的各种证件、批件和临时用地、占道等的申报手续，要敦促业主及时办理，以免延误工期。

2) 法律准备

(1) 熟悉和掌握与承包商有关的国家法规、地方政府规章。例如，济青高速公路第八合同段合同条件第 II 部分《特殊条件》中规定：应理解本合同全部是在中华人民共和国内执行，所以一切方面都应遵守中国现行法规，并依据中国法律进行解释。

构成合同的若干文件应视为相互解释的，但万一出现有异议或矛盾之处，其优先权应由法律决定。据工程师的意见，如果上述异议或矛盾使之有必要给承包人发出任何指示来解释或调整，则工程师有权发出该类指示。

(2) 了解当地基层政府（县、乡）的有关规定，包括一些乡村土政策，尽量避免在施工中与当地发生纠纷。

(3) 认真学习和掌握 FIDIC 条款与有关合同文件，是施工前期准备工作的重要内容，要组织全体人员（管理人员、业务人员、技术人员、施工人员）认真学习，一切按合同办事，尽快适应高速公路施工的新型管理体制。

(4) 建立和健全内部各种规章制度。这些规章制度的建立有些是在施工中根据实际情况逐步制订和完善的。

3) 济青高速公路施工管理规章制度

略。

2. 施工组织准备

施工前期的组织准备工作的主要内容是：组建现场工程指挥部和项目经理部；选配强有力的指挥部领导班子及指挥员、项目经理和施工力量；强化施工队伍的技术培训等。

1) 组建工程指挥部和项目经理部

工程指挥部和项目经理部都是工程现场施工组织指挥和管理的一次性临时组织机构，其组织机构的设置，要本着高效精干、业务系统化管理和弹性、流动的原则。

北京城建集团在济青高速公路第八合同段中标后，即以集团总公司的名义，组织成立了由一名副总经理担任总指挥的工程指挥部，对业主负全面责任。并把全线划分为四个作业段，分别组成四个项目经理部（负责道路和桥涵施工），又在现场设立了构件厂及沥青混凝土拌和站。

工程指挥部下设工程技术部、物资设备部、经营部、财会部、政治工作部、办公室等部门，对全段工程全面负责组织指挥。所属四个项目经理部和现场构件厂、沥青拌和站在工程指挥部领导下组织施工生产。

2）指挥人员和项目经理的选聘及技术业务管理人员的组合

由于高速公路工程施工常常处于远离大本营的独立作业状态，对经常发生的新矛盾、新问题需要作出独立的思考和判断，因此，指挥部班子、项目经理部班子的配备要慎重和优选。指挥人员和项目经理要具备以下的基本条件：一是具有较高的政策水平，具有较强的现代管理意识和法制观念，具有较强的决策能力和事业心；二是懂经营会管理，具有一定的施工生产实践经验和经营管理能力，较强对外交往、业务洽谈能力，对高速公路工程施工的技术要求及操作规程规范熟悉；三是敢于坚持原则，认真负责，善于管理，作风正派，吃苦耐劳。选配项目经理还要注意是已取得项目经理资质证书的人员。

选聘方式可以是委托和招聘相结合，或协商推荐相结合等。

指挥部与项目经理部的技术业务管理人员的选配，应遵循业务系统化管理原则和程序，并认真听取指挥班子和项目经理部领导的意见，在企业内部择优选拔，也可以外聘。

3）施工力量的选择和施工队伍的技术培训

（1）施工力量的选择。

（2）施工队伍的技术培训。

3. 施工技术准备

1）图纸审查

（1）图纸审查的目的。

（2）图纸审查中应注意的一些问题。

2）建立工程洽商制度

工程洽商是对设计图纸的补充，与施工图有着同等作用。工程洽商也是工程承包合同的一部分，是承包商进行工程变更、按照新的技术要求或进度要求组织施工并办理工程索赔的依据。因此，要重视工程洽商制度的建立。

工程洽商必须经业主、监理、设计单位与承包商共同签认方能有效。洽商的内容要明确具体，语言准确，不得涂改，必要时应附简图。变更事项办理洽商后，应及时编号，原件存档。

3）编制施工组织设计

施工组织设计是指导施工全过程的重要技术文件，编制施工组织设计是工程开工前的准备工作。它以工程项目为对象，按照施工规律和客观条件，对工、料、机和资金等因素进行统筹和平衡，对施工部署、计划、施工方法和技术措施等进行科学安排，通过施工组织设计，充分体现完成整个工程任务的战略构想。

高速公路施工组织设计是开工前必须提交的技术文件，它是准备、组织、指导施工和编制施工计划的基础。施工组织设计需按合同条款规定的时间内报监理工程师审批方可实施。

做好施工组织设计的关键是根据客观条件选择适当的施工方案和施工组织方法。

4. 施工现场准备

工程现场准备工作是工程施工展开的序幕，是对前一阶段的组织准备、技术准备工作的检验和进一步落实。其内容主要包括：施工现场踏勘与设点；现场临时设施的建设；业主、设计单位提供的图纸、标准、测点等数据进行实地检测，对所提供的道路、水、电、场地情况进一步了解和落实；开工必需的材料设备进场等。

（1）施工现场踏勘与设点。施工现场踏勘与设点工作是开工前准备工作的重要内容，是编制实施性施工组织和施工计划，搞好任务分工，组织大型机械设备进场的重要工作。搞好踏勘与设点对于保证工程的按期开工和顺利施工起着重要作用。

①现场踏勘的主要内容及其目的；

②设点的基本要求及应注意的问题。

(2) 施工现场临时设施的搭建。现场临时设施包括生产设施和生活设施两个方面。临时设施的搭建要根据高速公路工程规模大、线路长的特点和施工管理要求进行平面布置规划，并按照当地有关搭建临时设施审批手续实施。临时设施建设要因地制宜，精打细算，以既能满足施工要求，又要尽量降低成本、减少浪费为原则。要注意临时设施的防火防盗要求。

(3) 施工前详细的现场实测实量。可靠的施工测量是保障正确执行设计意图的前提。工程开工前，要对业主及设计单位提供的现场红线标桩、基准高程标桩等进行现场复核，确认无误后才能使用。

(4) 落实雇主提供的现场条件，签订施工准备工作协议。

(5) 开工前必须进场的设备、材料的准备。

5. 有关协调工作的准备

施工前期有关协调工作的准备，其内容主要包括：

(1) 承包商的心理准备。

(2) 与当地政府及地方有关部门取得联系，争取他们的支持和工作帮助。

(3) 与当地群众建立和谐正常的关系。

(4) 了解附近建筑材料、成品、半成品的采购渠道。

(5) 搞好施工地区的社会情况调查。

社会情况调查的内容涉及到政治、经济、人文地理、自然环境、社会治安、风土人情及社会沿革方方面面，因此，社会情况调需做大量的细致的工作。

二、施工组织管理体系

1. 对承包商的基本要求

(1) 动态配置生产力要素的要求。

(2) 优化配置生产力要素的要求。

(3) 权力集中化的要求。

(4) 责任明确化的要求。

(5) 管理直接化。

2. 实行工程项目管理是施工组织管理体系的基石

1) 工程项目管理的内涵及条件

工程项目管理的内涵，可以概括为以下五个方面：

(1) 施工企业要以工程项目为基点组织施工生产，而不是以刚性的行政建制为单位组织生产。

(2) 施工企业要建立以项目经理部为主要组织形式的施工生产经营的管理结构，实行项目经理负责制。

(3) 以工程项目为轴心，最大限度地使生产力要素在施工现场得到最佳的动态组合。

(4) 建立以工程项目为对象的经济核算体系，而不是以行政建制组织为核算对象。

(5) 建立相对稳定的劳务管理后方。

2）实行工程项目管理符合高速公路施工的要求

工程项目管理的内涵和条件，与高速公路施工对施工单位的要求是一致的，能够满足高速公路施工的要求。比如动态优化配置人力、物力的要求，工程项目管理所蕴含的内部市场机制，以工程项目为基点建立组织管理结构等，都符合这一要求。又如实行项目经理负责制，以工程项目为核算对象，建立决策层、管理层、作业层三个层次、三种风险的结构，也正组织满足了集权化的要求和责任明确化的要求。总而言之，在高速公路工程实行工程项目管理，不仅符合高速公路施工的客观规律，而且实践也是可行的。

3. 施工组织管理的结构形式

企业单独承包高速公路施工组织结构如附图5所示。

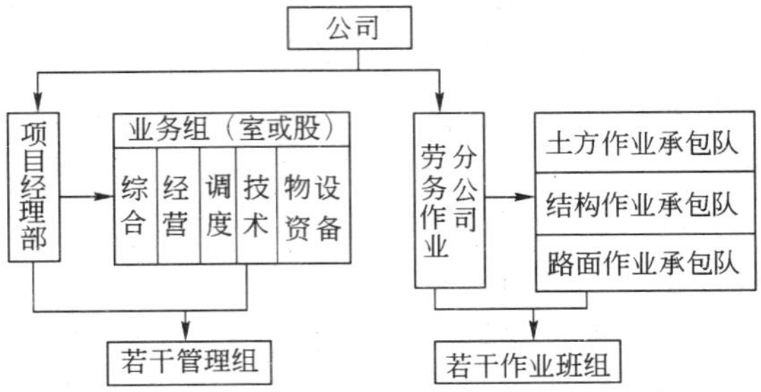

附图5　企业单独承包高速公路施工组织结构

三、高速公路施工的计划管理

在市场经济建立和运行过程中，企业要提高竞争力，关键是要苦练内功，加强管理，而管理的精髓又在于高效有序的计划管理，使各生产要素达到最优化的调配和运转。完成高速公路工程，只有加强计划管理，才能在合同限定的期限内，多快好省地完成施工任务，创造出最佳的企业社会效益和经济效益。

1. 计划的类别和特点

1）工程总计划

在工程承包合同指导下编制工程总计划，必须报请建设单位（业主）、工程监理审批，并报世界银行项目管理处备案，一经批准就具有法律约束力，受建设单位（业主）、工程监理乃至世界银行专家组的监督。工程总计划的对象是整个工程项目，是全局性的施工战略部署，应突出预见性、战略性和纲领性。必须确定各单位工程（如土方填筑、构造物等）的施工顺序、开竣工时间及其相互衔接关系，找出重点、难点组织攻关。同时确定重要构件厂（如较大型混凝土板预制厂、桥梁预制厂等）、材料供应站（如灰土拌和站、沥青拌和站等）的选址定位及主要机构设备和施工人员的配备和进出场顺序。要尽可能地考虑到施工条件的优势和不利因素，扬长避短，作好统筹安排，以利于工程顺利进行。

2）年度和季度计划

工程的年度和季度施工计划必须经过业主、监理工程师审查批复，方可组织实施。在工程实施的过程中，业主及世界银行代表依据年度和季度计划到现场进行考察，督促工程进度，评定工程质量。因此年度和季度计划是计划管理工作的重点。

年、季度计划，应特别注意道路工程的阶段性和季节密切相关的特点，合理部署施工重点，兼顾一般，以利于工程的良性循环。修筑高速公路，一般均破坏或影响原有排水体系，因此在汛期前重点做好桥涵等构筑物，以保证汛期排水通畅。施工的黄金时间是降水少、气温高的时节，更应抓紧施工任务的计划与组织落实。冬季相对来说是高速公路工程的清闲时期，应抓紧职工的培训，重点是特种机械手的培训和机械设备的维修保养，以及各种原材料和构件的储备。

3）月旬作业计划

月旬作业计划要突出可操作性，找出关键点和难点。一般由项目经理部或作业队自行编制，经指挥部工程计划部门审核批准。

2. 计划的编制及调整

（1）编制的依据（略）。

（2）编制的原则（略）。

（3）编制方法（略）。

（4）编制内容（略）。

3. 计划的执行与控制

计划的执行与控制是计划管理工作的中心环节。依据信息反馈的原理，对计划执行情况进行检查和综合分析比较，以便及时发现管理过程中出现的偏差，并加以解决，保证计划按预定目标顺利实现。

1）计划管理工作程序

计划管理工作程序见附图 6，计划的执行包括两个内容：下达计划和组织实施计划。下达计划和组织实施计划，不是一般的传递文件，而是自上而下的强制行为，将计划目标按指标定量分解，不同的管理层次有不同的指标，依照管理层次逐步具体化。

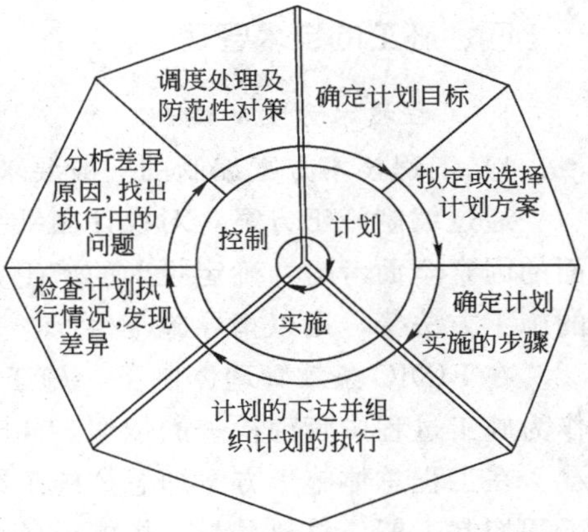

附图 6　计划管理工作程序

计划的分解有两种方法：第一种方法是按照正常的施工顺序予以分解，以正常的人力、财力、物力合理地安排工期；第二种方法主要用于一些急需和关键工程，以其完成日期为先决条件，就是倒排工期。

计划的执行是一个整体行为。上级通过目标分解，落实责任，统一全体职工的思想行为，并对下级进行业务指导以便计划落实下去；下级通过切实有效的生产经营活动，实现各自的目标，从而确保总目标的实现。

2）计划的控制

为了加强计划的控制，自始至终要做好以下几方面的工作：

（1）进行计划动员，把计划变为职工的行动。公路工程线长面广，要不失时机地召开动员会议，进行宣传灌输，并深入施工现场进行不间断的宣传鼓动。

（2）推行经济承包责任制，把计划指标执行情况与部门、单位和个人的经济利益挂起钩来。一线班组，以定额为依据，严格施工任务书管理。在管理层，将计划指标的完成情况与个人的岗位工资、奖金挂起钩来。奖金额上不封顶，下不保底。

（3）搞好检查工作，掌握各种信息，找出影响计划完成的原因，及时研究对策，采取措施。检查工作，不仅是计划人员的工作，而且是全企业全员的工作。上级检查下级措施落实情况，下级督促上级协调保证工作，让各种信息源源不断地反馈到决策层和管理层。

（4）加强调度工作。

（5）加强统计分析工作。

4. 工期索赔

为了很好地实现工期索赔，施工过程中应特别注意资料的积累，同业主、监理的各种交涉均应留有详尽有效的文字材料，为索赔工作打好基础。资料除每月的机械设备动态表、人员进场动态表、材料进场表外，主要还有以下几方面内容：

（1）气象资料。

（2）业主是否延期支付合同工程款（包括预付款、月计量支付款）以及对工程进度的影响程度。

（3）驻地监理无理干涉或阻挠任何所需证书的批准，从而导致工程延期或误期。

（4）业主或监理是否有干涉工程所需合格材料、设备的进场或供应，从而导致工程受损。

（5）超过合同条款规定的重大设计变更。

（6）业主或监理批准的承包项目增加或标准提高。

若发生以上一种或几种情况，除给予计量支付以外，还应及时提出工期延长的要求，以文字材料报请监理工程师批复。

四、施工的技术管理

1. 工程技术方案的编制

1）工程技术方案编制的一般要求

通过编制施工方案，对设计图纸要求、现场自然条件、施工机械设备、施工人员等各方面的因素全面考虑，确定投入的施工力量、施工顺序、进度计划、材料数量、重点部位工序的施工方法等，用以指导施工生产，完成工程项目。

在 FIDIC 条款管理体制下，施工方案还作为承包商报请监理工程师审批开工的依据，作为施工过程中管理检查的依据，同时也是工程结算的依据。

在工程总体施工方案即总体施工组织设计中，应对工程总量、施工总体进度安排、单位工程控制工期、材料总量、机械设备和人员投入总量、重点部位关键工序施工方法、总体质量标准及质量保证措施等进行全面、整体、概括、综合的反映。在单位工程、分部工程施工方案中，应针对具体项目做更加具体的安排，对工程细部做更为详细的反映。

针对高速公路的工程特点，在总体施工组织设计中应对施工控制测量、原材料及成品试验、路基土方填筑、大型桥梁结构物施工、预制构件制作、路面基层底基层施工、沥青混凝土路面施工等重点工程项目做较全面的反映。

2）工程技术方案编制的步骤

首先要熟悉设计图纸，领会设计意图。在熟悉图纸的同时，要搜集与工程有关的国家规范、技术规程、试验标准等资料，国际监理工程还要搜集有关国家的技术标准，与此同时，对本单位的机械设备、试验设备仪器、施工人员等做详细的调查，取得详实可靠的第一手资料。

在此基础上，对施工现场及周围自然环境情况进行调查，收集水源、电源、道路、驻地、气候、地质、料场等情况，对外界因素做全面了解。

结合设计图纸、规范、外在因素、本单位的具体情况对重点工程、重点工序提出详细的施工技术方案。如桥梁桩基工程、桥梁梁体预制工程、砌石工程、土方填筑工程、路面基层、底基层施工、路面沥青混凝土搅拌、沥青混凝土摊铺等工序及部位，针对各自的特点、要求，制定完整的方案，对质量标准及保证措施提出明确的要求。

在总体施工组织设计中，应根据工程量及施工顺序安排，分别提出单位工程的控制工期，安排施工进度，找出控制工期的关键工程。根据总体施工组织设计的安排，具体编制各单位工程施工组织设计。单位工程施工组织设计应力争详细、全面、切实可行，用以指导各单位工程的施工。

在高速公路施工中，路面工程基层、底基层、沥青混凝土面层等工序均应安排一定长度的施工试验路段，用以检验施工组织、技术方案的合理性，对机械设备、人员配备总结直接经验，指导大面积施工。在实验路段施工完成后，应根据实验路段中取得的数据、经验，及时修改、完善施工组织设计，使之在大面积施工时发挥作用。

3）编制施工方案时应注意的一些问题

（1）要紧密结合当地的实际情况。

（2）要充分考虑布置施工道路。

（3）对设计图纸中存在的问题要及时提出修改意见，以便取得对施工及工程有利的方案。

（4）在计划安排上要充分估计可能遇到的各种情况，留有余地。

（5）要吃透规范，对试验内容、标准、施工方法、检验手段、质量标准等要逐项分析，提出详细的实施要求。

（6）要注意吸收、推广、应用先进的机械、设备、工艺、方法，把科研与施工生产结合起来，解决施工生产中遇到的问题。

2. 施工过程中日常技术管理

1）日常技术管理的基本内容

在总体施工组织设计及单位工程施工组织设计完成后，工程进入实施阶段时，技术管理工作的主要内容是保障工程能按施工方案进行，解决施工中出现的问题，指导施工人员按技术要求进行施工。

首先应组织技术人员分期、分批、分内容地进行学习，学习设计图纸、施工规范、施工组织设计，明确图纸及规范要求、操作要领、质量标准、检验方法、实验内容等，结合技术人员各自的工作内容，解决发现的问题。

在技术管理中，测量管理与实验管理是两项最基本、最关键的工作。高速公路施工需要对大量的桩位进行测设，结构物、桥梁基桩、道路中线的桩位测设必须做到准确无误。在测量工作中要认真进行复测，坚持两级测量管理，保证测设的准确。

2）各级技术管理部门的职责

（1）指挥部技术室职责。

（2）项目经理部技术组职责。

（3）施工队技术员职责。

3. 工程测量管理

为完成测量工作，应建立测量管理组织，配备具有相当经验的技术人员、有实际操作能力有上岗证的测量工人，设置相应等级并经检验合格的测量仪器和工具，各级测量组织既要分工明确，又要紧密配合，相互协作共同完成测量工作。

（1）各级测量组织及职责。

（2）测量仪器管理。

（3）测量控制点和标志管理。

（4）测量资料管理。

五、质量管理

施工质量管理，是施工企业经营管理的一个重要组成部分，是工程质量的基础和保证。工程质量是企业的形象，又是企业各项工作的最终反映。因此必须坚持“百年大计，质量第一”的方针，按照 FIDIC 条款和高速公路工程质量管理的特点，制订完善的工程项目质量管理制度，建立有效的质量保证体系，确保工程质量，达到建设优质高速公路的目标。

1．工程质量目标的基础管理工作

（1）质量思想教育工作。质量管理的思想教育，其核心内容就是要使全体职工树立正确的质量观，教育的重点是项目负责人。

（2）技术业务培训工作。要建设优质的高速公路，施工企业必须有一支生产技术素质好、管理过得硬的施工队伍，要从单纯的施工质量管理过渡到以质量为核心的质量经营管理。在工程质量管理的各要素中人是决定的因素，要以提高全体施工人员的质量来保证工程质量，要不断地提高全体施工人员的管理技术和业务水平，加强企业广大职工的业务培训，培养一支技术精、干劲足、管理水平高的职工队伍。

（3）推进程序化、标准化、规范化工作。

（4）质量情报信息工作。为搞好工程项目质量目标管理，有效控制工程质量，必须深入生产实际，认真掌握大量、准确的第一手质量情报信息资料，同时，必须保证其资料的准确性、及时性、可靠性、实用性。

情报信息是有时间性的，失去了时间性就失去了它的价值。为了使质量情报信息及时发挥作用，对各种质量情报信息，一定要做到及时收集、及时反馈、及时分析、及时应用，否则，就会贻误时机，造成人为的损失和浪费。

2．工程质量岗位责任制

（1）指挥部质检室质量岗位责任。

（2）项目经理质量岗位责任。

（3）项目经理部总工程师质量岗位责任。

（4）施工项目技术主管质量岗位责任。

（5）质检员质量岗位责任。

（6）生产班、组长质量岗位责任。

（7）操作工人质量岗位责任。

六、施工的安全管理

1．大桥、特大桥施工安全措施

（1）桩基施工首先要做好河道内的防洪抢险工作。河道的主要用途是排涝行洪，特别是季节性河流，必须从计划安排上避开汛期施工，如果因特殊情况部分桩基需要在汛期施工时，生产指挥中心要与当地水利部门保持经常性联系，遇有险情，施工设备和人员可及时撤离到安全地带。

（2）围堰打桩时，围堰设计必须满足河道最高水位和有利于洪汛期施工，要设专人值班，现场必须备足抢险物资。

（3）墩台施工高度超过 2m 时，四周应设作业平台和护身栏杆；作业人员上下墩台时，应走专用马道，禁止沿脚手架爬行。

(4) 单片梁安装就位后，禁止人员在上边行走。整跨梁安装完毕，应立即采取临边防护措施，这些措施应符合《建筑施工高处作业安全技术规范》(JGJ 80－91)，正式桥梁栏杆安装之前，临边防护设施不得拆除。

(5) 桥梁上部结构施工时，桥梁两端应设警告标志和围挡，防止非施工车辆和人员进入。

2. 大型构筑物基槽开挖和砌筑的安全措施

(1) 基槽开挖深度在 1.5～6.0m 范围内，应视土质情况放坡。

(2) 基槽边 1.0m 范围内不准堆放土石和其他材料，基槽周围松动的土石块应随时清除干净，防止坠落伤人。

(3) 构筑物砌筑时，每天砌筑高度不宜大于 1.8m，相邻两段砌筑高差不宜大于 1.2m，砌筑作业面应水平增长，保证砌体的整体强度。

(4) 砌体高度超过 1.5m 时，应搭设作业平台，高度超过 2.0m 时，应搭设垂直运输设施和脚手架，其技术要求应符合有关规范标准。

(5) 石料装卸运输过程中，防止超载和洒落，搬运时要量力而行，防止砸伤。正在砌筑的挡墙上，石料堆放不能超过 2 层，距挡墙边 1.0m 范围内不准堆放石料。

3. 沥青作业中的安全措施

(1) 沥青作业人员应事先进行体格检查，患眼病、喉病、皮肤病及对沥青有过敏反应的人不宜参加沥青作业。

(2) 直接接触到沥青的作业人员，应按要求佩戴个人防护用品（如工作服、过滤式呼吸器、防护眼镜、围裙、隔热鞋等）。工作结束后，应对全身进行淋浴冲洗。

(3) 人工熬制、喷洒沥青时，应站在上风口作业，防止喷溅到皮肤上。用烙铁修补路面的人员，防止烙铁烫伤以及火源与沥青接触引起火灾。

4. 爆破作业时的安全措施

(1) 爆破工程的施工方案必须报请当地公安机关批准后，方能组织实施。

(2) 爆破工程的作业人员必须经公安机关或公安机关指定的部门培训，考试合格后，持有县级以上公安机关核发的有效操作证，才能参加施工。

(3) 爆破点距村庄近，必须采取防振措施：一是分散爆破点，每隔 50m 左右设一个爆破点，依此循环进行爆破；二是减少装药量；三是采用表层振动爆破法等，减轻振动波。

(4) 爆破点上空有高压走廊横穿路基，必须采取防护措施。在采取防振措施的同时，在爆破点上部用草袋子、胶管帘和安全网三层覆盖，并用钢钎将网绳固定在石缝中，保证爆破碎石飞掷高度不超过 1.0m，以保证高压走廊的安全运行。

(5) 每一次爆破作业结束后，必须对现场进行认真的清理，防止瞎炮和爆炸物的丢失。

5. 施工机械安全基本要求

(1) 各种机械设备的操作人员必须经过相应部门组织的安全技术操作规程培训，考试后，持有效证件上岗。

(2) 机械操作手上岗前，要进行身体健康状况检查，有禁忌病症的人员，不准从事机械操作工作。

(3) 机械操作人员工作前，应对所使用的机械设备进行安全检查，严禁带病使用，严禁酒后作业。

(4) 机械操作人员只要离开机械设备，必须按规定将机械平稳停放于安全位置，并将驾驶室锁好，或对电器设备的控制箱拉闸上锁。

(5) 严禁在行走机械的前后方休息（包括乘凉、午睡），行走前应检查周围情况，确认无障碍时鸣笛操作。

6. 临时用电安全防护

11 项，此处略。

七、施工设备管理

1. 机械设备计划的编制与执行

(1) 计划编制的原则和依据（6 项，此处略）。

(2) 计划编制的主要内容（4 项，此处略）。

(3) 计划编制的审核与实施（2 项，此处略）。

2. 进口设备的管理

(1) 认真调研，合理选型（5 项，此处略）。

(2) 认真抓好进口设备的安装、调试和验收。

(3) 进口设备的索赔工作。

(4) 进口设备管理工作应注意的问题（5 项，此处略）。

3. 机械设备的管理使用和维修

1) 建立健全设备管理机构

为了适应高速公路施工特点，北京城建集团加强了对济青公路施工设备的管理工作，建立设备“二级”管理机构，实施“三级”管理的办法，即工程指挥部设立物资设备部，各项目经理部根据工作需要设立设备科，机械队设专职机务员。

2) 加强施工设备的使用管理

包括：使用计划；使用原则；使用要求；检查与评比。

3) 抓好施工设备的维修和保养工作

(1) 机械设备技术保养分类。大型内燃机械、车辆和内燃动力机械执行四级保养，即：每班保养、一级保养、二级保养、三级保养。电动机械和中、小型内燃机械执行三级保养，即：每班保养、一级保养、二级保养。一般小型电动施工机械设备执行二级保养，即：每班保养、一级保养。

(2) 机械设备技术保养分工原则。每班保养、一级保养均由机械、车辆操作人员按规定实施，机务员督促检查落实；二级保养由修理工负责，机械、车辆操作人员参加，可在现场进行，有条件的应在队基地保养车间进行，机务员按计划组织实施；三级保养应在车间或保养厂，由专业修理工实施。机务员应根据机械设备运转情况编制保养计划，并报项目经理部设备科备案后组织实施。

(3) 机械设备各级技术保养的内容及要求。每班保养：指施工设备在作业前、运转中、作业后进行的“清洁、紧固、调整、防腐”八字作业法。每班用 10～30min 完成。

一级保养：指除进行每班保养内容外，以紧固、润滑为主要内容，并检查各部油面，清洗“三滤”装置（机油、燃油、空气滤清器），在 2～4h 内完成。

二级保养：指除进行一级保养内容外，以检查、调整为主要内容，使机械设备处于良好的技术状态，在 8～16h 内完成。

三级保养：指除进行二级保养内容外，以对部分总成进行分体、检修、调整为主要内容，在 24～28h 内完成。

换季保养：指入夏、入冬前对机械设备进行的保养，主要是更换适应本地区、本季节的燃油和润滑油，在 2～4h 内完成，由操作驾驶员实施。

八、施工物资供应与管理

1. 实行科学的物资业务系统化管理

(1) 组建职责明确、有权威的物资业务系统。

(2) 制订各级材料供应管理实施办法，落实各级岗位责任制。

(3) 正确处理统与放的辩证关系。

(4) 坚持主要材料供应的“四统一”。

(5) 严格要求，推行业务规范化管理。

(6) 搞好年度总结评比。

2. 物资计划的编制与执行

(1) 进点前，物资部就要草拟主要工程用料计划表；进点后，要立即组织计划的编制工作，确立计划工作各级责任制，强调各负其责。

(2) 施工队重点编好月度用料计划；项目经理部进点三个月内编制完本部所承担的工程主体用料计划，负责编制月、季、年度计划，重点放在季度计划上；指挥部物资部负责汇编全段主体工程用料计划。月度、季度、年度计划分别于月、季、年末 5d、10d、15d 前上报；月计划允许在当月 10d 前调整 1 次。

在实际工作中，一方面要坚持计划的严肃性，计划一经确立，各级都要认真执行；另一方面，也要正确处理好总计划与年度计划的关系，“目的”和“手段”的关系；坚持按计划供应与依据施工现场进度变化随机调整、确保供应的关系；计划应服务和服从于供应。

3. 地方材料的供应

(1) 地方材料供应的特点。地方材料（指砖、瓦、白灰、砂子、块石、片石、碎石等）的供应在整个公路工程施工中占有极其重要的地位，其特点是：

①需求量大；

②料源分布广，采购工作量大；

③运输量大，用料点沿线分布，组织运输困难；

④供应厂家合同意识、经济法制观念差；

⑤质量控制严格，质量控制程序复杂；

⑥质量把关难。

(2) 适应“FIDIC”条款要求，做好地方材料的前期工作。

(3) 组织供应的措施与方法。针对地方材料供应量大，组织运输困难等特点。在组织供应的全过程中，要注意一靠地方政府，二靠物资系统广大材料人员群策群力，摸索出一套与之相适应的供应方法，确保供应（10 项，此处略）。

九、成本核算与控制

成本核算与控制是济青高速公路施工财务管理的中心环节，是对施工生产中物化劳动和劳动的消耗以及各项费用开支进行及时、准确地记录、计算和分配；通过对施工生产过程获得的补偿（工程价款中的预算成本）与实际耗费进行对比，考核施工生产的经济效果，达到控制生产消耗，节约支出，降低成本，获得更多的利润的目的。以成本管理为中心，主要抓好以下五个环节，并贯穿于整个施工过程之中。

1. 做好成本预测工作

成本预测就是对公路施工未来的发展变化趋势做出估计。其目的就在于挖掘内部降低成本的潜力，探索降低成本的途径，为成本决策提供依据，为编制成本计划奠定基础。

成本预测的任务是进行社会调查，了解当地劳务、建筑材料供应、价格情况；收集公路施工的成本水平和利润水平资料，编制施工预算，与投标报价进行对比，分析差异，采取新技术、新工艺、新材料等技术组织措施和制订降低成本措施。其次是进行科学的事实求是的成本预测。

2. 编制成本计划

成本计划是编制财务计划、确定利润计划和计算流动资金定额的依据；是加强成本管理的重要工具；是实行项目经济承包责任制，开展经济核算，控制施工生产费用，实行目标管理的基础；也是考核和分析成本节超的依据。因此，根据成本预测的有关资料，编制成本计划是成本管理中的一项重要工作。

3. 加强成本核算

（1）确定成本核算对象。

（2）加强成本管理的基础工作，建立健全成本核算台账。

（3）管理费用的核算。

（4）正确计算已完工程成本和未完工程所需费用。

（5）做好索赔工程的成本核算。

4. 搞好成本控制

成本控制是成本管理的重要环节，是成本目标实现、改善经营管理的重要手段；是实行经济承包责任制的重要条件。而经济承包责任制又是实行成本控制的重要保证。高速公路的成本控制，是对整个施工生产经营活动全过程全方位的控制。

（1）成本控制的基本依据是成本计划，而成本预测、决策、计划之中渗透着成本控制。对经验方面的运用，影响成本因素分析以及施工技术组织措施的编制，都必须以成本降低为目标，来制订具体的实施细则，在施工生产过程中严格施工技术操作规程和安全生产，保证其目标成本的实现。

（2）实行与项目法施工相适应的经济承包责任制，是成本控制的最佳手段。按承包合同指标对各经理部进行考核，但最主要的指标是利润指标，超出利润指标的利润部分可按4：6分成，即经理部得6成，可以作为兑现奖分配给职工和承包人。如果达不到合同指标，个人交的抵押金不返还，还要按差额用工资含量补齐。这种用法律形式来控制成本的方法，是最有效的。

（3）对材料计划、采购供应、消耗过程的成本控制。

(4) 对劳动力消耗的控制。主要采用承包责任制，根据定额进行承包，合理调配劳动力，安排好生产计划，减少估工，严格限制零工。

(5) 施工机械费控制。在加强计划调度，落实承包责任制的基础上，对大型机械设备采用单机单车核算。在保证机械设备完好率不低于95%的情况下，按收入和耗费、创造效益的多少来计提工人的劳动报酬和二线人员奖金。

(6) 管理费用的控制。在分级归口管理和承包责任制的基础上，严格财务制度和暂行规定的标准开支，不得违反规定。对超标准开支，一经发现，除承担超标部分外，还给予一定比例的经济处罚。

(7) 建立成本检查制度，对工程成本实行跟踪管理。一年两次对成本核算与控制进行检验；平时不定期对财务制度和暂行规定执行情况进行检查分析。在成本跟踪过程中，发现问题，分析原因，采取措施，杜绝损失和浪费。

5. 开展成本分析

(1) 收集资料。

(2) 预算成本同实际成本对比分析。

(3) 计划成本与实际成本的对比分析。

(本资料原作者：郁志桐、金奕、孔繁敬等。由于篇幅所限，在引用原文时进行了很多删减，可能失去了原书的某些精髓，造成谬误之处，请见谅!)

参 考 文 献

[1] 中华人民共和国建设部．GB/T 50326－2001　建设工程项目管理规范［S］．北京：中国建筑工业出版社，2002.

[2] 姚玲珍．工程项目管理学［M］．上海：上海财经大学出版社，2003.

[3] 苟伯让．建设工程项目管理［M］．北京：机械工业出版社，2005.

[4] 陆惠民，苏振民，王延树．工程项目管理［M］．南京：东南大学出版社，2002.

[5] 李世蓉，邓铁军．工程建设项目管理［M］．武汉：武汉理工大学出版社，2002.

[6] 梁世连．工程项目管理［M］．北京：中国建材工业出版社，2004.

[7] 周直．工程项目管理［M］．北京：人民交通出版社，2001.

[8] 成虎．工程项目管理［M］，北京：中国建筑工业出版社，2001.

[9] 陈传德．公路建造师工作手册［M］．北京：人民交通出版社，2005.

[10] 刘喆，刘志君．建设工程信息管理［M］．北京：化学工业出版社，2005.

[11] 成其谦．投资项目评价［M］．北京：中国人民大学出版社，2003.

[12] 陈光健，徐荣初，叶佛容．建设项目现代管理［M］．北京：机械工业出版社，2004.

[13] 邓铁军．工程风险管理［M］．北京：人民交通出版社，2004.

[14] 卢毅，刘建生，张建文．高速公路建设项目业主管理指南［M］．北京：人民交通出版社，2005.

[15] 顾维灏，陈光伟．信息共享平台模型探讨［J］．中国铁道科学，2003（8）．

[16] 白思俊．现代项目管理．北京：机械工业出版社，2003.

[17] 丛培经．建设工程项目管理案例精选．北京：中国建筑工业出版社，2005.